한국 저널리즘의 혁신

한국 저널리즘의 혁신

Journalistic Innovation in Korea

좋은 저널리즘 연구회 기획
이재경 · 김재희 · 김지현 · 김창숙 · 문영은 · 박선이 · 박성호
박재영 · 송상근 · 이나연 · 이완수 · 이현식 · 이현택 지음

이화여자대학교출판문화원

프롤로그

2024년 좋은 저널리즘 연구회는 저널리즘의 혁신을 주제로 공부하기로 했다. 2018년부터 6년간 퀄리티 저널리즘을 핵심 개념으로 기사의 품질과 취재, 뉴스 제작 과정의 다양한 문제를 분석하고 대안을 제시해온 연구회원들은, 2024년에는 한국 저널리즘이 잘해오고 있는 영역을 각자 찾아서 미래지향적이고 긍정적인 연구서를 내보자고 뜻을 모았다.

이 책은 지난 1년간 좋은 저널리즘 연구회원들이 탐색하고 분석한 결과물이다. 1990년대 중반부터 코바치와 로젠스틸(Kovach & Rosenstiel, 2021)이 규정한 디지털 파괴digital disruption 상황이 진행되고 있다. 전통적인 신문과 방송은 급격한 독자 이탈과 광고 감소를 경험하며, 생존을 위한 모색을 이어가야 할 상황을 마주하고 있다. 30여 년간 계속되고 있는 디지털 생태계의 위협은 여전히 진행형이다.

『뉴욕타임스*The New York Times*』는 2000년대 초반부터 전사적 에너지를 동원해 디지털 시대의 도전에 대응해오고 있다. 2014년에는 회사 안의 엘리트 사원들을 중심으로 혁신Innovation팀을 구성해 치밀한 상황 분석을 실시했다. 그리고 그 결과가 「혁신Innovation」(2014) 보고서였다. 이 신문은 2017년에 다시 혁신 작업의 경과를 정리한 「탁월한 저널리즘Journalism That Stands Apart」이라는 보고서를 낸다. 급격하게 변화하는 디지털 환경에서 잠시도 긴장을 늦출 수 없기 때문이다. 이 보고서들은 자체적으로 체계적인 문제의 진단이나 대응책을 마련하기 힘든 세계 각국의 저널리즘 연구자들과 다양한 회사에 직접적인 자료와 자극이 되었다.

한국의 신문과 방송사들도 디지털 시대의 어려움과 마주하고 있다. 신문의 유료 발행 부수는 급격하게 줄고 있다. 네이버, 카카오, 구글, 페이스북 등의 플랫폼 회사들, 그리고 다양한 소셜미디어와 개인화된 유튜브 채널들은 기존의 매체들로부터 끊임없이 독자와 시청자를 탈취해간다. 시민들이, 특히 청년 세대가 뉴스를 소비하는 방식은 디지털 방식으로 완전히 바뀌었고, 한국의 언론사들은 아직도 이러한 생태계 변화에 대한 체계적인 대책을 마련하지 못하고 있다.

저널리즘 혁신은 이처럼 암울한 미디어 생태계 조건에 대한 현장 기자들의 대응 노력에서 시작한다. 이 책은 그러한 현장의 시도들에 대한 관찰과 분석을 담으려는 노력의 결과물이다. 물론 현장에서 시도한 모든 혁신 노력을 담을 수는 없다. 그래서 각 연구자는 자신이 가장 익숙하고 잘 아는 혁신 사례에 집중해 분석을 진행했다.

이 책은 크게 두 부분으로 나뉜다. 첫 번째 부분인 1부 '과거의 저널리즘 혁신(초기부터 2000년대 초까지)'은 총 4개 장으로 구성되며, 한국 저널리즘의 초기부터 2000년대 초까지 있었던 과거의 혁신 사례들을 다룬다. 이재경의 '저널리즘 혁신의 역사: 미국과 한국의 사례를 중심으로'(1장)는 1896년 독립신문의 시작부터 2000년대 초까지, 한국 언론사들이 성취해온 커다란 혁신의 발자취를 거시적 차원에서 정리했다. 박선이의 '뉴미디어 이전 인쇄 매체의 저널리즘 혁신: 『월간조선』 '12 · 12 군사반란' 특종'(2장)은 1995년 『월간조선』의 멀티미디어적 리포트 시도를 정리한 글이다. 지면을 통해 뉴스를 전하는 월간 잡지가 오디오 자료로 존재하는 녹음 테이프를 지면 기사와 동시에 제공하면서 전국민적 주목을 받은 사례를 분석했다.

송상근의 '한국형 탐사 보도의 탐색: 조갑제와 이규연을 중심으로'(3장)는 1970년대부터 심층 보도에 주력해온 조갑제 기자와 2000년대 초 미국 탐사 보도를 학습한 뒤 『중앙일보』에서 "난곡 리포트" 등 일련의 탐사 보도로 주목을 받은 이규연 기자의 작업을 분석했다. 박성호의 작업은 MBC <시사매거진 2580>에 집중했다. '방송 기사 스토리텔링의 개척: 초창기 <시사매거진 2580>의 도전과 실험'(4장)이라는 제목 아래, 미국 CBS가 방송하는 <60 Minutes>의 방송 스타일을 벤치마킹한 <시사매거진 2580>이 한국 방송 저널리즘의 글쓰기 양식을 어떻게 혁신적으로 바꾸는 데 기여했는지를 체계적으로 보여준다.

2부 '디지털 시대의 도래와 저널리즘 혁신(2000년대 이후)'은 총 9개 장으로 구성되며, 모두 디지털 생태계에서 시도한 혁신 사례들이다. 박재영은 '글쓰기 혁신의 실험실, 『동아일보』 '히어로콘텐츠' 팀 5기'(5장)에서 『동아일보』가 시도하고 있는 히어로콘텐츠 가운데 순직 소방관 가족들을 다뤘던 시리즈의 기사 기획, 그리고 그것을 완성해나가는 과정에서 팀원 기자들이 어떻게 과거와 다른 방식으로 함께 공부하며 의견을 조율하고 글쓰기 과정을 진행했는지 참가 기자들과의 인터뷰를 통해 그들의 목소리로 전달한다. 뉴스 제작 과정의 혁신에 주목한 작업이다. 박재영은 또 다른 글, '민속지학 저널리즘의 본보기, 박유리 전 『한겨레』 기자'(6장)를 통해 『한겨레』에서 일했던 박유리 기자가 현장과 인물을 치밀하게 묘사하는 자기만의 기사 쓰기 양식을 어떻게 사용했는지 다양한 박 기자의 기사들을 통해 보여준다. 인류학에서 사용하는 개념을 빌려 '민속지학적 기사 쓰기'라고 명명한 이 양식은 철저한 현장 관찰과 서사적 글쓰기 방식을 토대로 한다.

이나연은 '한국 언론의 데이터 저널리즘, 기여와 한계'(7장)에서 데이터 저널리즘의 도입과 확산에 주목했다. 2000년대 들어 각 신문과 방송에서 시도해 관심을 받은 사례들을 분석했으며, 여기서 분석 대상은 관훈언론상의 저널리즘 혁신 분야 수상작과 방송기자상 디지털콘텐츠 부문 수상작, 한국기자상 수상작들이다. 이나연은 기사들에 대한 분석에 그치지 않고 데이터 기사를 제작한 기자들을 인터뷰해 투명성과 신뢰성 강화 등 데이터 저널리즘의 강점, 그리고 그들이 현장에서 생각하는 과제들도 정리해 제시했다.

김지현과 김창숙은 공동으로 2개의 보고서를 썼다. 하나는 '뉴스룸 커뮤니케이션 혁신의 시작'(8장)으로, 동아일보의 히어로콘텐츠팀을 중심으로 디지털 시대에 취재 기자와 사진 기자, 동영상 기자, 디지털 디자이너와 에디터 등 다양한 구성원이 어떻게 조화롭게 프로젝트 제작 작업을 효율적으로 진행해가는지를 뉴스 제작 과정의 혁신 개념을 통해 조명했다. 다른 하나는 '한국 인터랙티브 뉴스의 혁신: "매일 김용균이 있었다"'(9장)로서 『경향신문』의 멀티미디어 기사였던 "매일 김용균이 있었다" 시리즈를 통해 한국에서 인터랙티브 뉴스가 어떻게 중요한 디지털 혁신의 한 요소로 등장했는지 분석하고 그 의미를 정리한 내용을 담았다.

이완수는 '혁신 모델로서의 추모 저널리즘: 기억과 성찰'(10장)에서 추모 저널리즘을 키워드로 집단 재해 사망자들에 대한 시리즈 기사들을 분석했다. 한겨레가 다룬 세월호 희생자들에 대한 기획과 경향신문의 산재 노동자들의 죽음을 다룬 기사들을 통해 디지털 시대에 추모성 기사들도 중요한 저널리즘 혁신의 한 요소를 구성할 수 있음을 보여줬다.

이현식은 SBS에서 추진해온 디지털 시대 방송뉴스의 다양한 혁신 노력을 2개의 보고서에 담았다. 하나는 '‘스브스뉴스’와 ‘비디오머그’, 변방에서 시작된 SBS 뉴스의 혁신 노력'(11장)으로, 2014년 무렵부터 시작된 '스브스뉴스' 팀의 등장 과정과 '비디오머그' 팀의 활동 사항을 담았다. 주요 지상파 방송사인 SBS가 어떠한 과정을 거쳐 디지털 시대에 적응해가고 있는지를 보여주는 보고서다. 다른 하나는 이들 이외에 SBS가 시도하고 있는, 'SBS 골라듣는 뉴스룸'이라는 팟캐스트를 통한 오디오 뉴스와 맥락이 잘 드러나도록 정리한 '뉴스쉽', 그리고 유튜브 24시간 라이브 체제인 'SBS 모바일24' 등의 기획 배경과 진행 경과를 세밀하게 기록한 보고서로서, '방송기자도 TV를 안 보는 유튜브 만능 시대, 방송저널리즘의 살길은'(12장)에서 이 내용을 다룬다. 디지털 시대의 도전에 지상파 방송사가 생존을 위하여 어떠한 노력들을 하고 있는지 분석한 글이다.

마지막 장은 미국에서 공부하는 문영은과 이현택, 김재희가 쓴 '혁신

의 원칙: 『뉴욕타임스』의 사례를 중심으로'(13장)다. 최근 뉴욕타임스의 혁신 작업 추세를 정리하는 내용으로, 여기서는 뉴욕타임스를 더는 신문사로 볼 수 없다고 말한다. 디지털콘텐츠 업체, 또는 미디어 기술 기업으로 진화하고 있다는 것이 이들의 판단이다. 10여 년에 걸친 전사적 혁신 노력의 결과를 살펴본다. 이 글은 아직 기자 중심의 국지적 혁신에 의지하는 한국의 신문과 통신, 방송사들이 더 공부하고 개발해야 하는 요소들이 무엇인가를 잘 짚어서 정리해준다.

이번 출판 작업도 서암 윤세영 재단의 후원을 받고 있는 이화여자대학교 저널리즘교육원의 지원으로 가능할 수 있었다. 한국 저널리즘의 발전을 위해 지속적인 후원을 베풀어주는 서암 윤세영 재단과 이화여자대학교에 깊은 감사를 드린다. 이화여자대학교출판문화원은 2018년 『기사의 품질』부터 해마다 수준 높은 편집과 디자인 능력을 통해 연구회의 작업을 책으로 완성해줬다. 출판문화원에도 깊은 감사의 말씀을 드린다.

디지털 생태계는 언론사와 기자들에게 끊임없이 새롭고 다양한 과제를 던진다. 이번에 우리 연구회가 다룬 주제들은 지극히 부분적인 작업일 수밖에 없다. 그래도 이 작업을 통해 한국 저널리즘의 미래에 희망을 갖게 됐다. 어려운 환경에서도 각자의 신문과 방송사에서 퀄리티 저널리즘을 지향하며, 한국 민주 체제가 잘 작동하도록 매일 치열하게 노력하는 현장 기자들의 노고에도 깊이 감사한다.

2025년 1월
필진을 대표하여
이재경

차례

1부

과거의 저널리즘 혁신
(초기부터 2000년대 초까지)

Journalistic
Innovation
in Korea

1장

저널리즘 혁신의 역사

미국과 한국의 사례를 중심으로

이재경

1. 저널리즘 혁신의 3차원

혁신은 해보지 않은 일을 새로운 방식으로 시도하는 선택이다. 가보지 않은 길에 걸음을 내딛는, 용기가 필요한 행동이다. 여기서 중요한 요소는 그러한 시도가 업무의 효용성과 생산성을 높이고, 더 좋은 품질의 상품이나 서비스를 만들어낼 수 있어야 한다는 점이다. 그래서 일하는 생태계의 새로운 행위 기준으로 올라서고, 지속적으로 업계 전반으로 확산돼야 의미 있는 혁신으로 자리 잡는다. 혁신을 위한 시도가 모두 성공하지는 못한다. 그러나 혁신의 시도가 없이는 새로운 제품이나 제도가 만들어지지 않고, 문화나 사회의 새로운 지평이 열리지도 않는다. 이렇게 보면 인류의 역사는 끊임없는 혁신의 과정이었다.

저널리즘도 시대를 이어서 혁신의 과정을 거쳐왔다. 구전에서 시작해 문자의 등장으로 벽보와 팸플릿 시대를 지나온 정보 공유 방식은 인쇄술의 등장으로 잡지와 일간지의 시대를 맞는다. 그 뒤에는 통신기술의 발달로 라디오, 텔레비전 시대를 거쳐 이제는 디지털 시대로 접어들었다. 뉴스 생산과 전달의 속도가 비약적으로 발전했다. 메시지의 종류도 거의 무한대로 확장했다.

저널리즘 관점에서 보면, 혁신은 크게 세 차원에서 이루어져 왔다. 첫 번째 차원은 철학의 관점이다. 저널리즘은 무엇을 위해 존재하는가? 왕조의 통치를 원활히 하기 위해? 독재 정권의 효과적인 권력 유지를 위해? 아니면 민주사회에서 시민이 정당하게 주권을 행사하는 데 도움을 주기 위해? 또는 뉴스 시장에서 사업자의 최대한의 이익을 창출하기 위해? 저널리즘의 역사는 이 모든 측면을 반영하며, 각 나라의 맥락 속에서 현재에 이르고 있다. 한국의 현실도 예외일 수 없다.

두 번째는 회사 조직의 차원이다. 경영과 편집을 분리하는가 아니면 통합 운영하는가? 기자 인력을 어떻게 조직화하는가? 편집국이나 보도국의 구조는 어떻게 운용하는가? 전문직화를 지향하는가 아니면 최소한의 인원으로 필요한 최대한의 뉴스를 생산하려 하는가? 최고급 뉴스를 생산하는 인력 구조를 추구하는가 아니면 이동과 배치가 편안한 기초 능력만 갖춘 인력으로 조직을 효율적으로 운용하려 하는가? 사주와 편집국 리더들의 선택에 따라 조직이 만들어지고, 기자들의 일하는 방식이 결정된다.

세 번째 차원은 기사의 스타일이다. 저널리즘에서 가장 많은 혁신이 시도되는 영역이기도 하다. 특히 매체의 진화에 따른 기사 양식과 글쓰기 방식의 변화는 모든 언론사의 과제이기도 하다. 역삼각형 기사체가 표준으로 정착한 19세기 후반부터 새로운 기사체의 발굴은 모든 언론사와 에디터, 기자들의 숙원 과제다. 인터뷰 기사, 피처 기사의 등장, 넛 그래프 스타일, 내러티브 기사, 탐사 보도의 등장, 그리고 다양하게 시도되는 디지털 스토리텔링 등은 세상을 더 흥미롭게, 더 깊이 있게 담아내려는 기자들의 노력의 결과물이다.

2. 미국 저널리즘의 혁신사: 주요 혁신 사례

제레미 턴스탈Jeremy Tunstall은 영국의 미디어 학자다. 수백 년의 저널리즘 역사가 있는 영국의 학자가 『미디어는 미국이 주도한다*The Media Are American*』(Tunstall, 1977)고 주장했다. 의도적으로 도발적인 생각을 드러내는 책이어서 논란도 있지만, 현대에 들며 계속해서 강력해지고 있는 미국 저널리즘의 선도적 역할을 주목한 저작이다. 미국 저널리즘은 1800년대 이후로 현대 저널리즘의 혁신 흐름을 주도해왔다. 턴스탈은 2007년 다시 변화하는 세계 미디어 시장의 현실을 보며, 『미디어는 미국이 주도했다*The Media were American*』는 제목의 책을 낸다. 30년이 지나며 세계 미디어 시장이 과거와는 전혀 다른 생태계로 변화해온 현실을 정리한 저작이다. 오랜 시간을 관찰하며, 턴스탈은 그만큼 중국과 인도 등 다른 지역에서의 미디어 발전이 빠르게 진행돼왔다는 점, 그리고 미국 미디어의 쇠퇴가 생각보다 광범위하게 드러나고 있다는 사실을 이 책에서 체계적으로 정리한다(Tunstall, 2007).

이 글은 턴스탈처럼 미디어 전체를 다루는 글이 아니다. 주로 저널리즘과 관련한 제도와 산업, 특히 기사의 특성과 취재 및 글쓰기의 혁신을 다루기 위해 기획됐기 때문에 세계 미디어 생태계의 구조적 변화 속에서도 미국의 저널리즘 관련 혁신에만 주목한다. 취재 시스템이나 기사 양식 등의 측면에서는 여전히 미국 저널리즘의 수준이 가장 뛰어나고, 19세기 말부터 지속적으로 한국 신문과 방송의 학습 대상이 돼왔기 때문이다.

미국 저널리즘에서 관찰할 수 있는 첫 번째 혁신 사례는 역피라미드inverted pyramid 기사체의 등장이 상징하는 객관주의 저널리즘 철학의 등장과 확산이다. 종교와 정치적 생각들이 주류를 이루던 팸플릿 시대를 지나 일간지들이 등장하고, 페니 프레스penny press가 급격히 독자를 늘리던 1800년대 후반, 남북전쟁까지 벌어지며 종교적·정치적 색깔이 진한 글로는 극도로 분열돼 있는 독자를 끌어들일 수 없다는 점을 깨달은, 특히 통신사 기자들은 사실만을 중심으로 한 기사체를 개발해 남부와 북부의 신문사들에 모두 기사를 판매할 수 있었다.

이러한 사실 중심의 기사 쓰기는 1920년대에 이르면 "기자들의 자의식에 의한 전문직주의로 진행해 객관주의의 윤리ethics of objectivity를 체계화"하는 단계로까지 발전한다(Schudson, 2003, p. 82). 미국신문편집인협회American Society of Newspaper Editors는 1922~1923년 창립총회에서 저널리즘 윤리강령Cannons of Journalism을 제정하기에 이른다. 이 강령에는 중심 가치들로 성실성sincerity과 진실성truthfulness, 정확성accuracy, 불편부당성impartiality이 포함됐다. 이 강령은 또 "뉴스 리포트는 모든 종류의 의견이나 편견으로부터 자유로워야 한다"는 선언을 덧붙였다(Schudson, 2003, p. 82). 오늘날 저널리즘의 보편적 가치로 자리 잡은 객관주의 저널리즘 철학이 미국 언론계에서 처음으로 제도화된 과정이다.

두 번째 혁신은 취재 기법과 기사 양식에 변화를 가져온 인터뷰 취재의 시작이다. 셔츤(Schudson, 1995, pp. 73-74)은 인터뷰의 시작을 1859년 정도로 추정한다. 『뉴욕트리뷴*New-York Tribune*』의 호레이스 그릴리Horace Greeley 기자는 1859년 모르몬교 지도자인 브리검 영Brigham Young을 만나 두 시간 정도 대화를 나눈 뒤 이 내용을 질문-답변 형식의 기사로 신문에 게재한다. 그리고 기사 후반에는 당시 독자들에게 생소했던 전달 방식을 설명하는 내용까지 추가한다. 이러한 기사 취재 방식은, 셔츤의 설명에 따르면 그 후 불과 10여 년 만에 워싱턴 정가에서 가장 많이 사용하는 취재 방식으로 자리 잡게 돼 오늘에 이른다. 이후로 기자가 주요 인물을 찾아 만나고, 그 취재원의 목소리를 직접 인용하는 인터뷰 기사가 지속적으로 확산됐고, 인간적 측면에 주목하는 다양한 인터뷰 기사들이 지면에 나타나기 시작했다.

세 번째 혁신으로는 아돌프 옥스Adolph Ochs가 『뉴욕타임스*The New York Times*』를 인수하며 시작한 퀄리티 저널리즘Quality Journalism이라는 생각의 등장을 들 수 있다. 옥스가 1896년 뉴욕타임스를 인수했을 때 이 신문의 유료 독자는 9,000명에 불과했다. 옥스가 세상을 떠나던 1935년, 뉴욕타임스의 발행 부수는 46만 5,000부에 이르렀다(Talese, 1966). 당시 뉴욕에서는 14개의 신문이 경쟁을 벌이고 있었다. 조지프 퓰리처Joseph Pulitzer의 『뉴욕월드*The New York World*』가 강력한 매체였고, 거대 신문재벌로 전국에 지역 매체를 소유했던 윌리엄 랜돌프 허스트William Randolph Hearst 또한 뉴욕에서 세력 확장을 위해 선정적 기사를 쏟아내고 있었다.

아돌프 옥스는 남부 테네시주의 채터누가Chattanooga에서 올라온 신흥세력으로 당시 신문 시장의 주류들과는 전혀 다른 저널리즘 철학을 자신의 신념으로 내세운다. "뉴스를 불편부당하게 전달한다, 두려움도 호의도 없이To give the news impartially, without fear or favor."(Talese, 1966, p. 6). 탤리즈는 옥스의 철학을 간결하게 정리한다. "반짝이게 하거나 왜곡하기보다는 차라리 무딘 게 낫다Better to be a little dull than to dazzle and distort." 탤리즈가 전하는 옥스의 생각이다. "기사가 옥스가 생각하는 오래된 원칙인 책임감과 세심함 그리고 도덕성에 충실하기만 하면, 기자들은 걱정할 필요가 없다as long as they remained faithful to the principles of Ochs, a sense of responsibility and caution, the old morality, they need not worry."(Talese, 1966, p. 6). 아돌프 옥스는 뉴욕타임스를 기록의 신문newspaper of record으로 만들기를 원했다. 그리고 그가 추구한 그러한 저널리즘 가치는 시간이 지나며 더 빛을 발하게 됐다. 14개나 됐던 뉴욕의 신문들은 20세기 후반이 되자 거의 모두 사라졌다. 퀄리티 저널리즘을 중심 가치로 추구한 뉴욕타임스만 살아남아 디지털 시대에도 1,000만 명이 넘는 유료 독자(전체 구독자 1,050만 명, 종이 신문 독자는 650만 명)를 유지하며(Mullin, 2024), 여전히 세계의 저널리즘을 선도한다.

미국 저널리즘의 네 번째 혁신으로는 1941년, 『월스트리트저널*Wall Street Journal*』의 새로운 편집국장으로 임명된 바니 킬고어Barney Kilgore가 시작한 넛 그래프Nut Graph식 기사 쓰기를 들 수 있다. 다른 표현으로 피처 기사 또는 분석적 기획 기사라고도 불리는 넛 그래프 기사는, 포인터연구소Poynter Institute의 칩 스캔런Chip Scanlan 교수에 따르면, 등장과 동시에 미국 기사 쓰기에 혁명적인 변화를 가져왔다(Scanlan, 2003).

구체적인 개별 사례인 일화적 리드anecdotal lead로 독자의 시선을 잡고, 하나씩 세부 사실들을 차례로 제시해나가는 넛 그래프식 기사 쓰기는 빠르게 신문과 잡지사 전체로 확산하며 새로운 기사 쓰기의 전형 중 하나로 자리 잡았다. 스캔런은 이제 이 기사 양식이 전 세계의 신문과 잡지로 전파되어 사용되고 있다고 주장한다(Scanlan, 2003). 이 기사 쓰기 양식은 단순 정보보다는 맥락이 있는 설명을 전달하고, 사실 인식보다는 종합적 상황에 대한 이해를 강조한다. 특히 넛 그래프는 독자에게 기자가 무엇을 전하려 하는지를 요약한 부분을 의미한다. 넛 그래프를 통해 기자는 자신이 쓰고 있는 기사가 무엇을 말하려 하는지 알려주고, 그 기사의 주요 메시지가 무엇인지도 보여준다. 맥락의 제시와 종합적 분석이 강조된다는 점에서 넛 그래프 기사는 발생 사실을 빠르고 간결하게 전달하는 역삼각형 기사와 근본적으로 다르다.

미국 저널리즘에서 발견되는 다섯 번째 혁신 사례는 1970년대에서 1980년대에 이르기까지 뉴욕타임스가 시도한 섹션 신문의 성공이다. 당시 미국 신문 산업은 텔레비전의 활성화로 심각한 경영 위기를 겪고 있었다. 뉴욕타임스도 독자와 광고 수입 감소로 무언가 탈출구가 필요한 상황이었다. 이 위기 국면을 지휘한 사람이 에이브 로젠탈Abe Rosenthal이었다. 로젠탈은 1943년 카피 보이copy boy로 이 신문에 입사했다. 1963년 사회부장에 임명됐고, 1970년에는 편집국장, 1977년에 최고 편집책임자인 편집인에 취임했다. 『로스앤젤레스타임스*Los Angeles Times*』 보도에 따르면, 그는 국장 시절부터 신문사를 떠나던 1988년까지 17년 동안 강력한 카리스마로 뉴욕타임스 뉴스를 이끌었다(Woo, 2006). 격정적이고 예측 불가능한 성격이지만 신문에 관해서는 누구보다 뛰어난 역량을 갖고 있었다.

1980년대 중반이 되자 뉴욕타임스의 독자는 15만 명 정도가 늘었고,

부유층과 지식층 독자도 지속적으로 증가했다. 이러한 성장의 원동력은 로젠탈이 지휘한 섹션 신문으로의 혁신이었다. 역시 뉴욕타임스의 편집인을 지낸 조셉 렐리벨트Joseph Lelyveld는 로젠탈이 당시 뉴욕타임스가 필요로 한 충격을 제대로 가져온 사람이었다고 말했다. 렐리벨트의 표현을 빌면, "그는 더 좋은 글쓰기와 더 넓은 취재를 강조해 신문의 격조를 크게 높였다. 그는 신문에 신선한 공기를 제공한 사람이었다."(Woo, 2006).

로젠탈이 제일 먼저 등장시킨 섹션은 1972년에 만들어진 "주말Weekend" 섹션이다. 이어서 "생활Living", "가정Home", "월요 스포츠Sports Monday"와 "오늘의 비즈니스Business Day" 섹션이 만들어져 뉴욕타임스의 부활을 이끌었다. 편집국 내부에는 이러한 혁신에 저항하는 기자도 있었지만, 발행인인 아서 옥스 설즈버거 주니어Arthur Ochs Sulzberger Jr.는 로젠탈의 시도가 꼭 필요한 시점에 적절하게 이루어진 성공적인 혁신이었다고 평가했다(Woo, 2006). 혁신을 추진하면서도 로젠탈은 퀄리티 저널리즘 전통을 유지하기 위해 "편견 없는 신문free of bias", "올곧은 신문keeping the paper straight"을 강조했다. 1972년에는 미국 신문계에서 처음으로 "정정보도Corrections" 란을 만들었다. "편집자 노트Editor's Note" 칼럼도 만들어 기사 제작 과정에서 발생한 판단의 오류나 잘못 기록한 사실 등에 대해 편집자가 직접 독자에게 사과하고 설명하도록 윤리 체계를 강화하는 조치도 제도화했다(Woo, 2006). 이러한 뉴욕타임스의 혁신은 이후 미국의 주요 신문과 세계 주요 매체들의 혁신을 끌어내는 계기가 된다.

여섯 번째 혁신은 1971년 '펜타곤 문서Petagon Papers' 보도로 시작된 권력 감시 보도 체계의 강화다. 이 또한 로젠탈 편집인의 주도로 뉴욕타임스가 시작했다. 베트남전쟁의 실상을 국방 전문가인 다니엘 엘스버그Daniel Ellsberg가 흘려준 보안문서들을 토대로 보도한 뉴욕타임스는 당시 닉슨 정부의 압박에도 보도를 이어가며 강력하게 대응했다. 결국 정부의 제소로 대법원까지 갔던 이 보도는, 대법원에서 '기밀문서들에 대한 정부의 사전 통제는 위헌'이라는 판결을 받아내며 뉴욕타임스의 승리로 마무리된다.

당시 대법원 판결에 참여했던 휴고 블랙Hugo Black 판사는 의견서에 자유 언론의 헌법적 밑바탕이 될 만한 명언을 남긴다.

> 언론은 지배자들이 아니라 피지배자들을 위해서 봉사해야 한다The press was to serve the governed, not the governors. 언론을 검열하는 정부의 권력은 제거됐으며, 그래서 언론은 영원히 자유롭게 정부를 비판할 수 있게 됐다The Government's power to censor the press was abolished so that the press would remain forever free to censure the Government. (Wikipedia, 2024)

블랙 판사는 같은 의견서에서 다음과 같이 이어서 강조했다. "자유롭고, 통제받지 않는 언론만이 정부의 거짓을 효과적으로 밝혀낼 수 있다Only a free and unrestrained press can effectively expose deception in government."

이 판결 이후 미국 언론은 현존하는 권력을 더욱 강력하게 비판할 수 있는 여건을 갖추게 됐다. 1972년에 시작된 『워싱턴포스트*The Washington Post*』의 '워터게이트watergate' 보도는 이러한 배경이 있었기에 닉슨 대통령을 사임으로까지 밀고 갈 수 있었다.

미국 저널리즘의 다음 혁신은 디지털 생태계가 등장하며 제기해온 문제들에 대응한 다양한 시도로 구성된다. 미국의 언론사들은 1990년대 초 인터넷이 대중화하며 급격한 독자 감소와 광고 매출 축소의 위기를 맞는다. 특히 집과 자동차 매매에 관련된 생활광고의 축소는 모든 신문의 생존에 치명적 위협으로 등장했다. 디지털 파괴Digital disruption(Kobach & Rosenstiel, 2021)라고 불리는 이러한 미디어 생태계의 근본적 변화는, 뉴욕타임스의 「혁신Innovation」 보고서를 보면 크게 두 영역에서 전통 미디어들에 위기로 다가왔다(The New York Times, 2014).

첫 번째로 인식된 위기는 독자와의 연결 문제였고, 두 번째는 디지털 시대에 적응할 수 있는 뉴스룸의 근본적인 혁신 필요성이었다. 종이 신문 독자가 급격히 감소하면서 뉴스의 소비는 빠르게 트위터, 인스타그램, 유튜브 등 소셜미디어와 구글 등 플랫폼 기업들로 경로가 바뀌었다. 기존의 미디어들에는 그동안 소홀히 했던 독자의 행태 분석, 그러니까 뉴스 소비자는 언제, 어떻게, 어떠한 경로로 뉴스에 접속하는지, 그리고 한번 접속하면 얼마나 머무는지를 집중적으로 분석하는 일이 생존을 위한 시급한 숙제가 됐다. 뉴욕타임스는 이미 디지털 유료 독자를 위해 페이월Pay Wall을 설치해 상당한 효과를 거두고 있었지만, 2013년 자체 혁신팀을 구성해 이 문제를 다양한 관점에서 집중적으로 분석한 뒤, 2014년 「혁신Innovation」이라는 보고서를 내고, 모든 조직 역량을 동원해 디지털 독자 전략을 강력히 추진한다.

독자 전략과 동시에 뉴욕타임스가 집중한 두 번째 과제는 뉴스룸 인력의 강화였다. 이미 100여 년 전부터 퀄리티 저널리즘을 핵심 가치로 성장해온 신문으로서는 당연한 선택으로 보이겠지만, 경영이 어려워지는 디지털 파괴 시대에 구성원들의 희망을 받아들여 『보스턴글로브*The Boston Globe*』 등 전국에 산재해 있던 소유 매체들을 모두 매각하고 본사의 인력 강화에 회사의 에너지를 집중한 선택은 경영진의 저널리즘 철학이 뒷받침되지 않고는 불가능한 일이었다. 「혁신」 보고서를 보면, 뉴욕타임스는 업계 최고의 기자들을 적극적으로 스카우트한다는 약속이 담겨 있고, 자사 기자들을 위한 디지털 시대 적응 교육 프로그램을 대대적으로 강화한다는 정책도 포함돼 있다. 「혁신」 보고서는 기사의 품질을 최고로 유지하면서 디지털 요소들인 영상과 그림, 오디오 등의 강화 필요성, 다양한 디지털 생태계의 수요에 맞는 기사의 가공 방향 등도 매우 구체적으로 제시한다.

뉴욕타임스는 2017년 「혁신」 보고서의 후속편인 「독보적인 저널리즘: 2020 그룹 보고서Journalism That Stands Apart: The Report of The 2020 Group」이라는 보고서를 출간하며 혁신의 의지를 다시금 확인시켜준다. 이러한 일관되고 강력한 혁신 의지는 뉴욕타임스를 다시 세계 최고의 신문으로 올려놓는다. 뉴욕타임스의 기자 수는 1,200명 수준에서 1,700명 수준으로 큰 폭으로 늘어났고, 전 세계 유료 구독자 수는 이미 1,080만10.8 Million 명을 넘어섰다(Robertson, 2024). 2024년 2사분기 매출은 6억 5,200만 달러에 달해, 지난해 같은 분기에 비해 5.8%나 늘었다. 그러나 뉴욕타임스의 경우는 미국에서도 지극히 예외적인 사례다. 미국의 지역 신문은 급격히 사라지는 게 현실이고, 워싱턴포스트 같은 유력 매체도 경영진의 교체와 독자 감소로 심각한 위기를 겪고 있다(Mullin & Robertson, 2024). 디지털 파괴는 여전히 진행되고 있고, 미국 언론의 위기 역시 언제 끝날 수 있을지 아직은 불확실하다는 뜻이다.

3. 한국 저널리즘의 혁신사: 다섯 차례의 혁신 시도

한국 저널리즘의 혁신은 앞서가는 미국과 일본 저널리즘을 빠르게 따라가려는 학습 과정fast followership의 연속이었다. 과거 어느 나라에서도 찾아볼 수 없던 새로운 기사 형태나 저널리즘 조직의 실험 등은 한국 사회가 지나온 역사적 현실에서는 기대할 수 없는 것이었다. 더구나 1800년대 말 주요 신문들은 모두 조선왕조의 투자를 바탕으로 이루어진 상황이었고, 당시 한국 사회는 뉴스가 무엇인지, 신문은 어떠한 기능을 하는지 등에 대해 제대로 이해하는 사람이 거의 없는 실정이었다. 이러한 배경 때문에 구한말 신문의 탄생에는 박영효나 유길준 같은 해외 파견 경험이 있는 사람들이 핵심 역할을 하게 된다. 그리고 실제로 신문을 만드는 과정에는 일본의 편집·출판 전문가와 아펜젤러 같은 미국 선교사들의 도움이 중요한 요소로 작용했다.

한국 저널리즘의 혁신 과정은 크게 다섯 단계 정도로 정리해볼 수 있다. 첫 번째 시기는 구한말, 『한성순보』에서부터 『독립신문』에 이르기까지 초창기의 신문들이 발행됐던 시기이고, 두 번째 시기는 1920년대 『동아일보』와 『조선일보』 등의 민간 신문이 등장한 시대이다. 세 번째 시기는 1950년대 장기영 사장이 『한국일보』를 창간하며 시도한 다양한 혁신의 시기를 들 수 있다. 이 시기는 또한 관훈클럽의 등장 시기와도 겹친다. 1950년대 중반, 한국전쟁이 마무리되며 미국 정부의 초청으로 노스웨스턴대학교에 가서 한국 언론사상 최초로 제대로 된 저널리즘 교육을 받은 기자들이 주도해 만든 관훈클럽은 한국 저널리즘의 현대화를 위해 다양한 노력을 기울인다. 한국 저널리즘 혁신의 네 번째 시기는 1990년대 초반, 『중앙일보』에서 홍석현 회장이 주도한 실험들이 진행된 때이다. 마지막으로 생각해볼 수 있는 다섯 번째 저널리즘의 혁신 시기는 1990년대 후반부터 지금까지 이어지고 있는 디지털 변화의 시기를 꼽아볼 수 있겠다.

한국 저널리즘의 혁신은 1896년 독립신문의 창간으로부터 시작된다. 1883년 박영효와 유길준의 주도로 발행을 시작한 한성순보는 신문 개념을 최초로 등장시키며 공론장의 기능을 보여주긴 했으나, 현대적 의미의 신문은 아니었다(최서영, 2002). 이 신문은 주로 정부에서 어떠한 일들이 일어나는지를 정부의 시각으로 전달하는 정부 공보 조직의 기능을 하는 것이 주 역할이었고, 일반인은 읽기도 어려운 순 한문으로 쓰인 매체였다.

독립신문의 혁신과 그 의미

서재필 선생이 주도해 시작한 독립신문은 운영 자금을 정부에서 받기는 했지만, 적어도 세 가지 측면에서 제대로 된 신문의 성격을 갖춘 당시로는 대단히 혁신적인 뉴스 전달 매체였다. 최서영은 독립신문이 그 뒤에 나온 모든 신문의 모델 역할을 했다고 판단한다(최서영, 2002, p. 87). 그가 강조하는 독립신문의 첫 번째 역할은 한국 신문의 역사에서 처음으로 표준적인 편집 체제를 제시한 점이다. "논설, 외보, 잡보 등으로 기사를 분

류해 편집한 신문 체제는 모든 후속 신문들이 본 딴 보편적인 틀로 굳어지기까지 했다."(최서영, 2002, p. 87). 현대적 신문 편집 양식을 처음으로 도입해 전파한 사례로 볼 수 있다. 두 번째 혁신 요소는 논조를 분명하게 드러내는 선택이었다. 최서영의 분석에 따르면, 독립신문이 추구한 논조(저널리즘 사상) 또한 다른 신문의 본보기가 되었다. 독립신문의 주도로 당대를 주도하는 신문 논조에는 계몽과 비판이라는 두 이념이 든든하게 자리 잡게 되었다. 이 신문은 정부의 자금 지원으로 회사를 운영하면서도 정부 일을 비판할 수 있는 공간을 만들어 신문의 기능을 확장하는 데 기여했다.

독립신문의 세 번째 기여는 당시 미국 언론계를 지배한 퓰리처식 뉴저널리즘New Journalism의 요소를 도입한 점이다. 서재필 선생의 10년에 걸친 미국 생활이 배경이 된 것으로 보이는데, 순한글 신문을 발행해, 지배층이나 지식층에 집중하던 과거 인쇄 문화 관행을 과감히 탈피함으로써 누구나 읽을 수 있게 한 점, 그리고 신문값을 1부에 1전으로 낮춰 미국의 페니 프레스적 선택을 한 점 등은 인민의 신문peaple's paper을 지향한 퓰리처의 뉴욕월드가 모델이었던 것으로 보인다(이상철, 1993). 이상철은 이러한 서재필 선생의 선택을 뉴저널리즘 사상의 도입으로 해석했다.

정진석은 "독립신문은 당시의 정치 · 사회 발전과 개혁에 커다란 역할을 수행했다"고 평가했다(정진석, 1991, p. 48).

> 서재필은 이 신문을 통해서 나라의 주권이 국민에게 있음을 계몽하고 열강의 침탈로부터 국가의 이익을 수호해야 한다고 강조했다. 또 독립신문은 다른 민간 신문의 발간을 자극하여 한국의 언론 발전에 획기적인 계기를 마련했다. 과감하게 한글을 전용하여 국어 운동사에도 엄청난 공적을 남겼다는 사실은 높이 평가받아야 마땅할 것이다. (정진석, 1991, pp. 48-49)

이광린도 독립신문의 창간 의미를 시대적 관점에서 평가한다.

> 독립신문이 창간되자 각계에서 환영했다. 그중에서도 가장 기뻐한 사람들은 일반 국민이었다. 그 까닭은 읽기 좋은 순한글 신문이었기 때문이다. 외국에 나가 있는 사람들도 크게 환영했다. 국내에서 그러한 신문이 발행되었다는 것은 한국도 개명의 길로 나아가고 있다는 증거라고 생각하여 자존심마저 갖게 했다. (이광린, 1975, p. 65)

일반 민중이 강력하게 환영한 독립신문의 발행은, 그러나 4년을 채우지 못하고 중단된다. 최서영의 분석에 따르면 그 배경에는 고종을 중심으로 한 수구세력의 탄압, 그리고 러시아와 일본 등 조선을 지배하려고 노리는 외세들의 압력이 있었다(최서영, 2002, p. 135).

1920년 동아일보의 시작

1899년 독립신문이 폐간되고 1910년 일제강점기가 시작되자, 민족의 계몽과 나라의 독립을 강조하던 신문들은 모두 문을 닫아야 했다. 한글로 발행이 허가된 신문은 일제총독부가 직접 발행하는 『매일신보』뿐이었다. 총독부는 이 밖에 일본어로 『경성일보』, 영어로 『서울프레스*The Seoul Press*』라는 매체를 발행했다. 따라서 1910년부터 10년간은 우리 민족을 대변할 수 있는 신문이 전혀 없던 암흑의 시간이었다.

1919년 3·1만세운동이 전국을 휩쓸자 일본제국의 언론 정책이 바뀌기 시작했다. 식민 정책의 변화에 따라 조선 총독부는 문화정치의 일환으로 민간 신문의 발행을 허용하겠다고 선언한다. 『동아일보』는 이러한 시대 환경의 결과물이었다. 당시 총독부는 조선일보와 시사신문 등 모두 3개의 민간 신문을 허가해줬다. 이 중 『조선일보』와 『시사신문』은 친일 세력이 주도했으며, 동아일보만이 민족 세력이 자본을 제공하고 당대 한국 사회를 대표하는 기자들이 모여 만든 신문이었다.

동아일보의 조직을 구성하고 제작 시스템을 만드는 일은 하몽 이상협이 주도했다. 인촌 김성수를 중심으로 한 투자 주체가 만들어진 뒤 당시 유일한 민족지가 될 것이 분명해진 동아일보는 당대의 뛰어난 기자들을 끌어모을 수 있었다. 민족의 목소리를 담을 수 있는 매체가 전혀 없었던 일제강점기 초기 10여 년, 민족의 생각을 대변할 신문의 창간 작업은 그 자체가 대단한 혁신의 과정이었다. 동아일보의 80년사를 기록한 『민족과 더불어 80년: 동아일보 1920-2000』은 이상협을 이렇게 묘사한다.

> 1912년 매일신보에 입사해 편집 최고 책임자에 오르기까지 7년간 그는 근대적인 신문 제작과정을 마스터했고, 특히 기사 무게에 따라 신문지면을 짜임새 있게 구성하는 편집 기술은 독보적 경지에 올라 있었다. 치밀하고 침착한 선천적 감각은 취재 및 기사작성에도 유감없이 나타났다. … (중략) … 당시 신문 편집은 물론 업무나 공장에 대해서도 그만큼 두루 아는 사람은 없다고 해도 과언이 아닐 정도였다. (동아일보, 2000, p. 107)

이상협은 동아일보 창간을 신청한 뒤 사이토 총독을 만나 질문을 받는다. 신문 경영을 원하는 이유가 조선의 독립을 주장하려는 것인지를 묻는 내용이었다. 이상협은 이 질문에 대해 다음과 같이 답변한다.

> 독립운동은 별문제로 치더라도 조선인은 총독부나 일본 정부에 할 말이 많다. 반드시 독립만 주장하기 위하여 신문을 하려는 것은 아니다. 그리고 우리가 무엇을 생각하고 있는가는 총독부에서도 알아야 할 것이다. (동아일보, 2000, p. 106)

창간 초기 편집국장과 사회부장, 정리부장을 겸직했던 이상협은 진학문 정경부장 그리고 장덕준 통신·조사부장과 지도부를 형성해 신입기자를 모집한다. 1차로 선발한 인원은 16명이었다. 당시 창간 자본을 준비했던 인촌 김성수는 29세였고, 편집국 기자 대부분도 20대여서 동아일보는 청년신문으로 불렸다. 창간사를 쓴 장덕수는 동아일보의 편집 철학으로 세 가지 원칙을 제시한다. 하나는 "조선 민중의 표현기관을 자임한다"는 내용이고, 두 번째는 "민주주의를 지지한다"는 내용이다. 세 번째 원칙은 "문화주의를 제창한다"였다. 일제강점기에 창간했지만 매우 현대적인 가치를 발행 철학으로 내세워 한국 언론의 새로운 시대를 여는 데 부족함이 없었다.

초기 지면 구성은, 1면은 제호와 사설, 논설, 그리고 독자의 한시 및 광고, 2면은 정치 기사, 경제 기사, 총독부 인사, 저명인사 동정과 주식, 동아 단평과 광고를 실었다. 3면은 사회 및 스포츠 기사, 시사만화, 모임, 독자의 소리 투고, 날씨, 휴지통 및 광고를 게재했고, 4면에는 연재소설, 학예, 논설, 신간 소개, 투고, 지방 뉴스 및 광고를 실었다. 4면밖에 안 되지만 상당히 현대적인 지면 구성을 시도했음을 알 수 있다. 창간 초 계획한 발행 부수는 1만 5,000부였으나 실제 발행 부수는 대략 1만 부 안팎이었다고 동아 80년사는 정리한다. 당시 한 부 가격은 3전, 한 달 구독료는 75전 정도였다. 사원 봉급은 주간이 120원, 국장 100원, 기자는 60~80원을 받았다(동아일보, 2000, pp. 124-125).

문화주의 원칙을 지키기 위해 동아일보는 다양한 예술 공연을 주관한다. 일본의 유명 성악가인 유겸자를 초청해 전국 순회공연을 열었고, 유겸자의 남편인 친한파 일본인 유종렬의 기고를 받아 "조선인을 생각함", "조선 벗에게 드리는 글" 등을 5일 동안 게재하기도 했다. 전국적 청년 조직을 구성하는 일에 힘을 더하고, 체육계의 발전을 위해서도 적극적인 역할을 맡았다. 조선체육회의 탄생에도 동아일보의 기여가 중요한 역할을 했다. 과거 신문들은 생각지 못했던 사업들이다.

1920년대 초기 동아일보의 위상은 대단했다. 신춘문예 사업을 시작해 민족 작가들을 발굴하고, 일본에서 관동대지진이 벌어지자 국장인 이상협이 직접 현지에 달려가 재일 한국인들에 대한 박해 현실을 취재했으며, 이재민을 위한 생활필수품까지 전달하는 적극적인 구호 활동을 펼친다. 다만 안타깝게도 현장을 취재한 기사들은 총독부의 통제로 대부분 게재되지 못했다.

지면 혁신을 위해서는 젊은 세대를 고려해 "신랑, 신부" 코너를 만들어 당대의 결혼식 문화를 취재했고, 여성의 참여를 격려하는 "신진여류의 기염"이라는 코너도 만들어 사회활동에 참여하고 있는 신여성들의 칼럼을 정기적으로 게재했다. 해외 상주 특파원을 파견한 것도 동아일보가 처음이었다. 동아일보는 1923년 4월, 한국 언론사상 처음으로 상주 특파원 제도를 도입해 이사 겸 부사장인 장덕수를 워싱턴 특파원, 사회부장 김형원을 도쿄 특파원, 사회부 기자 유광렬을 상해 특파원으로 발령했다(동아일보, 2000, p. 196).

중국에서 공부하다 한국인으로는 최초로 미국에서 저널리즘 교육을 받은 김동성은 창간 준비 기간 중국 지역 특파원으로 파견돼, 동아일보 창간을 축하하는 다양한 중국 명사들의 메시지를 받아왔다. 김동성의 노력으로 중국 개혁운동을 이끄는 손문과 북경대학교 총장 채원배, 그리고 계몽사상가 양계초 등의 창간 축하 글이 동아일보에 게재됐다. 1921년 10월에는 미국 하와이주 호놀룰루에서 열린 세계기자대회에 한국을 대표하는 유일한 기자로 참가해 각 나라 대표 한 명씩에게 주는 부회장 타이틀까지 받으며 활약했다.

1924년에는 한국 언론계에 커다란 지각 변동이 일어난다. 동아일보의 경우 발행인 송진우와 편집국장 이상협 사이에 갈등이 만들어져 이상협과 그를 따르던 기자들이 회사를 떠나는 사태가 발생했으며, 이때 김동성도 이상협을 따라 동아일보를 떠난다. 다른 한편에서는 조선일보가 친일파의 손을 벗어나 이상재 선생을 사장으로 하는 민족진영의 매체로 변신하는 상황이 만들어진다. 이 과정도, 김을한의 표현을 빌면, 이상협과 김동성이 주도하게 된다. 이상협은 발행인을 잃은 조선일보를 민족진영이 인수하도록 추진해 월남 이상재 선생을 사장으로 초빙했고, 김동성은 독립운동가이자 재력가였던 신석우, 최선익 등의 자본 출자를 이끌어내는 데 기여했다(김을한 편저, 1981, p. 63). 신석우가 경영권을 인수한 날은 1924년 9월 14일이었다.

혁신 조선일보의 출범

인수와 함께 신석우는 편집진을 대폭 개편한다. 편집인 겸 발행인에 김동성, 주필은 안재홍, 편집국장에 민태원, 그리고 당시 신문의 귀재로 알려졌던 이상협은 편집 고문에 임명됐다. 이상협과 김동성은 취임과 동시에 다양한 혁신적인 시도들을 시작한다.

이상재 사장, 신석우 부사장 체제로 재출발한 조선일보는 편집진을 개편한 뒤 첫 신문인 1924년 10월 4일 자를 "혁신호"로 발행해 10만 부를 전국에 무료 배포한다. 지면 배치도 대폭 개편해 경제, 산업을 다루던 2면을 사회면으로 바꾸고, 3면에는 가로쓰기 스포츠란을 신설했다. 이는 체육만 다루는 코너를 처음으로 선보인 시도였다. 1면에는 "팔면봉"이라는 촌평 코너를 고정으로 신설했는데, 독평을 잘하기로 알려진 이상협이 이 코너를 전담했다. 팔면봉은 현재까지도 이어지는 조선일보의 명 코너로 자리를 굳혔다(조선일보, 2020, p. 66).

석간으로 4면을 발행하던 조선일보는 한국에서는 처음으로 조·석간(조간 2면, 석간 4면) 발행을 시도한다. 1924년 11월 23일부터였다. 지면이 늘어나며 부인·가정란이 신설되었고, 학예란은 독립하게 된다. 조간 1면에 투고란을 만들어 독자 기자제도 도입했다. 독자들이 강연회나 운동회 등의 정보 혹은 단체·기관의 행사를 알리거나, 관청 및 단체의 허물을 고발하는 글을 보내오면 이 제보들을 게재했다. 독자에게도 지면을 개방하는, 당시로는 획기적인 제도였다(조선일보, 2020, p. 71).

혁신호는 또 '변장 탐방' 기자 제도를 시도해 커다란 관심을 받는다. 기자들이 군밤 장수, 인력거꾼, 빵 파는 고학생, 행랑어멈 등으로 변장해 광화문, 무교동, 청진동 등 경성 도심 거리에서 민중의 삶을 직접 체험한 뒤 생생한 기사를 써내는 시도였다. 사회부 이서구 기자가 군밤 장수로, 조선일보 최초의 여기자였던 최은희가 갓난아이를 업고 무청을 파는 행랑어멈으로 변장해, 가는 곳마다 설움을 겪는 없는 이의 고통을 생생한 기사로 썼다. 이 기획은 독자들의 관심을 끌기 위해 출동 전 기자들의 사진을 미리 신문에 싣고 '변장 탐방' 중인 기자를 찾아내는 사람에게 현상금 10원을 주는 이벤트도 함께 시도했다(조선일보, 2020, p. 67).

이 시도는 비슷한 시기 퓰리처가 자신이 운영하던 뉴욕월드의 기자인 넬리 블라이Nellie Bly를 시켜 시도한 위장취재 기법을 학습한 것으로 보인다. 넬리 블라이 기자는 문제가 있는 병원에 정신병 환자로 위장 입원해 내부 밀착 취재한 내용을 토대로 병원의 비리를 폭로함으로써 당시 엄청난 주목을 받았고, 퓰리처가 발행하는 신문들의 부수 확장에 크게 기여했다.

혁신 조선일보는 또 민간 한글 신문으로는 처음으로 네 컷 만화를 연재하기 시작했다. 1924년 10월 13일 아침 시작된 만화의 연재는 신선한 접근법 때문에 역시 독자의 시선을 단번에 끌어당겼다. "그림 이야기"라고 제목을 붙인 "멍텅구리, 헛물켜기"라는 이 시리즈는 멍청한 재산가 최멍텅, 화류계 여인 신옥매 등 별난 캐릭터들을 등장시켜 웃음과 재미를 주었고, 한편으로는 민족의 감정을 최멍텅에 이입해 세태를 풍자하기도 했다. 이 만화의 아이디어는 이상협이 내고 줄거리도 제공했으며, 그림은 동양화가 노수현이 그렸다. 2년 5개월간 계속된 이 네 컷 만화 시리즈는 영화로 제작돼 1926년 1월 상영되기도 했다(조선일보, 2020, pp. 68-69).

1930년대에 들며 세계는 전쟁의 국면으로 돌입했다. 이에 따라 신문에 대한 핍박은 대단히 강렬해졌고, 신문이 제 기능을 할 수 없는 상황이 1945년 8·15해방까지 이어졌다. 많은 신문이 정간을 당했고 해방 이후에나 복간을 시도했다. 이러한 상황에서 혁신은 생각도 할 수 없는 일이었다. 1950년 한국전쟁이 시작돼 1953년 휴전에 이르기까지의 기간 역시 정상적으로 신문을 발행할 수 있는 조건은 아니었다.

장기영이 주도한 한국일보의 혁신

장기영은 선린상고를 졸업하고 한국은행의 전신인 조선은행에 입사해 금융인으로서 전문성을 쌓아갔다. 해방과 함께 한국은행으로 이름을 바꾼 국책은행의 조사부장으로 일하며 한국은행의 초창기 기초를 다지는 데 기여했고, 1952년 한국전쟁 기간 중 맡은 한국은행 부총재직을 마지막으로 금융계를 떠났다. 1952년 조선일보는 발행 부수가 5,000부 정도였는데, 전쟁 중 사주인 방응모의 납북 등으로 어려움을 겪고 있었다. 장기영은 이러한 상태에서 조선일보 경영진의 요청으로 이 신문의 사장직을 맡게 된다. 1952년 4월 취임한 장기영은 사옥에 야전침대를 갖다 놓고, 본격적으로 신문 경영인의 일을 시작한다.

> 그의 노력의 성과는 금방 나타났다. 그가 사장으로 취임한 지 1년 만에 조선일보의 발행 부수는 3.5배, 시내 수입은 6.4배, 광고 수입은 5.1배로 늘어났다. (지동욱, 1980, p. 82)

장기영은 2년 만에 조선일보의 발행 부수를 6만 5,000부까지 확장하고 이 신문의 사장직을 떠난다. 원래 계약은 5년이었으나 조선일보 측의 요청으로 회사를 그만두게 된다. 그리고 이 경험을 통해 신문에 열정이 생긴 장기영은 1954년 어려움을 겪고 있던 『태양신문』을 인수한 뒤, 1954년 6월 9일 제호를 '한국일보'로 바꾸고 본격적인 경영을 시작한다.

장기영이 추구하는 신문 철학은 한국일보의 창간 사설에 잘 드러난다. 사설의 제목은 "신문은 누구도 이용할 수 없다"였다. 교과서적인 제목이었지만 이 사설에서 더 주목할 부분은 한국 신문으로는 처음으로 '상업신문'의 길을 천명한 부분이었다. 독립신문 이후 모든 신문이 민족의 보존과 계몽, 민주적 가치 등을 목표로 내걸었다면, 한국일보는 "새로운 자유경제 사회의 옹호를 자각하며, 리얼리즘에 입각한 상업신문의 길을 개척하여 나아가야 한다"고 주장했다(안병찬, 1999, p. 153). 안병찬은 이 사설이 기존의 주요 가치였던 언론의 독립과 공정성 등에 더해 기업적 자활을 새로운 가치로 제시한 혁신적 요소를 포함하고 있다고 평가한다(p. 154). 장기영이 외부 세력에 기대지 않고, 자본주의 시장경제 체제에서 합리적 경영을 하겠다는 철학을 공개적으로 밝혔다는 것이 안병찬의 판단이다.

한국일보의 창간 사원은 모두 170여 명이었다. 편집국 39명, 공무국 82명, 총무국 37명 정도였다. 조선일보에서 함께 근무하던 기자 20여 명도 한국일보의 창간에 동참했다. 여기에는 최병우, 천관우, 홍유선, 조풍연 등이 포함됐다(지동욱, 1980, p. 90). 상업주의를 표방한 장기영은 독자 중심의 경영을 실천한다. 배달 현장을 직접 찾아가, 독자의 희망 사항과 불만 등을 확인하며 시장 확장에 필요한 조치들을 신속하게 취해나갔다. 배달이 안 된 집에는 사장이 직접 신문을 가져다주기도 했다.

장기영은 조직의 혁신 측면에서 기자 공채를 체계화하기도 했다. 안병찬에 따르면, 최병우 기자가 권유해 시도한 기자 공채는 1954년 8월, 1기를 시작으로 매년 한두 차례 실시됐다(안병찬, 1999, pp. 336-337). 다른 신문의 공채 시작은 한참 뒤의 일이다.

> 흔히들 한국일보를 신문기자의 제조창이라 하며, 장 사장을 신문기자 제조사라고 부른다. 그만큼 거기서는 해마다 많은 기자가 양성되어 나왔다. 해방 후 정식으로 견습기자 제도를 확립한 사람도 그지만, 학교의 졸업 횟수처럼 기별에 대한 대우 확립을 한 이도 그다. 견습 몇 기면 차장급, 몇 기면 부장급, 이렇게 이 궤도를 따라 인사를

한다. (지동욱, 1980, p. 87)

장기영은 또, 지동욱에 따르면, 만능 기자의 양성을 추구했다. 모든 기자가 사회부에서부터 경제부, 정치부 등을 돌아가며 근무하는 인사 체제를 만들어 만일에 있을 인사 공백을 미연에 방지하는 정책을 추구했다. 전문 기자를 키우기 어려운 시스템을 표준화해버린 문제가 있지만, 인력 이동이 심하고 인재가 부족했던 당시로서는 가장 효율적인 기자 시스템이었다.

신문 발행의 상업주의와 연결되는 또 다른 흐름은 『코리아타임스』의 인수, 『일간스포츠』와 『서울경제신문』, 『소년한국일보』, 『주간한국』, 『주간여성』 등 자매지 7종의 창간을 들 수 있다. 전쟁의 폐허를 극복하며 이루어낸 경제 발전에 따른 산업의 성장과 대중의 취향 변화를 겨냥한 전략적 선택이었다. 급격하게 변화하는 미디어 시장의 흐름을 정확하게 읽어낸 현명한 판단이었다.

조직 혁신 및 기업적 혁신과 동시에 장기영은 취재 시스템과 새로운 유형의 기사를 발굴하는 데도 많은 노력을 기울였다. 1950년대 말부터 러시아와 미국이 우주 산업 영역에서 치열한 경쟁을 하는 모습을 보게 된 장기영은 과학부를 편집국에 새로 만든다. 과학 영역을 중요한 취재 영역으로 인정한 결정으로 한국 신문에서는 처음으로 시도됐고, 그 후 거의 모든 신문에서 따라왔다. 기사 심사부도 설치해 자사가 생산하는 기사들의 문제를 조직적으로 검토하는 제도를 도입하고, “모임” 코너와 “오는 사람 가는 사람”, “일요 안내” 코너도 만들어 저명인사들의 동정을 보도했으며, 주요 교회들의 예배와 행사 계획을 알려 독자들의 개인적 관심사를 지면에 반영함으로써 좋은 반응을 끌어냈다.

논설과 칼럼 부문에서는 발행인이 매일 개최하는 원탁회의 시스템을 시도해 당대를 대표하는 박권상, 천관우, 이어령 등 논설진과 함께 치열한 토론을 진행하고, 그 회의에서 도출된 의견을 다음 날 사설과 칼럼으로 게재했다. 의견이 치열하게 부딪칠 때는 경우에 따라 양쪽의 의견을 각각 써서 동시에 지면에 올리는 선택을 하기도 했다. 창간 한 달 뒤인 7월 13일부터는 미국만화 <블론디Blondie>를 특약 게재하기 시작했다. 미국 가정생활을 유머스럽게 풍자한 이 만화는 영어 공부에도 도움이 된다고 평가받으며 선풍적인 인기를 끌었다(지동욱, 1980, p. 91).

1950년대 후반에는 미국에서 저널리즘 스쿨의 교육을 체험하고 돌아온 기자들이 모여 조직한 '관훈클럽'이 등장해 저널리즘 연구와 문화에 새로운 동력을 제공하기 시작했다. 이들은 독립신문의 창간일인 4월 7일을 '신문의 날'로 정하고, 저널리즘의 가치와 철학 등을 대중에게 확산하기 위해 노력했다. 이들은 또 당시까지는 생각하지 못했던 언론윤리강령을 만드는 일에도 앞장서 기자직의 전문직화에 노력을 기울였고, 『관훈저널』의 전신인 『신문연구』를 발행해 체계적인 저널리즘 연구서가 자리를 잡는 데도 기여했다. 그러나 이러한 혁신의 에너지는 장기영이 관계로 떠나고, 정치 쪽에서는 군사혁명이 일어나며 동력을 잃게 된다.

1990년대 중앙일보의 개혁

1994년 3월 21일, 홍석현이 중앙일보의 대표이사 부사장으로 취임한다. 삼성그룹으로부터 중앙일보를 넘겨받은 홍석현은 이날을 제2의 창간일로 선포한다. 홍 대표는 취임사에서 중앙일보의 발전 비전을 '21세기 초일류 언론'으로 제시하고, 투자 확대, 조직 혁신, 능력 위주 인사 등 세 가지 실천 사항도 약속했다(중앙일보, 1995, p. 137).

조직 개편의 첫 번째 조치는 중앙일보와 『중앙경제』의 편집국을 통합 운영하는 것이었다. 이 조치로 몇 달 후, 별도 회사로 운영되던 중앙경제는 문을 닫는다. 조직 개편의 두 번째 조치는 뉴미디어, 여성, 그리고 특별 취재부를 신설하는 선택이었다. 세 번째 조치는 기자의 국내외 재교육 및 대기자제, 전문 기자제의 도입이었다.

한국 언론계의 관심을 집중시킨 것은 대기자제와 전문 기자제의 시작이었다. 그 이전에도 날씨나 의료 등의 분야에서 극소수 대기자와 전문 기자를 임명하던 신문은 있었다. 하지만 중앙일보의 시도는 과거와는 차원이 다른 규모였다. 중앙일보는 1994년 4월 11일 "각계 전문가를 찾습니다"라는 사고를 내고 환경, 뉴미디어, 여성, 소비자, 교통, 교육, 치안, 법률, 군사, 외교, 통상, 예술, 대중문화, 의료, 기타 전문직종 등에 대한 전문 기자 모집에 나선다. 지원자는 485명이었다. 두 달 가까이 진행된 선발 과정을 거쳐 6월 9일 여성 6명을 포함한 15명의 전문 기자가 채용되었다.

중앙일보는 국제보도의 강화도 추진했다. 주로 외신에 의존하던 해외 직접 취재를 강화하기 위해 5명의 해외 특파원을 추가로 임명했다. 지역 전문가 양성도 강화하기 위해 취해진 이 조치로 중앙일보는 9개국 11개 도시에 모두 14명의 해외 특파원을 보유하게 된다. 이 규모는 당시 한국 신문 가운데 가장 큰 상주 해외 취재진이었다. 도쿄와 워싱턴에는 일본 총국과 미주 총국을 신설해 현지 취재 체제를 더 강화하는 조치를 취한다. 이러한 조치들과 동시에 홍석현은 긴밀한 제휴 관계를 맺고 있던 워싱턴포스트의 사주 캐서린 그레이엄Katharine Graham에게 도움을 청해, 한국 신문으로는 처음으로 일군의 기자들을 워싱턴포스트의 편집국으로 파견해 현장 교육을 실시한다. 일차 연수단은 1995년 2월에 파견되었다. 이는 미국식 편집국 운영 방식과 기자들의 일하는 방식을 직접 관찰하며 배우는 소중한 기회였다.

이러한 교육의 결과는 중앙일보의 전면적인 업무 혁신으로 이어진다. 중앙일보는 1990년대 후반부터 전면 가로쓰기를 도입하고, 미국식 섹션 신문으로의 변신을 선언한다.

> 중앙경제의 통합 이후 중앙일보는 40면으로의 증면과 함께 국내 최초로 섹션화 조치를 단행했다. 7월 20일부터 시작된 1단계 섹션화

> 로 중앙일보는 정치, 국제, 경제, 사회, 문화, 여성 등을 총괄하는 본지 24면과 산업 유통 등 심층 경제뉴스 및 과학, 연예 등을 별도로 다루는 생활 경제 섹션 16면을 발행하기 시작했다. (중앙일보, 1995, p. 140)

뉴욕타임스가 1980년대에 에이브 로젠탈Abe Rosenthal의 지휘 아래 섹션 신문 체제를 시도함으로써 경영 위기를 타개한 이후, 섹션 신문은 미국 신문업계에서는 필수적인 선택이 된 지 오래였다. 하지만 한국에서는 중앙일보가 1990년대 중반에야 도입을 시도했다. 중앙일보는 이 밖에도 지면의 전면 가로쓰기를 주도해 모든 신문이 따라오도록 선도적 역할을 했다. 1980년대 말부터 일부 신문의 일부 지면에서 가로쓰기를 실험하긴 했지만, 전체 지면을 가로쓰기로 바꾼 회사는 중앙일보였다.

> 지면 쇄신은 다방면에서 추진되었다. 그전까지 철칙처럼 지켜온 세로쓰기를 가로쓰기로 바꿔 젊은 세대들이나 주부들이 읽기 쉽도록 했다. 이 같은 변신은 학교 교과서는 물론 각종 서적 등은 가로쓰기를 하고 있는데도 신문만 세로쓰기를 고집해 젊은 세대들이나 주부들이 읽기에 불편을 느낀다는 지적에 따른 것이었다. (중앙일보, 1995, p. 298)

중앙일보는 이 밖에도 석간에서 조간신문으로의 변신에 전사적 노력을 기울였고, 신문이 나오지 않는 일요일 공백을 겨냥해 『중앙선데이』를 창간함으로써 독자들이 주말 시간에 여유를 갖고 주요 이슈에 대한 깊이 있는 글을 접할 수 있게 하는 대안을 시도하기도 했다.

디지털 시대의 저널리즘 혁신

1980년대 말에서 1990년대 초반까지는 한국 저널리즘 생태계에서 크게 두 줄기의 구조적 흐름이 관찰된 시기이다. 첫 번째 흐름은 민주화가 빠르게 진행되며 새로운 신문과 잡지사들이 설립된 상황이다. 『국민일보』(1987), 『한겨레신문』(1988), 『세계일보』(1988), 『문화일보』(1991) 등의 일간지들이 줄지어 창간했고, 『시사저널』(1989) 같은 주간지도 이 시기에 창간해 한국 저널리즘 생태계가 크게 확장됐다.

두 번째 흐름은 인터넷의 등장이다. 1991년 월드와이드넷world wide net이 등장하며, 정보 교류의 고속도로가 만들어졌다. 인터넷이 급속도로 보급되었고, 인류의 정보 공유 채널은 인터넷으로 통일되기 시작한다. 이러한 통신 네트워크의 혁명은 저널리즘 생태계에 있어 전 세계적으로 '디지털 파괴digital disruption'로 불리는 괴멸적 현실을 만들어냈다(Kobach & Rosenstiel, 2021). 신문의 광고 수익이 급감하고, 독자들이 뉴스를 접하는 경로와 행태도 혁명적으로 달라졌다. 신문을 돈 내고 구독하는 사람이 해마다 급격히 줄어들었다.

민주화에 따른 매체의 증가와 디지털 파괴로 발생한 부정적 매체 환경의 공존이 1990년대 이후 한국 저널리즘의 특징으로 사리 잡았나. 결과는 모든 기존 신문에서 나타난 지속적 독자 감소 현상과 신생 신문들의 성장 불가 현상이었다. 거기에 1997년 경제위기가 겹치고, 유튜브와 소셜미디어, 플랫폼 업체들의 급속한 시장 잠식이 보태지며, 한국의 신문과 방송사들은 생존의 위기를 탈출할 혁신책의 마련이 시급한 형편이다.

이 책은 이러한 환경에서 한국 매체들이 어떠한 혁신 노력을 시도해왔는지를 분석하고, 그러한 노력이 어느 정도의 성공을 거두고 있는지, 그렇지 못하다면 무엇이 문제인지 등을 정리해보려는 시도이다.

2장

뉴미디어 이전 인쇄 매체의 저널리즘 혁신

『월간조선』 '12·12 군사반란' 특종

박선이

1. 1995년 7월 18일: 성공한 쿠데타는 처벌할 수 없다?!

1995년 그해 여름은 뜨거웠다.

7월 내내 연일 최고기온이 섭씨 32도가 넘는 무더위가 계속되었다. 장마로 습도가 높아 불쾌지수도 높았다. 후텁지근한 날씨만큼이나 사람들을 지치게 한 것은 김영삼 문민정부가 민주주의를 실현하기 위한 개혁작업으로 내세운 '역사 바로세우기'의 지지부진이었다. 전두환 정부 출범의 출발점이 된 1979년 12월 12일 밤 군부 내 충돌은 1987년 대통령 선거를 계기로 일찌감치 "하극상에 의한 쿠데타적 사건"으로 규정되었다. 그러나 1990년 3당 합당[1]을 하면서 김영삼 대통령 후보는 "12·12는 쿠

1 1990년 1월 22일 당시 집권 여당이었던 민주정의당과 야당이었던 통일민주당, 신민주공화당이 합당하여 그해 2월 거대 여당인 민주자유당이 태어났다.

데타적 사건이지만 역사 평가는 후대에 맡기자"고 했고 1993년 문민정부 출범 이후에도 12·12 군사반란에 대한 법적 처리는 진전이 없었다.

1995년 7월 18일. 검찰은 1년 넘게 끌어온 전두환·노태우 전 대통령 등 58명에 대한 내란죄 고소 사건에 대해 '공소권 없음' 결정을 내렸다. '정권 창출 과정에서 취한 행위로, 새로운 헌법질서를 만드는 정치 행위이기 때문에 법적 판단의 대상이 될 수 없다'는 논리였다. 기자들을 대상으로 한 백브리핑에서 장윤석 공안1부장은 "성공한 쿠데타는 처벌할 수 없다는 말이냐"는 질문에 형법 이론으로 이를 인정했다. "내란죄는 성격상 미수죄만 처벌할 수 있고 기수既遂(범죄의 완성)에 이르면 처벌이 불가능하다는 것이 어느 형법 교과서에나 나와 있다"는, 그야말로 교과서 같은 설명이었다(엠빅뉴스, 2023. 12. 5.).[2] "성공한 쿠데타는 처벌할 수 없다"는 말의 실제 연원이다.

이에 앞서 1994년 10월 29일. 서울지검은 12·12 군사반란에 대한 고소 사건에 대해 기소유예 결정을 내렸다. 정승화 전 육군참모총장, 이건영 전 3군사령관, 장태완 전 수도경비사령관 등 12·12 군사반란 때 전두환 당시 보안사령관의 반대편에 섰던 22명이 전두환 등 12·12 주요 인물 34인을 고소한 이 사건에 대해 검찰은 "12·12는 소장 군부세력 리더였던 전두환 당시 합동수사본부장이 정승화 계엄사령관을 제거함으로써 군내 입지를 보전할 목적으로 사전 계획 아래 실행한 군사반란 사건"이라고 명확하게 규정하면서도 "이들을 기소할 경우 재판 과정에서 과거사가 재론되는 등 법적 논쟁이 계속돼 국가 분열과 대립 양상을 재연함으로써 국력을 소모할 우려가 있다"고 기소유예 결정 사유를 밝혔다. 이에 대해 즉각 헌법소원심판이 청구되었지만, 헌법재판소는 1995년 1월 20일 취소청구를 각하하고 기각 결정을 내렸다.

2 2023년 MBC 텔레비전과의 전화 인터뷰에서 장 씨는 당시 백브리핑을 회고하며 "형법 이론에 따라서 5·18은 내란죄에 해당되고 기수에 이르러서 법률적으로는 '공소권 없음' 결정을 한 것이라고 설명했다"고 말했다.

2. 1995년 8월 18일: 『월간조선』의 쿠데타 육성 녹음 공개

검찰이 '공소권 없음'을 결정한 지 꼭 한 달 후.

1995년 8월 18일. 『월간조선』 9월호가 12 · 12 사건 녹취록을 특종 보도했다. 검찰의 전두환 · 노태우 전 대통령에 대한 '공소권 없음' 결정 꼭 한 달 만이었다. 1979년 12월 12일 오후 8시 50분 첫 통화를 시작으로 다음 날 아침 6시 무렵까지 긴박하게 돌아가는 상황을 당시 군 최고위급 인사들의 육성 그대로 들려주는 놀라운 내용이었다. 더욱 놀라운 것은, 실제 육성을 누구나 들을 수 있도록 90분짜리 카세트테이프를 부록으로 붙인 파격적인 제작이었다. '**12 · 12사건이 녹음되었다!**' 빨간 글자의 제목은 제호만큼이나 큰 활자로 사람들의 눈길을 단번에 사로잡았다.

> **군사반란의 실제 상황… 장군들의 긴박한 현장육성이 들려온다!**
>
> 격동하는 역사가 굉음처럼 다가오는 생생한 현장감… 세계적으로도 유례가 없는 역사적 순간의 포착… 충성 · 배신 · 항명 · 허위보고가 불멸의 증거로 녹음된 한국 현대사의 가장 길었던 밤을 느껴보십시오! (<자료 2-1> 참조)

표지 사진으로는 인물이 아니라 평범한 카세트테이프 사진이 한 장 실렸다(<자료 2-1>, <자료 2-2> 참조). '79. 12. 12. 20:50~79. 12. 13. 22:50'이라는 손글씨 메모가 또렷했다. 잡지는 서점 판매대와 거리 가판대에 꽂히는 대로 그 자리에서 다 팔려버렸다. 발매 일주일 만에 20만 부 판매 기록을 세웠다.[3]

3 1995년 8월 26일 자 조선일보사 사보는 "월간조선 30만 부 돌파" 기사를 싣고 있으나(조선일보사, 1995), 이 연구를 위한 인터뷰에서 조갑제 편집장은 20만 부라고 거듭 확인했다.

<자료 2-1> 1995년 8월 18일 발간된 월간조선 9월호 표지(왼쪽)와
월간조선 9월호 부록으로 배포된 육성 녹음 테이프(오른쪽)

<자료 2-2> 월간조선 9월호 기사 속 표지

* 12월 12일 밤 장군들의 육성을 담은 녹음 테이프의 분량이 책에는 80분,
부록에는 90분으로 표기되어 있다. 그 실수도 못 잡을 만큼 긴박하게 제작되었음을 방증한다.

종이 잡지가 '육성' 기사를 냈다. 파격이었다. 모든 신문과 방송이 이를 기사로 받았다. 텔레비전 방송에서는 12·12 자료 화면을 깔고 녹음테이프 육성을 내보냈다. "세계적으로 전례가 없는 군사반란 생중계"(월간조선, 1995)가 공개되면서, '성공한' 군사반란은 처벌할 수 없다는 형법이론에 근거한 검찰의 결정이나 3당 합당 후 "정치보복은 하지 않겠다"던 정가 분위기는 바뀌지 않을 수 없었다.[4] "국민적 충격과 공분은 12·12 쿠데타 등에 대한 진상규명 요구로 이어지고 검찰은 전두환·노태우 등 11명을 반란수괴혐의로 구속했다"(권홍우, 2017)는 보도에서 알 수 있듯, 월간조선의 12·12 녹취록 특종 후 불과 4개월 만인 1995년 12월, '5공 청산'을 위한 2개의 특별법이 제정되었다. 이 가운데 「5·18 민주화운동등에관한특별법」은 5·18 내란죄, 내란목적살인, 군반란죄 등의 범죄에 대해 1993년 2월(노태우 정부)까지 공소시효가 정지되었다고 보고 이들에 대한 처벌 가능성을 열었다. 또 다른 입법인 「헌정질서파괴범죄의공소시효등에관한특례법」은 형법상 내란의 죄, 외환의 죄 등에 대하여 아예 공소시효의 적용을 배제했다. 검찰은 그해 12월 특별수사본부를 꾸려 재수사를 결정했고, 전두환, 노태우 등의 신군부 핵심 인사를 이듬해 1월 23일 5·18 사건 내란혐의로, 2월 28일 12·12 사건 반란혐의로 구속기소했다. 이 재판 1심은, 당시 계엄사령관을 사전 재가 없이 체포한 것은 명백한 반란죄라고 판시하면서 "전두환은 수괴로서 군 병력을 동원해 12·12와 5·17, 5·18을 일으켜 헌법질서를 문란하게 한 점 등을 고려할 때 법정최고형을 피할 수 없다"며 사형을 선고했고 노태우에 대해서는 22년 6개월 형을 선고했다. 대법원도 12·12 군사반란에 대해 전두환과 노태우 등의 반란죄를 인정했다. 1997년 4월

---

4 12·12 녹취록 공개 두 달 뒤인 10월 19일 박계동 의원이 국회 대정부 질문에서 노태우 전 대통령의 4,000억 원 비자금을 폭로하고, 노 전 대통령이 10월 27일 연희동 자택 앞에서 비자금 5,000억 원을 공개 사과하면서 5공 청산에 대한 여론의 방향은 사법 처리 쪽으로 확실하게 옮겨갔다.

17일 대법원은 "군사반란과 내란을 통하여 폭력으로 헌법에 의하여 설치된 국가기관의 권능행사를 사실상 불가능하게 하고 정권을 장악한 후 국민투표를 거쳐 헌법을 개정하고 개정된 헌법에 따라 국가를 통치하여 왔다고 하더라도 그 군사반란과 내란을 통하여 새로운 법질서를 수립한 것이라고 할 수는 없으며", "헌법에 정한 민주적 절차에 의하지 아니하고 폭력에 의하여 헌법기관의 권능행사를 불가능하게 하거나 정권을 장악하는 행위는 어떠한 경우에도 용인될 수 없다. 따라서 그 군사반란과 내란행위는 처벌의 대상이 된다"고 판시했다.[5] 1995년 7월 18일 검찰의 '공소권 없음' 결정은 1년 9개월 만에 완벽하게 부인되었다. 그 출발점에 월간조선의 12·12 녹취록 특종과 생생한 육성 보도가 있었음을 주목할 필요가 있다.

3. 인쇄 매체와 오디오 자료: 매체의 한계를 넘어선 혁신

이 장에서는 12·12 녹취록 특종과 카세트테이프 부록 발매라는 방식으로 활자 매체가 지닌 한계를 뛰어넘은 월간조선의 뉴스 제작을 저널리슴 혁신의 한 사례로 보고사 했다. '혁신'으로 논의될 부분은 크게 두 가지이다. 녹취록 문서의 존재를 확인하고 이를 기사로 보도한 특종, 그리고 종이 잡지가 지닌 문자 텍스트의 한계를 넘어 육성(음향) 재생 매체를 동원해 활자와 청각 매체의 융합을 이룬 점이다. 엄밀히 말해 '매체 융합'이라기보다 원시적인 형태의 매체 병행이라고 보는 것이 더 적절할 수

---

5 대법원 1997. 4. 17. 선고 96도3376 전원합의체 판결 [반란수괴·반란모의참여·반란중요임무종사·불법진퇴·지휘관계엄지역수소이탈·상관살해·상관살해미수·초병살해·내란수괴·내란모의참여·내란중요임무종사·내란목적살인·특정범죄가중처벌등에관한법률위반(뇌물)] [집45(1)형,1; 공1997.5.1.(33), 1303], https://casenote.kr/대법원/96도3376

있는 이러한 발간 방식은 사실fact을 보다 명확하게 전달하려 했던 저널리즘 혁신의 노력으로 평가할 필요가 있다.

디지털 미디어 테크놀로지의 등장 이후 인간과 매체의 접점은 다양한 방식으로 확대되고 있다. 문자 텍스트와 동영상, 음성 데이터가 동시에 구현되는 뉴미디어 시대에 저널리즘은 다양한 매체 간 접촉과 융합을 통한 상호매체적 전략으로 저널리즘의 혁신을 추구해왔다. 이러한 미디어 환경의 변화를 겪으며, 인간은 과거에 미디어와 함께with 살았던 데서 나아가 이제는 미디어 속에서in 살아가고 있다(Deuze, 2011, p. 138). 월간조선의 12·12 녹취록 특종은 한국의 미디어 생태계에 디지털 테크놀로지를 장착한 뉴미디어가 저널리즘 플랫폼으로 등장하기 직전, 아날로그 시대의 마지막 시기에 일어난 문자 텍스트와 청각 미디어 간의 융합 시도이다. 저널리즘의 구현 방식은 매체의 기술적 특성을 포괄하는 사회 시스템의 변화에 따라 다르게 나타나며, 오늘날 저널리즘에 대한 이해를 확장하는 데 이러한 특성에 대한 논의가 필요하다는 점(이완수, 2011)을 고려할 때, 월간조선의 12·12 녹취록과 육성 녹음 테이프 병행 발간은 음향 없이는 도저히 도달하기 어려운 저널리즘 목표를 성취하기 위해 인쇄매체가 시도할 수 있는 노력의 최대치였으며, 매체 기술의 한계 안에서 저널리즘의 적극적인 혁신 노력이 어떻게 가능했는지를 보여주는 좋은 사례로 볼 수 있다.

12·12 녹취록 보도가 이루어낸 '혁신'의 특성과 한계를 살펴보기 위해 당시 취재 보도 관계자들을 대상으로 심층 인터뷰를 수행했다.[6] 인터뷰 과정에서 새롭게 확인된 사실도 있다. 녹취록 내용은 월간조선 발행 1년 8개월 전인 1993년 12월, 당시 일간지 기자가 쓴 『지는별 뜨는별』이

---

6 조갑제 당시 월간조선 편집장(현 '조갑제닷컴' 대표), 김기철 기자(현 『조선일보』 선임기자), 이계성 전 『한국일보』 기자, 익명을 요구한 당시 중앙일간지 정치부 데스크 2명 등에 대해 심층 인터뷰를 가졌다. 인터뷰는 2024년 5~9월 조갑제 2회, 김기철 2회, 그 외 각 1회 이뤄졌다.

라는 단행본을 통해 일부 공개되었다는 사실이다. 그러나 월간조선이 육성 녹음 테이프와 함께 녹취록 전체를 공개하기까지 녹취록의 존재는 여전히 잘 알려지지 않았고 언론들도 이러한 내용에 별달리 주목하지 않았다. 월간조선의 특종을 다른 뉴스매체들은 왜 놓쳤을까? 한국 현대사를 뒤흔든 군사반란의 '육성 증언'을 왜 한국의 저널리즘은 수년간 묵혀두었을까? 바로 이러한 점 때문에 월간조선의 12·12 녹취록 특종은 이미 일정 정도 알려진 내용을 '발굴' 보도한 특종이라는 점과 활자 매체의 한계를 뛰어넘는 방법으로 카세트테이프를 제작 배포했다는 점 모두를 저널리즘의 혁신이라는 관점에서 논의할 필요가 있다.

4. 풍문의 실체를 손에 넣다: 특종의 출발

월간조선이 녹취록을 입수한 것은 1995년 8월 초였다. 우종창 월간조선 기자가 A4용지에 인쇄된 녹취록을 조갑제 월간조선 편집장에게 가져왔다. 당시 기자들 사이에는 '보안사 녹취록이 있다더라'는 풍문이 널리 퍼져 있었다. 하지만, 이를 실제로 본 사람은 거의 없었다. 조갑제 편집장도 실물을 본 것은 그때가 처음이었다. 우 기자가 이를 입수한 경로는 공개되지 않았다. 조 편집장은 입사 3년 차 주니어였던 김기철 기자에게 '재미있는 자료 같은데 한번 읽어보라'고 건넸다. 녹취록에는 12·12 당시 제3야전군사령관을 맡고 있던 이건영 소장을 중심으로 노재현 국방부 장관, 김용휴 국방부 차관, 김종환 합참의장, 윤석민 육군참모차장, 장태완 수도경비사령관, 김학원 1군 사령관, 진종채 2군 사령관 등 1979년 당시 대한민국 국방의 최고위 핵심 인물들 19명 사이에서 그날 밤 긴박하게 오고 간 통화 기록이 고스란히 담겨 있었다.

나에게 12·12는 현실이라기보다 역사적 사실이었는데, 기록을 읽다 보니까 그게 이제 생생하게 재현되는 느낌을 받았다. 그런데 내용을 보면 시간 순서가 안 맞고 엉뚱한 내용이 섞여 있었다. 또 문자로 기록된 것이라 현장 상황에 대한 감이 떨어졌다. (김기철. 이하 김)

12·12 군사반란이 일어났을 때 김기철 기자는 중학교 3학년생이었다. 12·12와 서울의봄을 뉴스로 접했지만 어릴 때 일이라 구체적인 현실로 인지하기에는 거리감이 있었다. 하지만 서슬퍼런 전두환 정부 때 대학을 다녔고, 대학에서 역사를 전공한 그는 녹취록을 읽어본 즉시 이것은 보통 특종감이 아니라고 판단했다. 무슨 일이 일어났는지 몰라 우왕좌왕하는 장군들, 직속 상관에게 거침없이 거짓말을 하는 참모들, 당장 반란을 제압해야 한다며 펄펄 뛰는 장군, 북한의 동정을 걱정하며 우리 군 내부의 유혈 충돌로 확대되지 않도록 신중해야 한다고 주장하는 또 다른 장군… 역사의 방향을 바꾼 거대한 사건인 동시에 충성과 배신이 엇갈리는 기막힌 인간 드라마였다. 글로는 현장의 긴박감을 다 표현할 수 없겠다는 생각이 번쩍 들었다. 녹취록이 있으면 녹음 테이프가 분명 있을 것이니 반드시 원자료를 찾아야 했다.

녹취록의 중심인물이 12·12 당시 3군사령관이었던 이건영 장군[7]이었다. 그분이 녹음 테이프를 가지고 있을 가능성이 제일 높았다. 그때 이 장군은 국회의원이었기 때문에 바로 연락을 할 수 있었다. 녹취록 관련해서 여쭤볼 일이 있다고 전화를 드리니 그날이 일요일이었는데, 자기 집으로 오라고 했다. 그래서 녹취록 인쇄본을 들고

7 이건영(1926~2023) 장군은 강원도 영월 출생으로 함경남도 원산 난곡고등농림학교를 졸업한 뒤 육군사관학교(7기)를 졸업하고 주월한국군사령부 부사령관, 제5군단장, 국방부 관리차관보, 중앙정보부 차장을 거쳐 제3야전군사령관(중장)으로 있다가 12·12 군사반란을 겪었다.

집으로 찾아갔다. (김)

12·12 군사반란 직후 보안사령부에 구금되었던 이건영 장군은 54일 만에 강제 예편 후 풀려나왔다(이건영, 1996). 이후 마사회장을 지내고 1993년 정주영 대표가 창당한 통일국민당을 통해 정계에 입문한 그는 1995년 여름 14대 국회의원(비례대표)으로 활동 중이었다. 1993년 정승화 전 육군참모총장 등과 함께 12·12 주도 세력을 고소했던 그는 12·12에 대해 "결코 용납할 수 없는 하극상을 통해 군과 정권을 장악한 사실은 후손들에게 올바른 역사적 교훈을 남기기 위해서라도 반드시 바로 잡아야 했다"(이건영, 1996, p. 271)는 생각을 갖고 있었다. 그날 이건영 장군과 처음 만났던 김기철 기자는 녹취록 내용에 대해 잠시 이야기를 나눈 뒤 녹음테이프가 어디에 있는지 바로 물었다.

"별로 머뭇거리지도 않고 '집에 있는데 한번 같이 들어보시겠습니까?' 그러길래 즉시 같이 듣기 시작했다." 녹음기에서 울려 나오는 육성을 듣는 순간 김 기자에게 떠오른 느낌은 '이거다'였다.

> 녹취록 문자를 읽을 때하고 음성 소리를 들을 때하고는 차원이 달랐다. 완전히 체감도가 달랐다. 당시 상황을 실감하는 정도가 글로 읽는 게 1이라면, 그 당시 상황 속에 그 사람들 육성을 듣는 건 열 배 이상이었다. 12·12 현장이 바로 눈앞에 펼쳐지는 것처럼 긴박했다. 정말 그 현장에 내가 있는 것 같았다. (김)

가슴이 쿵쾅거렸다.

육성 자료는 SKC에서 제조해 일반 판매하는 SMAT 카세트테이프 2개에 담겨 있었다. 그런데 몇 분 듣다가 테이프가 끊어져버렸다. 아마도 보관 상태가 좋지 않았던 것 같았다. 김기철 기자는 차라리 잘됐다 싶었다. "테이프를 가져가서 수리해서 돌려드리겠다"고 제안했다. 그리고 바로 테이프를 들고 신문사로 돌아갔다.

> 딱 감이 오더라고. 이거는 목소리다, 목소리. 장태완 장군이 길길이 뛰고 하는 거, 이걸 글로 아무리 표현해봐라, 이거 안 된다고. (조갑제. 이하 조)

조갑제 편집장은 12·12 밤 군인들의 육성을 29년 전 처음 직접 들었을 때의 전율을 지금도 생생하게 기억했다. 늘어지고 끊어진 카세트테이프를 복원하자 한국 현대사의 흐름을 결정한 16년 전 12·12 밤의 극한 혼란 상황이 마치 중계방송이라도 하듯 재생되었다.

> 이거는 목소리를 해야 된다, 바로 그 생각부터 했다. 장군들이 허둥지둥하고, 참모가 사령관에게 거짓으로 답하고. 목소리를 들어보면 감정이 다 들어 있고 이 사람 이거 지금 거짓말하고 있네, 아니면 사실을 말하고 있네, 하는 걸 느낄 수 있었다. (조)

조갑제 편집장 역시 12·12 군사반란 현장 통화 기록은 종이 매체의 기사만으로는 제대로 담아낼 수 없다고 판단했다. "나 죽기로 결심한 놈이야, 출동 준비를 갖추고 있다"며 반란군 측을 무력진압해야 한다고 주장하는 장태완 장군에게 이건영 장군이 "쌍방이 충돌이 없이 잘 돼야지, 그렇지 않으면 굉장한 불상사가 생겨" 하고 답하자, "그까짓 거 충돌이고 뭐고 몇 놈 죽어도 좋은데"(월간조선, 1995 p. 109)라고 오가는 전화 통화는 활자로는 도저히 전달할 수 없는 긴박감을 내뿜고 있었다. 김기철 기자는 이건영 장군을 간곡히 설득했다.

> 군사반란이라는 12·12의 본질을 밝히고 12·12 주도 세력의 기존 주장[8]을 뒤엎으려면 반드시 육성을 공개해야 한다, 그날 밤 누가

진짜로 나라를 생각하는 군인이었는지 정확히 바로잡아야 한다, 그렇게 상당 시간 설득해서 허락을 받았다. (김)

하지만 어떻게? 1995년은 뉴스 미디어가 인터넷을 활용하는 데 막 눈을 뜬 시기다. 1995년 3월 중앙일보가 한국에서 처음으로 인터넷 홈페이지에 지면 뉴스를 올리는 인터넷 신문을 발간했다. 조선일보사가 인터넷상에서 '세계 최초로 동영상을 구현한 멀티미디어 신문'을 공식 서비스하기 시작한 것은 월간조선의 12·12 특종 3개월 후인 11월 16일이었다(조선일보사, 1995). 모뎀을 이용한 당시 인터넷 서비스는 현재에 비하면 극히 제한적이었다.[9] 1995년은 아직 '뉴미디어'라는 말이 쓰이기도 전이었다. 언제든, 어디서든, 누구와 함께든 필요한 정보를 신속·저렴·편리하게 서로 주고 받을 수 있는 정보통신시스템을 구축한다는 목표를 둔 정보화촉진기본법[10]이 그해 8월 4일 공포되었고, 다음 날인 5일 대한민국 최초의 통신위성 무궁화1호[11]가 미국 케이프커내버럴 기지에서 발사에 성공했다. 모두 앞으로 펼쳐질 뉴미디어 시대를 준비하는 일들이었다. 동영상 공유 플랫폼인 유튜브가 등장한 것은 그로부터도 10년이나 지난

8 12·12 주도세력인 전두환 등은, 12·12가 박정희 대통령 시해 현장에 있던 정승화 육군참모총장의 의심스러운 부분을 수사하기 위해 체포 명령을 내리자 이들이 군사력으로 저항했기 때문에 일어난 돌발적 사건이었다고 주장했다.

9 조선일보 사보는 <디지털조선> 출범 첫날 이용 건수가 6만 6,932건이라고 기록했다.

10 1995년 정보화촉진기본법 공포를 앞두고 정부는 "21세기 정보사회는 정보와 통신이 주요 생산수단이 되는 사회 형태로서 기술의 혁신에 따라 컴퓨터와 통신기술이 융합되면서 사회 각 분야가 자동화·전산화되고, 또한 통신망으로 연결되어 사회 전반적으로 생산성과 효율성이 극대화되는 탈산업사회"라며 1995년부터 2015년까지 45조 2,500억 원을 투자하는 초고속 정보통신 기반 구축 계획을 수립·추진하겠다고 밝혔다. (법제처, 2009)

11 무궁화1호 위성KOREASAT1은 1995년 한국통신(현 KT)이 광복 50주년 기념으로 쏘아 올린 우리나라 최초의 자국적 통신위성이다. 12개의 통신용 중계기(대역폭 36Mhz, 출력 14W)와 3개의 방송 중계기(대역폭 27Mhz, 출력 120W)를 갖춘 정지궤도 위성으로, 설치 당시 KBS—위성1·위성2와 위성교육방송이 무궁화 위성을 이용해 위성방송을 송출했다.

후인 2005년이다. 이처럼 디지털 기술을 활용한 매체 융합이 일어나기 이전의 매체 환경에서 활자 매체인 월간조선이 무슨 수로 독자들에게 '육성'을 들려줄 수 있었을까.

5. 20만 개의 카세트테이프, 16년 만의 쿠데타 현장 중계

조갑제 편집장은 카세트테이프를 부록으로 붙이자는 아이디어를 제시했다. 김기철 기자는 "인쇄 매체에서 녹음 테이프를 만들어 음성 매체를 제공한다는 생각 자체가 엄청난 발상의 전환이었다"고 말했다. 전례가 없는 일이었다. 특종의 강도를 생각할 때 최소 10만 부는 훌쩍 넘을 터였다. 당장 하루이틀 사이에 카세트테이프 10만 개를 제작할 수 있는지부터 따져야 했다. 비용·기술·제작 부문 모두가 풀어야 할 숙제였다. 당시 카세트테이프 제작비는 대략 개당 500원 안팎으로,[12] 월간조선 9월호 임시 특가는 7,000원으로 책정되었다.[13] 결정적인 난제는 마감까지 남은 시간이었다. 해설을 붙여야 했고, 녹음 테이프를 책과 함께 보급할 수 있도록 물류 방안도 세워야 했다.

> 전화 감청을 담고 있는 녹음 테이프를 원 상태 그대로 내놓을 수는 없었다. 녹취록은 시간대도 뒤섞여 있었고, 누가 무슨 말을 하는지, 그 말들이 어떤 의미를 지니는지 쉽게 알 수가 없었다. (김)

12 1995년 무렵 카세트테이프 60~90분 분량 1,000개 제작 시 개당 단가는 500원 안팎으로, 인쇄 및 포장비는 별도였다. 20만 개 이상 제작할 경우 단가는 좀 더 낮아졌을 것이라고 한다. 1990~2000년대 카세트테이프 제작업체 T사를 경영했던 김영주 씨 추산(2024년 10월 전화 인터뷰)이다.

13 8월호까지는 권당 6,500원이었다.

녹음 테이프 제작을 위해 김기철 기자가 녹취록과 육성 녹음 테이프 내용을 하나하나 대조하며 대화 순서를 확인하고 대화 속 인물들을 정리했다. 단순히 녹음을 푸는 것만 아니라 녹취록과 육성의 실제 인물들을 인터뷰해 기사로 썼다. 하지만 해설은 또 다른 이야기였다. 녹음 테이프 자체가 별개의 '오디오 기사'였다. 김기철 기자는 지면용 기사에 집중하고, 녹음 테이프에 담을 해설은 12·12 군사반란과 신군부 출현 과정 등을 오래 취재해 맥락을 꿰뚫고 있는 조갑제 편집장이 그 자리에서 써 내려갔다. 조 편집장은 정리한 원고를 들고 경기도 고양시 대자동에 있던 지구레코드사로 달려갔다. 녹음은 별다른 NG 없이 바로 진행되었다. 80분 분량의 12·12 당시 군 고위 인사들의 통화 내용을 시간대에 맞춰 배열하고 사이사이 해설 내레이션을 넣었다. 육성 녹음 테이프는 문자만으로는 충분히 전달할 수 없는 청각적 요소까지 담아내는 오디오 매체였다. 육성을 동반한 12·12 녹취록 특종은 12·12 군사반란 주도 세력이 정치적 실권의 상당 부분을 여전히 장악하고 있던 당시 한국 사회의 역사적 모순 한가운데로 굉음을 내며 돌진했다.

> 실제 통화 육성 중간중간에 해설을 끼워 넣어가지고 그게 이제 테이프로 나오니까 이게 임팩트가 엄청났다. 그 목소리가 바로 방송에서 막 나오기 시작했다. (조)

반란군을 막아야 한다는 흥분된 목소리와 군대 출동이 없다고 딱 잡아떼는 목소리가 각각 어떤 상황에서 나왔는지 입체적인 해설과 함께 담겨, 그날 밤 역사의 물줄기를 바꾼 현장의 긴장과 혼란이 고스란히 재생되었다. 결과는 어마어마했다. 잡지가 시중에 풀려 나오기 전날인 8월 17일 저녁부터 방송사가 녹음 테이프를 틀며 뉴스를 방영했다. 새로 나온 음반을 틀어주는 충무로와 종로의 음반 가게에서 온종일 12·12 육성 녹음 테이프를 틀어주는 일도 있었다(조선일보, 1995). 일주일 만에 20만 부가 팔려나갔다. 카세트테이프 20만 개가 전국에서 폭발적인 반향을 일으켰다. 보다 진화한 매체를 통해 저널리즘의 형식과 내용의 수준을 좀 더 의미 있게 구성하는 것이 가능하다(이완수, 2011, p. 144)는 것이 실제로 확인된 사례였다. 김기철 기자는 그 의미를 이렇게 되새긴다.

> 1995년 여름은 김영삼 정부 임기가 중반을 향해 달려가고 있는 시기였다. 우리 세대는 그 사건들에 대해 굉장히 문제의식이 강했고 현실 정치에서도 뇌관 같은 것이었다. 잘못된 건 아는데 처벌은 못하고, 그런 상황에서 12·12 육성이 공개되면서 이게 정말 하극상이고 군대 내에서 있어서는 안 될 반란이었다는 걸 모든 국민이 듣기만 하면 다 알 수 있게 되었다. (김)

12·12 군사반란에 참여한 측과 이를 막으려 했던 육군본부 쪽 장군들의 대화가 혼란스럽게 펼쳐지는 가운데, 육성 사이사이 제시되는 조갑제 편집장의 해설은 육성 주인공들의 소속과 12·12 이후 이들의 거취 등 사실 전달에 충실하여 '객관주의' 저널리즘의 줄기를 지켰다. 다음은 조갑제 편집장이 쓰고 직접 녹음한 오프닝과 클로징 해설 전문, 그리고 중간중간 제시된 통화 내역 해설의 일부이다.

> **오프닝 해설**
>
> 1979년 12·12 사건은 모든 한국인의 삶에 큰 영향을 끼친 우리 현대사의 결정적인 순간이었습니다. 이 녹음 테이프는 그날 밤 육군본부와 합수본부로 갈라져 맞섰던 우리 군 지휘관들의 긴박한 육성이 그대로 담긴 역사적인 자료입니다. 이 테이프는 주로 수도권 방어를 책임진 3군사령관이 국방부, 육군본부 각 군단 및 사단의 지휘관들과 통화한 내용입니다. 12·12 사건의 현장 중계방송과 같은 내용, 이 테이프의 녹취 기록은 월간조선 9월호에 그 전문이 실려 있으므

로 대조하여 들으시면 이해하기가 쉽겠습니다. 역사의 고동과 숨결까지 느끼게 해주는 장군들의 육성, 그 길었던 겨울밤의 현장으로 여러분들을 안내해드리겠습니다.

통화 내역 해설

- 통화는 1979년 12월 12일 밤 8시 50분 육군본부 참모차장 윤석민 중장이 이건영 3군사령관에게 전화를 걸어옴으로써 시작됩니다. 참모차장은 정 총장이 납치된 이후 총장을 대리하여 육군을 지휘하고 있었습니다.
- 다음은 3군사령관이 3군 예하 박희모 30사단장과 나눈 통화입니다. 나중에 30단은 전두환 장군 측의 요청에 의하여 서울로 출동하게 됩니다.
- 다음은 장태완 수경사령관이 3군사령관에게 최초의 상황 보고를 한 내용입니다.
- 다음은 3군사령관과 진종채 2군사령관의 통화입니다. 진종채 중장은 전두환 소장의 바로 전임 보안사령관입니다.
- 육군본부의 상황실을 지키고 있던 이규식 육본 정보처장이 3군사령관에게 전화를 걸어왔습니다. 사령관이 1군단 직할 제2기갑여단장 이상규 준장에게 지시하는 내용입니다. 육사 12기인 이상규 준장은 13일 새벽 전두환 장군 측의 요청에 의해 서울로 출동하게 됩니다.
- 9사단의 김봉규 30연대장이 3군사령관에게 긴급 전화를 걸어온 내용입니다. 김 대령은 하나회 멤버가 아닙니다.
- 3군사령관이 9사단 참모장 구창회 대령에게 지시하는 내용입니다. 하나회 멤버인 구창회 씨는 나중에 대장까지 진급합니다.[14]

---

14 이 통화에서 이건영 3군사령관은 예하 부대인 9사단(사단장 노태우) 참모장 구창회 대령

- 18연대장 이문석 대령에게 건 전화입니다. 이 대령은 육군 대장으로 예편한 뒤 총무처 장관을 지냈습니다. 13일 새벽 9사단 29연대장 이필섭 대령은 30대의 한 개 대대를 배속받아 서울로 출동하게 됩니다.
- 13일 오전 6시 10분쯤 육사 7기 동기인 김용휴 국방차관이 이건영 3군사령관에게 전화를 걸어왔습니다. 이건영 장군은 국방부에 출두, 노재현 장관에게 신고한 직후 보안사 수사 요원에 의해 서빙고 분실로 연행됩니다.

클로징 해설

이 사건은 전두환 장군이 이끄는 합수본부 측의 완벽한 승리로 끝났습니다. 하극상 유혈 사태를 통해 군의 헤게모니를 잡은 신군부는 이미 돌아올 수 없는 강을 건넜고, 다음 해인 1980년 드디어 정권을 잡게 됩니다. 12·12 사건 그날 밤 이건영 3군사령관을 비롯한 군 지휘부는 북한의 남침과 아군끼리의 충돌을 우려하여 전방부대의 출동을 저지하려고 안간힘을 다 썼습니다. 그러는 사이 전두환·노태우 장군 측은 하나회 인맥을 동원하여 1공수여단과 3군사령부 이하의 9사단, 2기갑여단을 서울로 몰래 불러들여 전세를 결정지었습니다. 정승화 총장의 납치에도 불구하고 대통령 국방장관, 육군참모차장으로 이어지는 군 통수 계통은 살아 있었으나, 결단해야 할 지휘

에게 30연대 출동 사실을 확인하며 부대 출동을 막는다. 구 대령은 "연대 출동 안 합니다"라고 세 차례에 걸쳐 거짓 답변을 한다. "지금 9사단 30연대장(직전 통화한 김봉규 대령)이 삼송리까지 출동한다고 전화가 왔다…"는 이 사령관에게 구 대령은 "연대 출동 안 합니다"라고 딱 잘라 답한다. 조갑제 편집장은 이 통화에 대한 해설에서 구창회 씨가 하나회 회원이며, 나중에 대장 진급을 했다는 사실만 건조하게 전함으로써 군 조직에 따른 명령 계통을 따르지 않고 하나회라는 사조직에 충성했던 12·12 당시 반란군 가담 군인들의 거짓말과 행태에 대해 판단을 내리기보다 사실 전달에 충실한 저널리즘 원칙을 지키고 있다.

관이 아무런 결심도 내리지 못했기 때문에 육군본부 측의 패배로 끝났습니다. 12·12 그날 밤 장군들은 많았으나 지휘자는 없었습니다.

조갑제 편집장은 녹취록 특종이 진실을 추구하는 저널리즘의 원칙과 관련해서 갖는 의미를 이렇게 말했다.

> 한국의 민주화는 언론의 특종을 통해 가속되었다. 언론시장의 경쟁이 민주화의 동력이 되었다. … (중략) … 현실 정치에 영향을 주고 사람들의 생각을 바꾸는 특종은 '최고급 사실fact'이며, 거짓이 판치는 세상에서는 진실을 말하는 게 혁명이다. 정승화 전계엄사령관 인터뷰 같은 역사성 있는 특종은 연쇄적으로 또 다른 특종을 만들고 역사를 움직인다. (월간조선, 2020, pp. 4-5)

그는 잡지의 특종이 언론 자유의 확장과 수익 면에 기여하는데, 이러한 특종들이 외부 압력에 맞섰기 때문에 빛을 볼 수 있었다고 했다.

6. 방송이 더 적극 퍼뜨린 종이 잡지 특종: 육성의 힘

월간조선의 12·12 녹취록 육성 녹음 테이프 발굴 특종은 방송사에서 특히 반겼다. 잡지 발매 전날 저녁 방송사 뉴스로 먼저 공개되었다는 점도 활자 매체와 전파 매체의 영역이 뚜렷이 구분되던 시절의 특성을 보여준다. MBC 등 방송사들은 8월 17일 오후 9시 뉴스 머리기사로 녹취록과 육성 공개 특종을 전달했다(MBC, 1995; <자료 2-3>, <자료 2-4> 참조). 방송사들은 12·12 군사반란 사건이 긴박하게 진행되는 10시간 동안 군 고위 인사들의 전화 통화가 육성 그대로 녹음된 테이프가 나왔다는 스트레이트 기사를 집중적으로 보도했다.

<자료 2-3> 12·12 녹음 테이프 육성 주인공들을
관련 영상과 함께 보도한 MBC뉴스데스크 화면

출처: www.youtube.com/watch?v=yG31rAoAhCI

<자료 2-4> 12·12 녹음 테이프의 재생 모습을 보여주는 MBC뉴스데스크 화면

출처: www.youtube.com/watch?v=yG31rAoAhCI

특히 기존의 영상 자료를 배경으로 녹음 테이프에 담긴 육성 통화를 들려주는 방식으로 12 · 12 군사반란 당시 전두환 보안사령관이 주도하는 군내 사조직 하나회가 공식적인 명령 계통을 누르고 하극상을 벌였다는 사실을 강조했다.

종이 신문들의 보도 내용은 신문사마다 다르게 나타났다. 월간조선의 모회사인 조선일보사에서 발간하는 조선일보는 8월 18일자 1면과 5면 등 지면 4개에 기사를 실었다(조선일보, 1995). 1면 톱기사로 "12 · 12 당시 군 통화녹음 발견-보안사서 육본 통화 감청/현장중계 항명-허위보고 생생"이라는 통화 내용을 전하는 기사를 보도한 데 이어, 5면에 "합수부 '에이 장장군 왜그래, 이리와'"라는 제목 아래 80분 간의 녹취록 중 주요 부분을 요약해 실었다. 다른 신문들은 12 · 12 녹취록 발굴에 대해 정부 반응을 우선해 보도하는 등 저마다 다른 관점을 드러냈다. 동아일보는 8월 18일자 2면에 "12 · 12 통화 유출 경위 조사 기무사 군기법 위반 여부 검토키로"라는 제목의 스트레이트 기사를 보도하며 해당 통화 녹음의 존재나 내용보다 이를 유출한 것 자체를 문제 삼는 국방부 측의 반응에 초점을 맞췄다(동아일보, 1995a). 녹음 테이프 내용은 2면에 박스 기사로 다루며 "12 · 12 육본 통화 보안사서 감청/신군부측 장교, "9사단 30연대 출동 안 한다" 허위보도/장태완 수경사령관, "나는 죽기로 결심한 놈"/노재현 국방, "병력 필요할 땐 내가 전화 걸 것"" 등의 제목을 달았다. 동아일보의 기사 방향은 다음 날인 8월 19일에도 비슷하게 이어져, "'12 · 12' 테이프 유출 당시 군 고위인사 관련 조사" 제하에 녹음 테이프 유출 경로에 주목하고, 국군기무사령부가 12 · 12 당시 군 고위 인사였던 L씨의 관련 여부에 주목하고 있다고 보도했다(동아일보, 1995b). 중앙일보는 8월 18일자 2면에 3단 기사로 "12 · 12 때 군 수뇌 통화감청/보안사 녹음 테이프 공개"라고 간단하게 보도했다(중앙일보, 1995a). 다음 날 중앙일보는 1면에 "또 다른 테이프 없나 새 내용 없을까/야당-재야 법조계 12 · 12 재수사 촉구" 기사와 국방부가 고발을 검토하고 있다는 기사 등 관련 기사를 2개 실었다(중앙일보, 1995b). 이들과 달리 한겨레신문과 경향신문은 12 · 12 녹취록과 육성 녹음 테이프 공개를 1면 기사로 보도했다. 한겨레신문은 8월 18일자 1면에 "12 · 12 반대 육본 수뇌 통화 당시 보안사서 비밀감청” 기사와 21면에 “‘긴박 초조 10시간’ 12·12 군사반란 통화 내용 육군 수뇌 “어떻게 하지…” 안절부절”이라는 제목으로 녹음 테이프 내용을 요약 전달하는 기사를 보도했다(한겨레신문, 1995). 경향신문은 1면에 “12·12 육본 통화 내용 보안사서 감청” 제하의 기사를 실은 데 이어 5면에 “노국방 “내 명령만 들으라” 지시 후 피신” 제하에 녹음 테이프 내용을 요약한 기사를 실었다.

12·12 현장의 육성 녹음 테이프 기사는 그 내용의 역사적 중요성이나 특종이라는 저널리즘적 성과에도 불구하고 당시 종이 신문에서는 충분히 다루어지지 못했다. 한국 현대사의 흐름을 바꾼 중대한 사건의 경과가 16년 만에 ‘생생한 육성’으로 확인되었지만, 활자 매체의 한계와 타사 특종에 대한 견제라는 언론계 관행 안에 갇히고 말았다. 먼저, 녹음 테이프로 청각적 보도를 제공한 종이 잡지의 혁신 노력은 당시 종이 신문의 메시지 전달 환경에서는 기술적인 벽에 가로막혔다. 앞서 살펴본 것처럼, 1995년 8월 한국 신문의 인터넷 발행 환경은 기사 텍스트를 홈페이지에 올리는 수준에 머물러 있었기 때문이다. 거기에 더해, 특종에 대한 언론사 관행도 작용했을 것으로 보인다. 특종은 단독exclusive 보도와 최초being first 보도라는 특성을 담고 있으며(Gahran, 2011), 권력을 감시하고 진실을 추구하려는 노력에서 출발한다(유수정·이건호, 2020). 특종은 기자뿐 아니라 언론사의 수행 목표이자 동기로 작용하는 저널리즘의 핵심(김세은, 2017)이지만, 특종 보도는 기사 생산 관행, 언론사 조직의 뉴스 생산 과정, 뉴스 내용에 영향을 미치는 요인, 언론사 간 경쟁 혹은 영향 관계를 포괄적으로 고려해야 하는 저널리즘 현상(Donsbach, 2004)이기도 하다. 저널리즘 현장에는 경쟁사의 특종을 견제하거나 평가절하하는 성향이 짙게 남아 있으며, 이러한 관행적 사고는 저널리즘의 발전을 가로막는 것으로 비판받기도 한다(박성호, 2015; Gahran, 2011). 이러한 관행이 12·12 육성 테이프 특종 기사의 의미를 제한적으로 전달하게 만든 것이 아닐까 살펴볼 필요가 있다.

월간조선의 12 · 12 녹취록 특종은 전형적인 '단독' 보도로, 이 육성 자료를 뉴스 보도에 직접 활용할 수 있는 방송에서 적극적으로 다뤄진 반면, 텍스트만 소화할 수 있는 종이 신문에서는 특종 내용을 확산하기보다 기밀 자료 누출이라는 정부 측 문제 제기에 더 초점을 맞춘 보도들을 내보냈다. 이러한 현상은 특종에 대한 언론계 관행과 관련된 것으로 생각해볼 수 있다. 특종이 중요한 이슈를 뉴스로 확산하는 데에 오히려 위협 요소가 될 수 있다는 우려(Gahran, 2011)가 현실에서 확인된 사례이다. 언론의 환경 감시 기능과 저널리즘의 진실 규명이라는 저널리즘 원칙이 민주주의 발전에 미치는 영향을 고려하면 이러한 관행은 적잖은 아쉬움을 남긴다.

1995년 월간조선의 12 · 12 녹취록 특종이 녹음 테이프 발매라는 혁신적 방식을 택한 것은 당시 종이 매체들에 적잖은 충격을 안겼다. 당시 중앙일간지 정치부 중견 기자로 이 특종을 낙종했던 한 언론인은 "정말 놀랐다"고 회고한다. 그전부터 정치부 기자들 사이에 녹취록이 있다는 말은 있었지만, 이를 직접 육성으로 들은 후 "왜 이런 기사를 놓쳤을까…"라는 내부 비판들이 있었다고 한다.

7. 최초의 녹취록 확보: 특종할 수 있었지만

월간조선의 12 · 12 녹취록 특종과 육성 녹음 테이프가 5 · 18 특별법 제정과 전두환 · 노태우 전 대통령의 법적 처벌 및 수감 등 5공 청산의 물꼬를 트는데 결정적 역할을 했다는 데에는 이론이 크지 않을 것이다. 그런데 이 녹취록 내용이 월간조선 특종보다 1년 8개월이나 앞서 공개되었다는 것이 확인되었다.[15] 1993년 12월 "이것이 12 · 12 진상이다"라는 부

---

15 조갑제 편집장도 이번 인터뷰에서 1995년 당시 녹취록 내용이 다른 매체에 인용된 사

제를 달고 출간된 『지는별 뜨는별』은 월간조선이 특종 보도한 12·12 녹취록의 주요 부분들을 책 곳곳에 직접 인용으로 담고 있다. 이 책은 1993년 1월부터 8월까지 이계성 당시 『한국일보』 정치부 기자가 한국일보에 주간 연재한 "실록 청와대" 기사들을 단행본으로 펴낸 책이다. 하지만 책 어디에도 녹취록에 대한 직접적 언급은 없다. 책 후기에 "취재 과정에서 재수 좋게 손에 넣을 수 있었던 몇 가지 생생한 자료는 정말 큰 도움이 되었다. 그것은 당사자들의 증언이 안고 있는 한계를 상당 부분 보완해줬다"(이계성, 1993, p. 360)고 써서 녹취록의 존재를 암시했을 뿐이다. 이 책은 군 고위 장성들의 대화를 직접 인용하면서, "다음은 두 사람의 통화 내용, 보안사 극비자료"(이계성, 1993, p. 95), "다음은 당시 통화 내용"(이계성, 1993, p. 86)이라는 식으로만 표기했을 뿐 그 출처는 밝히지 않았다.

한국일보가 월요일마다 주간 연재한 "실록 청와대"는 "12·12 사건으로 명멸을 거듭한 군 장성들의 이야기"(이계성, 1993)로, 당사자들에 대한 꼼꼼하고 세밀한 취재를 통해 12·12 군사반란에서 신군부 집권에 이르는 과정을 치밀하게 재구성하고 있다. 연재를 시작한 1993년 1월은 신군부로부터 탄압받았던 야당 정치인 김영삼 씨가 3당 합당[16]을 통해 여당 후보로 대통령에 당선된 직후다. 그 전해 10월부터 취재를 시작했다고 밝힌 저자는 "12·12 반란 참여자와 피해자 모두 증언을 꺼리는 가운데 12·12의 실상에 접근하는 데 어려움이 컸다"(이계성, 1993, p. 359)고 썼다. 이 책은 2024년 5월 『12·12』라고 제목을 바꿔 31년 만에 개정판으로 출간됐다. 초판과 달라진 점 중 가장 큰 변화는 보안사가 장군들의 전화 통화 내용을 감청·녹음하고 있었다고 명시하고(이계성, 2024, p. 160), 당시 녹취록에서 인용한 부분들을 전화 통화 내용이라고 밝히면서 직접 인용 방식으로 새롭게 편집한 것이다.

실을 알고 있었다고 말했다.

16 1990년 2월 당시 집권 여당이었던 민주정의당과 야당이었던 통일민주당, 신민주공화당이 합당하여 거대 여당인 민주자유당을 창당했다.

이 글을 쓰기 위한 인터뷰를 통해 1993년 이계성 당시 한국일보 기자가 녹취록을 입수한 경위와 녹취록의 존재에 대한 별도 기사를 쓰지 않은 이유 등을 확인할 수 있었다. 그는 신문 연재를 마칠 무렵 당시 국회의원이던 이건영 전 3군사령관에게서 녹취록을 입수했으며, 이미 연재가 끝난 뒤였기 때문에 지면 기사에는 녹취록이 인용되지 않았다고 밝혔다.

> 이건영 장군이 1993년 당시 통일국민당 국회의원이었어요. 제가 의원실을 자주 갔죠. 저랑 함평 이씨 본이 같은데, 이건영 의원 항렬이 제 고손자 뻘이 됩니다. 그런 인연도 있고, 12·12 연재 취재도 있어 자주 만났는데, 연재가 다 끝난 어느 날 이런 게 있다고 그러면서 녹음 테이프하고 녹취록을 보여주는 겁니다. (이계성. 이하 이)

이계성 기자는 12·12 당시 보안사 감청 기록이 있을 것이라는 이야기는 많이 들었지만, 실제 녹취록을 본 것은 자신이 처음이었을 것이라고 했다. "어떻게 저분이 그걸 입수를 했을까, 궁금해서 물어봤더니 군 생활에서 인연이 있는 부하들이 전해준 모양이에요." 이건영 장군은 녹취록을 그 자리에서 읽어볼 수 있게 허락했지만 가져가거나 복사하는 것은 안 된다고 했다. 녹음 테이프는 카세트테이프 형태로 2개[17]가 있었는데, 역시 보여주기만 하고 내용을 들려주지는 않았다. 이계성 기자는 녹취록을 참고만 하겠다고 약속하고 복사본을 만들어두었다가 책을 펴낼 때 일부 인용했다.

그런데 녹취록과 녹음 테이프의 존재를 왜 당시에는 밝히지 않았을까.

> 12·12 그날 밤 현장의 통화 녹취록이 있다, 이렇게 기사로 쓸 수

17 2년 후 김기철 월간조선 기자에게 보여준 것과 동일한 것으로 보인다. 이계성 기자는 "시중에서 흔히 쓰는 S사 상표였다"고 기억했다.

> 도 있었지만, 취재원을 보호하고, 취재원과의 약속을 지키는 게 중요하다고 생각했습니다. (이)

이계성 기자는 당시 이미 연재가 끝난 데다, 녹취록을 살펴본 결과 취재 중에 다 나온 내용이라는 것을 확인했다.

> 새로운 팩트는 없어요. (그때는 이미) 누가 좋고 나쁘고까지도 다 나와 있는 상황이어서 녹취록 내용 그 자체로는 큰 스트레이트는 아니라고 판단했습니다. … (중략) … '이런 녹취록이 존재한다'라는 기사로 치고 나갔을 수도 있지요. 하지만 취재원과의 약속이 제게는 가장 중요했습니다. (이)

지금 돌이켜보면 발굴 특종으로 할 수도 있었겠다고 이계성 기자는 말했다. 하지만 1993년 12월은 불과 1년 8개월 뒤 월간조선이 녹취록 특종을 할 때와는 사회 분위기가 달랐다. 3당 합당으로 야당 정치인 김영삼이 여당 대통령 후보가 되었고 선거에서 당선되었지만 5공·6공의 12·12 주역들이 권력의 자리를 여전히 지키고 있었다. 앞서 1987년 대통령 선거 때 '12·12 사태'를 권력 찬탈을 위한 군사반란으로 규정하고 역사적인 문제 제기가 시작되기는 했어도, 12·12를 일으킨 세력이 정치권력으로 엄존하는 상황에서 언론이 피해자들의 목소리를 드러내는 것은 여전히 쉽지 않은 상황이었다. 실제로 1995년 8월 월간조선의 특종 보도에 대해 국방부는 보안 기관의 극비 자료 유출을 문제 삼는 한편, 유출자에 대한 군사기밀보호법 위반 처벌이 불가피하다고 밝혔다(조선일보, 1995).

8. 디지털 미디어 시대의 저널리즘 혁신: 특종이 혁신이다

월간조선의 녹취록 특종과 육성 녹음 테이프 발매를 통해 겪은 활자 매체의 혁신 경험은 디지털 미디어 세상에서 이미 먼 과거의 '전설'이 되었다. 인터넷 기반 뉴미디어에서는 텍스트와 동영상의 결합이 이루어졌고, 이용자와 상호작용이 가능한 인터랙티브 뉴스콘텐츠가 저널리즘의 새로운 가능성으로 등장했다. 갖가지 동영상 자료와 녹취 자료 등이 쏟아져 나오는 현실에서 종이 신문이나 종이 잡지의 저널리즘 혁신은 어떻게 가능할까. "저널리즘이 쌍방향 소통의 살아 움직이는 사회 생태계 속에서 제공되는 서비스라는 인식이 커지"(제레미 캐플란, 2020, p. 48)는 가운데, 종이 신문의 위기를 디지털 전환을 통해 극복한 『뉴욕타임스*The New York Times*』의 사례가 중요한 방향을 제시한다.

뉴욕타임스는 특종과 탐사 보도를 디지털 테크놀로지와 접목함으로써 사건과 사태의 전모를 종합적으로 재구성하고, 숨겨진 사실을 드러내는 저널리즘의 혁신을 이뤄냈다(송의달, 2021). 뉴욕타임스는 특히 이미 공개된 사실들 가운데서 뉴스를 발굴해 감춰진 사실을 드러내는 발굴 특종을 탐사 보도 방식으로 보도하며 디지털 저널리즘의 새로운 가능성을 개척해 저널리즘 혁신의 가능성을 넓혔다. 뉴욕타임스의 동영상 보도 www.nytimes.com/video와 동영상 탐사 보도www.nytimes.com/video/investigations는 짧게는 1분 30초 안팎에서 10분 길이로 제작된 동영상 기사를 담고 있다. 동영상 탐사 보도 가운데 1,000만 뷰를 넘긴 기사들이 적지 않은데(<자료 2-5> 참조), 대표적인 것이 2017년 라스베거스에서 일어난 59명 총기 피살 사건 보도(The New York Times, 2018)와 2013년 존 F. 케네디 대통령 암살 현장의 '우산 쓴 남자'(The New York Times, 2013) 보도이다. 라스베거스 총기 사건을 다룬 "라스베거스 총잡이의 학살 계획, 비디오로 본 7일How the Las Vegas Gunman Planned a Massacre, in 7 Days of Video"은 범인이 당시 투숙한 MGM리조트 호텔의 CCTV 화면 일주일 치를 단독 입수해서 분석 보도한 동영상 기사로(<자료 2-6> 참조), 2024년 10월 현재 2,282만 뷰를 기록하고 있다.

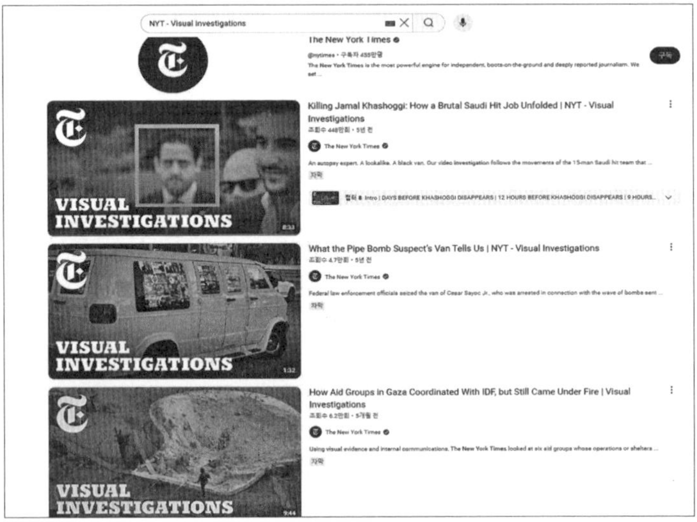

<자료 2-5> 유튜브를 기반으로 활용하는 뉴욕타임스 비주얼 탐사 보도 시리즈

출처: www.nytimes.com/spotlight/visual-investigations

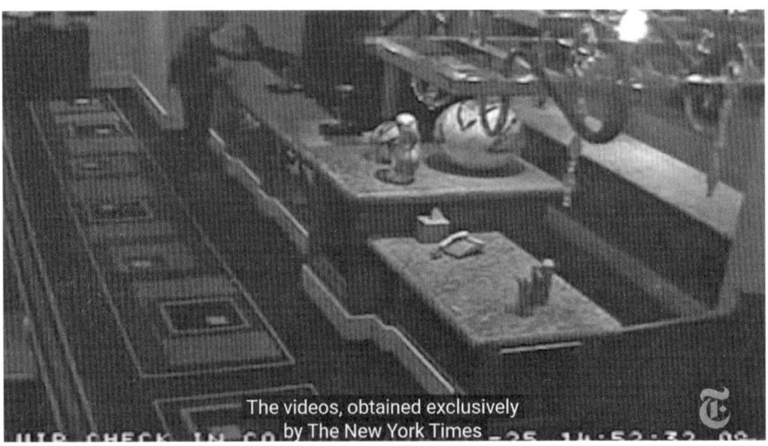

<자료 2-6> 2018년 제작한 "라스베거스 총잡이의 학살 계획, 비디오로 본 7일"

출처: www.nytimes.com/video/us/100000005794914/las-vegas-gunman-planned-massacre.html?searchResultPosition=6

엘리베이터, 복도 등 호텔 곳곳의 감시 카메라에 비친 범인의 모습, 또 그의 정체를 알지 못하고 결과적으로 범행을 도운 셈인 리조트 직원들의 일하는 모습이 생생하게 등장한다. 케네디 대통령 암살 50주년을 맞아 제작된 '우산 쓴 남자' 보도는 사건 현장의 동영상을 다시 분석해 검은 우산을 쓴 남자의 존재에 초점을 맞춘다. 첫 보도 후 11년간 1,076만 뷰를 기록하고 있다.

뉴욕타임스의 이러한 디지털 저널리즘은 종이 신문과 비교할 수 없을 만큼 오랜 기간에 걸쳐 계속해서 이용자(독자)를 확보하고 있다는 점에서 디지털 저널리즘의 확장 가능성을 증명하고 있다. 『워싱턴포스트*The Washington Post*』 역시 이러한 뉴스 제작에 뛰어들어, 중국 전역의 감시카메라 실태(The Washington Post, 2018) 같은 탐사 보도뿐 아니라 노스캐롤라이나를 덮친 허리케인 피해(The Washington Post, 2024) 같은 국내·지역 뉴스도 동영상-텍스트 기사와 유튜브 동영상 기사를 함께 제작해 배포하고 있다.

디지털 기술로 저널리즘의 형태와 실천 방식이 변화하고 있지만, 저널리즘의 기본적 임무는 여전히 사회와 권력에 대한 감시 및 비판이다. 저널리즘의 첫 번째 의무는 진실이며, 최우선으로 충성해야 할 대상은 시민이다(Kovach & Rosenstiel, 2021/2021). 그런 점에서 디지털 기술을 바탕으로 사실 전달 방식을 확대한 디지털 저널리즘의 혁신은 전통적인 저널리즘에서와 마찬가지로 치열한 특종 경쟁에서 출발한다고 볼 수 있다.

9. 한국의 디지털 저널리즘은 어디로 갈 것인가

문자 텍스트와 동영상, 음향이 융합하고, 이용자와의 상호작용interactive이 자유롭게 이루어지는 디지털 환경에서 저널리즘의 혁신은 어떻게 가능할까. 뉴욕타임스 동영상 보도와 동영상 탐사 보도 사례에서 보듯, 특종은 '최초 보도'에 한정되는 것이 아니라 이미 있는 것을 어떻게 새롭게 보는가, 멀티미디어 기반을 얼마나 다양하게 구현해 이용자들의 시청각적 감각을 두드리는가로 초점이 확장되고 있다. 이러한 기술적 요소들은 한국의 저널리즘에서도 이미 충분히 활용되고 있다. 2017년 박근혜 대통령에 대한 탄핵 인용을 이끈 보도들에서 스마트폰의 자동 녹음 기능이나 몰래카메라 등을 활용한 육성-동영상 자료가 뉴스 이용자들에게 전달되었고, 여론에 큰 영향을 준 것을 경험했다. 현직 대통령 부인을 몰래카메라로 촬영한 동영상이나 대통령실 직원의 전화 통화 육성 녹음 파일도 연일 '뉴스'로 등장한다. 문제는 이러한 '멀티미디어' 자료들이 선정적인 폭로 기사나 정쟁 기사에 활용되는 데에 그치고 있다는 것이다.

한국의 디지털 저널리즘 혁신은 어떻게 가능할까. 30년 전, 종이 매체에서 소화할 방법이 없는 육성 자료를 카세트테이프로 제작해 활자와 음성 매체의 '융합'을 시도했던 저널리즘 혁신의 도전정신이 디지털 환경에서는 어떻게 확산될 수 있을까. 조갑제 편집장은 특종을 통해 저널리즘의 혁신을 이룰 수 있다고 말했다. 12·12 녹취록 및 녹음 테이프 특종은 종이 매체 시대의 한계를 넘어서려는 '상상력'으로 이루어진 특종이자 혁신이었다. 기자의 취재 보도가 아니었으면 세상에 알려지지 않았을 이슈를 발굴uncovering하는 특종은 저널리즘이 사회적 담론을 형성할 수 있게 만든다(Gahran, 2011). 12·12 녹취록 특종은 시간이 지나면 공개될 '일시적 특종ephemeral scoops'이 아니라, 세상을 변화시킬 수 있는 '진짜 특종real scoops'(Grueskin, 2013)으로서, 역사적 변화를 이끌어내는 단초를 제공했다.

> 특종은 아주 우연하게 이루어지는 경우도 있지만 대부분은 필연이다. 평소의 꾸준한 관심, 특히 사소한 데 대한 관심이 중요하다. 매일 매일의 취재 루틴에서 특종이 나오고, 이미 공개된 이야기도 그걸 전혀 다르게 봄으로써 특종이 되고 더 큰 의미가 생긴다. 특종을 만

드는 또 하나의 길은 기사, 사진, 음향 등 여러 가지 취재 자료를 어떤 방식으로 사용하느냐는 데 있다. (조)

1995년 월간조선 10월호가 내놓은 육성 녹음 테이프 특종 2호가 바로 그런 사례였다. 최은희 배우와 신상옥 감독이 1986년 북한에서 탈출하며 가지고 나온 김정일 육성 녹음 자료는 1989년 국가안전기획부가 언론사들에 보도자료로 배포했지만, 6년 후에야 월간조선이 지면 기사와 녹음 테이프 발행을 '병행'하면서 특종 보도했다. 12·12 육성 녹음 테이프 부록이 엄청난 호응을 부른 것을 경험한 결과였다. 당시 조갑제 편집장은 '육성'의 힘을 이렇게 말했다.

김정일의 육성 녹음 테이프는 김정일의 인간적 내면과 사고방식을 적나라하게 드러낸 희귀한 자료였다. … (중략) … 문자의 한계와 육성의 중요성을 다시 한번 실감했다. 목소리에 담기는 한 인물의 성격·인품·버릇·사고思考 체계 같은 입체적 정보는 1차원적인 활자에선 느낄 수가 없기 때문이다. (월간조선, 1995b)

요새 언론 풍조를 보니까 특종에 대한 평가를 애써 무시하려는 그런 경향이 있는것 같다. 언론 자유가 지금에 비할 수 없이 어려웠던 1970년대, 1980년대에도 특종하면 그 기자가 유명해지고 그 특종이 하나의 신화가 되었다. 특종 욕심이 있어야 열심히 뛰게 되고, 거기서 경쟁이 이루어지고, 경쟁하다 보면 묻혀진 정보가 다시 이 세상에 드러나고, 그게 또 우리 공동체를 발전시키는 원동력이 된다. (조)

활자 매체의 한계를 뛰어넘으려는 육성 녹음 테이프 발행은 뉴미디어 출현 직전 등장한 종이 잡지의 저널리즘 혁신이었다. 그 혁신은 12·12

군사반란과 5·18을 역사의 재판정으로 불러냈고, 12·12 군사반란을 주도했던 전두환·노태우 전 대통령을 피고석에 세웠다. 그 재판정에서는 증거로 제출된 12·12 사건 육성 녹음 테이프가 몇 번이고 재생되고 또 재생되었다. 이 특종을 바탕으로 뉴스와 특집 보도 프로그램이 제작되었고, 녹취록 속 인물 군상을 드라마로 재현한 영화 <서울의 봄>은 2023년 11월 개봉 후 극장 관객 1,300만 명을 기록했다. 진실에 접근하려는 저널리즘의 노력이 빚어낸 열매다.

3장

한국형 탐사 보도의 탐색

조갑제와 이규연을 중심으로

송상근

전현직 기자 4명이 국내 논픽션 필자 12명을 인터뷰해서 '논픽션 글쓰기 전설들'이라는 제목으로 2023년 출간했다. 조갑제(조갑제닷컴 대표)를 소개하는 부분에서 "이 작품에 대한 기자들의 존경심 역시 유별나다"고 했다(조문희 외, 2023, p. 16).

기자들이 유별나게 존경한다는 작품은 '사형수 오휘웅 이야기'라는 책이다. 첫 문장이 이렇게 시작한다. "끔찍한 살인의 현장을 본 사람들은 사형존치론자가 되고 처연한 사형 집행을 목격한 사람들은 사형폐지론자가 된다고 한다."(조갑제, 1986a, p. 7). 끔찍한과 처연한, 살인의 현장과 사형 집행, 존치론자와 폐지론자. 대구를 이루면서 주제를 선명하게 각인시킨다.

<뉴스타파>의 김용진 대표는 언론 인터뷰에서 "조갑제 전 『월간조선』 대표의 박정희 시절 포항석유 발견 조작설을 파헤친 기사나 『사형수 오휘웅 이야기』(한길사) 등은 탁월한 탐사 보도"라고 말했다. 지면 PDF에는

'탁월한 탐사 보도'라고 했다. 온라인 기사를 검색하니 "한국 언론사에 남을 탁월한 탐사 보도"라는 수식어가 붙었다(강성만, 2013. 7. 1.).

탐사 보도 용어는 JTBC가 <이규연의 스포트라이트>를 2015년 5월부터 방영하며 진행자를 소개한 부분에도 보인다. "대한민국 탐사 보도의 시작을 알린 "난곡 리포트"와 농구선수 박승일의 루게릭병 투병 과정을 집중 조명한 "루게릭 '눈'으로 쓰다" 보도로 한국 기자상을 두 차례 수상했습니다."

첫 방송을 앞두고 『기자협회보』는 이규연을 "한국 언론 탐사 보도의 '산파' 역할을 해왔던 … (중략) … 중앙일보에서 국내 탐사 보도의 서막을 연 '난곡 리포트'와 농구선수 박승일 씨의 루게릭병 투병 과정을 집중 조명한 '루게릭 눈으로 쓰다'로 한국기자상을 두 차례 거머쥐었다"라고 소개했다(김창남, 2015).

두 언론인, 조갑제와 이규연을 언급하는 기사에 탐사 보도라는 표현이 나온다. 탐사 보도探査報道는 영어 'investigative reporting'의 번역어이다. 수사기관이 사건과 범죄를 수사하듯이, 기자가 사안의 실체를 파헤친다는 맥락이 이 용어에 담겼다.

탐사 보도는 어떠한 주제를 어떻게 보도하는가. 다시 말해 탐사 보도는 어떠한 특성을 갖고, 사회에서 어떠한 역할을 하는가. 조갑제와 이규연은 기자로서 어떠한 주제를 취재하고, 어떻게 보도했기에 한국 언론사에 남을 탁월한 탐사 보도 또는 대한민국 탐사 보도의 시작을 알렸다는 평가를 받는가.

1. 탐사 보도의 개념과 특징

미국 언론의 탐사 보도는 식민지 시대까지 거슬러 올라간다. 독립혁명 이전에는 영국 국왕의 박해와 총독의 무능력 및 부패를 파헤치고, 건국 이후에는 정부와 공직자 또는 정치적 반대파의 비밀이나 추문을 다루면서 폭로 언론이 태동했다. 특히 20세기 초에는 『애틀랜틱 먼슬리*Atlantic Monthly*』와 『매클루어스 매거진*McClure's Magazine*』 같은 잡지가 석유 및 철도 회사의 독점, 열악한 노동 환경, 의약품 사기를 드러냄으로써 개혁적 역할을 수행했다(Aucoin, 2005, pp. 17-41; Goodwin, 2013).

현대적 의미의 탐사 보도는 1960년대 이후 활발해졌다. 객관적 저널리즘objective journalism의 대안으로 인식되면서 『뉴스데이*Newsday*』(1967), 『시카고트리뷴*Chicago Tribune*』(1968), 『보스턴글로브*The Boston Globe*』(1970년) 등 대도시 신문이 독립적인 탐사 보도팀을 만들었다(Schudson, 1978, pp. 183-194).

『워싱턴포스트*The Washington Post*』가 워터게이트Watergate 사건을 1972년 6월 17일, 발생 당일부터 집중적으로 보도하고, 리처드 닉슨 대통령이 2년 뒤에 사임하면서 탐사 보도에 더 많은 관심이 쏠렸다. 특히 밥 우드워드Bob Woodward와 칼 번스타인Carl Bernstein이 썼던 『모두가 대통령의 사람들*All the President's Men*』(1974), 그리고 같은 제목의 영화(1976)가 인기를 끌면서 탐사 보도에 대한 국민의 기대가 높아졌고, 저널리즘스쿨 지망생이 급증하는 등 탐사 보도 열풍을 불렀다.

정치 전문 기자였던 데이비드 브로더David Broder는 언론과 정부의 충돌이 미국 언론에 이어진 전통의 일부였다며 1960~1970년대의 민권운동, 베트남전쟁 그리고 워터게이트 사건이 충돌을 늘리면서 기자의 탐사적 역할을 확립했다고 지적했다(Broder, 1987, pp. 139-140).

운동가, 개혁자, 폭로자 등 언론의 탐사적 역할을 강조하고 격려하기 위해 퓰리처상위원회는 '지역 탐사·특별 보도Local Investigative or Specialized Reporting' 부문을 1964년 신설했고, 1985년부터는 지역local 단어를 명칭에서 없앴다(Kovach & Rosenstiel, 2021/2021, p. 283).[1]

1 퓰리처상에서 지역의 일반 기사를 심사하는 부문은, 'Local Reporting'(1948~1952

언론계도 탐사 보도를 지원하고 교육하기 위해 탐사보도협회Investigative Reporters & Editors: IRE라는 전국 조직을 1975년 설립했다. IRE는 탐사 보도를 "기자가 주도한 취재와 결과물을 통해 독자와 시청자와 청취자에게 중요한 사안을 전하는 보도로서, 많은 경우에 보도 주제는 드러나지 않은 사안을 감시한다"라고 정의했다(Houston, Horvit, & Investigative Reporters and Editors, 2021, p. iii).[2]

시상 제도를 1980년 도입했을 때 IRE가 채택한 정의는 "기자가 실질적으로 주도하고, 누군가 또는 조직이 비밀로 하려던 사실이나 사안을 밝히는 취재물"이었다(Aucoin, 2005, p. 179).[3] IRE가 1986년 실시한 설문조사에서도 응답자의 98% 이상이 "누군가 숨기기를 원하는, 의미 있는 사안을 폭로하는 심층 보도로서 대부분은 기자가 주도한 취재물"이라는 데 동의했다(Aucoin, 2005, pp. 181-182).[4]

탐사investigation는 드러나지 않은 사안에 주목하고, 누군가가 비밀로 하려던 사실을 폭로하는 기법이다. 주요 취재 대상은 권력을 가진 집단과 조직이다. "기자들은 탐사 보도를 다른 커뮤니케이션 수단들로부터 저널리즘을 분명하게 갈라놓은 중요한 원칙으로 확립했다. 저널리즘은 감시견 역할 때문에 만들어졌다."(Kovach & Rosenstiel, 2021/2021, p. 286). 미국 연방대법원의 판결 그리고 정보공개법Freedom of Information Act 같은 법률이 여기에 도움을 줬는데 "감시견 원칙은 단순히 정부에 대한 감시에

년), 'Local Reporting - Edition time'(1953~1963년), 'Local General or Spot News Reporting'(1964~1984년)으로 명칭이 조금씩 바뀌다가 2007년부터는 다시 'Local Reporting'이 됐다.

2 the reporting, through one's own initiative and work product, of matters of importance to readers, viewers or listeners. In many cases, the subject of the reporting wish the matters under scrutiny to remain undisclosed.

3 it is work that is substantially the product of the reporter's own initiative and uncovers facts or events that somebody or some organization tried to keep secret.

4 in-depth reporting that discloses something significant that someone wants to keep secret, and is largely the reporter's own work.

그치지 않는다. 이것은 사회 안에 있는 모든 권력 기관들을 대상으로 한다. 정부, 비정부, 기업 등 어느 부문이라도 사람들의 생활에 영향력을 행사한다면 주목 대상이다."(Kovach & Rosenstiel, 2021/2021, pp. 287-288).

감시견 역할의 중요성은 미국 언론인 조사에서 확인된다. 기자 1,080명에게 물었더니 '정부 주장의 탐사investigate government claims'가 매우 중요하다고 78.2%가 대답했다. 다음은 복잡한 사안의 분석provide analysis of complex problems 68.8%, 국제 정책 토론discuss international policy 50.5%, 정보의 신속한 제공getting information to public quickly 46.5%의 순이었다(Willnat, Weaver & Wilhoit, 2019).

한국 언론인도 언론의 핵심 기능으로 감시견 역할을 꼽는다. 2,014명을 대상으로 실시한 조사에서 '정부, 공인에 대한 비판 및 감시'(5점 만점에 4.50점)'가 가장 중요하다고 인식했다. 설문 항목은 사회 현안에 대한 정확한 정보 제공, 사회 현안에 대한 다양한 의견 제시, 사회 현안에 대한 해결책 제시, 중요 사회 문제를 의제로 제시, 정부, 공인에 대한 비판 및 감시, 기업 활동에 대한 비판 및 감시, 사회적 약자 대변 등 7개였다(한국언론진흥재단, 2021, pp. 77-79).

독자와 시청자는 어떨까? 전국 3만 138가구, 5만 8,936명을 조사했더니 언론의 일곱 가지 역할 중에서 사회 현안에 대한 정확한 정보 제공(5점 만점에 4.09점)과 함께 정부, 공인(국회의원, 고위 공직자 등)에 대한 비판 및 감시(5점 만점에 4.03점)가 가장 높았다. 기대에 비해 수행 정도에 대한 평가가 가장 낮은 항목이 '사회적 약자 대변'과 '정부, 공인에 대한 비판 및 감시'였다(한국 언론진흥재단, 2022, pp. 136-138).

언론이 조명한 주제가 국민 분노를 촉발한다는 점에서 IRE 설립 당시, 분노 의식sense of outrage이 탐사 기자의 특성이라는 얘기가 나왔다. 누군가 사전을 뒤져 'outrage'와 동의어인 'ire'를 찾아내면서 탐사 기자와 에디터Investigative Reporters & Editors의 영문 앞글자를 딴 IRE를 조직 약칭으로 결정했다(Aucoin, 2005, p. 123).

탐사 보도를 가리켜 분노의 저널리즘the journalism of outrage 또는 양심의 수호자custodians of conscience라고 부르는 이유는 정치 부패, 정부의 비효율성, 기업 폐해에 대한 보도가 국민 분노를 유발하고, 정부나 공직자 등 책임 있는 당사자와 기관이 반응을 보이도록 요구하기 때문이다(Ettema & Glasser, 1998; Hamilton, 2016; Protess et al., 1991). 이런 분노와 반응은 사회 시스템의 변화 또는 해체로 이어진다.

전두환 정권에서의 고문치사 사건 보도가 대표적인 사례이다. 서울대생 박종철 씨가 1987년 1월 14일 서울 용산구 남영동의 치안본부 대공분실에서 조사를 받다가 숨지자, 『중앙일보』가 다음 날 7면(사회면)에 처음 알렸다. 『동아일보』는 보도지침을 깨고 1월 16일 11면(사회면)에 두 번째 큰 기사로 보도했다. 이어서 동아일보는 경찰의 축소 조작과 법무부·검찰의 묵인을 파헤쳐 국민 분노가 6월항쟁으로 이어지는 데 큰 영향을 미쳤다(송상근, 2024a, pp. 133-167; 신성호, 2017; 황호택, 2017).

제임스 L. 어코인James L. Aucoin은 언론계에서 나온 여러 의견과 실제 사례를 종합해 탐사 보도 개념이 다음과 같은 다섯 가지 원칙을 갖췄다고 정리했다(Aucoin, 2005, p. 91).

① 정보의 폭로exposure of information
② 중요한 공적 사안about an important public issue
③ 누군가 또는 조직이 보도를 원하지 않는 내용that someone or some organization does not want reported
④ 기자가 독자적으로, 그리고 많은 시간을 들여 '파헤쳐서' 새로 드러난 결과that is revealed through the original, time-consuming "digging" of the reporter
⑤ 목적은 개혁for the purpose of inspiring reform

IRE와 어코인의 논의를 종합하면, 탐사 보도에는 세 가지 특징이 있다. 첫째, 취재 보도의 주체로서 기자의 적극성을 전제로 한다. 보도자료를 그대로 옮기거나 취재원의 제보에 의존하지 않는다는 뜻이다. 둘째, 탐사 보도가 다루는 주제는 중요한 공적 사안이다. 권력을 가진 모든 인물과 집단과 조직이 취재 대상이 된다. 셋째, 탐사 보도의 결과물은 누군가가 드러나기를 원하지 않는 내용을 폭로하며, 의도적이든 결과적이든 사회 개선 또는 개혁에 영향을 미친다.

중요한 사안의 실체를 파헤치려면 취재 기간이 길고 방법이 치밀해야 한다. 권력을 가진 집단과 조직이 원하지 않는 내용을 언론이 폭로하면 원인 규명, 책임자 문책, 법과 제도의 개선이라는 효과가 생긴다. 동원모델The Mobilization Model은 이런 과정을 탐사 보도의 3단계, 즉 언론의 탐사 보도published media investigations → 여론 변화changes in public opinion → 정책 개혁public policy reforms으로 설명한다(Protess et al., 1991, pp. 12-20).

주요 언론상 수상작은 미국 언론이 공유하고 인정하는 탐사 보도의 전형적 특징을 보여준다. IRE, 퓰리처상위원회, 뉴스지도자협회News Leaders Association: NLA가 해마다 우수 보도를 시상하는데, 홈페이지에서 확인한 2020년 이후 탐사 보도 부문 수상작은 모두 10건이다.[5] 주제는 공직자 이해 충돌, 조세 행정, 경찰의 법 집행, 아동 노동이다. 연방정부와 수정부가 행정을 허술하게 하고, 사법 당국이 법을 자의적으로 집행하고, 대기업이 비윤리적 제도와 관행을 악용하는 실태를 드러냈다. 권력을 가진 집단으로 인해 일반 국민, 아동, 흑인, 택시 기사가 피해를 보는 현실을 전했다.

한국 언론은 탐사 보도를 어떻게 생각하는가. 한국탐사언론인회가

---

5 [부록 1] 참조. 퓰리처상의 공공 기여Public Service, 국내 보도National Reporting, 국제 보도International Reporting 부문에도 탐사 보도 부문과 비슷한 성격의 수상작이 상당수 있다. 예를 들어 『뉴욕타임스*The New York Times*』는 미군의 오폭誤爆 사례를 분석해 2020년 국제 보도 부문을 수상했다. 역사상 가장 정밀한 공중 폭격 작전을 수행했다고 군 당국이 발표했지만, 취재팀은 중동 현지를 취재하고 소송을 통해 자료를 확보함으로써 민간인 피해가 군 당국의 발표보다 축소됐음을 확인했다(송상근, 2024, pp. 77-87).

『세상을 깊게 보는 눈』이라는 책을 출간하면서 탐사 보도 개념을 명확히 정의하지 못한 대신, 탐사 보도의 성공적인 조건을 다음의 다섯 가지로 제시했다(한국탐사언론인회, 2007, pp. 12-19).

① 좀 더 나은 세상을 위해 변화를 시도한다.
② 새로운 추세를 보여준다.
③ 한 주제를 체계적이고 과학적으로 파고든다.
④ 공중이 중요하다고 여기는 사안에 도전한다.
⑤ 발표 자료에 의존하지 않고 '발품'을 판다.

기자가 적극적이어야 하고, 중요한 공적 사안을 다룬다는 점에서 한국과 미국 언론단체의 탐사 보도 인식이 비슷하다. 하지만 취재 결과물, 즉 보도 내용의 특성에 대한 시각에는 차이가 있다. IRE는 정보의 폭로적 성격을 탐사 보도 특성으로 보지만, 한국탐사언론인회는 이런 표현을 사용하지 않고 "새로운 추세를 보여준다"라고만 언급했다. 사안의 폭로와 새로운 추세의 제시는 성격이 다르다. 조갑제와 이규연의 탐사 보도는 어디에 가까울까.

2. 조갑제, 시대를 직격하다

조갑제는 일본에서 1945년 태어났고, 이듬해 고향(경북 청송)으로 돌아왔다. 부산고등학교와 부산수산대학교(현재의 부경대학교)를 졸업하고 1971년 부산에서 『국제신보』(현재의 『국제신문』) 수습으로 입사했다. 기자로 활동하면서 그는 세 번 해직됐다. 어떠한 시절에, 어떠한 사안을, 어떻게 취재하고 보도했길래 해직을 세 번 당했는가.

첫 번째 해직은 포항 석유 기사가 발단이었다. 외국 회사들이 1972년부터 동해와 서해에서 대륙붕 시추를 시작하자 석유 문제를 주요 취재 대상으로 삼았다. 박정희 대통령이 경북 포항에서 양질의 석유가 발견됐다고 1976년 1월 15일 직접 발표했지만, 그동안의 취재 결과를 바탕으로 조갑제는 경제성 있는 유전이 존재하지 않는다고 판단했다.

중앙정보부가 보도를 통제하자 조갑제는 「韓國의 石油開發(한국의 석유개발)」이라는 소책자를 자기 돈으로 만들었다. 부제는 "非公開 資料分析에 依한 展望과 提言(비공개 자료분석에 의한 전망과 제언)"이다. 분량은 83쪽으로, "머리말", "要約과 提言(요약과 제언)", "韓國石油 試錐結果와 現況分析(한국석유 시추결과와 현황분석)", "韓國石油開發 體制(한국석유개발 체제)의 문제점", "石油開發 用語小考(석유개발 용어소고)" 순으로 정리했다. 표지 하단에 명기한 자기 이름(趙甲濟 記者)과 소속(국제신보 사회부), 날짜(1976. 5. 10.)가 취재 결과에 대한 자신감과 자부심을 보여주는 듯하다.

본문에 해당하는 "韓國石油 試錐結果와 現況分析(한국석유 시추결과와 현황분석)"에서는 국내 3개 광구를 1~3개의 갱정坑井별로 정리했다. 시추 지점과 시기, 담당 회사와 시추 과정과 결과를 설명하면서 수직 지질구조도, 석유 지질地質 분석표, 지질구조 개념도와 추정도를 첨부했다. 학자의 논문 또는 국책연구원의 보고서 느낌을 준다.

조갑제는 책자를 주요 언론과 정부 기관에 보냈다. 이를 일본 『산케이신문産經新聞』 서울지국이 인용, "포항 석유 경제성 의문"이라는 제목으로 실었다. 1976년 6월 7일 외신면 머리기사였다. 이 일로 조갑제는 중앙정보부 부산지부에 불려 가 조사를 받고 사표를 강요받았다(설호정, 1987, p. 108; 조갑제, 2024, p. 127).

두 번째 해직은 광주민주화운동 취재가 발단이었다. 계엄령 확대, 정치인과 재야인사 체포 등으로 1980년 5월 광주 상황이 심상치 않게 돌아갔다. 조갑제가 전화를 거니 광주의 신문 기자가 "부마사태 있잖아요. 여기도 똑같습니다. 공수부대가 잔인하게…"라고 말했다. 1979년 10월 부산과 마산에서 공수부대가 시위대는 물론 일반 시민과 경찰관까지 무차별적으로 폭행하던 모습이 떠올라 조갑제는 병가를 내고 광주에 갔다. 그리고 시민군이 시내를 장악한 5월 23일부터 계엄군이 전남도청을 장악한 27일까지 현지에서 취재했다.

부산으로 돌아왔더니 병가를 냈으면 병원에 가야지, 왜 광주에 갔냐고 회사에서 추궁했다. 조갑제는 의원 해임 형식으로 사표를 썼는데, 그해 가을 언론통폐합으로 국제신문이 『부산일보』에 합병되면서 해직 기자 명단에 포함됐다(조갑제, 2024, pp. 133-134). 그는 "병가를 내놓고 병원에 안 가고, 광주로 간 일이 인생을 바꿨다"라고 말했다(저자와의 대면 인터뷰, 2024. 9. 25.).

세 번째 해직은 미 중앙정보국Central Intelligence Agency: CIA 취재가 발단이었다. CIA 한국 지부를 취재해서 "한국 내의 美 CIA - 韓國現代史의 뒤안길에서 막강한 영향력을 행사해온 歷代 지부장 12명의 이력서"라는 기사를 게재했다. 다음은 월간조선 1986년 2월호 앞부분이다.

> 지난해 11월 초 서울 장충 테니스 코트에서는 전 한국 테니스선수권대회가 10일간 열렸다. 45세 이상의 선수들이 참여한 장년부의 개인 및 복식에서 모두 우승, 2관왕이 된 사람은 제임스 E. 딜래니James E. Delaney란 56세의 미국인이었다. 6척 장신에 반백의 머리카락, 벗겨진 머리, 불그스레한 얼굴, 안경을 낀 이 사람은 한국 테니스인들에겐 널리 알려져 있다. 테니스 선수단의 미국 방문 때는 비자 문제를 척척 해결해주고, 미국에서 연습을 잘 할 수 있도록 여러 가지 편의를 봐 주기도 한다. (조갑제, 1986b, p. 248)

제목에 CIA라는 단어가 나오는데, 본문은 테니스선수권대회부터 언급한다. CIA와 테니스대회가 무슨 관련이 있을까. 한국 선수단이 미국을 방문할 때는 비자 문제를 척척 해결하고, 미국에서 연습을 잘하도록 편의를 봐준다는 내용이 56세 미국인에 대한 호기심을 부른다. 숙소(미 8군 내 사우스 포스트 관사), 차종(크라운 승용차), 차량번호(외교 01-004)를 통해 주한 미 대사관의 서열(네 번째)을 암시하고, 그가 미국 CIA 한국 지부의 제12대 지부장이라고 밝힌다. 그리고 한국 지부의 사무실 위치를 드러낸다.

> 미 대사관의 7층은 무전실이다. 한때 청와대를 도청하는 곳이란 의심의 손가락질을 받았다. 미국대사관에서 가장 보안이 엄중한 곳이다. 지정된 사람만 출입할 수 있다. 암호로 본국과 교신하는 장소이니까, 24시간 계속 근무한다. 5층엔 RU(Research Unit)란 부서가 있다. 84년 5월에 발행된 미 대사관의 전화번호부에는, 조사부란 뜻의 이 RU에 근무하는 미국인의 이름이 실려있다. (조갑제, 1986b, p. 249)

사무실 위치 다음에는 이곳에 근무하는 7명 이름이 실명으로 나온다. 딜래니, 플레이어 씨 이외에 김진악, 필립 선우, 제임스 D 쉘던, 브리짓드 모로우, 캐더린 다이아먼드 씨. 기사가 나가고 조갑제는 국가안전기획부(안기부)에 끌려가 조사를 받고 『조선일보』에서 의원면직 형식으로 해직됐다. CIA 조직과 활동이 공개되자 당시 리처드 워커 주한 미 대사가 장세동 안기부장에게 항의했다는 이야기를 나중에 들었다고 한다(조갑제, 2024, p. 142).[6]

조갑제는 두 번째 해직을 계기로 서울로 올라왔다. 『신동아』, 『월간중앙』, 『월간조선』에 기고를 하면서 생계를 이어가다가 월간 『마당』이 1981년 9월에 창간되자 취재부장으로 일했다. 일간 신문이나 방송과 달리 잡지는 취재와 집필, 그리고 분량(지면)에 여유가 많다. 심층취재에 본격적으로 나서 성과를 내기에 적합했다.

---

6 나무위키에는 "[안기부] 고문 후유증 영향으로 지인이 부축하지 않으면 혼자 걷는 것이 힘들어졌다"라고 나온다. 조갑제는 "그건 거짓말이다. 신화라는 것은 이렇게 해서 만들어진다. 고문은 안 받고, 그냥 잠을 못 잤을 정도"라고 말했다(저자와의 대면 인터뷰, 2024. 9. 25.).

그는 부산에서 기자로 일할 때 벌어진, 당시부터 꼭 쓰겠다고 마음먹었던 사건을 잡지에 연재했다. 김기철 씨 사연이다. 1967년 10월 17일, 부산에서 살해된 김근하 군 범인으로 옥살이했다. 1심에서 사형선고를 받고 2심에서 무죄선고로 풀려났지만, 고문 후유증으로 40대에 숨졌다. 조갑제는 공소시효(1982년 10월 17일)에 맞춰서 "하나님은 아신다. 그러나 기다리신다"라는 제목으로 『마당』에 기사를 연재했다. 고문과 조작, 검사와 판사와 기자의 오판으로 김 씨와 가족이 파멸하는 과정을 담았다.[7]

고문과 조작은 조갑제의 오랜 관심이었다. 인천에서 일가족 3명이 1974년 12월 30일 살해됐다. 오휘웅이라는 30대 청년이 체포됐는데, 그는 범죄사실을 부인했지만 1, 2, 3심에서 모두 사형 판결을 받았다. 재심청구가 기각돼 1979년 9월 13일 서울구치소에서 사형이 집행됐다. 조갑제가 이 사건을 추적해 "물증없는 사형 집행"이라는 제목으로 월간조선 1984년 9월호에 게재했다. 그리고 『사형수 오휘웅 이야기』라는 제목으로 1986년 7월 출간했다. 책은 서울구치소에 있는 사형 집행장을 카메라처럼 보여준다.

> 이 샛길을 따라 열 걸음쯤 더 걸으면 왼편에 높이 3.5미터쯤 되는 흰 담벽이 나온다. 담벽에 붙은 철문을 들어서면 잡초투성이의 모래 땅바닥에 서 있는 15평가량의 직사각형 목제 기와 건물과 만나게 된다. 높고 흰 담벽이 직사각형(15×10미터)으로 이 하얀 건물을 에워싸고 있어 바깥에서 건물 모습이 보이지 않는다. 이 건물이 처형장이

---

7 조갑제는 기사를 보완해 "김기철씨는 왜 요절했나: 김근하군 살해 사건의 입체연구"라는 제목으로 단행본 『고문과 조작의 기술자들』에 넣었다. 그리고 이후 부제를 "한 집념의 檢事(검사)가 만든 地獄圖(지옥도)"로 바꿔서 2011년 별도 단행본으로 출간했다. 이 글에 대해 조갑제는 "개인적으로 가장 애착이 갑니다. 마지막까지 취재도 잘되었어요. 스스로 취재를 잘했다는 생각이 들기도 해요"라고 밝혔다(조문희 외, 2023, p. 217). 극작가 윤대성 씨가 1982년에 <신화 1900>이라는 연극으로 만들어 백상예술대상을 받았다.

다. (조갑제, 1986a, pp. 13-14)

> [집행장] 마룻바닥의 앞쪽, 곧 북쪽에는 높이 60센티미터쯤의 강단이 있다. 강단과 마루 사이엔 목책을 닮은 경계목이 박혀 있다. 강단의 가운데에는 탁자가 놓여 있고, 그 뒤에 세 사람이 앉는다. 가운데가 구치소장, 그 오른쪽이 검사 자리다. 그 사형수의 신원기록과 판결문, 재심청구서 등이 묶여 있는 신분장이다. (조갑제, 1986a, pp. 17 18)

> "제껴!"란 소리와 함께 그[구치소 직원]는 손잡이를 잡아 당긴다. 네모 난 마루청이 푹 꺼지면서 지하광의 벽을 "광" 친다. 동시에 사형수의 몸은 지하로 떨어지면서 밧줄에 대롱대롱 매달린다. 비명은 보통 없다. 최은수, 주영형씨 등 몇몇 기독교 사형수들은 떨어지기 직전 "주여!"라고 최후의 외침을 남기기도 했다. (조갑제, 1986a, p. 37)

경찰 수사, 검찰 조사, 공판과 내연녀의 자살, 재판장의 고민, 사형 확정, 오판의 조건, 고문과 자배의 사례. 책을 읽으면 오 씨가 사형 제도의 억울한 피해자라고 생각하게 된다. 조갑제는 서울구치소 사형 집행장에 간 적이 없다. 또 집행 장면을 본 적이 없다. 그런데도 사형을 집행하는 구치소 직원, 사형수를 교화하는 종교계 인사를 두루 취재해서 사형 제도의 실상과 문제를 정밀하게 전달했다.

"오늘 쓴 기사를 10, 20년 뒤에 읽어도 감동을 느낄 수 있게 하기 위해서는 역시 심층취재에 의한 입체적인 구성이 필수적이다."(조갑제, 1988, p. 85). 핵심 취재원을 꼼꼼하게 취재했기에, 그리고 현실의 재구성 reconstruction of reality이 탄탄했기에 "한국 언론사에 남을 탁월한 탐사 보도"라는 평가를 받았다.

고문과 조작은 독재정권에서 국민을 공포에 떨게 했는데, 한편으로는 역사의 물줄기를 바꿨다. 박종철 씨 고문치사가 국민적 공분을 부르기 시작하던 1987년 2월, 그러니까 6월항쟁이 본격화하기 전에 조갑제는 『고문과 조작의 기술자들』을 출간했다. 취재에 두 달 정도가 걸렸다고 한다(저자와의 대면 인터뷰, 2024. 9. 25.). "고문자는 당대에 처단되는 사회를 이루어야 하고 그런 데 조금이라도 보탬이 될 수 있을까 해서 서둘러 이 책을 만든 것이다."(조갑제, 1987, p. 5). 책의 맨 앞에는 "고문과 조작의 뿌리"라는 제목의 글을 실었다. 일제 고등경찰과 헌병이 해방을 맞아 어떻게 변신하며 독재정권에 충실했는지를 역사적으로 조명했다. 살아 있는 친일 경찰관을 두루 만나 조사한 보고서로는 유일한 기록이다(조갑제, 2024, p. 137).

"李穗根(이수근)은 간첩이 아니었다"라는 기사도 고문과 조작을 다뤘다. 이 씨는 1967년 3월 22일 판문점을 통해 대한민국에 귀순했다. 위장여권을 이용해서 1969년 1월 27일 출국했다가 베트남 탄손누트 공항에서 당시 한국 대사관의 이대용 공사(중앙정보부 현지 책임자)에게 체포됐다. 이후 그는 간첩 혐의를 받고 1969년 7월 2일 사형됐다. 조갑제는 이수근 씨가 간첩이 아니라는 얘기를 듣고 취재에 들어갔다. 기사는 월간조선 1989년 3월호에 실렸다. 취재원 20명 중에서 14명을 실명으로 실었다. 나머지 6명은 익명이었지만 이 씨와의 관계나 귀순 및 체포 과정에서의 역할을 구체적으로 설명했다(<표 3-1> 참조).

기사가 계기가 되어 '진실·화해를 위한 과거사 정리위원회'가 재심을 권고했고, 배경옥 씨가 무죄판결을 받았다. 조갑제는 2009년 12월 하순, 서울고등법원에서 열린 재심에 증인으로 나갔다. 판사가 "증인은 『사형수 오휘웅 이야기』라는 책을 쓴 적이 있지요"라고 묻고는, 자신도 읽었다며 몇 마디 대화를 나눴다고 한다(조갑제, 2011, p. 10).

조갑제는 고문과 조작을 다룬 잡지 기사를 보완해서 『사형수 오휘웅 이야기』(1986), 『고문과 조작의 기술자들』(1987), 『李穗根은 역시 간첩이

<표 3-1> 이수근 씨 기사의 취재원

순서	이름	사건 당시 관계	순서	이름	사건 당시 관계
1	이대용	중앙정보부 월남 책임자	11	배 모	이수근 처조카(배경옥)의 남동생
2	고중렬	서울구치소 사형수 교화 담당	12	배 모	이수근 처조카(배경옥)의 여동생
3	김 모	중앙정보부 국장	13	김세준	이수근 조카
4	이종효	천주교 神父·사형 집행 집례	14	이용택	중앙정보부 수사과장
5	김병하	서울지검 검사·사형 집행 담당	15	김집	KBS 국제방송국 기자
6	홍필용	중앙정보부장 특별보좌관	16	미국인	이수근 귀순 뒤 자료 검토
7	이 모	중앙정보부 간부	17	검사	서울지검·배경옥 씨 담당
8	정승학	서울형사지법 합의6부 판사	18	전창희	중앙정보부 대공수사국장
9	박원서	변호사·국선변호인	19	중정 간부	이수근 사건 수습에 관여
10	이호	법무부 장관	20	이병정	중앙정보부 수사과장

아니었다』(2009), 『김기철氏는 왜 요절했나』(2011) 등 4권으로 출간했다. 그는 "우리 시대 기자들의 가장 위대한 집단적 성취 중 하나는 한 세대 만에, 수사기관에서 수백 년 이상 이어져 오던 고문의 전통을 끊어버리는 데 결정적 기여할 한 점이 아닐까?"라고 썼다(조갑제, 2024, p. 137). 동아일보와 중앙일보의 박종철 고문치사 보도와 함께 조갑제의 저작이 고문과 조작이라는 악습을 끊어내는 데 기여했다.

3. 이규연, 시대를 탐구하다

이규연은 1988년 중앙일보에 입사했다. 기자 생활 3, 4년이 되자 판에 박힌 기사 스타일에 답답함을 느꼈다고 한다. 사표를 냈다가 선배들 설득으로 회사에 복귀했는데, 어느 선배의 권유로 미국 탐사보도협회를 알게 됐다. "당시 'www 체제'가 막 등장하던 시기예요. 30달러를 내면 데이터베이스를 열어줬어요. 기사를 보기 시작했죠. 내가 생각했던 기사가 아니더군요. 길기도 길고, 고민도 많고, 글도 풍부하고. 이런 기자라면 할 수 있겠다 싶었어요. 그때부터 인생 목표를 탐사 저널리스트로 잡았죠."(김성후, 2019).

중앙일보에서는 탐사기획팀장과 탐사기획 에디터를 지냈고, JTBC에서는 초대 보도국장을 거쳐 <이규연의 스포트라이트>를 맡았다. 프로그램 이름은 보스턴글로브의 탐사 보도팀Spotlight에서 따왔다. 앞에는 '스페셜 탐사'라는 수식어가 붙었다. 자기 정체성이 탐사 보도에 있음을 보여준다. 자타가 공인하는 탐사 보도 전문가로서 그의 대표 기사를 하나씩 검토하자.

먼저 "난곡 리포트"다(<표 3-2> 참조). 서울 관악구 신림동의 달동네를 다뤘다. 저소득층 2,000여 가구가 사는 곳을 취재해서 빈곤 실태를 규명하고 대안을 찾았다. 1회는 2001년 4월 9일 실렸다. 기사는 편집자 주注로 시작한다.

> 산꼭대기의 파란색 공동화장실. 소방차가 올라갈 수 없는 평균 경사 35도의 골목길. 주로 소주·라면만 팔리는 동네 가게. 옛 가전회사 로고가 남아 있는 1970년대식 거리 간판. 아직도 두 집에 한 집꼴로 연탄을 쓰는 곳. 여기는 2001년 4월, 서울 관악구 신림동 산101 '난곡'이다. 본사 취재팀은 서울 최대 규모인 2,000여 가구의 저소득층이 사는 이곳에 70여 일간 머물며 빈곤 실태를 규명하고 대안을 모색했다.

본문 도입부는 박순자(가명·86) 할머니 사례를 문단 하나(6개 문장)에 담았다. 이어서 난곡의 성인 남녀 200명을 면접 조사해서 4개 문단에 걸

<표 3-2> 난곡 리포트

순서	날짜	지면	제목
1회	4월 9일	1면	'가난 代물림' 탈출구 안보인다
		3면	<1> 끊어지지 않는 사슬: "5년 뒤 더 가난해질 것" 45%
		3면	일자리도 없지만 일해봤자…'빈곤의 함정' 다섯 가지
		3면	올해 초 두 달 난곡 머물며 전문가 동원 면접·家系 조사
2회	4월 10일	1면	돈 없는 부모 힘들어 할까봐…어린이들 "아파도 참는다"
		5면	<2> 열악한 교육환경: 교육소외지대…떠도는 아이들
		5면	외국의 빈곤 구제책
		5면	전문가가 본 대책
3회	4월 11일	1면	自活 꿈꾸지만 일자리는 까마득
		5면	<3> 까마득한 求職: '맹탕대책' 自活 도움 안된다
		5면	전문가 대책…알맞은 일자리 개발 시급
		5면	외국에선 어떻게…美 수혜기간 5년 한정, 일자리 찾도록 유도
4회	4월 12일	1면	가난에 가정도 무너진다
		5면	<4> 가족도 뿔뿔이: 등돌린 가족들 멀어지는 희망
		5면	전문가 대책…상담프로그램·人力 보강해야
		5면	"빈곤 문제 해결에 우리 얘기 도움됐으면"…송편수 區의원 수감
5회	4월 13일	1면	단칸방 주희엄마의 '희망歌'…절망의 골목에도 꿈은 자란다
		5면	<5> 新빈곤대책 세우자: 2001 '난곡 아리랑' 절망부터 치유를
		5면	"자활 가능성 높은 여성 집중지원을"…故제정구 의원 부인

쳐 소개하고 한국개발연구원의 연구위원과 서울대 교수 의견을 인용문 형식으로 처리했다. 관련 기사는 3면에 게재했다. 하나는 난곡 주민들의 사례를 소개했고, 다른 하나는 설문조사를 요약했다. 마지막 기사에서는 취재 방법을 소개했다.

이틀째인 4월 10일 1면 기사에서 취재팀은 신림종합사회복지관과 초등학생 19명에게 물어본 내용을 설문조사처럼 6개 문단에 걸쳐 소개했다. 그리고 5면에 기사 3건을 게재했다. 하나는 "열악한 교육환경: 교육

소외지대…떠도는 아이들"이고 다른 2개는 외국의 빈곤 구제 대책과 전문가가 제시하는 대안을 다뤘다.

난곡 리포트는 취재 방법이 정밀하고 다양해서 눈길을 끌었다. 첫날 기사에 따르면 취재팀은 2001년 1월 말에서 4월 초까지 70여 일을 난곡에 머물렀다. 주민 200명을 대상으로 빈곤도, 소비 수준, 가족관계 등을 조사했다. 주민들이 마음을 열도록 하기 위해 이상복 기자가 비탈길을 오르는 주민의 짐을 들어주고 양말을 사 들고 찾아갔다(이규연, 2019, p. 177). 취재팀은 신림동·봉천동 주민 중 3대가 모여 사는 20가구의 가계를 추적하고, 복지 전문가를 인터뷰하고, 구청·동사무소의 자료를 분석했다. 신림사회복지관 복지사 그리고 서울대학교 사회복지학과 대학원생 등 10명이 현장을 같이 조사했다. 교수, 연구원, 경찰, 시민단체 전문가 등 22명에게 도움을 받았다고 한다. 이런 과정을 거친 기사에 한국기자협회는 그해 한국기자상(제33회)을 수여했다.

이규연의 또 다른 대표작은 "루게릭 '눈'으로 쓰다"이다. 프로농구 코치였던 박승일 씨가 주인공이다. 루게릭병, 공식 병명은 근위축성 측삭경화증Amyotrophic Lateral Sclerosis. 운동신경 세포가 파괴돼 근육이 서서히 마비된다. 난곡 리포트처럼 기사 맨 앞에 편집자 주가 있다. 이어서 몸을 전혀 움직이지 못하는 환자 상태를 전한다.

> 어느 날 승일의 길고 가는 팔에 모기가 날아와 앉는다. 따끔한 느낌, 몹쓸 곤충이 피를 빨아먹는데도 그는 바라만 볼 수밖에 없다. 축 늘어진 팔다리를 뒤척일 수도 없는, 그러면서도 감각은 끔찍할 정도로 완벽하게 살아 있는 루게릭병 환자의 비극적 운명. 순간 그는 독백한다. "이건 지상 지옥이다." (이규연 외, 2005. 11. 9.)

기사는 2005년 11월 9일부터 11일까지 시리즈로 나왔다. 부제목은 "전 프로농구 코치 박승일 씨의 소통, 고통 그리고 기적"이다. 세 단어(소통, 고통, 기적)가 회차별 핵심 키워드로, 3일 연속으로 1면과 5면에 배치했다. 1회는 침대에 누워서 힘겹게 글자를 쓰는 현재 모습을 먼저 보여주고, 시점을 과거로 돌려 농구 코치로 지내다가 루게릭병 진단을 받던 순간을 소개한다. 2회는 박 씨와 가족의 고통 그리고 동병상련인 다른 환자 사연을, 3회는 박 씨를 포함한 루게릭병 환자의 희망과 기자 체험기를 담았다.

> 기적은 갑자기 찾아왔다. 눈동자를 움직여 컴퓨터 화면에 글을 써 보내는 '안구 마우스'로 세상과 소통하게 된 것이다. 이 장비를 쓰는 데 엄청난 고통이 따르기 때문에 메일의 맞춤법을 고칠 여유가 없었다. (이규연 외, 2005. 11. 9.)

> 어머니 손복순(64)씨가 잘못해 호흡기나 침대를 건드릴 때면 승일은 눈을 치켜뜬다. 항의의 표시다. 아들 수발에 삶을 저당잡힌 어머니는, 작은 실수에도 눈을 부릅뜨는 아들이 야속하다. 아무리 정성껏 돌봐도, 손톱만큼도 호전되지 않는 이 죽일 놈의 병도 서럽다. 투병 생활 3년 반. 어머니는 "같이 죽고 싶을 때도 있다"며 숨죽여 울먹였다. (이규연 외, 2005. 11. 10.)

> 매일 아침 눈을 뜨자마자 승일이 하는 일이 있다. 몸의 변화를 관찰하는 것. 언제나 나아진 것은 없다. 그래도 혹시나 하는 마음으로 바란다. "내게도희망이." 줄기세포 치료는 아직 갈 길이 멀다고 하고, 민간치료법에는 수도 없이 속았다. 그는 자주 독백한다. '기적은 오는 걸까.' (이규연 외, 2005. 11. 11.)

이규연은 처음에 3부로 구상했다. 부제목("루게릭 '눈'으로 쓰다") 옆에 소통, 고통, 기적이라는 세 단어를 큰 활자로 넣은 이유다. 그런데 시리즈는 4회로 끝난다. 11월 12일 지면을 보면, 세 단어 다음에 '사랑'이라는 키워드를 추가해서 박승일 씨 모자가 기사를 읽고 보낸 이메일과 편지를 1면에 게재했고, 독자의 격려와 성금 등 반응을 묶어서 5면에 소개했다. 그리고 11월 18일에는 김근태 당시 보건복지부 장관의 편지를 게재했다.

난곡 리포트는 빈곤을, 루게릭 기사는 질병을 다뤘다. 난곡 리포트는 저소득층 주민을, 루게릭 기사는 희귀병 환자를 주로 취재했다. 저소득층 주민과 전문가를 만나서 빈곤의 실태와 원인과 대책을 알렸다. 또 루게릭병 환자 및 가족과 대화해서 희귀병이 주는 고통을 전했다. 빈곤과 질병을 진지하게 다루는 문제의식, 꼼꼼한 준비와 장기간의 현장 취재, 그리고 신뢰를 얻기 위해 취재원을 설득하는 자세가 있었기에 언론계 및 학계의 호평과 함께 굵직한 언론상을 받았다.

새로운 스타일의 기사를 선보이는 과정이 쉽지는 않았다. 새로운 기법과 새로운 문체를 시도했더니 편집국 내부의 저항감이 만만치 않았다.

> 그때만 해도 소설이나 수필 같은 기사는 허용되지 않았다. 기사가 나간 뒤 일부 편집국 선후배들한테서 '소설 쓰냐'는 비아냥을 받기도 했다. 기사를 그렇게 써도 되냐는 비판이었다. 이런 비판을 막아준 사람들은 편집국 바깥의 일반 독자들이었다. 호평이 편집국에 전달되자 비판이 사라졌다. (저자와의 서면 인터뷰, 2024. 9. 19.)

루게릭 시리즈를 마무리하면서 "기자가 본 박승일"이라는 제목 아래 이규연은 마지막 문장에 이렇게 썼다. "그가 보낸 '나 여기 살아 있다' 같은 짤막한 글에 기자는 뭉클해지곤 했다. 넉 달간 그의 고통과 삶의 무게를 탐사探査하려 애썼지만 결국 실패한 것 같다."(이규연 외, 2005. 11. 12.).

그는 루게릭병 환자인 박승일 씨 및 그 가족과 2005년부터 2009년까지 주고받은 이메일, 그리고 주변인 20여 명 인터뷰를 토대로 『눈으로 희망을 쓰다』라는 책을 박승일 씨와 공저로 출간했다. 기자협회보는 이규연과 인터뷰를 하면서 "2백 30쪽에 달하는 탐사 보도의 노작勞作"이라고 평가했다(장우성, 2010. 2. 3.).[8]

이규연의 기사와 책에 탐사라는 단어가 나온다. 난곡 리포트와 루게릭 기사, 두 시리즈에 탐사 보도라는 평가가 빠지지 않는다. 난곡 리포트와 루게릭 기사는 탐사 보도인가.

4. 탐사의 이상과 현실

조갑제는 박정희 정권의 서슬이 퍼렇던 시기에 산유국 발표를 정면으로 뒤집고(석유 파동 기사), 계엄령이 확대된 상황에서 시민이 군에 희생당하던 현장을 회사가 지시하지 않았는데도 찾았으며(광주민주화운동 취재), 전두환 정권이 보도를 심하게 통제하던 시절에 미국 정보기관의 실체를 드러내(CIA 한국 지부 기사) 세 차례 해직됐다.

해직을 부른 기사 이외에도 조갑제는 당대의 중요한 사안에 관심을 기울였다. 예를 들어 그는 1974년 중금속 오염 시리즈 보도로 한국기자협회의 한국기사상(제7회)을 받았다. 스물아홉 살, 경력 4년 차의 지방지 기자로서 그해 한국기자상 취재 부문의 유일한 수상자였다.

한국기자협회는 '이달의 기자상'을 매달 선정한다. 심사는 12개 부문으로 나뉘는데, 이 중에서 지역 취재 보도, 지역 경제 보도, 지역 기획 보도 부문은 지역 회원사만 응모할 수 있어 사실상 지역 언론을 우대한다. 조갑제가 중금속 오염 실태를 보도하던 당시에는 '이달의 기자상' 제도가 없었다. 한국기자상을 1년에 한 번, 3개 부문(취재, 사진, 편집)에 주면서 전국 언론과 지역 언론을 구분하지 않았다. 환경보다는 공해公害라는

8 박승일 씨는 이 글을 마무리하던 2024년 9월 25일, 향년 53세로 세상을 떠났다.

용어가 더 익숙하던 시대에, 지역 기자가 중금속 오염 실태를 취재하고 보도해서 수상했다는 사실은 문제의식이 진지하고 취재가 치밀했으며 실력 또한 탄탄했다는 얘기다.

그의 눈길은 대기업으로도 향했다. "KAL에 칼을 댄다"라는 기사에서는 대한항공이 국내 유일한 항공사이던 시절에 국내외에서 잦은 사고를 내자, 안전을 경시하는 경영 및 조직 문화를 비판했다(조갑제, 1984a). "韓國(한국) 자동차 알고는 못 탄다"라는 기사에서는 현대자동차의 스텔라 승용차와 거화자동차의 지프차 2만 대가 리콜된 일을 계기로 국산 차에 구조적 결함이 많고 정부의 관리 감독이 허술하다고 비판했다(조갑제, 1984c).

재야 운동권이 아니라 제도권 언론 기자였기에 그 역시 활동에 일정한 제약을 받은 점은 사실이다. 회사에 병가를 내고 광주에 갔지만 당시는 계엄령 상황이라서, 그리고 이후에는 전두환 정권이 들어서면서 언론 자유가 매우 위축됐다. 조갑제가 취재한 내용을 바로 보도하지 못한 이유다. 그는 1987년 6월항쟁과 6·29선언을 계기로 언론에 숨통이 트이자, 광주에서 취재했던 내용을 월간조선에 하나씩 풀어 놓는다. 신문과 잡지 기자로서 그가 취재하고 보도한 결과가 탁월했기에 시대를 불문하고 언론계 안팎에서 찬사가 이어졌다.

> 기자도 시세가 있다면 단연코 이 시대에 가장 비싼 기자로 그를 꼽을 만하다. (설호정, 1987, p. 106)

> 한국 보수진영의 대표적 언론인. 지금은 논객으로 더 유명하지만 1970~1990년대 긴 호흡의 탐사 보도와 다수의 특종을 발굴하며 기자로서 명성이 대단했다. 그 덕분에 오늘날까지도 논픽션·탐사 보도 분야에선 진영을 막론한 '리스펙'을 받고 있다. (조문희 외, 2023, p. 214)

사회 현안에 의견을 적극 개진하면서 특정 진영으로부터 비판을 계속 받기는 했다. 김영삼 정부 시절에 김정남 수석비서관을 인터뷰했을 때는 “자유민주주의를 축소하는 절름발이 실증주의자”라는 소리를 들었고(전영기, 1994) 박정희 대통령 전기를 출간했을 때는 “소설가”와 “극우파”라는 소리를 들었다(강준만, 1999; 진중권, 1998). 또 “안보상업주의자” 또는 “극우진영을 대변하는 인터넷 커뮤니티 일간베스트(일베)의 영웅”이라는 비난까지 나왔다(이정훈, 2006; 정철운, 2015. 12. 30.).

이런 비판에도 불구하고, 조갑제의 취재물은 탁월한 탐사 보도로 인정받는다. 사회적으로 중요한 사안을 다뤘고, 권력자와 정부와 기업이 보도를 원하지 않는 내용을 파헤쳤다. 그러면서도 자신을 탐사 기자라고 하지 않았다. 탐사 보도라는 용어에 반대하며 “수사식 심층 보도”라고 부르자면서 “수사식 보도는 기자는 사실로써 말한다는 저널리즘의 원칙에 충실하는 것일 뿐, 그 이상도 이하도 아니다”라고 주장했다(조갑제, 1988, p. 86). 탐사 보도의 특성을 그는 이렇게 설명한다.

> 1차적 기자 임무는 사실의 전달 또는 주장의 전달이다. 거기서 한 걸음 더 나가면 팩트 파인딩fact finding을 해야겠다는 의지를 가진 사람이 된다. 그때부터 나는 인베스티게이티브 리포딩investigative reporting이 시작된다고 본다. 전달자에서 끝나지 않고, 내가 확인해야겠다면 그때부터 인베스티게이티브 리포터investigative reporter가 된다. (저자와의 대면 인터뷰, 2024. 9. 25.)

이규연은 기자로서의 정체성을 탐사 보도에서 찾는다. 자신을 탐사저널리스트라고 표현하면서 “어두운 곳이나 억울한 사람들에게 조명을 비추어 지금보다 더 나은 세상을 만드는 데 일조하는 직업이라고 생각한다. 경험을 쌓고 저널리즘 공부를 하면서 30년 넘게 외길을 걸어왔다”라고 말했다(이규연, 2019, p. 8).

스스로 탐사 기자라고 생각하고, 언론계 안팎에서도 그가 탐사 보도를 한국 언론에 선보였다고 평가한다. 취재 방법과 과정을 기준으로 검토하면 난곡 리포트와 루게릭 기사는 수작임이 분명하다. 한국탐사언론인회가 제시한, 탐사 보도의 다섯 가지 조건을 모두 갖췄다. 다만 이런 방법과 과정을 거친 결과물이 미국 언론에 나오는 전형적 탐사 보도인지는 재검토가 필요하다. 난곡 리포트가 한국기자상(제33회)을 2001년 받았을 때, 심사위원회는 취재 과정에서 다양한 기법을 활용했다고 인정했다.

> 이 작품은 저소득층 밀집 지역인 난곡에서 표피적인 관찰에 의존하지 않고 과학적-체계적 탐사기법을 동원하여 빈곤 문제를 해부했다. 빈곤의 고착화-세습화 실태와 함께 빈곤 정책의 문제점도 부각시켰다. 이 작품이 동원한 정밀 조사기법은 언론계 내부에서도 큰 반향을 불러일으켰다는 지적이 있었다. (한국기자협회, 2001)

심사위원회는 탐사 보도라고 하지 않고, 과학적 · 체계적 탐사 기법을 동원했다고 표현했다. 심사평에 나오는 정밀 조사기법이라는 단어는 미국 언론에서 얘기하는 정밀 저널리즘precision journalism에 더 가깝다.

루게릭 기사는 어떤가. 한국기자상(제37회)을 2006년 받았을 때, 심사위원회는 "내용도 감동적이려니와 독특한 문장과 편집이 실험적이면서도 돋보인다는 칭찬을 들었다. 이런 형식의 내러티브 저널리즘은 영상을 보듯 실감나는 메시지를 전달해 인쇄매체의 한계를 극복한 시도로 평가된다"고 시상 이유를 밝혔다(한국기자협회, 2006). 탐사 보도가 아니라 내러티브 저널리즘narrative journalism이라는 단어로 보도 성격을 규정했다.

미국 언론은 탐사 보도를 하면서 권력, 공직자, 공공기관, 대기업을 주요 취재 대상으로 삼는다. 권력을 가진 인물과 기관이 숨기려고 하거나, 자세하게 밝히지 않거나, 유권자와 소비자를 오도하는 내용을 언론이 수사하듯이 드러낸다. 난곡 리포트와 루게릭 기사가 빈곤과 질병이라는 사안을 깊게 파고들었지만, 수면 아래에 있는 사안의 실체를 파헤쳤다고 보기는 힘들다.

난곡 리포트와 루게릭 기사가 전형적 탐사 보도와 거리가 있다면, 성격을 어떻게 규정해야 하는가. 필자는 기획 기사 또는 심층 기획이라는 단어만으로도 두 시리즈의 장점과 성취를 인정하기에 충분하다고 생각한다. 다른 단어를 찾는다면 루게릭 기사 심사평에 나온 내러티브 기사가 정확하다고 본다.

국내 언론은 내러티브 기사를 이야기체 기사라고 부른다. 사실을 활용해서 소설적 작법으로 이야기를 풀어간다는 뜻이다. 구성 과정에서 복선과 암시, 갈등과 반전, 극적 장면과 인상적 마무리 등 영화와 소설과 드라마의 기법을 동원한다. 소재, 즉 내용 자체가 사실이기에 미국 언론이 오래전부터 내러티브 기사를 발전시켰다.

이규연은 난곡 리포트를 취재하면서 내러티브 기사를 염두에 뒀다. 루게릭 기사에서는 구성과 문장 측면에서 조금 더 과감하게 시도했다. 당시 두 시리즈에 찬사가 이어졌지만, 그는 나중에 이렇게 말했다.

> 솔직히 고백하건대, 필자는 "루게릭 '눈'으로 쓰다"를 전형적인 내러티브 저널리즘 형식에 따라 쓰지 않았다. 독자도 독자지만, 언론계의 평가가 두려웠다. 생소한 기사체에 대해 동료, 선후배는 어떤 평가를 할까. 파격에 대한 비판을 조금이라도 피하고 싶었다. 그래서 반半 발짝만 나가 보기로 결심했다. 일반적인 인물 기사 형식에 서사적 요소를 섞어 '비빔밥'을 만든 것이다. (한국탐사언론인회, 2007, p. 96).

서사 구조와 기사체에서 무엇이 가장 큰 고민이었고, 어떻게 해결했을까. 지금 시점에서 어떠한 부분이 가장 아쉬울까.

> 루게릭이 2분의 1 내러티브 기사였다면 난곡은 4분의 1 정도의

> 내러티브 기사였다. 대신에 여러 조사 기법을 동원했다. 지금 다시 쓴다면 두 리포트를 좀 더 내러티브적으로 접근하고 싶다. 서사 구조는 '일반 기사보다 훨씬 촘촘하게 팩트 파인딩된 이야기 기사'라고 정의된다. 따라서 일반 기사보다 더 정밀하고 정확한 취재가 뒷받침돼야 한다. (저자와의 서면 인터뷰, 2024. 9. 19.)

기자로서 이규연의 공로는 탐사 보도와 내러티브 기사라는 개념을 소개하고, 여기에 필요한 보도 기법을 다양하게 시도한 데 있다고 필자는 생각한다. 난곡 리포트에서는 정밀 저널리즘을, 루게릭 기사에서 내러티브 저널리즘을 선보였다. 또 언론에서는 최초로 지리정보시스템Geographic Information System: GIS을 활용해 서울 지역 열대야를 분석했고(중앙일보, 2004. 8. 9.), 사회연결망분석Social Network Analysis: SNA을 통해 대한민국 파워엘리트 3만 1,800명을 해부했다(중앙일보, 2005. 9. 22.).

지금 시점에서 비슷한 주제를 다시 취재하고 보도한다면 무엇을 보완하거나 개선하고 싶을까.

> 새로운 시도는 항상 저항을 가져온다. 당시 직속 선배와 편집국장의 전폭적인 지원이 있었기에 출고가 가능했다. 본격적인 기획에 앞서 사내 모임을 만들어서 미국 내러티브 명품 기사를 공유하고 학습했더라면 저항이 좀 더 줄어들었을 거다. 거기까지는 미처 생각하지 못했다. (저자와의 서면 인터뷰, 2024. 9. 19.)

외국의 좋은 기사를 사내 선후배와 공유하고 학습하지 못했지만, 이규연이 소개한 탐사 보도와 내러티브 기사에 국내 다른 기자들이 눈을 떴다. 필자도 그중 한 명이었다. 루게릭 기사를 통해 내러티브 기사가 무엇인지 알면서 퓰리처상위원회와 미국신문편집인협회American Society of Newspaper Editors: ASNE가 선정한 우수보도 수상작을 탐독했다. 동아일보가 내러티브 기획을 국내 신문 중에서 정기적으로, 가장 오래 게재한 배경이기도 했다(송상근, 2024b, pp. 19-20).

이규연의 노력을 회사가 지원하면서 중앙일보는 2004년 12월 탐사보도팀을 만들었다. 그리고 이는 국내 언론에서 탐사팀이 늘어나는 계기를 마련했다. 그는 탐사 보도를 활성화하기 위해 2005년 5월 탐사보도포럼을 만들고 회장으로 활동했다. 다른 회사의 기자 20여 명과 함께 시작해 좋은 사례를 공부하고 보도 기법을 공유하다가 2007년 한국탐사언론인회로 확대했다.

지금은 사정이 다르다. 기자협회보가 2021년 조사했을 때는 국민일보 '이슈&탐사 1·2팀', 세계일보 '특별기획취재팀', 경향신문 '스포트라이트부'가 있었지만, 지금은 모두 없어졌다(최승영, 2024. 7. 10.). 지상파 방송의 경우에는 정권이 바뀔 때마다 조직이 영향을 받는 점이 문제로 꼽힌다. KBS 탐사보도부에는 부장, 팀장, 데이터 분석가를 포함해 12~13명이 근무하다가 2024년에 4명으로 줄었다(송수진, 2024).

* * *

한국 언론의 혁신을 취재 보도 측면에서 생각할 때, 무엇이 가장 필요할까. 사회적으로 중요한 사안을 기자가 파헤친다는 점에서 탐사 보도가 더욱 활발해져야 한다. 언론이 적극적이고, 취재 기법이 치밀해야 탐사 보도가 성공한다. 적극성은 열정을 전제로 한다.

> 다른 직종도 그렇겠지만, 기자직은 특히 일에 대한 열정을 필요로 한다. 집념 어린 추적이 있어야 하는 수사식 보도에서는 특히 그러하다 … (중략) … 수사식 심층 보도가 하나의 작품으로 승화되기 위해서는 이런 열정에다가 인간애와 보편적 가치가 기초로서 깔려야 할 것이다. (조갑제, 1988, p. 86)

열정이 있었기에 고문과 조작의 피해자를 취재하려고 서른여섯의 조갑제는 월간지에 광고를 싣는 등 끈질긴 수소문 끝에 사건 당사자를 만났고, 피해자 사연을 사건 발생 14년 만에 세상에 전했다(조문희 외, pp. 223-224).

치밀한 취재 기법은 사안을 정확하게 이해하고 정밀하게 전달하려는 탐구 정신에서 나온다. 이규연은 이렇게 말한다.

> 난곡과 루게릭은 한국 사회가 외환위기를 거치면서 불평등 사회에 본격적으로 진입할 때 기획했다. 정보사회가 막 시작할 무렵에는 그에 맞는 기획을 했다. 시대의 흐름보다 더 큰 특종, 기획 아이디어는 없다. (저자와의 서면 인터뷰, 2024. 9. 19.)

그는 취재의 다양성과 보도의 심층성을 강화하기 위해 새롭게 등장하는 기술을 적극 활용해야 한다고 조언했다.

> 새로운 도구나 분석기술을 저널리즘 활동에 적극적으로 받아들이기를 권한다. 저널리즘 거의 모든 영역에 스며드는 생성형 인공지능 시대에는 더욱더 그렇다. 새로운 도구는 우리가 미처 못 보던 세상, 희미하게 보이는 세상에 빛을 비출 수 있다. 새로운 도구를 두려워하지 마시길. (저자와의 서면 인터뷰, 2024. 9. 19.)

탐사 보도가 활성화하려면 조갑제가 실천한 열정, 이규연이 시도한 탐구 정신에서 출발해야 하지 않을까. 열정과 탐구를 실천하는 과정에서 불안감이 찾아올지 모른다. KBS 기자는 탐사 보도에 대한 스스로의, 그리고 회사 내외부의 기대가 너무 높아서 타사 기자와 부서 얘기를 하던 중 갑자기 울음을 터뜨릴 정도로 불안정했다(송수진, 2024, p. 45). 고민과 불안감은 기자 스스로 이겨나가야 한다. 조갑제의 경험과 조언을 보자.

> 취재를 시작할 때는 언제나 불안합니다. 어떤 때는 절벽에 선 듯하기도 하고요. 그런데 정면 돌파를 시작하면 거의 다 됩니다. 기자라는 건 현장에 가깝게 갈 수 있는 한 가장 가까이 가야 합니다. 핵심의 주변은 백날 돌아도 소용없고, 핵심에 직격해야 합니다. (설호정, 1987, p. 111)

기자 개인 차원의 열정과 탐구 정신이 탐사 보도 활성화의 충분조건은 아니다. 회사 차원에서는 데스크가 이해하고 경영진이 지원해야 한다. 사회 분위기도 중요하다. 언론이 정파성과 상업성에서 벗어나도록 감시하고, 좋은 저널리즘을 구현하려는 시도를 격려해야 한다. 지상파 방송에서는 독립성 보장이 절실하다. 다음과 같은 탐사 보도 중요성을 생각하면 더더욱 그렇다.

> 탐사 보도는 민주주의를 지키는 안전밸브의 하나다. 탐사 보도가 없으면 언론이 보잘것없고, 쓸모없어진다. 탐사 보도가 없으면 신문이 무감각해지고 생기가 없어진다. 탐사 보도가 없으면 정부와 우리 사회가 동맥경화와 심근경색에 걸리기 쉽다. (Protess et al., 1991, p. vi)[9]

9 It is one of democracy's safety valves. Without it, journalism can become sterile and barren. Without it, a newspaper can become uncaring and bloodless. Without it, it becomes easier for government and our society to develop hardening of the arteries and the heart.

▣ 부록

1. 미국 언론의 탐사 보도 수상작

① IRE 본상Award 디비전Division I*

연도	매체	제목과 주제
2020	AP통신	노동의 과실Fruits of labor: 노동자, 특히 팜유를 만드는 아동 노동자에게 가해지는 학대
2021	프로퍼블리카	국세청 비밀문서The secret IRS files: 세계적 갑부들이 사상 유례없는 재산을 축적하지만, 세금을 거의 내지 않는 제도의 허점

② 퓰리처상 탐사 보도 부문

연도	매체	제목과 주제
2020	뉴욕타임스	그들은 사기를 당했다: 무모한 대출이 택시 기사들을 절망에 빠뜨리다They were conned: How reckless loans devastated a generation of taxi drivers.: 뉴욕시의 택시 면허와 약탈적 대출 제도로 인해 택시 기사들이 파산하거나 자살
2021	보스턴글로브	사각지대Blind spot: 불법을 저지른 트럭 운전자 정보를 주정부가 다른 기관과 공유하지 않아 운전을 계속 허용
2022	탬파배이타임스	유해 물질Poisoned: 플로리다 배터리 재활용 공장에서 나오는 독성물질이 근로자와 주민에게 피해 끼침
2023	월스트리트저널	연방정부 공무원들이 감독해야 할 기업의 주식을 거래하다 Federal officials trade stock in companies their agencies oversee.: 연방기관 50곳에서 근무하는 공무원이 민간 기업 주식을 거래하면서 생기는 이해충돌

* IRE 본상IRE Award은, 신문과 온라인Print/Online, 영상Video, 오디오Audio, 속보성 탐사Investigations triggered by breaking news, 스포츠, 도서 부문으로 나뉜다. 언론사 규모를 기준으로 신문과 온라인 및 영상 부문은 각 4개, 오디오 부문은 2개 보도에 상을 준다. IRE 본상 중 디비전Division I 부문은 신문과 온라인 부문에서 가장 규모가 큰 언론사를 심사 대상으로 하는데, 홈페이지에는 2022년 이후 수상작이 보이지 않는다.

연도	매체	제목과 주제
2024	뉴욕타임스	외로움과 착취 속에서 이주 아동이 끔찍한 일을 한다Alone and exploited, migrant children work brutal jobs across the U.S.: 미국에 이민 오는 아동 노동자가 기업의 요구로 법 규정과 달리 위험한 상태에서 노동

③ 뉴스지도자협회News Leaders Association: NLA의 도리 매이나드 정의상Dori J. Maynard Justice Award**

연도	매체	제목과 주제
2021	뉴욕타임스	숨쉬기 힘들어요I can't breathe.: 수십 년간 미국에서 벌어진 경찰의 위법 행위, 특히 경찰에 구금됐다가 숨진 피해 사례
2022	WPLN News ·프로퍼블리카	흑인 아동이 법조문에 없는 범죄를 저질렀다며 구금됐다. 성인에게는 아무 일도 일어나지 않았다Black children were jailed for a crime that doesn't exist. Almost nothing happened to the adults in charge.: 흑인 아동을 대상으로 하는 자의적인 법 집행과 법원의 묵인 실태
2023	타이프 인베스티게이션스	17세 소년이 노래 때문에 무기징역을 선고받다This rap song helped sentence a 17-year-old to prison for life.: 증거가 부족함에도, 검찰이 랩 음악이나 가사 같은 인종 차별적 자료를 배심원단에게 먼저 제시함으로써 승소한 판례

2. 조갑제의 주요 보도

연도	제목	출처
1974	중금속 오염의 추적	국제신문
1975	부산대학교 미술 실기시험 출제 유출 사건 특종	국제신문
1976	浦項석유 경제성 없다 특종	국제신문

** 도리 매이나드Dori J. Maynard는 뉴스지도자협회News Leaders Association: NLA의 전신인 미국신문편집인협회American Society of Newspaper Editors: ASNE 이사를 지냈다. 뉴스와 편집국의 다양성 및 불의를 바로잡는 언론을 만들려 노력했기에 그의 이름이 들어간 상을 제정했다고 NLA는 홈페이지에서 밝혔다. ASNE는 1922년 생겼으며, 2009년 미국뉴스편집인협회American Society of News Editors로 이름을 바꾼 후 2019년 미디어편집인연합Associated Press Media Editors과 통합하면서 NLA로 공식 출범했다.

연도	제목	출처
1979	마산만 어패류 채취 금지 특종	국제신문
1981~1982	부산 김근하군 유괴살인 사건의 내막: 하느님은 아신다, 그러나 기다리신다	마당
1982	수퍼 탱커 타고 오일로드를 가다	마당
1983~1984	코리언 커넥션	월간조선
1984	심층취재/KAL에 칼을 댄다: 대한항공의 안전 문제	월간조선 4월호
1984	특종: 李龍文-朴正熙의 李承晚 제거계획	월간조선 6월호
1985	부마사태와 10·26 사건의 내막	월간조선 5, 6월호
1986	한국 내 美 CIA의 內幕	월간조선 2월호
1987	독점 인터뷰: 鄭昇和, 입 열다	월간조선 9월호
1988	추적: 全斗煥의 금맥과 인맥	월간조선 4월호
1988	심층취재: 공수부대의 광주사태	월간조선 8월호
1989	추적: 李穗根은 간첩이 아니었다	월간조선 3월호
1989	최초 인터뷰: 金賢姬는 말한다	월간조선 5~7월호
1989	특종: 6·29선언은 全斗煥 작품이었다	월간조선 6월호
1990	심층취재: 한반도의 核 게임	월간조선 3월호
1991	李穗根 처형 후 북한노동당 간부들 대상 비밀강연: 『변절자의 말로는 이렇다』	월간조선 10월호
1992	특종: 全斗煥 육성 증언-6·29의 진실	월간조선 1, 2월호
1992	심층취재: 서울 근교 地下에서 들려오는 기계음	월간조선 5~8월호
1992	특종: 李善實 간첩 사건 수사 速報	월간조선 9~12월호
1993	논평: 朴正熙와 金泳三의 역사적 화해	월간조선 11월호
1994	논평: 대한민국은 전쟁을 결심할 수 있는 나라인가	월간조선 3월호
1994	심층취재: 악마의 포식-북한 정치범수용소의 內幕	월간조선 6월호
1994	특종: 金日成-徐東權 비밀 접촉	월간조선 8월호
1995	특종 인터뷰: 이스라엘 라빈 수상 피살 전날의 마지막 인터뷰	월간조선 12월호
1996	추적: 全斗煥 구속은 정의를 具顯하는가	월간조선 1월호
1996	르포: 몽골 벨트를 가다	월간조선 7~9, 12월호, 1997년 1월호

연도	제목	출처
1997	하버드 연수 보고 연재	월간조선 9월호부터 7회
1998	姜慶植 독점 인터뷰: 換亂 사건의 진실	월간조선 4, 5월호
1998	심층취재: 한국 언론의 사실 포기-北風 사건과 괌사고 취재행태 비판	월간조선 5월호
1999	심층 인터뷰/盧泰愚 육성 회고록	월간조선 5~8월호

* 출처: <조갑제닷컴>의 "기자 趙甲濟" 섹션 중 "주요 기사' 코너(https://www.chogabje.com/client/profile/profile.asp).

4장

방송 기사 스토리텔링의 개척

초창기 <시사매거진 2580>의 도전과 실험

박성호

1. 왜 <2580>인가

> 웬만한 드라마 시청률을 능가하는 이 프로그램의 인기 비결은 무엇일까. 기자들이 만든 프로그램은 딱딱해 시청 흡인력이 떨어진다는 방송가의 통념을 보기 좋게 깬 힘은 어디서 나올까. 무엇보다 텔레비전 뉴스의 룰을 벗어나 전혀 새로운 형식과 내용을 선보인 결과로 풀이된다. (김도형, 『한겨레』, 1995. 2. 22.)

MBC의 탐사 보도 프로그램 <시사매거진 2580>(이하 <2580>)이 방송 1년을 맞던 시점에 『한겨레』에 실린 기사다. 보도 프로그램으로서 보기 드문 혁신을 이뤘다는 평가였다. <2580>은 1994년 2월 27일 첫 방송을 시작해 3주 만에 시청률이 31%까지 치솟으며 첫해 평균 23%를 기록했다. 시청률은 1999년까지 20% 안팎을 유지했다. 그뿐이 아니다. 『동아일보』는 "이 프로그램의 강점은 다양한 메뉴를 동시에 맛볼 수 있다는 것"이라고 했고(김갑식, 1998. 4. 14.), 『서울신문』은 "뉴스를 깊이 있고 산뜻하게" 전한다고 평가했다(손정숙, 1995. 4. 18.). <2580>의 성공 이후 다른 방송사들도 <취재파일 4321>(KBS)이나 <뉴스 추적>(SBS) 같은 시사 프로그램을 편성했다. 기자들이 만드는 심층 시사 프로그램의 전성기가 열린 셈이다.

무엇이 그렇게 새로워서 시청자들을 사로잡은 걸까. 무엇이 그렇게 차별화됐기에 언론의 호평을 받았을까. 이 장에서는 그런 질문을 <2580>이라는 오래전 프로그램을 놓고 던진다. 과거의 성공 모델에서 혁신을 위한 도전과 실험이 어떠했는지 살피면 오늘날에도 유효한 시사점이 있을 것이라는 판단이다. 흔히 혁신이라고 하면 새로운 매체나 기술과 연결 지어 생각하기 쉬운데, 여기서는 '뉴스는 무엇을 어떻게 전달할 것인가'라는 저널리즘의 본질에서 그 해답을 구하고자 한다.

매주 일요일 밤 방영되던 <2580>은 1994년 2월 27일부터 2018년 8월 13일까지 23년 동안 MBC 기자들이 제작한 프로그램이다. 기존의 방송뉴스가 1분 20초 안팎에 머물던 시절, 15분짜리 리포트 3개로 긴 호흡의 심층 저널리즘을 표방하며 출범했다. 프로그램 이름의 '매거진'에는 잡지처럼 다양한 사안을 나루겠다는 뜻이 담겼다. '2580'이란 숫자는 시청자 제보를 받아 만든다는 것을 알리는 상징이었다. '작명' 당사자인 임흥식 기자는 전화기가 다이얼식에서 버튼식으로 전환되던 당시, MBC의 전화번호 국번 789가 가로축이니, 세로축으로 숫자 2, 5, 8, 0을 누르도록 뒷번호를 정하면 제보 전화번호를 기억하기 쉬울 것이라며 프로그램 이름으로 제안했다(저자와의 인터뷰, 2024. 9. 6.).

<2580>이 각광을 받은 이유로는, 우선 성역 없는 비판과 투철한 고발 정신을 꼽을 수 있다. 하지만 이것은 탐사 보도 프로그램에 요구되는 기본적 역할로서 <2580>만의 강점이라고 하기는 어렵다. <2580>이 특이했던 점은 한 번의 방송에 3개의 아이템을 배치한 형식에 있다. 프로그램

의 기획자이자 초대 취재 데스크였던 이우호 기자에 따르면, 이 형식은 미국 CBS의 탐사 보도 프로그램 <60 Minutes>에서 따왔다. 다만 아이템 3개의 구성을 '고발', '세태', '휴먼'으로 나눈 게 '한국적' 변형이었다(저자와의 인터뷰, 2024. 9. 30.). 출범 당시 프로그램 기획서에는 이렇게 적혀 있다.

> 사회의 부조리와 비리에 대한 고발과 시사 현안에 대한 탐사 보도를 위주로 하되 현 사회를 특징짓는 세태와 인물에 대해서도 진지하고 깊이 있는 접근을 통해 삶의 의미를 되돌아보게 하는, 인간의 체취가 묻어 있는 시사 프로그램. (MBC, 2004)

제작진은 그런 포맷이 통했다고 평가했다. 임흥식 기자는 "'강한' 고발성 아이템과 '튀지 않는' 논리를 전개하는 아이템, 그리고 '짠한' 감동을 주는 아이템들이 한 프로그램 안에 들어 있어 마치 어릴 적 '종합선물세트'를 여는 것 같은 기대감과 포만감을 시청자들에게 안겨줬다"(MBC, 2004)고 했다.

<2580>은 개별 리포트의 스토리텔링 기법이 새로웠다. 처음부터 끝까지 긴장을 잃지 않게 하는 구성과 어떤 사안이든 인물 위주로 풀어가는 방식이 두드러졌다. 오늘날 학계와 언론 현장에서 제시하는 스토리텔링의 모범을 이미 상당 부분 시도했다. 지금이야 스토리텔링이란 말을 쓰지만, 당시 기자들에게는 그런 개념이 없었다. 이우호 기자는 "그때는 그런 말을 몰랐고, 그걸 배우거나 공식을 만들어 대입하지 않았다. 우리가 해놓고 잘 만들었다는 것들을 나중에 보니 그게 스토리텔링이었다"고 이야기했다.

방송 리포트는 신문과 달리 하나의 완결된 패키지로 끝까지 봐야 의미를 갖기 때문에 스토리텔링이 더욱 중요하다(Shudson, 2011). 오늘날 스토리텔링이란 말은 문학, 서사학부터 비즈니스, 광고에까지 거론될 정

도로 폭넓게 쓰인다. 한편 저널리즘에서는 정확한 개념 정의 없이 쓰이고 있는데, 대체로 '이야기의 설득력 있는 전달' 정도로 이해된다(박성호, 2022). 여기서는 <2580>이 보여준 스토리텔링 방식에 집중해 어떠한 시도들이 있었는지 살피고자 한다. 먼저 효과적인 스토리텔링을 위한 기사의 구조가 어떻게 짜였는지 짚고, 이어서 방송의 강점인 시청각 요소로서 영상과 사운드를 스토리텔링에 어떻게 활용했는지 본다. 그리고 마지막으로 시청자가 몰입할 수 있도록 하는 장치로서 도입과 결말 등의 특징을 살핀다.

23년간 방송된 3,000개 이상의 리포트를 모두 살피기는 어려워, 이 장에서는 <2580>의 초창기인 1995년부터 1999년까지 5년간의 리포트만을 다룬다. 2000년 이후에도 사회적 파장을 낳은 탐사 보도들은 많았지만, 스토리텔링 기법만 놓고 보면 초창기에 비해 큰 변화는 없었다(이우호, 2012).

2. <2580>의 기사 구조

횡적 구성: 이야기 덩어리의 연결

15분이나 되는 긴 리포트에서는 기사의 구조structure가 생명이다. 구성plot을 치밀하게 설계하지 않으면 시청자는 몰입하지 않는다. 이런 인식은 <2580> 기자들에게 늘 깔려 있었다. 3주의 취재 기간 중 현장으로 가는 차 안에서, 취재를 마치고 돌아온 편집실에서, 데스크와의 술자리에서 틈만 나면 리포트의 구성을 고민했다. 기자들은 기사를 쓰기 전에 구성안부터 만들었다. 임홍식 기자는 "기사를 어떻게 풀어갈 것인지, 내가 하고 싶은 얘기는 무엇인지를 구성하는 게 쉽지 않아서"(저자와의 인터뷰, 2024. 9. 6.) 리포트에 넣을 이야기 덩어리들을 소제목, 영상, 내용, 길이 등으로 구분해 표로 만들었다.

<2580> 기자들은 이야기의 단위를 '덩어리'로 인식했다. 일본식 표현인 '쿠다리くだり'라는 말도 더러 썼다. 이는 직역하면 '대목'인데, 여러 장면이 하나의 에피소드를 구성하는 '시퀀스sequence'에 해당한다. 보도의 유형에 따른 몇 가지 연결 구조를 보자.

• 권력 비판 보도의 구조

<2580>에서 권력 기관의 책무를 감시하고 비판하는 보도의 구조는 범죄 수사와 흡사했다. 문제를 인지하면 현장을 확인하고 증거를 수집해 책임자를 추궁하는 식의 연결이었다. 홍순관 기자의 "대로변의 무법지대"(1995. 5. 28.)를 가상의 구성안으로 만들어보면 <표 4-1>과 같다.

<표 4-1> 홍순관 "대로변의 무법지대" 기사 축약본

시퀀스	내용	영상
#1 문제 인지	• 밖에 경찰이 왔는데도 오락실에서는 음악만 낮춘 채 태연히 도박을 계속합니다. • 지난번과 똑같은 장소, 진하게 선팅된 전자 도박장들이 줄지어 있고 건장한 청년들이 서성거리며 손님을 유인합니다.	과거 방송 1 과거 방송 2
#2 문제 확인	• 작년 9월과 12월 두 차례나 보도했던 전자 도박장 거리의 지난 월요일 모습입니다. 핸드폰을 든 건장한 젊은이들 하며 검은색 유리를 통해 비치는 전자오락기 하며 모든 것이 그전과 다를 바 없습니다. • 도박장 안입니다. 긴장과 흥분, 그리고 자욱한 담배 연기가 어우러져 열기를 내뿜습니다.	현장 확인 (외부 부감) 현장 확인 (내부 몰래 카메라)
#3 해결 시도 1	• 이 도박장을 관할 파출소에 신고했습니다. • 기자: "신고 좀 하겠습니다. 제가 전자 도박을 하다가 말이죠. 많이 잃었는데요. 이게 불법 영업 아닙니까?" • 파출소: "파출소나 경찰서에서는 그걸 단속하기가 상당히 어려워요. 앞을 잠가놓으니까…" • 대답은 시원치 않았지만 이내 순찰차가 도착했습니다. 내 보란 듯 경광등을 돌리며 오는 순찰차를 순순히 맞아들일 도박장은 물론 없습니다. 도박장 안에 있던 손님들 일부가 쪽문으로 빠져나갔습니다. 순찰차가 돌아가며 도박장은 1분도 채 안 돼 평상시 모습을 되찾습니다.	기자 112 신고 촬영 파출소 녹취 오락실 외경 (건너편 건물에서 부감)

시퀀스	내용	영상
#4 해결 시도 2	• 다음 날 오후 도박장을 지키는 사람들만 바뀌었을 뿐 불법 영업은 계속됩니다. 취재팀이 도박장 단속을 경찰에 정식으로 요청했습니다. 경찰과 취재팀이 현장에 도착했다는 사실은 문밖에서 서성이던 젊은이들에 의해 순식간에 각 업소들로 날아듭니다. 경찰관의 손에서는 문을 열어보겠다는 의지가 보이질 않습니다. • 경찰관: "발로 차고 계속하다가 안 열어주면 저희들 어쩔 수 없이 그냥 돌아가고 있는 실정입니다. 영업을 하고 있는 거는 알고 있는데요. 대충 알고 있는데 우리가 어떻게 할 수가 없었어요."	경찰과 함께 출동 경찰관 인터뷰
#5 단서 포착	• 전자도박장들의 뒷문이 있는 골목입니다. 이 뒷문들을 보면 한결같이 안에서 밖을 내다볼 수 있는 이런 렌즈가 다 장착이 돼 있습니다. 지금도 아마 이 안에 있는 도박장 주인은 우리 취재팀을 바라보고 있을 가능성이 높습니다. • 상황이 이런데도 단속 경관은 문고리를 흔들어보고 발로 차는 시늉 외에 더 이상할 수 있는 일이 없습니다. 뒤이어 도착한 순찰차는 오락실 문 열라는 방송만 몇 차례 하다가 돌아갔습니다.	스탠드업 경찰관 스케치
#6 추궁 1	• 전자 도박장을 지척에 둔 파출소장을 만났습니다. • 파출소장: "서장님이 오락실에 대해서는 그러면 파출소는 신경 쓰지 마라, 그러면 알아서 하겠다." • '파출소에서는 단속하는 시늉만 하지, 모른 척해라'. 이렇게 말한 서장은 그러면 단속에 나서는지. 그렇지 않았습니다.	파출소장 인터뷰
#7 추궁 2	• 다음 날 출동하지 않은 이유를 알기 위해 경찰서를 찾았습니다. 서장은 아예 만나주지 않았습니다. 담당 과장은 그날부터 휴가였습니다. 담당 계장을 어렵게 만날 수 있었습니다. • 기자: "너무하시는 거 아닙니까? '잠시 연락하고 올게' 해놓고선 여기 와서 이렇게 숨어 계시면 어떡합니까?"	경찰서 방문 계장 추적
#8 추궁 3	• 밀힐 만한 위치에 있는 사람은 경찰청 방범국장입니다. 그러나 방범국장은 전자 도박은 금시초문이라며 담당 과장에게 가보라고 했습니다. 준비해간 취재 테이프를 말없이 지켜보던 과장은 인터뷰 준비를 위해 하루가 필요하다고 말했습니다. 하루 뒤인 지난 목요일 경찰청 방범지도과장의 답변은 이렇습니다. • 과장: "경찰하고 그 업소하고 유착 관계는 있을 수 없는 얘기입니다."	경찰 간부 인터뷰 (오락실 취재 화면을 재생해 보여주며 질문)
#9 주제 부각	• 어떤 때에는 지나치다 싶을 정도의 힘을 발휘하는 경찰력이 전자 도박장 앞에서는 왜 맥을 못 추는지 시민들은 이해하지 못합니다. • 2580 취재팀이 경찰청을 다녀간 다음 날 경찰은 뒤늦게 일제 단속을 벌였습니다. • 이렇게 회로판을 뜯어내 압수하고 단속하는 일이 마음만 먹으면 언제라도 가능하다는 얘기인데, 일선에서는 왜 숨바꼭질만 하는지, 불법 전자 도박장의 셔터가 영원히 내려져 있을 것이라고 보는 사람은 드뭅니다.	단속 화면

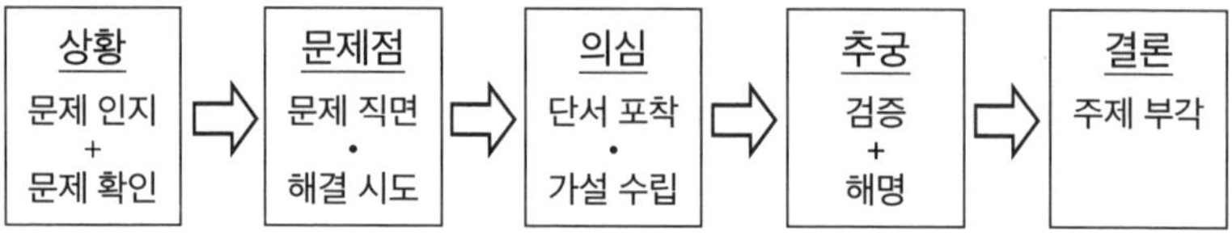

<자료 4-1> 권력 비판 보도의 횡적 구조

이러한 시퀀스들은 더 큰 덩어리로 묶을 수 있다. 불법 영업이 계속되고 있다는 문제 인지(시퀀스 1)와 영업 현장을 내외부에서 촬영한 문제 확인(시퀀스 2)을 통해 '상황'을 제시한다. 경찰에 신고도 하고 출동에 동행하기도 하는 해결 시도(시퀀스 3 · 4)를 통해 경찰에 단속 의지가 없다는 '문제점'을 드러낸다. 오락실과 경찰이 협력 관계임을 시사하는 단서를 포착해(시퀀스 5) 불법 영업의 배경에 '의심'을 품고 가설을 세운다. 이런 토대 위에서 책임자를 순차적으로 추궁해(시퀀스 6 · 7 · 8) 의심이 타당한지 '검증'한다. 마지막으로 문제는 해소되고, 생각할 거리를 던지는 주제 부각(시퀀스 9)을 통해 '결론'에 도달한다. 이를 도식화하면 <자료 4-1>과 같은 횡적 연결을 보인다. 상승-하강의 단선적 내러티브가 아님을 알 수 있다.

특히 눈여겨볼 대목은 각 시퀀스의 첫 부분마다 놀라움을 주고 호기심을 유발하는 요소들이 골고루 배치돼 있다는 점이다. 오솔길을 걸어 들어오게 하려면 금화를 초입에만 뿌리지 말고 중간중간 일정한 간격으로 뿌려야 한다. 이걸 미국 방송기자들은 '금화의 순간gold coin moments'(Tompkins, 2012)이라고 한다.

• 실태 고발 보도의 구조

최일구 기자의 "오염 주범 '닥트'"(1996. 6. 16.)는 건물 내 공기의 순환 통로인 '닥트'가 각종 세균과 중금속에 오염된 충격적 현장을 고발했다. 여기서도 시퀀스마다 긴장을 늦추지 않게 하는 요소들이 배치돼 있다(다음의 밑줄 친 부분).

- 시퀀스 1: 천장에 달린 환기구에 검은 먼지가 잔뜩 붙어 있다. → '**문제 인지**' 단계.
- 시퀀스 2 · 3: 로봇 카메라를 닥트에 투입해 촬영해보니 먼지투성이다. 또 다른 건물의 닥트도 내시경 카메라로 촬영해보니 마찬가지다. → '**문제 확인**' 단계.
- 시퀀스 4: 먼지들의 정체를 알기 위해 국립기술품질원에 성분 분석을 의뢰했다. 납, 구리, 카드뮴 등 중금속 물질이 다량 검출됐다. → '**문제 분석**' 단계.
- 시퀀스 5: 먼지를 배양해보니 세균과 곰팡이가 독버섯처럼 자라났다. 실내에 떨어진 먼지를 마시면 호흡기 질환을 일으킬 수 있음이 입증됐다. 그런 고통을 겪는 사람들의 '빌딩 증후군'의 실태도 확인했다. → '**영향 평가**' 단계.
- 시퀀스 6: 닥트란 공기를 공급해주고 환기시키는 '실핏줄' 같은 기능을 한다. 열효율을 높이기 위해 밀폐형 빌딩을 건축하는 경우가 늘면서 냉난방을 할 때 점점 닥트에 의존한다. → '**배경 설명**' 단계.
- 시퀀스 7: 한 빌딩의 닥트 내부를 보니 마치 종유석 동굴 같다. 청소를 시작하자 먼지들이 말끔히 떨어져 나갔다. 유지 관리가 답이다. → '**핵심 제시**' 단계.
- 시퀀스 8 · 9 · 10: 백화점, 놀이 시설, 병원의 유지 관리 실태를 점검했다. 반론도 여기에 포함된다. → '**문제 확장**' 단계(일반화할 수 있는지 따져보는 단계).
- 시퀀스 11: 보건복지부는 최근 닥트 청소를 의무화하도록 법을 개정했다. 그러나 의무화 대상에서 병원은 제외됐고, 낙하 세균 항목도 누락됐으며, 청소 비용은 수천만 원대다. → '**해법 제시**' 단계.
- 시퀀스 12: 건물 외벽 치장 대신 닥트 수술에 나서는 빌딩이 있다. → '**대안 실태**' 단계.
- 시퀀스 13: 그렇게 하지 않는 건물들은 냉방을 위해 창문을 닫고 닥

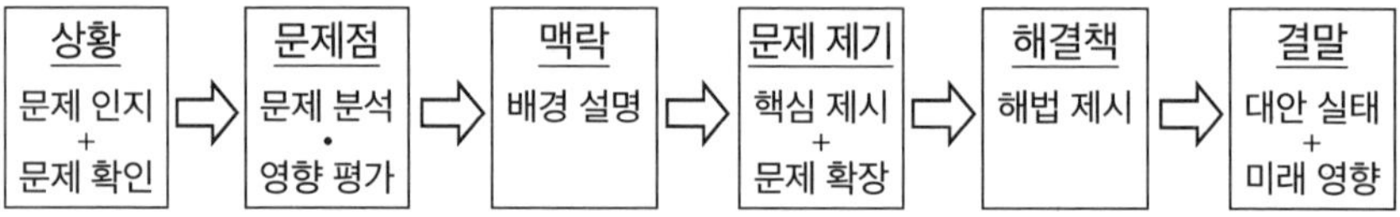

<자료 4-2> 실태 고발 보도의 횡적 구조

트에 의존하는 여름철을 맞고 있다. 대책을 세우지 않으면 앞으로도 문제가 닥칠 것이다. → '**미래 영향**' 단계.

이러한 시퀀스들을 연결해 더 큰 이야기의 덩어리로 모아서 결합하면, 앞서 본 권력 비판 보도와 달리 실태 고발에서는 '맥락', '문제 제기', '해결책'이 추가된 구조가 드러난다(<자료 4-2> 참조).

• 세태 진단 보도의 구조

<2580>은 시대의 자화상을 돌아보는 세태 아이템을 많이 다뤘다. 그러한 보도에는 시청자를 개입시키고 시청자의 공감을 얻는 구성 전략이 필요하다. 정관웅 기자의 "감추고 싶은 진실"(1996. 7. 21.)은 얼핏 전통적인 기승전결의 흐름을 취하지 않는 것처럼 보인다. 이야기 내내 '금화의 순간'을 심기 위한 실험을 연속으로 보여준다.

- 시퀀스 1/실험 1: 무명의 두 여배우에게 용모 차이가 나도록 화장과 옷차림을 달리하게 했다. 경춘 국도에서 고장 난 차를 세워놓고 각각 도움을 청하는 상황을 비교한다. 멜빵바지를 입은 단발머리 배우에게는 멈추는 차량이 거의 없다. 긴 머리에 짧은 반바지를 입은 늘씬한 배우에게는 승용차가 후진해 와 도와주고, 대형 트럭, 택시 등도 줄줄이 멈춰 돕는다.
- 시퀀스 2/실험 2: 같은 배우들에게 거리에서 판촉물 100장을 돌리도록 한다. 단발머리 배우가 45장을 돌리는 동안 긴 머리에 노출이

있는 옷을 입은 배우는 100장을 다 돌렸다.

- 시퀀스 3/실험 3: 기자가 "지금까지 드러난 결과는 어쩌면 웃어넘길 수 있는 일일지도 모릅니다. 그러나 용모 때문에 인생의 향방이 좌우되고 좌절을 겪어야만 하는 사람들이 적지 않습니다"라고 말하며 화제를 전환한다. 그리고 용모 차이가 나도록 한 여배우 2명에게 몰래카메라를 주고 인력 용역업체의 면접을 각각 보게 한다. 수수하게 분장한 배우에게는 비수기라 자리가 없다더니, 화려하게 치장한 배우에게는 그 자리에서 합격을 통보한다.
- 시퀀스 4/실험 4: 남배우 2명을 같은 업체에 투입한 면접도 결과는 다르지 않다.
- 시퀀스 5/실험 5: 남배우 2명을 중견기업의 면접에 응시하게 해도 마찬가지다. 정식 인터뷰에서 인사 담당자는 용모 차이를 봤다고 인정한다. 한 회계사무소가 여자고등학교에 보낸 공문에는 키와 몸무게에 따른 월급 액수의 차이를 적시해놓고 있다.
- 시퀀스 6/실험 6: 용모를 차별화한 두 여배우가 각각 유치원 선생님으로 투입된다. 아이들은 '머리가 긴' 선생님, '예쁜' 선생님이 더 좋다고 답한다. 기자는 용모 판단이 후천적으로 학습되는 것이며, 대중매체에서 강조하는 미적 기준이 여기에 영향을 미친다고 진단한다.

NBC 아침뉴스 <오늘Today>의 기자이자 스토리텔링 전문가로 꼽히는 밥 닷슨Bob Dotson은 자신의 스토리텔링 원칙을 '이봐Hey, 당신You, 보라고See, 그러니까 말이야So'라는 4개의 단어로 압축한다(AFPC-USA, 2022; <자료 4-3> 참조). 여기에 앞의 리포트를 대입해보면 스토리 내내 긴장을 유지하는 다음과 같은 구성이 확인된다.

- '이봐Hey': 실험 1·2는 용모에 따라 다르게 나타나는 반응을 보고

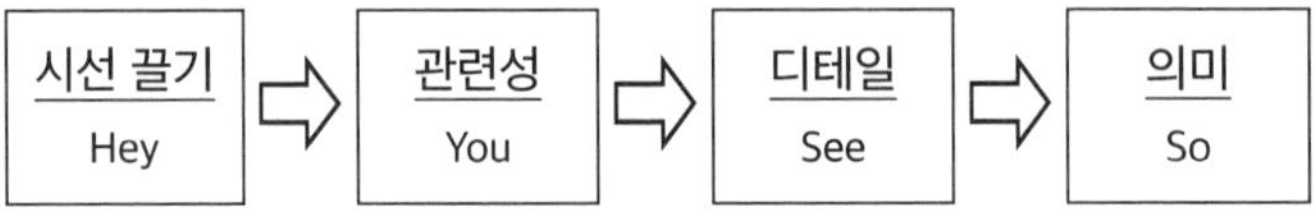

<자료 4-3> 세태 진단 보도의 횡적 구조

흥미를 갖게 만든다. → **시선 끌기**.

- '당신You': 실험 3·4는 이 기사가 왜 중요한지, 당신과 무슨 관련이 있는지 이유를 제공한다. 즉 채용에 관한 문제이니 더는 남의 일이 아닌 나, 친구, 가족, 이웃의 이야기로 느끼도록 만든다. → **관련성**.
- '보라고See': 실험 5는 아무도 몰랐던 사실을 드러낸다. 기업의 공공연한 용모 지상주의를 발견하고 확인하게 한다. → **디테일**.
- '그러니까 말이야So': 실험 6은 이 기사가 정말 의미하는 것을 전한다. 즉 후천적으로 학습된 용모에 대한 관념에 문제의식을 갖자고 제안한다. → **의미**.

종적 구성: 심층 보도의 층위

<2580> 기자들은 심층 보도에 대한 고민이 깊었다. 정태성 기자는 "항상 심층에 대한 강박이 있었다. 매거진 프로그램이니 단편이 아니라 종합을, 보이는 표면이 아니라 이면까지 담아야 한다는 일종의 압박감이 있었다"고 했다. 심층 보도는 리포트 길이가 길기만 하다고 해서 보장되는 것은 아니었다. 임흥식 기자는 "길게 라운드업(종합)만 하면 무슨 심층인가, 짧게 하더라도 안으로 들어가야지, 그런 얘기를 했다"며 '깊게 파고들기'를 강조했다. 그렇다면 어떻게 파고들어 숨은 진실을 들춰냈을까. 여기서 '표면', '이면', '심층'으로 내려가는 3개 층위가 나타난다.

- **표면, 이면, 심층**

신강균 기자의 "사상누각 신공항"(1999. 3. 14.)은 인천공항의 건설 과정에서 은폐된 부실 공사 실태를 폭로했다. **표면**에 나타나는 사실은 공사 중인 공항 구조물의 콘크리트가 갈라지고 여기에 바닷물이 새어들고 있다는 것이다. 표면, 즉 실태를 제대로 보여주는 것은 탐사 보도의 일차적 책무로서 기자의 발품과 감각이 동원돼야 하는 부분이다.

> 콘크리드에 균열이 가서 바닷물이 새고 있는 신공항의 수많은 현장 가운데 취재팀이 가장 먼저 주목한 것은 바로 활주로 아래를 가로지르는 2개의 지하차도입니다. 바로 이 지하차도 위로 비행기가 뜨고 내립니다. 이 지하차도는 그 충격을 견뎌야 합니다.
>
> 그러나 지하차도 구조물은 물에 흠뻑 젖은 누더기 같은 모습이었습니다. 벽과 천장, 그리고 바닥 할 것 없이 똑같습니다. 천장으로부터 떨어지는 물은 짠맛이고 벽에서는 쉴 새 없이 바다 물꽃이 피어납니다. 누수 관리 중이라고 적힌 표시들의 간격은 채 1미터도 되지 않습니다. 6개월이 넘도록 소금물에 콘크리트가 절어 있는 셈입니다.

이런 일은 왜 일어나는 것일까. 보이지 않던 **이면**을 파헤친다. 매립시 토목 공사가 어떤 개념으로 이뤄지는지부터 파악한다. 방수재의 성분은 무엇이고 그것은 제 역할을 하는지 따져본다. 실험을 해보니 감춰졌던 진실이 드러난다.

> 신공항 건설공단은 지하차도뿐만이 아니라 여객청사, 교통센터, 철도 노반 등 모든 지하구조물의 방수에 벤토나이트 매트를 이용한 공법을 일률적으로 채택했습니다. 이 매트 속에 들어 있는 작은 알갱이들이 벤토나이트라는 것들입니다. 화산재에서 추출한 일종의 찰흙 성분입니다. 이 알갱이는 물과 만나면 팽창합니다. 부피가 커지면서

> 끈적이는 성질도 갖습니다. 이른바 겔 상태로 걸쭉하게 팽창되면 콘크리트에 붙어 차수막을 형성하게 되고 흙을 되메우면 더 단단하게 돼 물을 막아낸다는 것입니다. 게다가 만약 균열이 생기면 이 알갱이들이 균열된 곳을 따라 들어가 팽창하면서 메워준다는 것입니다. … (중략) … 그런데 고가의 이 첨단 공법이 어찌 된 일인지 전혀 방수 효과를 내지 못하고 있습니다. … (중략) … 벤토나이트 알갱이가 일반 지하수나 수돗물 같은 민물에서는 어느 정도 부풀고 끈적해지는 것을 관찰할 수 있습니다.
>
> 그렇다면 짠 바닷물에서도 똑같을까? 바닷물에서 벤토나이트는 부풀지 않고 퍼집니다. 그리고 부스러지는 모양에서는 끈적거린다는 점결성을 전혀 느낄 수 없습니다. 현 장소에서의 벤토나이트의 팽창성을 일주일에 걸쳐 관찰했습니다. 팽창하기는커녕 잔모래처럼 변했습니다. 방수재가 이 모양으로 변했을 테니 균열이 간 데마다 물이 새는 것은 당연할 것입니다.

거기서 멈추지 않고 더 밑으로 **심층**을 파고든다. 방수 작업에 1,000억 원 넘게 투입됐지만 바닷물은 왜 계속 스며드는 것일까. 기자가 일주일만 관찰해도 금세 파악할 수 있는 문제를 공항 건설공단은 모르고 있었는가. 사안의 심연을 드러내고 본질적인 문제를 제기한다.

> 그럼, 공단은 왜 이런 무용지물인 방수재를 채택했을까. 효과의 유무를 사전에 시험해보지는 않았는가. 물론 서류상의 요식행위는 모두 거친 것으로 돼 있습니다. 다만 다른 모든 부실의 원인과 마찬가지로 현장의 실정을 감안하지 않은 채 형식적이었다는 데 문제의 발단이 숨어 있습니다. … (중략) … 신공항의 불행은 방수 자재 때문만은 아닙니다. 설사 방수재가 효과를 발하지 못하더라도 콘크리트만 잘 됐었다면 그리 대단치는 않았을 것입니다. 영종도 현장에서는

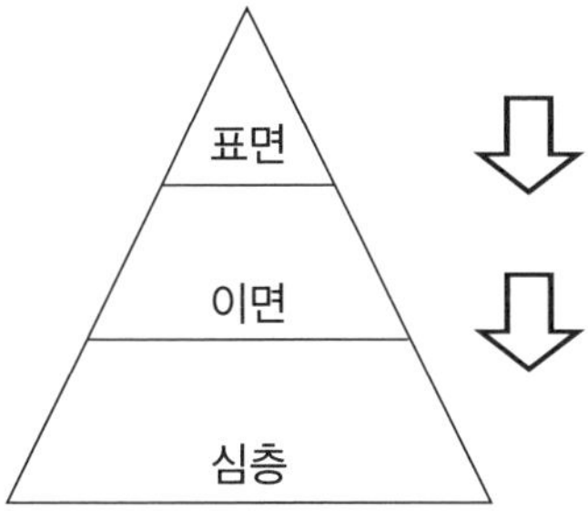

표면	신공항 지하차도에 바닷물이 새어 들어온다. 기자가 현장을 확인했다.
이면	방수재의 벤토나이트 성분이 방수 효과를 못 낸다. 비교 실험으로 확인했다.
심층	방수재의 효과 유무를 공항건설공단이 제대로 검증하지 않았다. 다른 공사 현장과 달리 공단이 콘크리트를 직접 구매했다. 문서와 인터뷰로 확인했다.

<자료 4-4> 심층 보도의 종적 구조

다른 공사 현장과 다른 방식으로 콘크리트가 조달됐습니다. 건설회사가 구입한 것이 아니라 공단이 직접 구매해서 공급한 것입니다.

이러한 기사의 구조를 종적으로 분해하면 <자료 4-4>와 같다.

• 증언, 현장, 문서

앞선 사례에도 잘 나타나 있지만 심층으로 들어가는 과정에는 취재 방법의 세 가지 요소, 즉 증언 확보, 현장 확인, 문서 분석이 모두 담기게 된다. 전동건 기자의 “47년 만의 증언”(1997. 11. 2.) 역시 이 세 요소를 충실히 활용했다.[1] 1950년 7월 한국전쟁 당시 충북 영동의 노근리 주민 등 민간인 400여 명이 미군에 의해 집단 사살당한 사실을 공론화했다. 사안의 **표면**을 제시하는 방식은 방대한 인터뷰다. 기자는 충북 영동군 영동읍의 주곡리와 임계리에서 한국전쟁 당시 12~20세였던 주민들의 증언을 정리한다. 주민들에게 피난을 지시했던 미군이 노근리에서 폭격기로 폭탄을 쏟아붓고 기총사격을 가했다는 증언, 생존자들을 굴다리에 몰아넣고 사격했다는 증언들이다. 기자는 현장을 확인한다. 노근리의 굴다리에

1 안수찬(2024. 2. 24.)은 이러한 취재 방식을 ‘삼각 접근법’이라고 칭했다.

는 총탄 흔적이 수없이 남아 있다.

미군은 왜 주민을 학살했을까. 그 이면을 들춰내기 위해 해당 지역에 배치됐던 미군 제1기병사단의 전사戰史를 분석한다. '인민군이 피난민 복장으로 미군 방어선을 지나 기병사단을 공격했다.', '임산부 옷 속에 라디오가 있었다.'는 등 피난민에 대한 의심으로 가득 차 있다. 6·25 전쟁사에 나와 있지 않은 비극적 사건의 배경이 드러나는 대목이다.

이 리포트는 한국의 지상파 방송에서 미군의 양민 학살을 다룬 최초의 보도였다. 기자가 파고든 심층은, '전투 과정에 대해서는 법적 책임을 지지 않는다'는 미국 정부의 입장이 타당하냐는 문제 제기다. 집단 사살 기간에는 전투가 없었다는 증언, 그리고 집단 사살의 시기가 인민군이 진입하기 전이었다는 국방부의 『한국전쟁사』를 근거로 제시하며 진상 조사에 한국 정부가 먼저 나서라고 요구한다. 당시 보도는 국제적 관심의 단초가 됐다. 2년 뒤인 1999년 AP통신은 학살에 참여한 미군들의 증언을 확인한 세계적인 특종으로 퓰리처상을 수상했다.

3. <2580>의 시청각적 수단

기사와 영상의 조화

NBC 기자였던 린다 엘러비Linda Ellerbee는 "텔레비전으로 기사를 써라. 화면이 이야기하도록 하라"고 했다. 옆방에서 뉴스를 들었을 때 시작부터 끝까지 완벽하게 알아들을 수 있다면 라디오에 맞는 기사고, 들었을 때 무슨 얘길 하는지 가서 보고 싶은 충동을 느껴야 텔레비전 뉴스 기사라고 했다. 영상과 결합해야 완전해지는 기사를 쓰라는 얘기다(Ellerbee, 1986). 그런 기사는 "이미지와 언어가 상호 작용을 일으키며 텍스트 의미를 완성"(김성환, 2022, 55쪽)하는 효과를 낸다.

• **영상의 빈 공간을 채운다**

기사를 영상에 맞춰 쓰라는 말은 방송기자라면 입사 이후 귀에 못이 박히도록 듣는다. 귀로 듣는 청각 정보(기사)와 눈으로 보는 시각 정보(영상)가 일치하거나 조화를 이룰 때 몰입감이 훨씬 크기 때문이다. <2580>은 기사와 영상이 단순히 일치하는 수준을 넘어, 기사가 영상과 결합하되 영상의 빈 공간을 채워가는 방식으로 시청자의 눈길을 잡아뒀다.

정태성 기자는 눈을 떼기 어려운 리포트를 많이 만들어냈다. "복권"(1994. 3. 6.)에서는 영상과 기자의 말 한마디 한마디가 톱니바퀴처럼 맞물린다. 당첨 복권이 나오는 원리를 설명하는 대목을 보자. 아직 긁지 않은 복권이 놓여 있고, 동전으로 복권을 하나씩 긁기 시작하며 기자는 말한다. "(복권에) 인쇄된 6개의 금액 가운데 같은 금액이 3개 있으면 당첨입니다." 그 말이 끝나기 무섭게 긁고 있던 복권에서 천만 원이라고 적힌 칸이 하나 나오고, 그다음 칸을 긁으니 또 천만 원이 나온다. 기자는 이어간다. "이 복권은 천만 원이 2개 나왔습니다. 하나만 더 나오면 천만 원에 당첨입니다." 시청자는 '어라, 진짜 이러다 천만 원에 당첨되나?' 싶어 동전이 다음 칸을 긁는 걸 숨죽이며 보게 된다. 화면은 결과를 비춘다. "그러나 꽝, 번번이 이런 식입니다." 이 장면을 8년차 신문기자에게 보여줬더니 "기사와 화면이 찰떡같다. 아닌 줄 알면서도 진짜 당첨되나 싶어 눈을 못 뗐다"고 했다.

정태성 기자의 "경마"(1994. 3. 20.)는 기사와 영상의 조화를 더욱 정교하게 시도했다(<표 4-1> 참조). 화면은 경마장의 레이스와 관중들의 시선을 긴박하게 교차 편집해 보여준다. 기사는 화면 한 컷 한 컷에 맞춰 치밀하게 계산한 듯 맞물린다.

이러한 기술 방식에서는 영상과 기사가 반드시 일대일 대응하지는 않는다. 예로 든 "복권"과 "경마"는 모두 대체로 눈에 보이는 것을 말하고 있긴 하다. 하지만 "하나만 더 나오면 천만 원에 당첨입니다", "이 순위가 끝까지 유지될 것인가?" 등의 표현은 화면을 그대로 묘사한 문장이 아니

<표 4-1> "경마"에서 드러난 기사와 영상의 조화

영상	기사
트랙을 달리는 말들의 경주 (슬로우 모션)	7번과 8번이 현재 1위와 2위, 그 뒤를 2, 3, 1, 4번이 뒤따르고 있습니다. 이 순위가 끝까지 유지될 것인가?
관중석 (풀샷)	입추의 여지 없는 관중석,
손뼉 치며 응원하는 관객들 (바스트샷)	3만 명의 시선이 말머리를 쫓고
스크린 경마장의 관중 (풀샷)	전국 17개소 TV 경마장에서도
모니터 올려다보는 사람들, 담배를 물고 시선을 고정한 사람들 (미디엄샷)	또 그만큼의 사람들이 손에 땀을 쥡니다.
모니터 화면 (클로즈업)	경주 길이 1,400미터 중에서 이제 남은 거리 300여 미터.
달리는 말	7번과 8번이 '이제 안심해도 되겠지' 하는 순간 뒤에 쳐졌던 말들이 맹렬한 기세로 치고 나옵니다.
관중석 (줌 아웃)	긴장한 탓인지 사람들은 소리도 지르지 못하고 그저 주먹을 흔들 뿐입니다.
달리는 말 (슬로우 모션)	한 발의 차이를 놓고 다섯 마리의 혈전. 중반까지 꼴찌로 달려오던 12번과 4번이 대반전, 막판 뒤집기를 성공시킵니다. 희비가 갈리고 10억 원이 넘는 돈의 향방도 일순간에 뒤바뀝니다.

다. 이미지를 보면서 마음속에서 재생되는 심상을 제시하고 있다. 보이는 것과 연상되는 것을 혼합해 전달력을 높였다. 요즘 기사에서 흔한 '시뻘건 불길이 치솟습니다. 검은 연기를 연신 내뿜습니다.' 식의 묘사처럼 영상에 제시된 것을 말로 복제하는 수준을 넘어선 시도였다.

<2580> 기자였던 김성환은 그의 저서에서 영상과 이미지가 100% 일치하는 기사를 '동시화 구조'라고 불렀다. 메시지의 전달과 기억 효과를 높이는 강점도 있지만, 영상을 보면 충분히 알 수 있는데도 기사로 중복 제시하는 것은 '음성 언어의 과잉'이라고 지적했다. "비 오는 거리를 보

여주면서 비가 내린다고 하거나 많은 인파 영상과 함께 거리가 인파로 가득 찼다고 설명하는 것은 유치하다"면서 "말과 영상이 서로 부족한 부분을 채워 현실을 최대한 왜곡 없이 재현하고 정보 전달의 효과를 극대화시킬 수 있는 방법이 무엇인지 고민해야 한다"(김성환, 2022, p. 207)고 제안했다.

- **묘사하지 않고 설명한다**

<2580> 기자들이 기사를 영상에 어울리게 쓴다는 것은 '그림 묘사'의 수준을 넘어선 것이었다. 영상에서 의미를 읽어내기도 하고 영상에 의미를 입히기도 했다. 보이는 대로 묘사하지 않으면서 보이는 것에 의미를 보태는 작업은 필력으로만 구현될 수 있는 일이 아니다. 취재 대상의 표정과 심정을 꼼꼼히 살피고 그들 사이에 흐르는 공기를 충분히 들이마신 연후에 가능해진다.

경북 영일군 기계면의 소년 소녀 가장들을 찾아간 임흥식 기자의 "남겨진 아이들"(1994. 3. 20.)을 보자. 기자는 마루에 걸터앉아 부모 없이 살아가는 네 남매와 대화한다. 제일 갖고 싶은 게 뭐냐는 물음에 초등학교 6학년 경미는 "세탁기"라고 밝게 답한다. 중학교 1학년 재현 군은 제일 걱정되는 게 뭐냐는 물음에 "할머니가 아플 때"라고 쌍꺼풀진 큰 눈을 굴리며 답한다. 기자는 좁은 방에서 아이들이 뒹굴며 노는 모습, 『나도 과학자가 될래요1』이라는 참고서 앞에서 공부하는 모습을 지켜본다. 그리고 그 장면의 마지막 컷으로 천장과 벽시계를 클로즈업하며 기사가 전하려는 의미를 이렇게 눌러 담는다. "전구가 빠져버린 녹슨 형광등 곽과 멈춰버린 시곗바늘이 이들이 느끼고 있을 보살핌의 허기를 짐작케 합니다."

'묘사'를 넘어 영상과 조화를 추구하는 기사에는 기자의 시선이 담긴다. 송요훈 기자의 "버림받은 아이들"(1994. 3. 13.)은 이혼한 부부가 서로 양육권을 미루면서 보육 시설로 보내진 아이들에 관한 이야기다. '밥투정을 하지 않는 의젓한 모습입니다.' 따위의 묘사는 없다. 대신 아이가 밥투정을 하지 않는 영상에 그 속사정을 간파한 기자의 음성이 보태지면서 보는 이의 감정을 흔든다.

놀이방에서 함께 장난도 치고 노래도 부르는 이 아이들의 모습은 부모가 보살피는 여느 아이들과 다를 바가 없지만, 그러나 가만히 들여다보면 어린아이답지 않은 그늘을 발견할 수 있습니다. 부모에게 재롱떨고 투정이나 부릴, 만 두 살이 겨우 넘었을 아이들. 그러나 **그 어린 나이에 이들은 모든 걸 제 스스로 해결해야 한다는 현실을 이미 알아차린 듯합니다**.

식사 시간. 아직 숟가락질을 못 하는 아이들의 식사 시간은 마치 둥지 속에 아기 새들을 보는 듯 안쓰럽습니다. 그보다 좀 큰 아이들은 누가 먹여주지 않아도 밥을 흘리거나 반찬 투정을 하지도 않고 능숙하게 숟갈질을 합니다. **밥투정을 하며 밥을 먹지 않는다고 해서 일일이 따라다니며 밥을 먹여줘야 할 엄마 아빠는 이미 저 아이들을 버렸습니다**.

'기자에게 다가와 아빠라고 부릅니다.' 따위의 묘사도 삼간다. 아이가 낯선 기자에게 안기는 영상 위에 그 심리를 읽어낸 한마디가 얹히면서 시청자는 말을 잊게 된다. 보이는 것을 이야기하면서도 보이는 것의 이면을 드러낸다.

잠자리에 들 때 역시 제 스스로 입던 옷을 차곡차곡 갭니다. 잠자리에 들기 전에 보모 엄마와 일일이 입맞춤을 하는 **저 아이들에게, 낳은 엄마 아빠는 이미 3인칭 감각입니다**. 침식을 함께하는 보육사가 엄마이고, 어쩌다 찾아오는 남자 방문객에겐 아빠라 부르며 팔을 벌립니다.

<2580>에는 방송 기사를 한 차원 '업그레이드'하려는 의도가 있었다. '창단' 멤버인 임홍식 기자는 "어떻게 하면 좀 더 실감 나게, 감동적이고, 사람들이 공감할 수 있도록 표현할까에 대한 생각을 하게 됐다"고 했다. 기사와 영상의 '시너지' 효과를 꾀한 노력도 그런 맥락에서 설명한다. "찍어온 그림을 열심히 봤다. 그림의 느낌을 적어뒀다. 기사를 쓸 때는 영상을 묘사하는 게 아니라 그 영상이 주는 느낌을 묘사한 것 같다. 느낌을 쓰는 글을 쓰려고 노력했다."[2]

미국 포인터 연구소Poynter Institute에서 방송뉴스 스토리텔링을 가르쳐 온 알 톰킨스Al Tompkins도 "이미지에 맞추지 말고, 이미지를 설명하라"(Tompkins, 2012, p. 103)고 한다. 개를 화면에 보여주면서 개를 언급하지 말라는 것이다. 눈에 보이는 그대로 묘사하지 않으면서 의미를 설명하는 게 쉬운 일은 아니다. 미국의 방송 기사 교재도 그 난도難度를 이렇게 인정했다. "텔레비전 기사 쓰기가 까다로운 것은 화면을 그대로 복제하지 않으면서 화면과 싸우지 않는 중간 지대middle ground를 찾아야 하기 때문이다."(Papper, 2021, p. 197).

사운드의 활용

1982년 7월 당대의 고승으로 추앙받던 경봉 스님의 다비식이 경남 양산 통도사에서 있었다. 주말 메인 뉴스인 <MBC 뉴스센터>는 대략 9분 안팎의 리포트로 이 다비식을 다뤘다. 이 리포트는 시작한 뒤 1분 가까이 기자의 멘트 없이 새벽 범종 소리만 들려줬다. 카메라는 원경으로 산을 정물화처럼 비추다 천천히 산사 쪽으로 줌인해 들어갔다. 적막을 가르는

---

2 임홍식은 서울의 대표적인 달동네 사람들을 다룬 "94년 겨울, 서울 난곡"의 마지막 부분에서 복잡하게 얽힌 그 동네의 전선줄 영상을 떠올렸고, 난곡을 이렇게 표현했다. "생활보호대상자, 영세민, 취로사업, 가출, 막노동. 궁색하고 삭막한 모든 낱말이 전선줄처럼 얽혀 있는 이곳".

종소리에 시청자는 숨죽이며 다음 장면을 기다리게 된다. 장의 행렬이 지날 때 풀숲에서 여치 우는 소리, 화장할 때 장작 타들어 가는 소리, 신도들의 울음소리, 스님들의 염불 소리, 갑작스런 소나기에 산사 댓돌에 빗물 흐르는 소리. 이런 소리들이 고승의 열반을 애도하는 이들 속에 시청자도 함께 있는 것 같은 느낌이 들게 한다. 사운드의 힘이다.

소리를 통한 스토리텔링에 가장 신경 쓰는 분야는 영화다. <스타워즈Star Wars>의 감독 조지 루카스George Lucas는 "극장에 가는 사람들이 겪는 경험의 50%는 사운드다. 나는 항상 관객들이 내 영화에서 보는 것만큼이나 듣는 것에서도 감동하고 흥분한다고 믿는다"(Tompkins, 2012, p. 141)고 했다. 사운드가 영상과 결합해 서사를 강화한다는 의미다. 방송뉴스에서 사운드는 기자의 음성voice over, 인터뷰로 담은 사운드바이트soundbite, 현장음natural sound 등이 있는데, 여기서는 취재 현장에서 담아낸 현장음에 집중해 살핀다.

• 소리가 현장으로 이끈다

<2580> 기자들은 현장음을 적극 활용했다. 한정우 기자의 "폭격을 중지하라"(1999. 3. 28.)는 미국 공군 사격 훈련장 주변의 소음 피해를 다뤘다. 시작부터 굉음으로 귀를 때리며 몰입하게 한다. 취재팀은 강원도 태백의 해발 1,500미터 정상까지 올라가 전폭기가 폭탄을 투하하고 기총을 발사하는 소리를 담는다. 경기도 화성군 매향리에서는 급강하한 비행기가 수십 발의 총탄을 쏟아붓고, 폭탄과 유도탄 발사 훈련을 30분간 이어간다. 측정해보니 두통과 정신 장애를 일으키는 수준인 100dB이 넘는다. 소리는 들리지 않고 사격 장면만 이어졌다면 이 영상은 별 의미가 없었을 것이다. 사운드가 이야기를 구성한다.

한 시간이나 이어진 야간 사격은 공포스럽다. 칠흑같이 컴컴한데 수송기는 남은 포탄을 전부 쏟아버리듯 퍼붓는다. 이 소리는 기자의 음성 밑에 깔려서 계속 들린다. 13분간의 리포트를 통해 시청자는 주민들과 함

<표 4-2> "서울 산촌"의 현장음

장면	소리
안개 낀 마을 전경/ 집 앞의 강아지/ 분주한 닭들/ 냇가의 오리	개 짖는 소리/ 시냇물 소리/ 오리 퍼덕이는 소리
108번지의 토담집 외경/ 개/ 새벽 6시를 가리킨 마루 위 벽시계	새들 지저귀는 소리/ 강아지 그렁거리는 소리/ 일어나라고 깨우는 엄마 목소리
닭 모이 주는 남자/ 전선 위 참새/ 언덕길 내려가는 교복 차림의 남매	닭들 분주히 뛰는 소리/ 새 소리/ 학생들 발걸음 소리

께 밤낮으로 소음에 시달린 느낌을 받게 되고, 그들의 고충을 더 이상 남의 일이 아닌 것으로 받아들인다. 이렇게 소리가 결합해 "영상은 하나의 사건이 되고 힘을 갖는 것"(김성환, 2022, 44쪽)이다.

황석호 기자는 소리로 시청자를 끌어들이는 스토리텔링에 탁월했다. 이문노 카메라 기자와 함께 취재한 "서울 산촌"(1998. 5. 3.)은 서울 속 산골 마을인 부암동 뒷골에 관한 이야기다. 군사보호구역으로 지정된 데다 그린벨트에 묶여 있는 곳이다. 거기서 촬영하며 수음한 소리를 그대로 전한다. 인터뷰 중에 개 짖는 소리가 요란하게 들려도 중단하지 않고 그대로 다 담는다. 중간에 나오는 배경음악 1분을 제외하면 12분 50초 동안 마을의 현장음이 끊기지 않는다(<표 4-2> 참조).

첫 1분 동안 기사는 딱 한 문장이지만 눈과 귀를 붙든다. 현장의 소리만 계속될 뿐 기자의 음성을 얹지 않는다. 언어를 절제하고 사운드를 전달해 영상에 생기를 불어넣는다. 시청자를 자연스레 이야기의 무대로 불러들인다.

NBC 기자였던 밥 닷슨도 스토리텔링에서 사운드는 기사나 영상만큼이나 중요하다고 강조한다(AFPC-USA, 2022). 미국의 방송뉴스 기사 교재들에는 '사운드'가 별도 챕터로 구성돼 있다. 시러큐스대학교에서 저널리즘을 강의하는 로버트 페퍼Robert Papper의 『방송뉴스와 기사 작성 스타일북*Broadcast News and Writing Stylebook*(7th ed.)』(2021)을 보면, 현장음은

'거기에 있다being there'는 느낌을 전달해 사건이 실제로 어떠했는지에 대한 감각을 시청자에게 제공한다(Papper, 2021). 반면 국내 방송뉴스 교재들 가운데 '소리'를 비중 있게 다룬 경우는 드물다.

- **소리가 의미를 살린다**

기자는 현장에서 보고 '들은' 것을 전한다. 방송기자가 현장에서 들은 소리, 카메라에 담긴 소리도 모두 취재 내용이다. 소리도 스토리를 구성하는 핵심 요소이며, 현장감을 살리는 원천이다. 그렇다고 현장에서 아무 소리나 따서 들려준다고 현장감이 살지는 않는다. 소리에도 의미가 있다. 그런 소리여야 스토리텔링의 힘이 있다. 임홍식 기자의 "남겨진 아이들"은 부모가 모두 세상을 떠났거나 돈 벌러 도시로 떠나면서 농촌에 남겨진 소년 소녀 가장들을 취재했다. 그들의 궁핍하고 고단한 삶을 찾아 들어간 기자는 현장에서 만난 소리들을 흘려버리지 않고 리포트 곳곳에 심었다. 거기서 나오는 소리들은 슬프다.

찌그러진 철문을 기자가 열고 들어간다. 학교 마치고 돌아온 아이들도 열고 들어간다. 그럴 때마다 끼익끼익 하는 소리가 난다. 다른 집에 가도 나는 소리다. 다 쓰러져가는 빈한한 집의 소리다. 다섯 아이가 밥상 앞에 둘러앉아 스테인리스 그릇에 수저 부딪히는 소리를 연신 낸다. 고추장과 김치 빼면 유일한 반찬인 동치미 국물에서 무는 전부 사라지고 국물만 뜨다 보니 나는 소리다. 금속과 금속이 부딪는 소리가 아니라 허기와 설움이 뒤섞이는 소리다. 시청자는 그 방에 함께 앉아 아이들 집의 황량함을 '듣는다'. 듣는 것 이상이다. 소년 소녀 가장에 대한 정부 지원금이 부족하며 민간 후원은 도시에 쏠려 있다는 기자의 지적에 귀 기울이고, 영구 임대주택 공급과 전월세 자금 지원을 호소하는 인터뷰에 공감하게 된다. 의미 있는 소리로 뉴스의 의미를 살린 것이다.

때로는 침묵이 소리를 압도한다. 차경호 기자는 "죽음을 기다리는 사람들"(1995. 5. 21.) 취재를 위해 경기도 용인의 샘물 호스피스를 찾았다.

촬영하던 췌장암 환자가 막 눈을 감는다. 그때부터 동영상을 멈추고 스틸컷 4개로 임종 모습을 전한다. 가족은 오열한다. 하지만 그 모습은 느린 화면으로, 울음소리는 묵음으로 처리한다. 울음소리가 과해도 이상할 게 없는 자리에 정적이 흐른다. 소리의 생략이 오히려 들리지 않는 소리를 듣게 한다. 소리보다 큰 침묵은 감정을 절제하고 가만히 죽음을 생각할 수 있게 하는 공간을 연다. 사이먼 앤 가펑클의 노래 제목처럼 '침묵의 소리sound of silence'다.

소리가 풍부한 기사sound-rich story를 만드는 기자들은 소리의 마법을 안다. 톰킨스는 '소리가 시청자를 끌어들여 관심을 갖게 하며, 그렇게 참여한 시청자는 기사의 중요한 부분을 더 쉽게 기억하더라'는 현장 기자의 경험담을 전하면서 취재 현장에서 강력한 소리powerful sound를 포착하라고 한다(Tompkins, 2012). <2580>은 그걸 잘 알고 있었다.

4. <2580>의 몰입 장치

영화 같은 도입

• 첫 장면에서 압도한다

"남편 문제로 좀 상담 좀 할까 하는데요", "아무도 모르게 잡을 수 있다 해가지고 전화를 드렸어요." 말투에 조심스러움이 있다. 화면은 전체가 시커멓고, 가운데 일부만 살짝 밝게 드러난다. 전화기 윗부분과 귀가 보인다. 신문에 난 '비밀 보장, 민원 해결, 고민 상담'이란 광고 문구가 여러 개의 숏컷으로 빠르게 지나가고, 통화 연결음이 들린다. "전화 외부 통화하는 것을 조금 저기 할 수 있어요?" 여성이 묻자, 상대방이 대수롭지 않다는 듯 답한다. "도청이요? 할 수 있어요." 목소리만 오가고 누구의 얼굴도 나오지 않는다. 전화기만 보일 뿐이다.

도청이 가능하고, 시간은 10일 정도 걸리며, 비용은 3백만 원이 들고, 미행도 해준다는 설명이다. 업자를 만나러 두 여성이 집을 나선다. 큰길에서 모범택시를 잡아타 어디론가 향한다. 시작한 지 1분 55초 동안 한 마디도 없던 기자가 그제야 입을 뗀다. "취재팀은 의심을 피하기 위해 불가피하게 대리인을 내세웠습니다." 이게 첫 문장이다.

황석호 기자의 "도청盜聽"은 스릴러 영화가 관객을 압도하듯 시작부터 긴장을 유발한다. 전통적인 스토리의 요건으로 보면 인물도, 배경도 뚜렷하지 않고 사건부터 툭 던져놓는다. 말로 시시콜콜 설명하지 않는다. 영상의 색조도 일반 뉴스와 다른 검푸른 톤에 실제 통화음이 긴박하게 교차한다. 'A 씨는 도청을 해준다는 심부름센터에 전화를 걸었다가 깜짝 놀랐습니다.' 따위의 게으른 시작과 다르다. 신문의 내러티브 기사에서도 리드를 영화 장면처럼 시작하면 글 읽는 재미가 훨씬 클 것이기 때문에 "내러티브 전문가들은 영화를 떠올리며 글을 쓴다"(박재영, 2020, p. 110)고 한다. 그만큼 도입은 스토리텔링의 중요한 첫 단추다.

<2580> 출범 일주일 만인 1994년 3월 6일 방송된 "도청"(1994. 3. 6.)은 당대의 방송뉴스 감각에 견주면 파격이다. 흡인력 있는 내러티브를 위해 도입에 상당한 공을 들여 13분이라는 짧지 않은 리포트를 끝까지 보게 하는 힘이 있다. 미국의 베테랑 방송기자인 다우 스미스Dow Smith가 쓴 방송뉴스 제작 지침서도 "도입의 역할은 끌어당기고 낚음hook으로써 시청자가 왜 이 뉴스를 봐야 하는지에 대한 답을 제공하는 것"이라고 한다(Smith, 2000). 그 역할에 충실했던 이 리포트는 1분 20초의 짧은 뉴스 리포트에 익숙했던 당시 시청자들에게는 전혀 새로운 전달 방식이었다.

• 상투적 시작을 거부한다

<2580>은 뻔한 시작과 손잡지 않았다. 정태성 기자의 "경마"는 도입에서 흔히 떠올릴 수 있는 예상을 깬다. 당연히 경마장일 줄 알았던 첫 장면은 화장터에 진입하는 영구차를 보여준다. 운구하는 가족의 모습과 곡

소리가 이어진다. 무슨 이야기를 하려는 걸까 싶은, 호기심을 자극한다. 경마라는 주제와는 낯설게, 문학적이기까지 한 문장으로 시작한다.

> 성남 화장터. 천수天壽를 다하지 못한
> 한 영구靈柩가 도착합니다.
> 영정을 든 상주喪主는 아직 어린데
> 상복도 입지 못한 그는 눈물조차 말라 있습니다.
> 꽃 한 송이 없는 쓸쓸한 장례식.
> 여인의 절규가 40대의 나이에 스스로 세상을 버려야 했던
> 한 남자의 기구한 운명에 서러운 종지부를 찍습니다.
> 지난 5일 경마장에서 분신자살한 전직 경찰관의 장례식이었습니다.

이런 도입은 기사의 첫인상을 낯설게 하면서 이야기에 집중하게 만든다. 보는 사람을 스토리의 숲속으로 유인하는 데에 성공한다. 만약 '경기도 과천의 경마장입니다.', '경찰관 A 씨는 경마 도박 빚으로 지난 5월 목숨을 끊었습니다.' 식으로 시작했다면 시청자는 흔한 이야기를 꺼낸다며 외면할 수 있다.

장면은 장례식장 영정 사진에서 경마장으로 전환된다. 말이 달리고 그제야 기자는 경마 이야기를 꺼낸다. "문이 열리고, 열두 마리의 말이 일제히 떠나갑니다. 어느 말이 우승할 것인가, 그 우승 말을 맞추는 게임이 경마입니다. 이때 돈을 벌게 되는데, 단승식, 복승식, 연승식 세 가지 방법이 있습니다."

미국 방송 기자들에게 스토리텔링을 교육해온 알 톰킨스는 너무나 많은 뉴스가 공식처럼 시작해 어디서 들어본 듯한 느낌을 준다고 했다. 스토리텔링의 실패 사례들이 넘쳐난다는 얘기다. 그는 스토리텔링에 충실한 방송뉴스를 위해 이렇게 충고했다. "도입에서 기사가 어떻게 전개될

지 알려줘서는 안 된다. 도입은 기사로 향하는 관문이다. 미끼다. 시청자가 좀 더 시간을 투자할 수 있도록 하는 최고의 권유다."(Tompkins, 2012, p. 57).

• 영상으로 사로잡는다

스토리텔링에서 신문이 꿈도 꿀 수 없는 방송만의 무기는 영상이다. 정태성 기자의 "아름다운 사람들"(1994. 4. 10.)에서 서태경 카메라 기자가 촬영하고 편집한 도입부 영상은 기교와 따스함을 동시에 담고 있다. 첫 장면은 방송에서 잘 쓰지 않는 역광逆光이다. 창문으로 들어오는 빛 때문에 피사체는 잘 보이지 않고 화면 전체가 시커멓다. 그렇게 한 이유가 있다. 가만히 보면 작은 사람이 복도 저편에서 한 걸음씩 다가온다. 어딘가 불편한 듯 약간 뒤뚱거리며 카메라를 향해 점차 다가온다. 서서히 화면은 밝아지고 약간 내리막 경사인 학교 복도를 어린아이가 걸어와 우리 눈앞에 있음을 알 수 있다. 환하게 웃는 장애아동 한샘이다. 여기까지 20초짜리 한 컷이지만 눈을 뗄 수 없다. 다음이 기사의 첫 부분이다.

> 눈부신 봄볕을 뒤로 하고
> 일곱 살 한샘이가 지하 1층 식당으로 내려옵니다.
> 발자국 소리 아닌 삐걱거리는 보조기의 바퀴 소리로
> 조심조심 다가옵니다.
> 낯선 이와의 첫인사.
> 달덩이 같은 한샘이의 얼굴에 순간 미소가 스칩니다.

이어서 화면은 똑같은 앵글로 똑같은 복도에서 똑같이 한 걸음 한 걸음 다가오는 아이들을 차례로 비춘다. 말을 못 하지만 웃음이 넘치는 유리, 팔자로 벌린 자세로밖에 걷지 못하는 나영이, 자기 몸 가누기 힘든데도 휠체어로 친구를 밀고 오는 유신이. 그런데 이 리포트는 장애아동 이야기를 하려는 게 아니다. 그걸 디딤돌 삼는다. 극빈자, 생활보호대상자, 장애인, 고아, 소년 소녀 가장, 독거노인들을 돕는 우리 주변의 자원봉사자들을 본격적으로 소개한다. 첫 부분에 '모자' 씌우듯 사례에 해당하는 인물을 슬쩍 보여주고 넘어가는 오늘날의 흔한 스토리텔링 방식과는 다르다.

- **인터뷰로 사로잡는다**

귀를 사로잡아 흡인력 있는 도입을 만들기도 한다. 귀에 꽂히는 인상적인 인터뷰, 즉 사운드바이트가 이야기의 느낌을 설정한다. 사운드바이트는 팩트나 지식 같은 객관적인 것보다 의견, 감정처럼 주관적인 내용을 담을 때 훨씬 강렬한 느낌을 전한다. 그래서 팩트 텔링이 아닌 스토리텔링을 위해서는 사운드바이트의 적절한 활용이 필요하다(Tompkins, 2012).

1990년대 중반만 해도 노년층의 사랑은 방송 시사 프로그램에서 흔히 다루는 소재가 아니었다. 정관웅 기자의 "로맨스 그레이"(1995. 5. 7.)는 인물들의 생생한 인터뷰로 다소 무거울 수 있던 이야기의 문을 가볍게 열었다. 시작부터 할머니들의 해맑은 표정과 거침없는 발언이 이어진다. 평소 큰 관심을 두지 않았던 시청자일지라도 홀로 된 노인들의 외로움과 로맨스를 생생한 육성으로 듣고 관심을 집중하게 된다.

> 젊은 애들만 사춘기가 있는 게 아니라 우리 나이 잡수신 분들도 사춘기가 있어요. 참한 남자친구가 있는데, 집에 오고 가고 하고 어떠냐, 이제 이렇게 말할 거예요. 저는 뭐, 말하고, 반대해도 소용없어요. 나는 내가 내 가슴에 불이 붙었는데. 하하하하하하. 내 가슴에 불이 붙고 내가 좋은 걸 어떡해요? 그렇잖아요?

여운 남는 결말

• 기억에 남긴다

방송뉴스 스토리텔링에서 결말은 아껴뒀던 '마지막 한 조각'이다. 그걸 제대로 심으면 스토리를 기억에 남게 한다(Tompkins, 2012). 미국 기자들은 리드만큼이나 마지막 부분, 즉 '엔딩'을 잘 쓰는 것을 중시한다(이샘물·박재영, 2020). 중국에 살고 있는 위안부 출신 할머니의 인생을 조명한 차경호 기자의 "풍진에 묻힌 망향가"(1996. 3. 3.)는 기억에 남는 결말의 전형을 보여줬다. 정수재 할머니는 인신매매상인 줄 모르고 따라나섰다가 열일곱 나이에 중국 무한의 위안소로 끌려갔다. 정신을 잃고 쓰러질 때까지 일본군을 받아야 했다던 할머니는 광복 후에는 '정신대' 딱지가 부끄러워 고향으로 돌아가지 못했다.

중국인과 결혼해 9남매를 낳았지만 6남매를 잃었다. 하지만 '내 신체의 문제'일 거라며 가족에게 평생 위안부 얘기를 꺼내지 못했다. 이 사연은 중국 언론에 소개돼 큰 반향을 일으켰다. 중국 당국은 귀화를 권유했지만 할머니는 거절하고 '남조선' 국적을 유지했다. 하지만 고향 땅에 한 번 가보고 싶어도 무슨 이유에선지 한국 정부는 허용하지 않는다. 이제는 한국말을 잊은 할머니는 도라지타령을 부르며 망향의 한을 달랜다. 그 노랫소리에 이어 리포트는 남겨둔 한 조각을 슬그머니 내놓으며 마무리한다.

할머니: '한두~ 뿌리만~ 캐어~도~ 대바구니로 반 실만 되누나~'

기 자: 이역만리에서 흘려보낸 세월만큼 더 쌓여가는 그리움, 그러나 망향의 노래는 점점 짧아져 갑니다.

할머니: '에헤요 헤헤야 이여라 난다~.' (중국어로) '아, 생각 안 난다. 생각 안 난다.'

기 자: 정 할머니는 얼마 전 폐암 선고를 받았습니다. 아직 할머니

는 이 사실을 모르고 있습니다. 고향을 방문할 수 있는 시간 도 그리 많이 남아 있지 않습니다.

- **주제를 각인시킨다**

결말에서 마지막으로 충격을 한 번 더 가하면 시청자의 뇌리에 주제 의식을 새길 수 있다. 앞서 소개한 "도청"이 폭로한 '집 전화의 도청 가능성'은 휴대전화가 보편적으로 보급되기 이전 국민 모두를 불안에 떨게 하는 사안이었다. 해당 리포트의 결말은 문제의 본질을 다시 한번 강렬하게 각인시킨다. 마지막 장면에서는 테이블 위의 전화기를 먼저 보여준다. 그리고 줌아웃하면 취조실 같은 어두운 방에 검은 테 안경의 무표정한 기자가 앉아 있다. 그는 화면을 정면으로 응시하며 말한다. "도청을 처벌할 법이 발효되더라도 광범위하게 그리고 기술적으로 이뤄지는 도청을 단속할 조치와 예방 대책은 없습니다." 잠시 멈췄다가 마지막 한마디를 던진다. "여러분 댁의 전화기는 어떻습니까?" 이처럼 인상적인 결말에 가장 효과적이라는 "귀에 솔깃한 맺음ear-catching close"과 "불꽃놀이의 대단원"(Tompkins, 2012, p. 29)이 <2580> 리포트에는 자주 나타났다.

신강균 기자의 "키 작으면 취직도 못 한다"(1994. 6. 5.)도 결말에서 문제의 본질을 되짚는다. 이 리포트는 1990년대 말 여자상업고등학교 학생들이 키 때문에 면접에서 탈락하는 실태를 고발했다. 벽에 선을 그어 놓고 그보다 키가 작으면 면접장 밖으로 내보냈다며 속상해하는 학생의 이야기가 나온다. 기업의 여사원 채점표에는 버젓이 '용모' 항목이 따로 적혀 있다. 기업 인사 담당자가 카메라 앞에서 이렇게 말할 정도다. "공부 잘하는 학생을 뽑으면 대학에 진학할 확률이 높아 우려하고 있다. 상냥하고 말솜씨도 좋고 인물도 좋고 키도 늘씬한 쪽으로 배점이 더 주어지지 않나 싶다." 리포트는 학생들이 노트에 적은 내용을 보여주며 끝을 맺는다.

> 좌절에 빠진 어느 여상 졸업반 학생의 작문은 절규에 가깝습니다. 비록 대학에 갈 형편은 못 되더라도 우리가 꿈꾸는 직업여성은 결코 사무실의 꽃은 아니라고 끝맺고 있습니다. 키 크는 데 도움 될까 봐 멸치와 우유를 구토가 날 때까지 먹었다는 학생, 항상 살림에 쪼들리는 엄마에게 타자 학원비를 타 낼 때마다 죄스러웠다는 학생, 그러나 이들에게 남은 건 겉도는 학교 교육과 잘못된 취직 관행에 대한 원망, 그리고 자신에 대한 한숨뿐입니다.

시청자는 이완됐던 긴장을 다시금 느끼며 주제의 심각성을 깨닫는다. 이 리포트는 세계 3대 텔레비전 페스티벌의 하나로 꼽히는 캐나다 '반프 페스티벌'에서 우수작으로 선정됐다.

• 문제를 제기한다

미국의 방송뉴스 교재에서는 결말의 유형을 '미래 영향 종결future ramification close', '요점 종결summary point close', '정보 제시 종결information close', '반대 관점 종결opposition point of view close', '허 찌르기 종결punch line close' 등으로 나눈다(Papper, 2021). 여기에 포함되지는 않지만 <2580>에서 두드러지는 유형이 하나 있다. 기사의 주제 의식에 관한 본질적 질문을 던지는 '문제 제기 종결'이다.

한정우 기자의 "폭격을 중지하라"는 경기도 화성군 매향리에서 40년 넘게 지속된 미국 공군의 사격 훈련을 다뤄 큰 파장을 일으켰다. 온종일 계속되는 미군의 사격 훈련과 주민들의 고통을 보여주는 데에 그치지 않는다. 1951년 훈련이 시작된 이후 숱한 주민들이 오폭으로 사망했다는 사실을 들춰내며 '한국 정부는 뭐하고 있냐'는 의구심을 품게 한다. 결말에 이르러 기자는 불평등한 주한미군지위협정Status of Forces Agreement: SOFA 문제를 꺼낸다. 폭격 장면과 소음이라는 고통스러운 현상의 바탕에 깔린 본질을 밝히고 대책을 묻는다.

> 미군 전폭기가 매향리에 들어와 마음대로 폭탄을 투하하고 포격을 할 수 있는 것은 불평등한 한미행정협정 때문입니다. 미군은 군사상 필요한 시설과 토지 등을 얼마든지 요구할 수 있고 한국 정부는 여기에 협조해야 할 의무를 지고 있습니다. 또 폭격 훈련 중 발생하는 각종 피해에 대해서도 일차적인 배상 책임은 한국 정부에 있습니다. 나중에 미군 측에 구상권을 행사할 수는 있지만 이를 적극적으로 행사한 사례는 거의 없습니다.

• 도입과 다시 만난다

방송 리포트 기사에서 신문과 같은 역피라미드형 기사는 존재하기 어렵다. 가장 중요한 것이 맨 앞에 나오고 가장 덜 중요한 것이 마지막에 나오는 두괄식은 방송 리포트가 아니다. 그래서 방송 기사는 선형이 아니라 원형이다(Papper, 2021). 결말부에 이르면 도입에서 꺼냈던 이야기로 다시 돌아간다는 뜻이다.

<2580>은 첫 회부터 그 전형을 보여줬다. 임홍식 기자의 "한국인은 혼혈족?"(1994. 2. 27.)은 한국에 대한 국제적 인식이 낮았던 1990년대 중반 외국 교과서에 실린 한국에 대한 잘못된 내용을 보여준다. 도입부는 '한국에서는 일본어와 중국어를 쓴다'(칠레 교과서), '한국의 종교는 샤머니즘과 애니미즘이다'(터키 교과서) 같은 사례를 통해 독자에게 놀라움을 준다. 그리고 배경과 해결책을 두루 짚고 난 뒤 결말부에서 처음으로 되돌아간다. '한글은 단계를 거쳐 중국 문자로부터 발전돼 왔다', '한국인들은 몽골인과 중국인 사이의 혼혈 민족이다' 같은 외국 백과사전 자료들의 또 다른 충격적 사례로 끝맺는다. 이처럼 도입에서 꺼낸 문제 제기 방식으로 돌아가 결말과 짝을 이루는 '수미쌍관'은 신문의 내러티브 기사에서도 활용된다(박재영, 2020).

인물로 세상 보기

• 보통 사람들을 얼굴로 내세운다

<2580>은 인물에 집중했다. 프로그램을 기획한 이우호 기자는 "사회를 직격으로 드러내기보다 보통 사람을 정서적으로 다루면서 사회에 깔린 모순과 부조리, 사회구조를 드러내려 했다", "세태와 풍속을 다루려면 그 시대를 살아가는 사람들의 여러 삶을 보여줄 필요가 있었다"고 했다(저자와의 인터뷰, 2024. 9. 30.). 그는 초창기에 그런 역할의 대표 격으로 정태성 기자를 꼽았다.

정태성 기자의 "달동네의 빈부격차"(1994. 7. 17.)는 봉제공장에서 일하는 열일곱 살 숙희를 인물로 내세운다. 어머니는 집을 나갔고, 아버지는 제정신을 잃었으며, 두 동생은 고아원에 보내졌다. 집의 수도와 전기도 끊겼다. 리포트는 이 숙희라는 인물을 통해 생활보호대상자 선정의 문제점을 보게 한다.

> 숙희의 집은 이미 주거의 의미를 상실했지만, 재개발 바람을 타고 시가 3,000만 원을 호가합니다. 서류상으로 숙희의 재산이 3,000만 원이라는 뜻입니다. 재산이 2,000만 원 이상이면 국가에서 정한 영세인 범위를 넘어섭니다. 더군다나 이 집은 가출한 어머니 앞으로 명의가 돼 있습니다. 3,000만 원이란 허수가 지금 숙희의 발목을 잡고 있는 것입니다.

78세인 조동의 할머니는 봉천3동에서 보증금 300만 원짜리 전세방에 혼자 살며 취로사업으로 연명한다. 육체노동으로 한 달에 8일 일하고 12만 원을 손에 쥔다. 더 일하고 싶어도 생활보호대상자가 아니어서 할 수가 없다. 부모를 봉양하지도 않는 아들이 존재하기 때문이다. 기자는 양심에 부끄럽게 살지 않겠다는 할머니의 말을 통해 가짜 생활보호대상자의 문제를 파고든다.

할머니: 집도 제집인 것을 갖다가 사위네 집이라고 앵겨 놓고. 근데 그렇게들 약어유, 가만히 보면. 여기서 12년인가 13년인가 살아봉께 다 알겠어.

기 자: 할머니가 말하는 약은 사람들은 소위 영세민 아파트라 불리는 영구 임대 아파트에 가보면 수도 없이 볼 수 있습니다. 자가용 숫자로만 보면 일반 중산층 아파트와 별 차이를 느낄 수 없습니다. 아무리 자동차가 필수품이 됐다지만 영세민과 자가용은 아직은 어울릴 수 없는 묶음입니다. 사람들은 모순을 넘어 분노를 느낍니다.

정태성 기자의 "부도 낙인 김 사장, 부도 직전 장 사장"(1994. 6. 19.)은 두 인물을 기사의 얼굴로 내세운다. 정밀기계 공장을 운영하는 김 사장은 어음 때문에 부도를 냈다. 사탕 공장을 하는 장 사장은 어음으로 부도를 막고 있다. 정반대의 사례 같지만, 두 중소기업 사장 모두 어음의 함정에 빠졌다는 공통점을 짚어간다. 기사는 두 사람이 처한 난처한 상황에서 시작해 어음 세도와 어음 관행의 문제점을 지적하고, 횡포와 부정 거래를 막기 위한 관련 법규가 있으나 마나인 현실에 대한 비판으로 나아간다.

임영서 기자의 "'99 가리봉"(1999. 10. 17.)은 살기 위해 몸부림치는 젊은이들에게 밀착한다. 1970~1980년대에 공장과 여공으로 상징됐던 서울 가리봉동이 무대다. 기능공 이예원 양과 단란주점 접대부 윤 모 양이라는 상반되지만 공통된, 궁핍한 젊은이들로 이야기를 시작한다. 기자는 다닥다닥 붙은 자취방인 '벌집'의 세계로 들어간다. 동거하는 스무 살 부부, 가출한 십대 소녀들, '삐끼' 생활을 하는 형제 등을 통해 이들이 "성실과 타락, 순종과 일탈, 순진과 영악의 경계선"을 넘나드는 것을 발견하고, "우리 사회가 어떤 비상구를 제시할지" 염려한다.

밥 닷슨은 평범한 인물의 이야기에 집중하면 강력하고 비범한 이야기가 될 수 있다고 했다(Dotson, 2015). <2580>의 지향점도 그랬다. 이우호 기자는 "정치인, 기업인 등 유명인사와의 독점 인터뷰가 핵심이었던 CBS의 <60 Minutes>와는 달리 우리는 초창기부터 보통 사람들을 얼굴로 내세웠다"고 했다(저자와의 인터뷰, 2024. 9. 30.). 그런 인물 설정은 할리우드 영화계의 저명한 시나리오 작가인 로버트 맥키Robert McKee의 스토리텔링론과 맞닿는 지점이 있다. 맥키는 2010년 EBS에서 방영한 <다큐프라임> "이야기의 힘"에서, "스토리란 삶의 균형을 잃게 된 자가 삶의 균형을 되찾기 위해 나서면서, 이를 방해하는 사람들, 제도, 사회 구조, 관습 등과 싸워나가는 과정"(이우호, 2012, 4쪽)이라고 했다. 인물이 강력한 서사의 출발점이라는 것이다.

• 인생에서 가장 중요한 것들에 대한 질문

<2580> 방송 500회 기념 책자의 제목은 『따스한, 그리고 깊숙한 시선으로 세상을 보다』였다. 여기에 가장 잘 들어맞는 것은 세 아이템 중 마지막에 주로 배치된 '휴먼' 아이템이었다. 그런 아이템의 반향은 컸다. 송요훈 기자의 "버림받은 아이들"의 흡인력은 시작한 지 3회차밖에 안 된 신생 프로그램의 시청률을 31%로 끌어올리는 데 크게 기여했다(MBC, 2004). 또한 정태성 기자의 "아름다운 사람들"을 두고 『조선일보』는 "한 장면, 한 장면이 던지는 감동과 메시지는 웬만한 특집의 위력보다 크게 느껴졌다"고 했다(정중헌, 1994. 4. 12.).

황석호 기자의 "비둘기호, 그 마지막 봄 풍경"(1998. 3. 15.)은 평범한 이웃들의 소소한 기쁨과 걱정, 불안, 위로 등 화려할 것 없는 삶을 보여준다. 기사에 특별한 주제는 없다. 퇴역을 앞둔 완행열차 안에서 승객들과 나눈 대화로 이야기를 끌고 간다. 목포에서 여수, 여수에서 마산으로 달리는 기차 안에서 생선을 다 팔지 못할까 봐 조바심 내는 생선장수, 자식들의 실직에 울분을 토하는 어머니 등을 인터뷰하며, 이들의 이야기를 통

해 1998년 당시 외환위기의 직격탄을 맞은 서민들의 고단함을 담아낸다.

기자는 때로는 옆에 앉아서, 때로는 바닥에 함께 쪼그려서 이야기하고, 때로는 개입하지 않고 승객들의 대화를 지켜본다. 그래서 63세 정말례 씨가 만 원어치 팔 때마다 상자에 작대기를 하나씩 긋는 것을 알게 된다. 80세 김용균 씨가 향수를 뿌리는 이유에 대해서는 "늙은 사람들 곁에는 오덜 안 해요. 그렁께 냄새 안 나게 하기 위해서"라는 답을 듣는다.

차경호 기자의 "죽음을 기다리는 사람들"은 임종이 임박한 환자들과 그들의 마지막을 돕는 호스피스들의 이야기를 통해 죽음을 어떻게 받아들일 것인가 묻는다. 폐암 환자인 44세 박국화 씨는 반으로 접은 방석을 머리 뒤에 댄 채 소파에 기대 인터뷰에 응한다. "나만 가는 게 아닌데"라고 말하는 그녀의 뒤로 조금 전 운명한 다른 환자의 주검이 흰 천 덮인 들것에 실려 나간다. 최세훈 카메라 기자는 인터뷰를 끊지 않고 팬pan으로 시신 쪽을 비추다 다시 박 씨에게 돌아온다. 영면한 이와 죽음을 기다리는 이가 롱 테이크 화면 속에 잠시 공존한다. 자신보다 앞선 죽음에 짧게 눈길을 보내던 박 씨는 다시 취재팀에게 웃으며 말을 잇는다. "아빠(남편)하고 처음으로 일요일날 쑥 뜯었어. 쑥 이만큼 뜯었어. 아빠가 개떡 해 갖고 온대. 아빠가 좋아하더라고." 기자는 그렇게 죽어가는 사람의 관점으로 삶의 빛을 보게 한다.

사랑도 뉴스가 된다. 정관웅 기자의 "로맨스 그레이"는 혼자 된 노인들의 재혼 문제를 정면으로 다뤘다. 모처럼 발언 기회가 주어진 노인들은 재혼의 기쁨도, 설레는 연애 감정도, 밀려오는 외로움도 카메라 앞에서 감추지 않는다.

> 남들이 어떻게 생각하려는지 모르지만, 남산 꼭대기에 올라가서 나도 재혼했다, 하는 그런 외침을 가질 수 있도록 그렇게 아주 기쁨이 생기더라고요. (박민정, 57세)

밤중에 또 전화가 올지, 나는 심통이 사나워서 이 양반이 주무시고 계실 텐데 싶어도 내가 막 안 되겠다 싶으면 전화 돌려요. 저는 2시거나 3시거나. (정숙희, 64세)

말도 말아요. 정말 막막합니다. 혼자 좀 살아보세요. 이게 고리장(고려장)입니다. 이게 이게 집이 아니에요. 상상을 해보세요. 그냥 밤중에도 술이라도 먹어야 속이 좀 풀리고 그래야 잠이 옵니다. (이강설, 60대)

새로운 동반자를 찾아 나서는 요인은 뭘까. 자식들은 대부분 홀로 된 부모와 함께 살기를 꺼린다. 노년의 만남은 행복할까. 단기간에 파경을 맞는 사례도 많다. 재혼 부부의 자녀들은 어색함을 어떻게 극복할까. 매달 번갈아 가며 양가 자녀들 집에서 가족 모임을 한다. 이렇게 노년의 사랑 얘기는 가볍게 시작해 고령화 시대에 마주할 가볍지 않은 문제들로 깊어진다.

<2580> 사람들은 '휴먼' 아이템들을 '말랭이'라고 불렀다. 주로 사람 이야기나 감동을 불러일으키는 내용이어서 고발이나 세태 비판에 비해 말랑말랑하다는 뜻에서였다. 이런 아이템을 주로 맡았던 정관웅 기자는 스스로를 "2번 타자"로 칭하며 한 걸음 물러나면서도 "시사의 영역을 확대"(MBC, 2016)했다는 자부심을 드러냈다. NBC 기자였던 돈 라르손Don Larson은 사람들이 가장 신경 쓰고, 공유하고, 공감하는 것, 즉 사람들의 인생에서 가장 중요한 것들에 방송 저널리즘이 집중해야 한다고 강조한다. 개인적 진실, 두려움, 사랑, 야망이 그 대상이 된다(Papper, 2021). 신문의 내러티브 기사가 갖는 장점도 거기에 있다. 내러티브 기사는 기존의 기사 감각에서 버려졌던 인간에 대한 근본적 질문을 담아낸다. "인간은 왜 사는가, 죽음이란 무엇인가, 사랑은 무엇이며 우정은 또 무엇인가…. 인간의 삶과 죽음, 희로애락은 최고의 기사 주제"(박재영, 2020, p. 363)다.

<2580>이 일찌감치 걸었던 길이다.

* * *

나도 <2580> 기자였다. 발령이 났을 때는 무척 설레기도 했지만, 보도국에서 짧은 리포트만 10년 가까이 만들다가 갑자기 15분짜리를 책임져야 한다는 게 퍽 부담스러웠다. 선배 손관승 기자는 이렇게 조언했다. "구성은 물결처럼 해. 이야기하고 싶은 것들을 종이에 써서 배열해놓고, 긴장감의 높낮이를 파도처럼 그려봐. 처음부터 끝까지 일정한 높낮이의 물결이 생기도록 해야 돼." 스토리텔링이란 말은 몰랐지만 그걸 의식하게 된 첫 순간이었다.

<2580> 시절 취재가 없는 일요일이면 아침에 보도제작국 편집실로 직행했다. 옛날 녹화 테이프를 꺼내 1회부터 순서대로 봤다.[3] 기사의 구조를 분석하고 취재 방법과 기사 작법을 모니터 노트에 적었다. 영화나 드라마 보는 것보다 재미있어서 시간 가는 줄 몰랐다. 스토리텔링이란 말은 몰랐어도 그것에 빠져든 순간이었다. 그렇게 나는 스토리텔링을 책에서 배우지 않고, 선배들의 리포트에서 배웠다. 한센병 환자들을 취재한 "천형天刑?"이라는 내 <2580> 리포트는 그런 배움을 그대로 실행해본 것이었다. 시경 캡이 되어 사회부 기자들을 교육할 때도 내가 배우고 행한 것을 전했다. 훗날 워싱턴 특파원 시절에도 리포트를 맡으면 언제나 <2580> 기사를 쓸 때처럼 구성안을 쓰고 파도를 그렸다. 긴 리포트건 짧은 리포트건 스토리텔링은 존재하기 때문이다.

이 장에서 살폈듯이, <2580>의 초창기 리포트들은 오늘날 스토리텔링의 기본이라고 할 요소들을 충실히 갖췄다. 기사의 구조를 짤 때는 이

---

3 안타깝게도 MBC 홈페이지에서는 이 글에서 다룬 <시사매거진 2580>의 초창기 리포트들을 볼 수 없다. 2007년 4월 15일 방송분부터 공개돼 있는데, 일부 누락된 회차도 있다.

야기를 덩어리(시퀀스) 단위로 인식해 긴장감을 잃지 않도록 연결했으며, 생각하지 못했던 이면을 들춰내고 사안에 숨어 있는 심층을 들여다볼 수 있도록 깊이 파 내려갔다. 방송의 특성을 감안해 영상이 기사를 살리고 사운드가 현장감을 전하는 기술을 고급스런 방식으로 활용했다. 오늘날 내러티브 기사 작법에서 강조하듯 영화 같은 도입과 여운이 남는 결말로 세련된 제작 기법을 구사했다. 기술적으로만 앞선 게 아니라 '세상을 어떤 시선으로 바라볼 것인가' 하는 근본적 질문을 던져 방송 저널리즘의 지평을 넓혔다.

그러한 <2580>의 초창기 기풍은 후대의 기자들에게도 많은 영향을 미쳤다. <2580>에서 기자로 2년, 데스크로 4년 일했던 김효엽 기자는 "초창기 시절 선배들의 엄청났던 제작 기법을 보면서 틀에 박히지 않은 뭔가를 시도할 엄두를 낼 수" 있었다(저자와의 인터뷰, 2024. 10. 20.). 그가 특히 좋다고 꼽는 것은 "굳이 정치, 경제, 사회라는 틀이 아니어도 저런 것도 기사가 될 수 있겠구나"라는 깨달음이었다. 실제로 그는 대다수 미디어가 '버거킹과 롯데리아의 24시간 영업 시작'을 경제적인 새로운 트랜드로 접근한 것과 달리, 노숙자들이 밤마다 몰려드는 예상치 못한 어두운 단면을 세밀하게 관찰해 "햄버거 난민"이라는 세태 리포트를 만들어냈다.

<2580>에서 두 번째로 오래 재직했다는 최훈 기자는 스스로를 "2580에서 많은 영향을 받은 기자"라고 자부한다(저자와의 인터뷰, 2024. 10. 20.). 그는 "고등학교 3학년 때부터 <2580>을 너무 좋아해" 친구들과 매주 시청했고, 입사 이후에는 옛 방송 테이프를 찾아 1회부터 주요 작품들을 거의 다 본 기자다. 그는 "초창기에 정관웅 선배가 용모로 차별받는 세태를 일종의 사회 실험으로 보여준 리포트가 너무나 인상적이어서 어떻게 하면 사안을 새롭게, 재밌게 전할까 늘 고민했다"고 한다. 그가 생각하는 <2580>은 "생각하지 못했던 것들을 바라보게 하는, 즉 사회를 보는 다른 시선을 주는 프로그램"이었기 때문이다.

<2580>은 2017년 말 MBC가 수년간의 질곡을 거쳐 '정상화'하는 과정에서 역설적으로 자취를 감추게 됐다. 두 가지 이유가 있다. 하나는 인력 문제다. MBC 보도제작국은 당초 고발, 세태, 휴먼을 황금비율로 맞춘 <2580>과 함께, 정통 고발에 충실한 <뉴스 후>까지 2개의 시사 프로그램 체제를 유지했다. 그러나 인력 구조상 기자들이 만드는 시사 프로그램을 둘이나 유지하기는 어렵다고 당시 수뇌부는 판단했다. 다른 하나는 당시의 기사 수요와 관련이 있다. 촛불 정국 이후 과거 정부의 부패와 비리에 대한 수사가 본격화했고, 자원개발 비리나 사법농단 사태 등 각종 의혹이 쏟아졌다. <2580>처럼 세 아이템 가운데 하나만 고발을 다루는 방식으로는 그런 이슈들을 감당하기 어렵다는 판단이 작용했다. 결국 현재 전개되는 이슈와 계속되는 취재를 연재 형식으로 담아내는 <탐사기획 스트레이트>가 출범하면서, 완결된 작품으로서의 시사 프로그램인 <2580>은 막을 내렸다.

분명히 짚자면 <2580>의 스토리텔링 방식에 문제가 있다거나 프로그램 형식의 유통기한이 지났다는 판단으로 폐지된 것은 아니다. 한때 <2580>의 부활 시도도 있었다.[4] 지금도 '언젠가' 다시 살려야 한다는 목소리를 MBC 내부에서 쉽게 들을 수 있다. 김효엽 기자는 "<스트레이트>가 빨리 가는 KTX라면, <2580>은 휴게소도 들르는 관광열차로서 둘 다 함께 달리면 좋겠다"고 했다. 보도본부장 시절 '부활'을 더 강력히 추진하지 못해 아쉬움이 있다는 박준우 기자는 "<2580>은 죽은 게 아니다. 정지 상태다"라며 희망을 버리지 않았다(저자와의 인터뷰, 2024. 10. 20.). 그의 말처럼 논설위원급 '시니어' 기자 2명, 부장급 기자 2명, 중간 허리급 기자까지 모두 8~9명 정도의 팀으로 재건하면 장기적으로는 고참 기자를 활용하는 방안이 될 수 있다. 그렇게 된다면 <2580>은 베테랑 기자

---

4 <2580 어게인>이라는 파일럿 프로그램이 2020년 초 편성됐으나, MBC의 리더십 교체와 MBC를 둘러싼 사내외의 어수선한 환경이 겹치면서 정규 편성으로 이어지지는 못했다.

들의 심층 프로그램인 미국의 <60 Minutes>와 형식뿐 아니라 내용 면에서도 유사한 성격을 갖게 된다. "믿기지 않는 구타 사건", "공포의 집합"으로 <2580>의 영향력을 재확인했고 2011년에는 국제 엠네스티상을 받은 김재용 기자는 "워싱턴 특파원으로 와서 보니 CBS의 <60 Minutes>는 지금도 한다. 그게 너무 부럽다"고 했다(저자와의 인터뷰, 2024. 10. 19.).

'<2580> 시즌 2'를 기대한다. 옛 프로그램에 대한 향수가 아니라 방송기사의 스토리텔링 혁신이 지속되길 바라는 차원에서, 또 백발성성 기자들이 현장을 누비는 대안의 차원에서 기대한다.

2부

디지털 시대의 도래와 저널리즘 혁신 (2000년대 이후)

Journalistic
Innovation
in Korea

5장

글쓰기 혁신의 실험실, 『동아일보』 '히어로콘텐츠' 팀 5기[1]

박재영

1. 글에 사활을 걸다

최광숙 『서울신문』 대기자는 2022년 말 관훈언론상 심사위원으로 참여하여 『동아일보』 '히어로콘텐츠' 팀(이하 히어로팀)의 "산화" 시리즈를 심사했다. 순직 소방관의 유가족을 다룬 기사다. 기사와 함께 제출된 공적서에 그의 눈길을 잡아끈 대목이 있었다. "블라인드 테스트로 가장 많은 표를 받은 기자가 기사를 작성"했다는 문구였다. 산화는 하루 평균 200자 원고지 40매 분량으로 5일간 연재됐는데, 이걸 기자 한 명이 적었다고? 더구나, 그 기자를 글쓰기 테스트로 뽑았다고? 기자 경력 33년에 듣지도 보지도 못한 일이었다. 놀라운 사실은 그뿐이 아니었다.

1 이 원고를 위해 2024년 7월 26일 지민구 기자와 대면 인터뷰를 했으며 2024년 8월 19일 김예윤 기자 및 이소정 기자와, 2024년 8월 21일 이기욱 기자와 전화 인터뷰를 했다. 또한, 기사의 주인공인 박현숙 씨와 2024년 12월 9일 전화 인터뷰를 했다.

- 팀원 4명은 블라인드 테스트에 앞서 3개월간 매주 1회 자체 공부 모임을 열어 이미 보도됐던 스트레이트 기사를 내러티브 형식으로 다시 써보는 연습을 했다.
- 집필 기자가 작성한 초고의 표현과 문장을 나머지 팀원들이 집단지성으로 보완했다.
- 그 원고를 교수, 소설가, 기자 등 5명에게 검토받고 수정하는 절차를 두 번 거쳤다.
- 담당 데스크와 팀원 4명은 최종 출고 전에 세 번 모여 토론하면서 원고를 고쳤다.

조금 과장하면, 이 모두는 1883년 『한성순보』 이후 한국 언론 역사 140여 년에 처음 있는 일이다. 필요 이상으로 위계가 강하고 극도로 폐쇄적인 한국 언론사에서 기자들이 이렇게 평등하고 개방적인 자세로 서로 배웠던 경우는 한 번도 없었다. 그것은 혁명이었다. 최광숙 기자는 이런 기사가 관훈언론상 '저널리즘 혁신' 부문에 딱 맞는다고 생각했다. 그의 생각대로 기사는 상을 받았다.

지민구 히어로팀장은 동아일보 사보에 수상 소감으로 "완전히 다른 문체와 구성으로 독자의 마음을 사로잡자는 큰 원칙을 세웠다"고 적었다(지민구, 2022, p. 2). 그가 이토록 글쓰기에 진심일 수 있었던 것은 히어로팀 프로젝트 매니저 위은지 기자 덕분이다. 지민구 기자는 히어로팀 5기를 맡은 후 위은지 기자를 찾아가 '그간의 벽'이 무엇인지 물었고, 위 기자는 히어로팀이 4기까지 다양한 혁신에 성공했지만, 글쓰기 측면에 있어서는 새로운 도전이 필요할 것 같다는 사내외 비평을 전해줬다. 지 기자는 글에 사활을 걸기로 했다. 그는 회사 동료인 이샘물 기자의 『탁월한 스토리텔러들』(이샘물·박재영, 2020)을 읽으면서 미국 기자들의 스토리텔링 노하우를 접했으며, 내러티브라는 신문 기사의 신세계를 맛봤다. 내친 김에 그는 책의 공저자인 나를 만나러 팀원(김예윤, 이소정, 이기욱 기자)을 모두 데리고 찾아왔다.

나는 히어로팀과의 첫 만남에서 수인사나 할 요량이었다가 지민구 기자가 건네준 문건을 보고 곧바로 마음을 고쳐먹었다. 문건에는 내러티브 글쓰기의 한계에 대한 고민까지 적혀 있어, 그가 이미 이 분야에 천착했음을 알 수 있었다. 히어로팀의 기획 취지는 순직자의 희생 후 유가족과 지인, 동료 등 남겨진 사람들이 얼마나 큰 고통을 겪으며 또 어떻게 그것을 이겨내는지를 그리는 것이었다. '인간의 본질을 탐구'하여 '일반 독자의 공감대'를 얻고자 한다고 문건에 적혀 있었다. 되든 안 되든, 한국의 기자가 이렇게 수준 높은 목표를 정했던 때가 있었나? 지민구 기자의 고민은 이랬다.

- 이야기의 바탕이 순직자일 때, 이야기를 끌어가기에 적합한 주인공은 누구일까? 순직자일까, 유족일까, 또 다른 사람일까?
- 시리즈 전체는 연결되도록 하되 매회 새로운 주인공을 설정해도 괜찮을까?
- 일인칭과 삼인칭 시점 중 무엇이 이야기 형식의 기사에 적합할까? 일인칭으로 쓴다면, 기자의 주관을 배제하기 위해 무엇을 주의해야 할까?
- 담담한 문체와 감성적 문체 중 무엇이 더 독자의 마음을 움직일 수 있을까?
- '지나간 아픔'을 재구성하기 위해 고인의 가족, 동료, 지인을 취재할 때 가장 유념해야 할 것은 무엇일까?
- 취재팀이 섭외한 인물들이 사안의 대표성을 띤다는 점을 확인하고 검증할 방법은 무엇일까?
- 기사에서 제일 앞세워야 할 대목은 무엇이며 가장 나중에 드러내야 할 대목은 무엇일까?

히어로팀 5기는 2022년 3월 15일 구성되어 23일 실제 취재에 돌입하고, 4월 8일에 나를 찾아왔으므로 이 모든 쟁점과 한계를 파악하는 데 2~3주밖에 걸리지 않았다. 지민구 기자와 히어로팀은 일을 시작하면서부터 '완성형'이었다. 하지만 그것은 일을 어떻게 할 것인지에 대한 부분이었고, 무엇을 할 것인지, 즉 취재 아이템은 미정이었다.

이날 히어로팀은 아이템 2개를 꺼내놓고 함께 의논해보자고 했다. 하나는 스쿠버다이버를 구하려다 파도에 휩쓸려 실종·사망한 해양경찰이며, 다른 하나는 전투기의 민가 충돌을 막으려고 끝까지 조종간을 놓지 않은 바람에 추락·사망한 공군 조종사였다. 전자는 다이버 쪽 취재가 여의찮아서 보류됐고 후자는 전투기 조종사가 엘리트 신분이어서 일반 대중의 공감도가 낮을 수 있다는 의견이 나왔다. 히어로팀은 이 정도의 얘기만 하고 돌아갔다.

그로부터 한 달 20일이 지난 5월 27일 히어로팀의 지민구, 김예윤, 이기욱 기자를 다시 만났다. 그간 히어로팀은 순직한 소방관 여러 명의 유가족 취재에 성공하여 많은 정보를 수집했으며, 시리즈의 얼개와 개별 기사의 줄거리도 만들어둔 상태였다. 히어로팀이 보여준 A4 6장짜리 기사 구성안은 '살아 있다, 남겨진 사람들'이라는 제목의 5회 시리즈물이었다. 1회는 정년퇴임을 1년 앞둔 2017년에 화재 진압 중 순직한 소방관을, 2회는 그와 함께 순직한 20대 청년 소방관을, 3회는 순직 소방관을 돕는 행정 담당자를, 4회는 2016년 순직한 소방관을 다루었다. 그리고 마지막 5회는 한국의 순직 소방관 추모 행사와 미국의 순직 경찰관 추모 행사를 비교하는 내용이었다. 이 구성이 나쁘지 않았지만, 나는 히어로팀에게 "가장 인상적인 인물이 누구냐?"고 물었다. 그러자 지민구 기자가 위 구성안의 4회에 배치된 소방관의 부인을 언급했다.

지민구 기자는 그 부인을 처음 만난 날을 잊을 수 없다고 했다. 부인은 화창한 날에 순직자의 유가족에게는 전혀 어울리지 않을 법한 화사한 차림으로 초면의 기자를 만나러 나왔다. 부인의 여유 있는 태도와 미소는 생경했지만, 이루 말할 수 없는 슬픔과 우수에서 배태했을 것 같은 느낌도 함께 자아냈다. 나는 그것을 기사의 첫 장면으로 쓰면 좋겠다고 제안했다. 황망하게 남편을 잃은 아내가 가족과 함께 어떻게 무너지고 또 어떻게 다시 일어서는지를 보여주라고 조언했다. 그 부인은 그런 캐릭터에 딱 어울렸다. 다시 생각해봐도 이날 나는 히어로팀에게 즉흥적으로, 두루뭉술하게 말했던 것 같다. 사흘 후인 5월 30일 지민구 기자는 1회 원고를 다시 써서 내게 보냈다. 200자 원고지 38매 분량이었다. 이 원고는 8월 9일 보도된 실제 기사와 거의 똑같다. 원고 첫 부분을 읽으면서 가슴이 미어지기 시작했다.

> 사고가 발생한 지 정확히 6년이 되는 날이었다. 박현숙은 원주 시내의 한 플라워카페에 도착했다. 분홍색 스웨터에 하얀 운동화, 밝은 고동색의 단발머리. 밝고 환한 카페 분위기와 현숙의 모습은 묘하게 닮아 있었다.
>
> "코로나19 백신도 다 맞았는데, 마스크 벗어도 괜찮죠?"
>
> 현숙이 마스크를 내리며 물었다. 분홍빛의 입술 화장과 옅은 볼터치가 눈에 들어왔다.
>
> "궁금한 거는 편하게 물어보세요. 다 물어보셔도 돼요."
>
> 간단한 소개가 오가고 몇 개의 질문과 답이 이어졌다. 현숙은 기자가 질문을 빙빙 돌리고 있다는 것을 알아챈 것 같았다.
>
> "제가…. 뭔가 이상해 보이죠?"
>
> 침묵이 이어졌다. 기자는 대답할 단어를 고르지 못했다.
>
> "보통 소방관의 유가족이면 눈물 흘리고, 좀 어두울 것 같은데…. 그렇죠?"
>
> 현숙이 창밖으로 시선을 돌렸다. 건너편 공원에서 살랑살랑 부는 봄바람에 푸른 나뭇잎이 흔들렸다. 그녀가 유리잔을 들어 남은 아이스 아메리카노를 모두 비워냈다. 분홍 립스틱이 유리잔에 묻어났다.

분홍색이 희미해진 입술은 두어 번 달싹였다. 현숙이 나지막이 말을 이어갔다.

"근데 그건 모르실 거예요. 이렇게 지낼 수 있기까지 진짜 오랜 시간이 걸렸어요."

(히어로콘텐츠팀, 2022. 8. 9.)[2]

지민구 기자는 사흘 전 나와의 만남을 통해 그간의 자신에 대해 한 가지 의문을 품게 됐다고 했다. 그는, 유가족은 당연히 슬프고 절망적인 존재로 알았다. 유가족이 기대와 다른 모습을 보이면 이상하게 느꼈을지언정 그게 무엇을 의미하는지에는 의문을 품지 않았다. 심지어 그런 의외성은 유가족 기사의 취지에 맞지 않는다고 여겼다. 그래서 그는 박현숙에게서 의외의 모습을 봤을 때, 일반적이지 않다고 느끼면서도 왜 그렇게 됐을지는 궁금해하지 않았다. 그런데 막상 인물의 변화에 주목하라는 말을 듣고 보니, 바로 그 변화를 물고 들어가면 인간의 가장 깊은 속내, 즉 인간의 본질을 알 수 있겠다는 생각이 들었다. 나아가, 굳이 슬픈 티를 내는 사람을 기사의 인물로 잡을 필요는 없다는 생각마저 들었다. 히어로팀을 맡고 도움말을 구하러 다닐 때 회사 동료인 임현석 기자가 해준 말도 떠올랐다. 임 기자는 당시 조선일보 신춘문예 단편소설 부문에 당선됐던 터라 작가로서 지 기자에게 "중요한 건 사람이고, 사람의 변화가 몰입의 관건"이라고 일러줬다.

지민구 기자는 5월 27일 나와 헤어진 후 팀원들에게 별도의 지시를 내리지 않았다. 그러나 그는 머릿속이 온통 박현숙으로 가득한 채 귀가했고, 다음 날인 토요일 아침에 노트북 컴퓨터를 싸 들고 집 근처 카페로 가서 온종일 씨름하며 앞의 원고를 만들었다. 나는 즉흥적인 조언을 완벽하게 글로 풀어낸 그 원고를 읽으면서 가슴이 울컥하는 한편, 어떻게 그것

2 기사의 제목과 본문 내용, 날짜는 온라인 게재 정보를 따랐다.

을 하루 만에 만들었을까 하며 놀랐다. 그는 소설가 지망생이었을 것이라는 생각마저 들었지만, 그것은 나의 오해였다.

지민구 기자는 정치외교학을 전공하고 기자가 되어 처음에는 정치·금융을 맡다가 이후 산업 분야를 죽 담당했다. 산업부 기사는 글이 재미없기로 유명하다. 동아일보에서 딱 한 번 사회부에 있었는데, 그 1년이 "산화" 기사를 잉태한 계기가 되었다. 그는 2020년 7월부터 2021년 6월까지 사건팀에서 일하며 춘천 의암호 조난사고 때의 경찰관 순직, 경기도 이천 쿠팡물류센터 화재 때의 소방관 순식, 울산 상가 화재로 인한 소방관 순직 사건이 단편적 사연과 슬픔 위주의 일회성 기사로 소비되는 것을 봤다. 빈소에서 얻은 유가족과 지인의 말만으로 순직자의 삶을 미화하거나, 유가족이 영정을 부여잡고 통곡하는 존재로만 그려지는 보도에서 아쉬움을 느꼈다. 이런 자성自省은 2016년 지하철에서 우연히 본 한 잠수사의 부인을 다룬 기사와 중첩하며 더 강해졌다.

2014년 세월호 참사 때 김관홍 잠수사는 선의로 바다에 나가서 학생들의 시신을 수습했지만, 돈 벌러 나왔다는 세간의 오해와 트라우마로 심적 고통을 겪다가 2016년 6월 17일 심장 쇼크로 사망했다. 석 달 남짓 지난 후 『한겨레』는 세 자녀와 함께 남겨진 아내 김혜연을 인터뷰했다(이진순, 2016). 기사에서, 김혜연은 학생 구조는 아버지의 선택이었으며 그 선택을 이해해주면 좋겠다고 자녀들에게 말했다고 했으며, 남편을 너무 포장하기보다 있는 그대로, 정 많았던 사람으로 보도해달라고 기자에게 부탁했다. 지민구 기자는 김혜연의 의연함에 감명받았으며, 그런 변화를 최루성 기사가 아니라 인간 본질을 탐구하는 이야기로 다루어야 한다고 믿게 됐다. 그러나 안타깝게도 지민구 기자는 사회부에서 다시 산업부로 배치되어 좀처럼 그런 기사를 쓸 기회를 잡지 못했다. 그러다가 2022년 2월 10일 회사에서 히어로콘텐츠의 주제를 공모했고, 순직자 유가족을 주제로 제안하여 3월 15일 팀장으로 발탁됐다. 2022년의 "산화" 보도는 길게 보면 2016년 한겨레 기사 이후 6년 만의 결실이다. 인간 탐구라는 거창한 목표가 있었고 의욕도 앞섰지만, 그것만으로 앞서와 같은 멋진 글이 술술 나오지는 않는다. 거기에는 히어로팀의 아주 각별한 글쓰기 노력이 있었다.

2. 기자들의 상호 학습

히어로팀의 역사를 아는 위은지 기자는 5기를 맡은 지민구 기자에게 특별히 '글'을 강조했다. 그 말에 팀원들도 공감했던 터라 위은지 기자까지 가세하여 5명이 글쓰기 공부 모임을 만들었다. 기자들이 절대로 기죽지 않으려는 게 글인데, 스스로 글쓰기를 공부하겠다고 했으니 놀랍고 칭찬받을 일이다. 위은지 기자는 미국의 모범적 내러티브 기사를 공유하며 분위기를 조성했고, 지민구 기자는 하버드 니먼 재단의 내러티브 기사와 『뉴스 스토리: 내러티브 기사의 작법과 효과』(박재영, 2020)를 읽으며 글쓰기 기량을 익혔다. 히어로팀은 서사 방식을 배우기 위해 방송 영상을 참조하기도 했다. 그중 하나는 화성 연쇄살인 8차 사건의 범인으로 몰려 20년을 억울하게 옥살이한 윤성여 씨를 다룬 KBS의 2020년 다큐멘터리 <성여>(국제라디오TV연맹URTI 국제다큐멘터리대상 수상작)다. 아프가니스탄 전장에서 돌아온 미국 상이군인이 가족의 유대감으로 삶을 지속하고 국가에 충성하게 되는 과정을 10년에 걸쳐 기록한 『뉴욕타임스 *The New York Times*』의 2020년 넷플릭스 다큐멘터리 <아버지, 군인, 아들 Father soldier son>도 봤다. 그래도 부족했는지 팀원들은 직접 연습 기사를 써보기로 했다.

이들은 예전의 자기 기사, 과거 히어로팀의 기사 또는 당일 발생한 사건을 내러티브 형식으로 습작했다. 심지어 청와대나 조계사를 방문하여 현장에서 본 내용을 곧바로 스토리로 구성하는 연습까지 하면서 실전 감각을 높였다(지민구, 2022). 처음에는 묘사한답시고 수식어를 남발하거나 주관을 개입하는 우를 범하기도 했지만, 날이 갈수록 글은 정제됐다. 특히 김예윤 기자와 이소정 기자는 틀에 박힌 글만 쓰느라 자신도 모르게 봉인됐던 감수성과 문장력이 되살아나 유려한 필봉을 휘둘렀다. 언론사 시험 준비생 때 르포나 장문의 기사를 써보면서 느낀 유연한 생각과 글쓰기의 재미를 새삼 다시 체험했다. 이 일에 가장 신났던 사람은 이소정 기자였는데, 그 덕분인지 그는 나중에 큰 세례를 받는다.

이들은 4월 4일부터 5월 30일까지 여덟 번 글쓰기 공부 모임을 했다. 한국 언론 역사에 전례 없는 일이다. 공부 모임을 하면서 추후의 원고 작성과 관련한 중대 원칙 3개를 결정했다.

- 기사가 몇 개로 나뉘어 보도되든지 관계없이 시리즈 전체를 하나의 스토리로 연결한다.
- 여러 명의 기자가 기사를 나누어 쓰지 않고, 한 명이 모든 기사를 집필한다.
- 팀원 4명이 원고를 만든 다음에 블라인드 테스트로 기사 집필자를 정한다.

누가 인도하지도 않았는데, 스스로 이렇게 혁신적인 실험을 과감하게 했다는 사실이 경이롭다. 세계 언론 역사에도 드문 이 무모한 도박이 어떤 결과를 낳을지, 당시에는 그들도 잘 몰랐다.

3. 취재원과 밀착하여 거리 두기

본격적으로 취재하면서 마주한 가장 큰 고민거리는 역시 유가족과의 관계였다. 기획의 취지상 반드시 유가족과 신뢰를 쌓고 그들의 마음속 깊이 들어가야 했다. 5월 4일 지민구 기자가 박현숙을 처음 만난 후, 지 기자와 팀원들은 7월 25일까지 그녀를 총 13번 대면 취재했다. 장소는 주로 박현숙의 거주지인 강원도 원주시나 고향인 태백시였다. 취재원과 인터뷰만 한 게 아니라 일상을 함께하며 그들을 관찰했다. 예를 들어 이소정 기자는 박현숙의 원주 집에서 하룻밤 함께 잠을 자며 기자에 대한 경계심이 허물어졌을 때의 취재원을 볼 수 있었다. 가장 사적인 공간에서 취재원의 내밀한 모습을 본 특별한 경험이었다고 그는 회고했다. 지민구 기자는 현충일을 사흘 앞둔 날 이른 아침에 손수 운전하여 유가족을 원주에서 대전 현충원까지 데려갔다. 무더웠던 7월 초 유가족과 함께 서울 잠실 롯데월드에 갔을 때, 이기욱 기자는 아이들을 위해 놀이기구 줄을 서느라 목이 새까맣게 탔다(임우선, 2022). 이날 김예윤 기자도 아이들과 재미있게 놀아줬는데, 그 인연으로 지금까지 서로 안부 인사를 묻고 명절 선물을 주고받는 사이가 됐다. 히어로팀은 박현숙의 삶을 더 깊이, 입체적으로 들여다보기 위해 그의 딸, 친구, 시댁 식구, 남편의 동료, 다른 소방관 유가족 등 20여 명을 만났다(지민구, 2022). 기사를 통틀어 팀원들이 인터뷰하거나 관찰한 취재원은 30명이 넘는다.

민속지학ethnography에 가까울 정도로 취재원과 밀착해야 한다는 점은 애초부터 지민구 기자의 걱정거리였다. '취재원과의 거리 두기' 원칙을 지키려면 취재원과의 동화를 경계해야 했다. 그래서 준칙 3개를 만들어 팀원들에게 실천하도록 했다.

- 취재원과 깊은 인간관계를 맺으면서도 그것은 취재의 일환임을 수시로 취재원에게 주지시킨다.
- 팀원 중 한 명이 일종의 감시자가 되어 원고에서 과도한 표현이나 취재원 편향적인 부분을 찾아내도록 한다. (이 역할은 김예윤 기자가 맡았다.)
- 주요 취재원은 모두 실명으로 보도한다.

우선, 위의 세 번째 준칙인 실명 보도를 여기서 특별히 강조하고자 한다. 기자들은 익명이나 가명 사용에 별 문제의식이 없으며, 오히려 익명 보도를 저널리즘 원칙으로 잘못 알고 있다. 언론상을 받는 기사도 익명과 가명투성이니 더 할 말이 없다. 세계의 번듯한 언론 가운데 우리처럼 거리낌 없이 취재원을 익명으로 보도하는 언론은 없다. 이 사실을 안다면, 모든 취재원을 실명으로 보도한 이 기사가 얼마나 훌륭한지 가늠할 수 있다. 이 기사는 그것 하나만으로도 충분히 극찬받을 만하다.

위의 첫 번째 준칙은 취재원과 관련한 한국 언론계의 금과옥조인 '불가근불가원不可近不可遠'을 무색하게 만든다. 취재원과 너무 가까워지면 공사公私를 흐릴 수 있으니 적당히 떨어지라는 뜻의 이 말은 그럴싸한 탓에 정작 무슨 뜻인지 별 고민도 없이 통용됐다. '대상과 거리 두기'라는 저널리즘 원칙과 결합하여 '취재원과 너무 친하면 안 좋다'는 절대 믿음으로 퍼지기까지 했다. 공사 구분에 취약한 한국인의 인지상정을 고려한 권고였겠지만, 그 바람에 기자들은 인물을 깊이 취재하지 않더라도 이 말을 변명의 방패막이로 사용할 수 있었다. 해외의 언론계에 불가근불가원 같은 말이 없는 이유는 그것이 원칙일 수 없기 때문이다. 저널리즘 원칙은, 기자가 취재원 속으로 최대한 깊이 들어가되 엄정하게 공사를 구분하는 것이다. 그것이 취재원과 거리 두기의 원뜻이다.

취재원 속으로 깊이 들어가면 신뢰를 쌓게 되고, 실명을 얻어낼 가능성도 커진다. 기자가 깊이 들어가지 않기 때문에 신뢰가 쌓이지 않고, 취재원은 기자를 믿지 못하므로 실명을 주지 않는다. 끝없는 악순환이다. 실명을 얻기가 어렵다는 기자들의 푸념이 이해되지만, 자신이 취재원과 얼마나 가까워졌는지 돌이켜보기도 해야 한다. 사람은 자기 이름을 숨길 때보다 밝힐 때, 본심과 진심을 더 솔직하게 나타낸다.

불가근불가원은 허울 좋고, 흐리멍덩하고, 무책임한 말이다. 기자는 '취재원과 최대한 가까워져서 거리를 두는 역량'을 길러야 한다. 지민구 기자는 팀원들에게 '취재원과 밀착하면서도 그들에게 그것은 취재의 일환임을 알려주라'고 함으로써 기자도 취재원도 스스로 거리 두기를 인지하고 훈련하도록 도왔다. 그것도 모자라서 김예윤 기자에게는 내부 감시자 역할을 맡겼다.

김예윤 기자는 미국 쪽 순직 경찰관 추모 행사 취재를 전담하는 바람에 5월까지 유가족을 만날 기회가 없었다. 지민구 기자는 기왕에 그렇게 됐으니 김 기자에게 유가족 취재 대신 동료 기자들이 작성한 인터뷰 녹취록과 원고를 읽으며 감정이 과다하거나 전개가 작위적이거나 취재원에게 동화되어 기자가 잘 보지 못하는 부분을 짚어달라고 부탁했다. 김 기자는 유가족을 덜 만나며 한 발 떨어져서 대했던 덕에 그들을 냉정하게 바라볼 수 있었다. 김 기자의 이 역할은 원고 최종 작업 때 더 크게 빛을 발한다.

4. 시리즈 구성의 고민

히어로팀은 5월 30일에 앞의 박현숙 원고를, 2주 남짓 지난 후인 6월 17일에는 5회 구성의 시리즈 전체 콘티를 내게 보내줬다. 매회 주인공과 인물의 관계는 다음과 같다.

- 1회: 2016년 5월 3일 순직한 허승민 소방관의 아내 박현숙
- 2회: 2017년 9월 17일 순직한 이영욱 소방관의 아내 이연숙과 이호현 소방관의 아버지 이광수. 박현숙은 방송뉴스로 이연숙 사례를 알게 되고 이연숙은 장례식장에서 이광수를 알게 된다.
- 3회: 순직자 유가족을 돕는 행정 담당자 조인담. 이연숙과 이광수를 담당하면서 박현숙도 알게 된다.
- 4회: 조인담을 통해 만들어진 순직 소방관 유가족 모임과 행사 '마돌캠'(소방 가족 마음 돌봄 캠프)

- 5회: 미국의 순직 경찰관 유가족 행사 '내셔널폴리스위크'

히어로팀은 편집국장 직속으로서 상당히 자율적이면서도 상급 관리자인 '데스크'를 두고 있었으며 유성열 사회부 차장이 그 역할이었다. 유성열 데스크는 히어로팀 구성 두 달 반쯤 지난 5월 말부터 가끔 회의에 참석했지만, 간섭하기보다 팀이 자율적으로 돌아가도록 했다. 그는 히어로팀 원년인 2020년 1기 팀장을 맡았던 터라 이 팀의 속성과 일의 성격을 잘 알았다. 지민구 기자는 유성열 데스크의 이해심에 기대어 앞의 콘티가 80%쯤 완성됐을 때 비로소 그에게 보여줬다. 이것도 잘한 일이다. 일의 80%가 진척되기 전에는 상급자에게 보고하지 말라는 금언이 미국 언론계에도 있다(이용식, 2000). 상급자에게 너무 일찍 보고하면 원고를 가져오라는 독촉에 시달리고, 결국 기사의 완성도는 떨어진다. 상급자가 기사 골격을 흔들 수도 있고, 그리되면 많은 일을 다시 해야 한다. 유성열 데스크는 나중에도 국장단의 요청을 중재하면서 히어로팀 후배들에게 도움을 준다.

전체 구성에서 제일 큰 골칫거리는 앞 콘티의 맨 마지막 5회에 배치된 미국 내셔널폴리스위크 행사였다. 원래 "산화" 기획은 글과 인터랙티브의 두 버전으로 추진됐는데, 인터랙티브 버선을 위해 인상적인 사진이나 영상이 필요했다. 히어로팀은 때마침 미국의 한 비영리단체가 경찰관과 소방관의 유가족을 위해 대규모 연례 행사를 개최한다는 것을 알게 됐고, 이메일로 여러 번 접촉한 끝에 취재를 허락받아 2022년 5월 11~19일 미국 현지에서 유가족의 사연 및 감동적인 사진과 영상을 담아왔다. 미국 행사는 한국의 미흡한 유가족 관리와 지원을 부각하는 데 안성맞춤이었다. 편집국장과 간부들은 이 대비 효과가 매우 크다는 점에서 미국 행사를 1회 기사로 배치하기를 원했다. 나는 미국을 보여주며 한국의 유가족이 홀대받는다는 점을 너무 앞에서 대놓고 꼬집으면 틀에 박힌 작위적 프레임이 되므로, 한국 유가족 이야기를 전개하다가 마무리 단계에

슬쩍 미국을 끼워 넣는 게 더 효과적일 거라 제언했다. 이 문제는 미결로 있다가 7월에 가서야 유성열 데스크의 묘안으로 해결된다. 유성열 데스크는 국장단의 의견에 따라 미국 행사를 앞세우더라도 전체 스토리는 박현숙으로 시작할 수 있도록 하려고 미국 부분을 '프롤로그'로 하고 박현숙 부분을 '1회'로 하자는 중재안을 냈다. 이 안이 수용되어 실제 기사는 박현숙으로 시작하는 큰 스토리로 보도됐다.

5. 블라인드 테스트

히어로팀은 콘티가 나온 후 블라인드 테스트를 했다. 당시 미국 추모 행사를 몇 번째로 보도할지가 미정이었으므로 그 내용을 테스트용 원고로 작성하기로 했다. 지민구 기자는 6월 29일 0시까지 자기를 포함한 팀원 4명의 원고를 모아 위은지 기자에게 전달했고, 위 기자는 심사위원 7명에게 원고를 넘기고 평가 결과를 건네받아 사내에 발표했다. 최대한 공정하게 하려고 평가의 전 과정을 히어로팀원이 아닌 위은지 기자에게 맡겼다.

지민구 기자는 사내 공지문을 통해 다음과 같이 블라인드 테스트의 배경을 밝혔다. "히어로팀 5기는 주인공 한 명을 중심으로 주변 인물과 사회 전체로 주제 의식을 확장하는 논픽션 내러티브 기사를 지향한다." 또한, 첫 회부터 마지막 회까지 전체가 하나로 이어지는 기사를 한 명이 집필한다고 밝혔다. 독자의 기사 몰입, 유가족에 대한 공감대 유발, 주인공 인물을 통한 상징 캐릭터 형성, 다음 회차의 기사가 궁금해지고 중간에 읽어도 1회부터 찾아서 읽고 싶어지는 기사를 목표로 한다고 했다. 평가위원으로는 이성호 디지털뉴스팀장, 홍진환 사진부 차장, 디지털이노베이션팀의 임현석 기자, 위은지 프로젝트 매니저, 임상아 개발자, 신성일 개발자(인턴), 김소연 디자이너(인턴) 등 7명을 공개했다. 평가위원에

국장급이 아니라 팀장 등 중간관리자가 위촉됐으며, 심지어 인턴사원이 포함됐다. 인턴사원들은 히어로팀의 디지털 담당으로서 기사 이해도가 높고 젊은 층의 반응을 알 수 있게 해준다는 장점이 있었다. 평가 기준은 참신성(문체와 표현 및 스트레이트·박스 등 전통적 틀에서 벗어난 형식), 가독성(일반 독자의 시선에 읽기 쉬운 기사), 완결성(한 편의 콘텐츠로 구성), 기사 가치(명확한 주제 의식)였다. 위은지 기자는 6월 29일 오전 10시 사내 메신저 도구인 슬랙Slack에 원고 4개를 무기명으로 올렸고, 평가위원들은 오후 6시까지 역시 무기명으로 각 기사에 대해 '○, ×'를 표시한 후 장단점도 달았다. 6월 30일 발표된 최다 득표자는 '○' 표 3개를 받은 이소정 기자였다. 과반수 득표자가 없었을 정도로 위원들의 평가는 엇갈렸지만, 팀은 약속대로 이소정 기자에게 집필의 전권을 줬다. 당시 이 기자는 경력 2년 6개월로 팀원 4명 중 서열 3위였다. 블라인드 테스트 1위를 했던 이소정 기자의 원고는 실제 보도된 다음 기사와 거의 똑같다.

> 검은 민소매 원피스를 입은 알마 재닛 모야가 손에 쥔 종이와 눈앞의 벽을 번갈아 봤다. "여보, 어디 있어? 얼른 나와야지."
>
> 바람이 가볍게 불었다. 벽에 새겨진 이름들 위로 나뭇잎 그림자가 일렁였다. 손가락으로 한 줄 한 줄 훑어 내려가던 알마의 눈이 한곳에 멈췄다. 가장 아랫줄에 새겨진 '헥터 모야'. 원피스 자락을 가다듬으며 쪼그려 앉은 그녀가 남편의 이름을 쓰다듬었다.
>
> 미국 순직 경찰 추모 행사 '폴리스위크' 나흘째인 5월 15일. 많은 사람이 워싱턴 한가운데 추모의 벽Memorial Wall에서 가족의 이름을 찾고 있었다.
>
> **남겨진 사람들의 곁**
>
> 미국 뉴저지주 뉴어크시 경찰관 헥터는 지난해 1월 알마 곁을 떠났다. 코로나19가 무섭게 퍼질 때였다. 지역을 순찰하며 많은 시민을

만나던 남편은 바이러스를 피하지 못했다. 그는 자신의 모든 것이었던 두 딸과 아내를 두고 눈을 감았다. 56세가 되던 해였다.

남편의 이름을 한참 어루만지던 알마가 휴대전화를 꺼냈다. 사진 속 남편은 제복을 입은 채 우스꽝스러운 표정을 짓고 있었다. 한 살 아래 남편은 장난치는 것을 좋아했다.

"여보, 여전히 너무 귀엽네."

사진첩을 뒤적거리던 알마의 손가락이 한 사진에서 멈췄다. 헥터와 함께 사진에 담겨 있는 한 동료의 얼굴. 추모의 벽에서 그녀와 함께 헥터를 찾던 경찰관, 로버트 무어였다. 사진첩을 넘길 때마다 로버트와 헥터가 함께한 사진이 몇 장씩 이어졌다.

"로버트, 당신은 늘 헥터와 함께 있었네요."

그녀가 웃으며 로버트에게 말을 건넸다. 곁에 선 로버트가 말없이 미소 지었다. 알마는 사진 속 남편의 얼굴을 내려다봤다. 두 사람이 무척 닮았다고 알마는 생각했다.

"남편과 친했던 동료랑 있으니 마음이 조금 놓여요. 당신이 아니었다면 폴리스위크에 올 용기도 내지 못했을 거예요."

몸을 일으킨 알마가 찬찬히 걸음을 옮겼다. 곡선으로 이어진 회색 추모벽에는 순직 경찰관 2만 3,000여 명의 이름이 빼곡히 새겨져 있었다. 이름 위아래로는 언젠가 찍었을 가족사진과 손편지들이 코팅돼 붙어 있었다. 로버트는 그녀와 걸음을 맞추며 곁을 지켰다.

사흘 전 로널드 레이건 공항에 도착한 알마는 마중 나온 이를 보고 반가움을 감추지 않았다. 낯선 공항에 낯익은 얼굴. 알마 가족과 종종 저녁을 함께했던 남편의 동료 로버트였다. 남편을 잃고 워싱턴에 오게 된 자신의 마음을 가장 잘 이해할 사람이었다.

로버트는 순직 경찰 추모 행사 동안 알마를 에스코트하는 임무를 받았다. 뉴어크시 경찰은 헥터와 절친했던 동료 로버트가 6일 동안 알마 옆을 지켜주도록 했다.

경찰 바이크 60대 에스코트… 함께 모여 영웅 기억하는 美

폴리스위크 행사를 주관하는 순직 경찰관 지원 단체 'COPS Concerns of Police Survivors'는 각 지역 경찰서와 협조해 유가족을 에스코트할 경찰관을 정한다. 가장 중요하게 고려하는 것은 고인과의 인연이나 관계다. 유가족들이 같이 다닐 경찰관을 직접 고를 수도 있다.

알마는 자신의 캐리어를 대신 끌어주는 로버트를 따라 유가족 전용 게이트로 향했다. 공항 밖에는 대형 버스가 기다리고 있었다. 유가족들이 모두 올라타고 버스가 출발하자 앞뒤로 60여 대의 경찰 바이크가 호위하기 시작했다. 빨간빛과 파란빛에 둘러싸인 유가족 버스가 지나가자 길거리의 사람들은 발걸음을 멈추고 손을 흔들었다. 목적지는 워싱턴 외곽의 힐턴 호텔. 알마를 포함한 순직 경찰관의 가족들이 폴리스위크 기간 묵을 장소였다.

6년 만에 처음 참석한 추모식

박현숙은 전화를 받고 망설였다. 태백소방서에서 연락이 온 건 추모식 열흘 전. 현숙은 6년 전 남편이 떠난 후 국립대전현충원에서 진행되는 순직 소방관 추모식에 한 번도 가지 않았다. 평일 낮에 열리는 추모식. 멀기도 했지만 어린 딸을 데리고 참석할 엄두가 안 났다.

추모식은 현충일을 사흘 앞둔 금요일 오전 11시였다. 올해는 유가족 오찬간담회도 있을 예정이라고 했다. 이런저런 이야기를 나눌 수 있을 것 같아 그녀도 추모식에 참석하기로 마음을 먹었다.

현숙은 시어머니에게 딸아이를 맡기고 아침 일찍 집을 나섰다. 강원 원주에서 현충원까진 2시간 조금 넘게 걸렸다. 행사 30분 전 소방관 묘역에 도착하자 정복을 입은 소방관 20여 명이 추모 행사를 준비하고 있었다. 소방서별로 유가족 업무를 담당하는 직원 3, 4명씩이 행사에 참석했다. 현숙과 친분이 있는 사람은 보이지 않았다. 그리고 현숙은 홀로 남편 묘비 앞에 섰다.

‘지방소방위 허승민.’

현충원에 올 때까진 괜찮았다. 묘비에 새겨진 남편의 이름을 보자 눈시울이 금세 붉어졌다. 그녀는 가방에서 조용히 물티슈를 꺼내 묘비 겉면을 닦았다. 먼지와 꽃가루가 새까맣게 묻어 나왔다. 새 물티슈를 꺼내 닦은 곳을 또 닦았다.

정복을 입은 소방관 4명이 다가와 현숙과 눈을 마주쳤다. 태백소방서 직원들이었다. 이들은 2명씩 현숙의 왼쪽과 오른쪽에 섰다. 낯선 공기와 침묵이 이들을 감쌌다. 한 직원이 먼저 입을 뗐다.

“제수씨, 이쪽으로 더 가까이….”

“여기, 잠깐 와서 사진 좀 찍어줘.”

상급자가 지시하자 직원 한 명이 왼쪽 대각선에 섰다. 그가 휴대전화를 들어 올리고 몇 발자국 뒤로 움직였다. 묘비 앞에 선 현숙과 직원들이 한 프레임에 들어왔다.

“일동 차렷, 묵념.”

찰칵, 찰칵, 찰칵. 현숙과 직원들이 고개를 숙이자 촬영음이 계속 이어졌다. 어색한 분위기를 견디다 못한 현숙이 먼저 말을 꺼냈다.

“현충원에 올 때마다 소방관 묘역에 묘비가 늘어나는 것 같아요.”

“참, 어떻게 드릴 말씀이….”

그때 묘역 뒤편에서 마이크를 든 강원소방본부 직원이 안내 방송을 시작했다.

“이제 곧 순직 소방관 추모식을 진행할 예정이니 각 소방서 직원들은 분향단 앞으로 모여주시기 바랍니다.”

현숙과 나란히 서 있던 직원들이 한 명씩 흩어져 분향단 앞으로 향했다. 홀로 남겨진 현숙이 승민의 묘비를 응시하다 천천히 뒤편으로 걸음을 옮겼다.

(히어로콘텐츠팀, 2022. 8. 8.)

이소정 기자는 필자로 선발될 줄 몰랐다고 했다. 팀원들과 공부 모임 때 습작을 그리 잘하지 못했다. 그런 부담이 있었는지, 이 기자는 발표 다음 날인 7월 1일부터 15일까지 보름간 칩거에 들어갔다. 이 기자는 '설명하지 않고 묘사한다'는 데 가장 유의하며 글을 썼다. 예전에는 중시하지 않았던 주변 스케치와 인물들의 대화를 살려서 독자가 기사에 몰입할 수 있도록 했다. 이 기자는 새벽 서너 시에도 원고를 구글 독스Google Docs에 올렸으며, 팀원들은 원고 어느 곳이든 '메모' 난에 댓글을 달았다. 댓글에는 대댓글이 달렸다. 팀원들은 시리즈 전체를 어색하지 않게 연결하려면 어떻게 해야 하는지를 놓고 가장 치열하게 토론했다. 이 과정에서 맹활약했던 사람이 김예윤 기자다. 김 기자는 내용이 모호하거나 감정이 과다하거나, 구성이나 연결이 작위적이면 어김없이 의견을 달고 수정을 제안했다. 한 예로, 원고에 "어린 시절 현숙은 태백에서 소문난 말괄량이였다. 꽃을 심는다며 안방에 흙과 씨앗을 뿌려놓는가 하면 남동생을 이끌고 연탄 창고 근처에서 불장난을 치기도 했다"라고 돼 있었는데, 김 기자는 이 대목이 '이렇게 밝았던 사람에게 그토록 슬픈 일이 일어났다'는 식의 틀에 박힌 대조이며 박현숙이라는 인물만의 특별한 에피소드도 아니라는 의견을 냈다. 써도 될 것 같은 이 문장들은 결국 모두 삭제됐다.

팀원들은 직접 단어를 바꾸거나 문장을 고치는 대신 의견을 내는 식으로 서로 토론하며 원고를 완성해 나갔다. 사실관계가 불명확한 곳에는 그것을 취재했던 기자가 정확한 정보를 제공함으로써 팀원들 스스로 팩트체크를 수행했다. 특히 이소정 기자는 유가족 지원과 관련한 문제점이 특정 기관이나 개인의 잘못으로 비치지 않도록 최대한 유의했다. 수집된 정보들은 이미 여러 번 검증된 터라 사실을 기반으로 쓴다는 확신이 있었다. 지민구 기자는 이 모든 과정을 '집단지성'이라고 했다.

이소정 기자의 원고 작업이 끝난 후, 지민구 기자는 나를 포함하여 신광영 차장과 임현석 기자 등 사내외 인사 5명에게서 두 번이나 피드백을 받아 이 기자에게 전달했다. 이 기자는 다시 원고를 수정했으며, 그렇게 완성된 최종 버전이 8월 8일부터 12일까지 5일간 보도됐다. 이소정 기자는 입사 2년 반 만에 일생일대의 걸작을 만들었다. 그는 정치외교학 전공자로 소설 마니아도 아니며 따로 글쓰기를 배운 적도 없다. 히어로팀의 공부 모임 때 선후배들의 습작을 보면서 최대한 장점을 흡수하고 많이 배우려 했다고 말했다. 역시 가장 좋은 기자 교육 방식은 기자들의 상호 학습이다.

히어로팀은 3월 15일 구성되어 3월 23일 취재에 돌입했으며, 6월 17일까지 주요 취재를 마무리하면서 콘티를 완성했다. 이후에 원고를 쓰기 시작했을 텐데, 본격적인 작업은 6월 30일 블라인드 테스트에 이어 7월 1일부터였다. 기사 보도는 8월 8일이었다. 6월 17일을 기점으로 취재에 87일, 글쓰기에 51일이 소요되어 취재와 글쓰기 시간 비율이 약 1.7대 1이다. 대체로 1대 1의 비율을 지키는 미국 기자보다 글쓰기 시간이 적지만, 한국 기자들의 관행에 비하면 매우 모범적이다. 지민구 기자는 7월 내내 원고 작업과 함께 디지털 인터랙티브 작업을 병행했다.

6. 반응과 소회

예상할 수 있다시피 기사에는 많은 칭찬 댓글이 붙었다. '대한민국의 진정한 영웅에게 감사드린다', '이런 스토리를 알게 해줘서 고맙다', …. 류원식 교문사 대표는 페이스북에 "내일 신문이 기다려진 것은 처음"이라고 적었다. 자기가 동아일보 기자로 일할 때조차도 그런 경험을 하지 못했던 모양이다. 김수혜 국무총리비서실 공보실장은 페이스북에 "기획 시리즈가 재밌기 힘들고 1회보다 2회가 재밌기 힘들고 2회보다 3회가 재밌기 힘든데, 와~ 라고 생각하며 읽었다. 동아일보 연재 중. 강추"라고 했다. 그는 전 『조선일보』 기자다. 기사 주인공 중 한 명인 박현숙은 동아일보 사보 『동우』에 다음과 같은 내용의 네 장짜리 편지를 보냈다. 기사

하나가 독자에게 어떤 효과를 줄 수 있는지 웅변한다.

> 기자라 하면 수첩과 볼펜 그리고 질문지, 거기에 저는 그냥 대답만 하는 줄 알았습니다. 그런데 처음 만난 기자님은 수첩도, 볼펜도, 심지어 메모지 한 장 없었습니다. 제가 그냥 두서없이 떠드는 이야기를 조용히 듣기만 하셨습니다. 이래서 무슨 기사가 나올까? 의문도 들었구요. … (중략) … 한 번, 두 번 만날 때마다 동생처럼 가족처럼 친근하게 대해주시는 기자님 덕분에 가족에게도 이야기하지 못했던 마음속 깊은 이야기를 저도 모르게 하고 있었습니다. 그러면서 저도 모르게 마음의 치유가 되는 것 같았습니다. … (중략) … 신문도 직접 보내주셔서 얼마나 감사한지요. 평생 가보로 간직하겠습니다. … (중략) … 동아일보에 계신 기자님들이 이 시대가 원하는 진정성 있는 기자님들이 아닌가 생각하고 존경합니다. 제 마음의 선입견을 버리고 동아일보 사랑합니다. (임우선, 2022, p. 2)

지민구 기자는 2012년에 언론계에 들어와 2024년 현재 경력 만 12년이다. 그런데 히어로팀에 있었던 4개월 남짓한 기간이 전체 기자 생활의 70~80%를 차지할 정도로 중요했다고 말했다. "그 짧은 기간에 알차게 배우고 급성장했습니다. 어떻게 새로운 기사를 쓸 수 있는지, 어떻게 조직 사람들을 설득할 수 있는지, 독자들에게 필요한 기사가 무엇인지를 밀도 높게 배웠습니다." 지민구 기자는 히어로팀 이후에 산업부로 갔다가 디지털이노베이션팀으로 옮겼다. 김예윤 기자는 현재 정책사회부에서, 이소정 기자는 사회부 시청팀에서 일한다.

경력상 막내였던 이기욱 기자는 '취재원의 마음 사기'가 가장 어려웠다고 했다. 이 기자는 유가족 중에 이광수를 전담했는데, 그는 자기의 아버지와 동갑이며 그의 순직한 아들은 자기 또래였다. 이광수를 만나려고 강릉에 여덟 번 갔으며 그때마다 모텔에서 하룻밤을 잤다. 이광수는 전형적인 무뚝뚝한 한국 아버지라서 이 기자는 좀처럼 그에게 말을 붙이지 못했는데, 서너 번 찾아가니 강릉 기차역에 자기를 데리러 오고 데려다 줄 정도로 마음의 문을 열었다. 유가족 취재의 비법을 묻자, 이 기자는 "자주 찾아가는 게 최고다"라고 했다. 입사 1년 4개월 만에 히어로팀에 배속됐던 이 기자는 가족을 잃은 사람은 어떻게 살아갈지가 정말로 궁금했는데, 사람은 아픔을 이겨낸다는 평범한 진리를 배웠다고 말했다. "기자가 된 후 너무 빨리 너무 좋은 경험을 했습니다. 취재하면서 인생을 배웠습니다." 이기욱 기자는 2025년 1월 기준 국제부 소속이다.

박현숙은 처음에 취재요청이 왔을 때, 남편의 죽음이 다시 부각되고, 사람들이 그 보도에 대해 어떻게 생각할지 걱정되어서 취재에 응하지 않으려고 했다. 하지만, 동아일보에 보도된 지 2년 반이 지난 지금도 그 기사를 얘기하며 자기를 따뜻하게 맞아주는 사람들이 있다고 했다. 기사 덕분에 가족 외에도 많은 사람이 남편 허승민을 기억하고 있다. "인간적으로 다가오는 기자, 사람들의 진심을 담으려고 애쓰는 기자에게는 마음을 열어도 됩니다. 용기를 내어 취재에 응하면, 자기 마음의 상처와 슬픔도 많이 치유됩니다." 박현숙의 말이다.

동아일보 히어로콘텐츠팀 5기는 글쓰기 혁신의 실험실이었다. 2024년 6월 말부터는 히어로팀 9기가 구성되어 한창 일하고 있다. 지 기자에게 9기 후배들을 위한 도움말을 부탁했더니 지 기자는 이것만 꼭 지켜주면 좋겠다고 말했다. "무엇이든지 하나라도 새롭게 해야 한다!"

6장

민속지학 저널리즘의 본보기, 박유리 전 『한겨레』 기자[1]

박재영

1. 민속지학 저널리즘이란

기자는 꼭짓점node을 연결하는 식으로 기사 주제를 잡아나간다(Stocking & Gross, 1989). 예를 들어 일본 엔화가 강세라면, 이 첫 번째 꼭짓점에서 일본인의 한국 관광이 증가할 수 있다는 두 번째 꼭짓점을 떠올린다. 엔화 강세와 일본인 관광객 증가는 꽤 상관관계가 있어 보인다. 일본인 관광객이 증가하면 외국 관광객에게 크게 의존하는 서울 명동의 상권이 살아날 수 있다. 이는 세 번째 꼭짓점이 되어, 기사 주제는 '엔화 강세로 일본인 관광객이 증가하여 명동 상권이 되살아나고 있다'로 발전한다. 그런데 정작 명동 상가 주인들의 반응은 시큰둥한데 그 이유가 일본인들이 충동구매 대신 미리 최저가 판매처를 알아보고 와서 알뜰하게

1 이 원고를 위해 2024년 7월 18일 박유리 전 한겨레 기자와 대면 인터뷰를 했다.

물건을 사기 때문이라고 한다면, 이제 기사 주제는 이 네 번째 꼭짓점까지 아울러 사뭇 다르게 변한다. 기자가 기사 주제를 발굴하는 인지 과정은 학자의 가설 검증 과정과 매우 유사하다. 한마디로 연역적이다. 하지만 이것은 원칙이 아니며 규범도 아니다. 그렇다면 정반대의 방식도 생각해볼 수 있다. 아무 선입견 없이 취재 대상을 그냥 들여다보는 방식이다. 꼭짓점 연결하기가 연역적이라면, 이 방식은 귀납적이다. 연역적 방식은 기사의 각pre-determined story angle을 잡아 놓는 폐쇄형이지만, 귀납적 방식은 기사 각이 어떻게 잡힐지 알 수 없는 개방형이다. 저널리즘 역사상 귀납적 방식의 독보적 사례가 여럿 있었다.

그중의 하나인 르포(르포르타주reportage)는 허구가 아닌 사실을 보고하며 실제 사건을 문학적으로 기록한다고 하여 보고기사報告記事 또는 기록문학으로 불린다. 에드거 스노Edgar Snow(1905~1972)는 1936년 중국 산시성 북쪽의 소비에트 지구에 들어가 몇 달간 머물면서 마오쩌둥을 비롯한 중국 혁명의 주역들을 만나고, 홍구 지역의 주요 현장을 방문하여 중국공산당의 혁명 과정을 『중국의 붉은 별*Red Star over China*』(1937)에 생생하게 그렸다. 조지 오웰George Orwell(1903~1950)은 1936년 겨울부터 이듬해 봄까지 6개월간 스페인 내전에 의용군으로 참전하여 파시스트와 싸운 경험을 『카탈로니아 찬가*Homage to Catalonia*』(1938)에 담았다. 존 리드John Reed(1887~1920)의 『세계를 뒤흔든 열흘*Ten Days That Shook the World*』(1919)도 대표적 르포다. 이들 저자 3명은 모두 언론인이자 작가다. 현장에 장기간 머물면서 보고 들은 바를 그대로 옮겼다는 것도 이들의 공통점이다.

또 다른 예는 1960년대 미국에서 트루먼 카포티, 톰 울프, 노먼 메일러 등이 주도한 뉴저널리즘New Journalism이다. 당시 객관주의 저널리즘에 답답함을 느꼈던 일단의 언론인들은 기사에 소설 작법을 적용하여 사안을 실감 나게 전하려고 했다. 이들은 몇 번 현장을 가보거나 취재원을 만나는 대신 현장에 깊이 들어가 오랜 기간 취재원들과 함께 살았다. 사건을 상세하고 극적으로 표현하기 위해 종종 일인칭 형식을 취하며 픽션과 논픽션의 경계를 허물려고 했다. 그러나 뉴저널리즘은 기자가 기사의 중심인물이 될 정도로 사건에 깊이 관여하여 자기의 경험과 감정을 여과 없이 전달하려고 했던 탓에 오래가지 못했다(박재영, 2020). 취재 기법상 뉴저널리즘은 인류학자가 조사 대상 지역에 장기간 거주하며 연구를 수행하는 민속지학ethnography과 유사하다.

국내 언론계에도 이미 100여 년 전에 훌륭한 르포 기사가 있었다. 『조선일보』는 1929년 한홍징 기자를 관북 지역에 특파하여 춘궁기 수재민의 참상을 생생하게 전했으며 1935년에는 채만식 기자가 관북 지역에 들어가 탄광에서 일하는 이주민들의 실상을 정밀 묘사했다. 『동아일보』는 북한의 실상을 취재하기 위해 평안도와 함경도에 기자단을 보내 1946년 4월 6일부터 이북 답파기를 보도했다. 1940년대 중후반에는 잡지의 르포 보도가 크게 융성했다. 월간지 『신천지』는 "거리의 정보실"이나 "현지 보고"라는 고정란에 석상인, 고원섭, 한규호 등이 쓴 현장 조사 형식의 보도물을 선보였다. 특히 오소백은 성매매 시장과 아편굴에 들어가거나 몰래 삼팔선을 넘어 이북 지역을 둘러본 관찰기를 보도하며 르포 분야에서 종횡무진했다. 조덕송이 제주 4·3사건을 추적하여 『신천지』 1948년 7월호에 보도한 "유혈의 제주도"는 르포 명작 중 하나다(홍병기, 2018). 이런 흐름은 1960년대 잡지 『사상계』로 이어져 전영욱, 황천영, 신일철, 노종호 등이 혈액원, 국토 건설의 현장, 어족 고갈의 현장, 난지도 소년시市, 미군 부대 주민들의 생활상 등을 밀착 보도했다. 『사상계』 1966년 10월호에 실린 이규태의 "소록도의 반란"은 르포의 최고봉이라 할 수 있다(대한언론인회, 2010). 이 기사는 "논픽션 180장"이라는 부제 그대로 단편소설 급의 탄탄한 구성력을 갖추었다. 기사 속 몇몇 인물이 가명인 것 외에 모두 실화다. 취재 기간은 저자와 사상계가 밝히지 않아서 알 수 없지만, 배를 타고 들어가야 하는 그곳의 취재가 하루 이틀거리는 아니었을 것이다. 당시 이규태가 문화부장이었다는 점은 더 놀랍다. 부장이 자리를 비워도 아무 문제 없으며 현장으로 나가서 취재하면 오히려 명작이 나온다. 이청준이 1976년 초판 서문에 밝혔듯이, 이 기사는 소설 『당신들의 천국』의 모태다(이청준, 2005). '소록도의 반란'은 민속지학 취재 위에 문학적 구성까지 갖추었으므로 '민속지학 문학 저널리즘'이라 해도 손색이 없다. 과문하여 사례를 더 많이 제시하지 못하지만, 장기 취재에 의한 르포 기사는 이후에도 주간지와 월간지를 중심으로 명맥을 이어갔을 것이다. 아무래도 일간지는 기자를 한 아이템에 장기간 묶어두기도, 기사 하나에 넓은 지면을 제공하기도 쉽지 않다.

2000년대 이후 이 분야의 역작은 『한겨레21』의 "노동 OTL"이다.[2] 안수찬을 비롯한 기자 4명은 각자 한 달간 경기도 안산의 공단, 마석의 가구공단, 서울의 갈빗집과 인천의 감자탕집, 서울 강북의 대형마트에 들어가 그곳에서 벌어지는 노동과 삶의 단면을 경험하고 기사로 그려냈다. 이 기사는 2009년 9월 21일부터 4개월간 연재된 대작으로, 르포이자 심층 기획물이며 현장 탐방기다. 이기형(2010)은 이를 '민속지학 저널리즘'으로 규정했다. "이 작업은 소재와 글쓰기 장르의 측면에서는 장기간의 '잠입' 취재를 바탕으로 이루어진 '다큐멘터리적 글쓰기' 혹은 이 시대 불안정하고 열악한 노동의 풍경을 밀도 있게 포착하는 세밀한 현장기술지를 제공했다."(이기형, 2010, p. 108).

2. 민속지학 저널리즘의 독보적 사례

『한겨레21』의 "노동 OTL"에 이어 2010년대 중반에도 역시 『한겨레』의 박유리 기자가 괄목할 만한 민속지학 저널리즘을 선보였다. 그는

2 'OTL'은 사람이 좌절하거나 낙담하여 무릎을 꿇고 엎드린 모습을 형상화한 이모티콘으로 O는 머리, T는 몸과 팔, L은 다리를 나타낸다.

2014~2016년에 재개발과 인구 감소로 사라질 위기에 처했거나 밖에서는 잘 보이지 않는 도시 은둔지에 며칠씩 머물며 공간과 사람을 기록으로 남겼다. 속리산 삼가분교, 영등포 집창촌, 용산역 노숙인촌이 대표적 예다. 이외에도 서울 광화문 광장, 종로 탑골공원, 청담동 명품거리, 서초구의 한 편의점, 부산 국제시장 같은 일상 공간과 강원랜드, 화상 경정장 등의 일탈 공간에 쑥 들어가 그곳 사람들과 어울리며 취재했다.

예를 들어 그는 3일간 서울 영등포 집창촌에 오후 5시 출근하고 다음 날 새벽 4시 40분 퇴근하면서 매일 12시간 동안 업소 여성들과 대화하고 손님을 관찰했다. 업소 부엌방에서 여성들과 새벽밥을 먹고 쪽잠을 잤다. 영등포 집창촌은 20층짜리 복합쇼핑몰 타임스퀘어가 있는 번화가에 파묻혀 있다. 서울이 숨기고 싶어 하는 쇠락한 공간이지만, 부정할 수 없는 서울의 또 다른 얼굴이다. 박유리 기자는 거기에도 사람이 살고 있으므로 그들의 현재를 기록할 가치가 있다고 봤다. 하지만 정작 무엇을 쓸지는 정하지 못한 채로 그곳에 들어갔다. 그래서 한 업소 여성이 "여긴 어떻게 온 거예요?"라고 물었을 때, 그는 "맞다, 틀렸다 그런 거 말고 그냥 여기서 사람들이 어떻게 사는가 써보려고요. 법을 어기고, 여성이 상품화되고 그런 시선도 있지만 그 시선 너머에는 사람들이 살아가는 모습이 있을 거니까"라고 답할 수밖에 없었다. 박유리 기자는 업소 여성 4명을 집중적으로 취재했는데, 10년째 일한 43세 'ㅅ언니'를 중심으로 그들의 평범한 일상을 기사에 그렸다.

> 계단을 타고 2층으로 올라갔다. ㅅ언니의 방이 나온다. 손님도 받고 영업이 끝나면 잠을 자는 개인 공간이다. 커버가 덮인 높고 커다란 침대, 향수와 인형이 가지런히 정리된 장식장이 흰색으로 통일돼 있다. 영등포 집창촌이라는 걸 기억하지 않는다면 보통의 여자 방이다. 손님을 받지 않을 땐 자기 방인 것처럼 여기려고 실내를 꾸며놓았다고 한다. (박유리, 2015. 6. 12.)[3]

유기견을 키우거나 행상이 동네를 돌아다니거나 여럿이 둘러앉아 밥을 먹는 모습도 주택가에서 흔히 볼 수 있는 보통 사람들의 생활상이다.

> 화장하는 언니 옆으로 흰색 몰티즈 강아지가 들어와서 꼬리를 흔든다. 옆방에 사는 ㄴ(33)씨가 키우는 개다. ㄴ씨 친구의 친구가 기르던 개인데 술을 마시면 주인이 이 개를 때렸다고 한다. 그걸 보고 ㄴ씨가 빼다시피 개를 데리고 왔다. 개 이름은 핑키다. (박유리, 2015. 6. 12.)

> 아가씨들에게 물건을 파는 상인들도 계단에 앉는다. 과일 파는 리어카 아저씨, 강아지 옷과 동물 간식 파는 상인, 머리띠나 액세서리를 파는 여자, 홀복 파는 아주머니도 집창촌을 돌며 물건을 권한다. 아이스커피를 파는 일흔살 할머니도 떡볶이 가게 앞에 앉아 주문을 기다린다. (박유리, 2015. 6. 19.)

> 집창촌에선 일을 마친 새벽에 저녁밥을 먹는다. ㅅ(43)언니, ㄴ(33)과 나는 새벽 6시면 가게에 커튼을 내리고 부엌방에 둥그렇게 앉았다. 밥상에 오른 오이냉국과 마른멸치, 꽈리고추볶음, 생선구이는 전날 이모가 해놓고 간 것이다. 매니큐어를 바른 긴 손톱의 ㅅ언니 손이 칼을 들어 수박을 자른다. (박유리, 2015. 6. 19.)

그래도 집창촌은 엉큼한 탐욕과 그것을 노리는 또 다른 탐욕이 꿈틀대는 일탈과 타락의 공간이다. 다음이 그 대목이다.

> 밤 9시가 지나면서 하나둘씩 남자들이 거리를 지나갔다. 까맣게

3 기사의 제목과 본문 내용, 날짜는 온라인 게재 정보를 따랐다.

> 선팅을 한 차량이 지나다닌다. 운전자들은 아가씨 구경을 하는데 택시마저 이 거리에 들어서면 저속 주행을 한다. 차보다 사람 걸음이 더 빠를 정도다. 선팅한 창문 안에서 남자들은 시선의 자유를 느낀다. 여자를 훑는다. 아가씨는 선팅된 창문 너머를 볼 수 없다. 시선은 일방적이다. 남자들이 간혹 거리를 지나갈 때마다 아가씨들은 그를 주시했다. 웃음을 준다. 말을 붙인다. 손짓을 한다. (박유리, 2015. 6. 12.)

기사는 그러면서도 업소 여성과 남성 손님의 헤어지는 장면을 통해 남성의 이중성을 짚는다.

> 둘은 별다른 인사를 하지 않았다. 아가씨와 15분을 공유한 남자는, 이 거리를 벗어나면 15분간의 일을 입 밖에 내지 않을 것이다. 내일이면 낮의 세계로 들어가 일터에 출근할 것이다. 어제 일은 까맣게 잊을 것이다. 모른 척할 것이다. (박유리, 2015. 6. 12.)

'ㅅ언니'도 자신의 이중성을 고백한다. "나도 내가 사회악인 거 알아요. 떳떳한 일은 아니니까요." 상 · 하편으로 보도된 기사는 박유리 기자와 'ㅅ언니'가 선물을 주고받는 장면으로 끝난다.

> ㅅ언니네 가게에서 세 밤을 자고, 세 번의 새벽밥을 먹었다. 떠나는 5일 아침에는 비가 부슬부슬 내렸다. 그날 새벽 6시부터 삼겹살을 굽고 맥주를 마셨다. 그 전날 밤 나는 신경숙의 소설 『엄마를 부탁해』를 ㅅ언니에게 내밀었다. ㅅ언니는 떠나는 날 아침 장식장에서 포장을 뜯지도 않은 새 향수병을 꺼냈다. "저 선물 안 받아요. 못 받아요." 향수를 든 그의 손이 한참 부끄러워졌다. "선물 아닌데? 내 마음인데." 정적이 흘렀다. 그에게서 향수를 받았다. 집으로 돌아가 침

대 모퉁이에 향수를 올려놓고 잠이 들었다. … (중략) … ㅅ언니가 매일 밤 손님을 받는 곳에도 소설책 한 권이 있을 것이다. (박유리, 2015. 6. 19.)

사회의 밝음과 어두움 중에서 후자에 가까운 존재나 공간은 온전히 기록되기 어렵다. 박유리 기자는 집창촌을 어두운 공간의 대표 사례로 봤다. 사람들은 집창촌을 생각할 때 가난하고 남루하고 불결한 이미지를 떠올리는데, 그런 특수성에 꽂혀 있는 시각이 그곳의 일상성과 보편성을 간과하게 만들 수 있다. 박 기자는 "불결한 그곳에 일상의 평범함이 있었다. 그들의 비천함을 아름다움으로 써보고자 했다"고 말했다.

민속지학 취재의 관건 중 하나는 인물이다. 공간을 그저 보여줘도 좋지만, 특정 인물을 중심으로 기사를 전개하면 몰입감이 높아진다. 그래서 박유리 기자는 현장에 들어가면 중심인물이 될 만한 사람부터 찾는다. "그 인물은 공간의 진실을 가장 잘 드러낼 수 있는 인물이자 개성적인 인물이어야 합니다." 이 개성은 인간의 다층성을 뜻한다. 예를 들어 집창촌의 'ㅅ언니'는 자기가 떳떳하지 않음을 알면서도 사람들과 관계를 맺고 공동체적 생각도 하고, 자신을 개조 대상으로 보는 여성 단체에 대한 반발심을 지닌 복합적 내면의 소유자다. 박 기자는 이런 다층성이 집창촌이라는 공간의 진실과 맞닿아 있다고 봤다.

박유리 기자는 한때 '대한민국 하위 1%를 취재하는 기자'로 불렸는데, 집창촌 못지않게 노숙인촌을 취재했던 이력이 그 별명에 딱 맞는다. 서울 용산역 3번 출구 옆 조그만 숲에 2000년대 중반부터 노숙인 20여 명이 모여 텐트를 치고 산다. 숲에 가려 잘 안 보이지만, 바로 옆에는 초고층 빌딩과 수많은 행인으로 가득한 낯익은 서울이 있다. 숲속과 숲 바깥에 극도로 정반대되는 2개의 삶이 공존한다. 무더웠던 2014년 7월 박유리 기자는 여기에 텐트를 치고 나흘간 노숙인들과 함께 생활했다. (야간에는 너무 위험하므로 텐트에서 잠을 자지는 않았다.) 그는 그곳에서 절대 빈곤의 밑바닥 인생을 봤다.

> 삶의 파멸로, 나락의 끝까지 다다른 사람들이 그곳에 있다. 술에 취해 있고, 비틀거리며, 냄새 나는 옷을 입은 사람들의 삶은 역동적이지도 분투하지도 않는다. 절망의 끝에 다다른 그 고요함은 평안이 아니고 포기였다. 나 자신을, 세상을, 삶을 놓아버린 사람들이 그곳에 웅크리고 있었다. (박유리, 2015. 7. 17.)

이곳은 밤에 술로 들썩이다 오전이 되면 휑해진다. 낮에는 술을 마시지 않아서 그런지 노숙인들은 말이 없다. 휴대전화도 없지만, 있어도 전화 걸 데가 없는 이런 사람들을 일반인은 상상하기 어려울 것이다. 이곳에 들어와 살다 보면 상황은 악화하기 일쑤다. 한 노숙인은 이렇게 말했다.

> 이 생활 하다 보면 미친 사람들을 자주 봐요. 처음부터 미친 건 아니었어요. 3년 전엔 분명 멀쩡했는데 다시 만나보니 혼자 실실 웃고 땅바닥에 말을 하더라고. 자신을 놓게 되는 거지. 다른 노숙인과 어울리지 않고 하루 종일 혼자 떠돌아다니는 사람도 많고. (박유리, 2015. 7. 17.)

물론 노숙인 중에는 이어폰으로 음악을 들으며 잠을 청하거나, 폐지를 주워 번 돈으로 헌책방에서 1천 원짜리 판타지 소설을 사서 읽거나, 직접 밥을 해 먹거나, 공공근로로 월세금을 모아 그곳을 벗어나려는 사람도 있다. 하지만 한 노숙인의 말처럼 대개는 현실에 안주한다.

> 익숙해지는 거, 그게 문제지. 독하게 마음먹었으면, 어떻게라도 했으면 이 생활을 벗어났겠지요. 그런데 노력해서 뭘 해. 더 나갈 수 있는 곳이 뻔한걸. 쪽방촌이나 고시원. 거기서 또 이리로 오게 돼 있

어. 그거 알아요? 그래도 내 집이 있다는 게 참 좋아요. 어딜 다니다 가도 여기 박스로 돌아와 쉬어. 돌아갈 곳이 있잖아요. (박유리, 2015. 7. 24.)

노숙인들을 보는 사회의 눈초리는 따갑지만, 노숙인들도 할 말이 있다. 박유리 기자는 노숙인들을 대신하여 이렇게 적었다.

거리에서 술을 마시면 도시 미관을 해친다는 소릴 듣는다. 담배를 피우면 담배 살 돈은 있으면서 공짜 밥을 먹느냐고들 한다. 안에 들어갈 수 없다면 보이지 않는 공간에 있기를 요구받는다. 빚으로, 도박으로, 가정불화로, 술 중독으로 거리에 나왔으니 동정을 바라지 말아야 하는 것이다. (박유리, 2015. 7. 24.)

용산역 노숙인촌은 취재 당시 철거를 예상했던 것과 달리 지금 그대로 있지만, 언젠가는 이 일대의 개발과 함께 사라질 것이다. 그때 노숙인들은 어디로 갈 것인가? 공간의 번영과 빈곤의 이동! 이것이 박유리 기자의 문제의식이었다. 다음은 그가 추가로 보내준 메모 내용이다.

가장 남루한 공간이 결국은 값비싼 곳이 된다. 대규모 개발을 하려면 커다란 부지가 필요할 테지만 도시는 그렇게 호락호락하게 공간을 내어주지 않는다. 가장 쉽고 빨리, 생산성 있게 쫓을 수 있는 곳들은 가장 남루하고 가난한 공간이다. 쪽방촌이 그러하고 홍등가가 그러하다. 그렇게 보면 절대 빈곤은 풍요로 가는 전 단계이지만, 그 과정에서 가난한 사람들은 풍요의 다리로 오르지 못하고 그저 치워지기만 할 뿐이다.

노숙인들과 생활하며 그들의 눈으로 본 세상은, 넓게 열려 있지만 단단히 닫힌 공간이었다. 박유리 기자는 그 아이러니를 다음과 같이 표현했다.

> 밥을 먹고 식당이 즐비한 용산 아이파크몰로 올라갔다. 유리문으로 닫힌 식당 안에서 밥을 먹는 사람들이 보인다. 밥을 먹으며 휴대전화를 만지작거리고, 맞은편 좌석에 앉은 사람과 대화를 나누는 사람들. 고급 식당도 아니었는데 유리문 하나를 사이에 놓고 안에서 밥을 먹는 사람들은 다가설 수 없을 세상처럼 저 멀리 있었다. 나는 바깥에 갇혀 버렸다. 어딘가에 갇히는 일은 공간의 내부에서만 일어나지 않는다. 어디서나, 언제나, 유리문이나 철문, 대문 밖에 영원히 서 있어야 하는 시간. 문 안으로 들어갈 수 없어 밖에 남겨진 자들은 떠도는 것이 아니라 바깥에 갇힌 것이다. 어쩌면 삶의 균형과 안정감은 끊임없이 공간의 바깥과 안을 드나들고 문과 문 사이를 통과하며 느끼는 정서 아닐까. (박유리, 2015. 7. 24.)

3. 관찰과 묘사

민속지학 취재는 기자가 현장으로 들어가는 것이지만, 그것을 체험으로 오해해서는 안 된다. 기자는 체험하러 들어가는 게 아니라 관찰하러 들어간다. 저널리즘의 원칙은 내 체험이 아니라 남 관찰이다. 섣부른 체험형 기사는 저널리즘을 가볍게, 값싸게 보이게 만든다. 기자가 직접 무엇을 했다는 것은 기사로서 가치도 없고 효용도 없다. 박유리 기자는 "현장에 들어가서 조연으로 바라본 사회적 풍경이나 사람을 그리는 것이 저널리즘"이라고 했다. 그는 노숙인촌 기사에서 자기 체험은 최소화하고 노숙인 관찰을 최대화했다.

> 서울 용산역에서 10분을 걸어 도착한 어느 주택가 좁은 골목길에

서 한 손에 식판을 들고 다른 손으로 숟가락을 쥐고 밥을 먹었다. 젓가락은 들 수 없었다. 남의 집 앞에 두 발을 딛고 서서 왼손으로 식판을 들면 오른손으로는 숟가락만 잡을 수 있다. … (중략) … 다세대주택이 다닥다닥 붙어 있는 골목길에 자리한 ㅎ교회에서 밥을 나눠주는 시간은 점심 12시다. 철 지난 옷이나 한여름에 가을옷을 입은 노숙인이 땅바닥에 식판을 놓고 앉아 두부를 한 숟가락 뜬다. 어떤 사람은 골목 어귀에, 또 다른 사람은 골목 구석에, 누구는 길에 붙은 다세대주택에 딱 붙어 앉아 밥을 먹는다. … (중략) … 식판에 고개를 묻고 한 숟가락 입에 넣어 주위를 둘러봐도 다들 먹는 데 집중할 뿐이다. 간혹 누군가와 눈을 마주치면 낯선 눈빛을 주고받다 어색해서 눈길을 돌렸다. 재빨리 먹고 식판을 돌려주고 이 골목을 떠야 한다. 밖에서 얻어먹는 밥은 그런 것이다. 대화도, 생각도, 느낌도, 상념도 들지 않는다. 혼자 먹는 밥이든, 누구와 먹는 밥이든 밥에는 느낌을 가진 내가 있다. 빡빡한 오후 일정을 걱정하며 허겁지겁 먹는 나도, 재미없는 사람과 대충 고개 끄덕이며 먹는 나도, 박장대소하며 웃느라 입에서 밥알이 튀어 나가는 나도, 혼자 앉아 고독하게 먹는 나도 그 안에 나름의 내가 있는 것이다. 길 위에서 한 손으로 밥을 먹으면, 나 자신이 사라진다. 입에 밥알을 집어넣고 삼킬 수 있을 때까지 수차례 잘게 씹어 식도로 넘기는 행위가 반복된다. 고행처럼 오래 길을 걸으면 자존심도, 욕심도, 계획도 사라지고 길 위에 두 발로 딛고 길을 걷는 존재로서의 나만 남게 된다. 길 위에서 숟가락을 뜨면 먹는 존재로서의 나만 남겨진다. 외로움도, 쓸쓸한 감정도 들지 않았다. (박유리, 2015. 7. 24.)

박유리 기자는 몇몇 기사에서 '관찰의 끝판왕' 같은 모범을 선보였다. 그중 하나는 4일간 서울 청담동 명품거리를 둘러본 기사에 나온다. 다음은 갤러리아 명품관 서관의 지하 1층 식품관을 관찰한 장면이다.

죄다 검은색이다. … (중략) … 검정을 기본으로 황금색과 원목이 인테리어 포인트로 들어가는 식품관은 식품관치고 어두운 조명을 썼다. 검은 옷을 입은 사람들이 그 속에서 물건을 골랐다. 검은색을 바탕으로 흰색이나 회색 정도의 옷을 입은 사람들뿐이다. 일부 젊은 사람들은 청색으로 포인트를 준 옷차림이다. 어깨에는 나이와 관계없이 검은 샤넬백이 한 점씩 걸려 있다. 복사한 그림들처럼 말이다. 멋 부리지 않은 듯한 차림에 낮은 신발을 신었지만, 고급스러운 소재의 검은 원단은 일종의 공식이었다. … (중략) … 아이스크림 코너에 선 한 여자가 통화를 했다. 라즈베리, 블랙베리, 요거트맛 가운데 무엇을 살지 물어보는 내용이었는데 라즈베리의 아르(r), 블랙베리의 엘(l), 요거트의 아르(r) 발음에서 엘과 아르의 차이가 무척 명확해 통화 내용이 귀에 쏙 들어왔다. 분유 등 아기 제품을 파는 코너에선 한 젊은 여자가 가방에서 안경을 꺼내 제품의 성분 표시를 읽었다. 주로 주인공의 엄마 역할을 맡는 배우가 식품관에 들어왔지만 누구도 눈길을 주지 않았다. 이 배우의 딸로 출연하는, 드라마 주인공이 온다 한들 기웃대거나 사인을 요청하면 안 될 분위기였다. 가슴과 허리선을 가려버린 드레스가 로코코 시대의 양식이 아니듯, 시크하고 무심해야 하는 검은 세상에서 누군가를 동경하는 눈빛을 보여선 어색하다. … (중략) … "요즘 감기가 난리잖아. 면역력을 키워준다니까. 먹어야지. 너 먹을 거지?" 검은 옷을 입은 젊은 여성은 유모차에 타고 있는 두세 살쯤 돼 보이는 여자아이에게 한방차를 한 잔 건넨다. "이거 어떻게 하는 거예요?" 위생용 머릿수건을 한 직원은 질문을 건넨 젊은 여성이 아닌, 그 옆에서 유모차를 끌고 있는 아주머니에게 한방차 우리는 방법을 설명한다. 아주머니는 가사도우미거나 보육도우미일 것이다. 환경과 자연에 대한 관심이 높아서인지는 모르겠으나 채소, 과일은 대다수 '유기농', '무농약'이었고 공산품 가운데 세제 코너는 '에코, 바이오, 천연'을 빼면 상품 설명이 완성되지 않았다. (박유리, 2015. 10. 2.)

청담동 명품거리는 일상의 공간이지만 너무 고급스러워서 불쑥 들어가기가 주저되는, 그래서 정겨움이나 친절함과는 거리가 멀게 느껴질 수 있는 공간이다. 이방인에게는 더욱 그렇다. 박유리 기자는 청담동 명품거리를 최대한 낯설게 보려고 했다. 그래야 그 공간의 사소한 것도 눈에 크게 들어오기 때문이다. 앞의 묘사 대목은 그런 관찰의 결과물이다.

그가 관찰의 끝판왕임을 보여주는 두 번째 사례는 서울 종로 탑골공원 기사에 들어 있다. 2015년 11월, 박유리 기자는 탑골공원 노인들이 자주 찾는 길 건너편의 버거킹에서 주문도 하지 않은 채, 혹은 1천 원짜리 커피 한 잔만을 손에 쥔 채 하염없이 앉아 있는 노인을 여럿 봤다. 다음은 한 노인과 박 기자의 대화 장면이다.

> 남자는 누가 자신을 도와주기로 했다며, 기다리고 있는데 아직 나타나지 않는다고 했다. 정말 누군가를 기다리는 것처럼 남자는 손목시계를 쳐다봤다.
>
> "누가 도와준다고 약속했는데 자꾸 시간 끌고 말이야. 예전에 그 친구가 도움을 많이 받았다고, 나한테서."
>
> "얼마나 도와준대요?"
>
> "집을 한 채 사준다더라고. 빌라 값 2, 3억 주겠지, 아마."
>
> 월세를 산다는 남자는 담담하게 "2억~3억 원"이라고 말했다. 그 정도쯤, 아무것도 아니라는 걸 보여주고 싶었던 것 같다. 멋쩍어하지 않았다.
>
> "그 말을… 믿으시는 거지요?"
>
> "믿지, 그럼. 왜 안 믿어?"
>
> 남자는 태연한 얼굴 표정으로 내게 되물었다.
>
> "언제 그분이 오세요?"

"네 시에서 네 시 반 사이."

시계를 보니 네 시 십 분이었다. 남자가 손목시계를 한 번 더 바라본다.

"그 돈 받으시면 뭘 할 거예요?"

"집 사야지, 빌라. 이제 곧 연락이 온다고."

표정을 숨기려는 남자는 질문이 계속되자 조금씩 흔들렸다. 눈동자에서 평점심이 사라지는 것처럼 보였다. 거짓말을 계속하기 힘들어 보였다.

"미안해. 먼저 일어날게."

빌라 값 2억~3억 원을 준다는 그와 오후 네 시 삼십 분에 만나기로 했다는데 그 시간이 되기도 전에 남자는 자리를 떴다. 남자가 기다리는 그도 나타나지 않았다. (박유리, 2015. 11. 6.)

박 기자는 옆에서 떠들썩하게 통화하던 한 노인도 유심히 지켜보고 다음과 같이 적었다.

열변을 토하던 남자가 손에 쥐고 있는 휴대전화를 귀에 갖다 댔다. 커피 한 잔 시키지 않은 남자는 큰 업체 사장처럼 옆자리 플라스틱 의자에 한 팔을 길게 뻗치고 허리를 뒤로 젖혀 전화를 받았다. 회색 양복 노인은 내가 앉은 쪽으로 허리를 돌리고선 휴대전화가 잘 들리지 않는 듯 "여보세요"를 반복했다. 휴대전화를 귀에서 떼는데 그때 봤다. 남자의 휴대전화는 통화 중임을 알리는 화면 상태가 아니다. 남자는 다시 휴대전화를 귀에 갖다 대며 아무도 듣지 않는 휴대전화 너머로 대화를 이어갔다. "미안하지만 거기서 돈이 들어와. 그게 법에 나와 있어. 그러니까 여보세요, 그런데 여보세요. … (중략) … 환경과 관련 없는 것은 전 세계에 하나도 없어. 사업을 주는 게 아니고 대통령이 나한테…. 아이고, 참 답답하다. 내가 이야기하는 걸 잘 들어. 이거 봐, 전 세계에…. 아이고, 참 답답하게. 엉. 알았어." (박유리, 2015. 11. 6.)

박유리 기자는 탑골공원 기사를 '거짓말과 환상에 관한 기사'라고 했다. 사람은 나이가 들면 자존심을 지키려고, 추한 모습을 들키지 않으려고 가면을 쓴다. 경제적으로 궁핍할수록 그들이 느끼는 두려움과 지키려는 자존심은 더 커진다. 노인에게는 가장과 허세 외에도 무료함과 외로움이 있다. 박 기자는 한 노인의 무언극을 정밀히 관찰해 실감 나게 묘사했다.

그는 아메리카노 한 잔을 입에 댔다가 커피를 테이블에 올려놓는다. 오른쪽, 왼쪽으로 허리를 돌리고 입을 크게 열었다 닫는다. 정지 자세로 일 분이 안 되는 시간을 견딘다. 두 발을 들었다 제자리에 놓는다. 다리를 떤다. 휴, 숨을 늘어지게 쉬고 상체를 흔든다. 다시 입을 벌렸다 닫는다. 더운 날씨가 아님에도 바지를 걷어올린다. 주머니에서 휴대전화를 꺼낸다. 울리지 않는 전화를 바라보다 품 안에 집어넣는다. 아, 알 수 없는 소리를 낸다. 배우 이정재가 '머시룸 스테이크 버거'를 들고 웃는 광고 포스터 쪽을 쳐다본다. 3층에서 2층으로 내려가는 오른쪽 계단으로 눈길을 돌린다. 엉덩이를 의자에서 잠시 들었다 제자리에 앉는다. 왼쪽 귀를 만지고는 두 손을 의자 위에 올린다. 고개를 뒤로 젖힌다. 오른손으로 허벅지를 주무르다 시선을 바닥에 떨군다. 아, 한숨을 쉰다. 파란색 케이스가 씌워진 휴대전화를 꺼내 화면에 엄지와 검지 손가락을 대고 벌렸다 오므렸다 한다. 사진을 확대, 축소한다. 휴대전화를 품속에 도로 넣는다. 상체를 흔들흔들 그리고 커피를 홀짝인다. 휴, 숨을 내뱉는다. 오른발을 까딱까딱 움직인다. 허리춤에 두 손을 올려놓았다 오른손으로 눈을 비빈다. 손을 콧등에 갖다 댄다. (박유리, 2015. 11. 6.)

사흘간 탑골공원 노인들을 만나면서 느낀 노인들의 심정을 박 기자는 추가로 보내준 메모에서 이렇게 밝혔다.

> 먼 곳으로 향하는 지하철을 타고서 비슷한 연배의 사람들을 찾아 나서지만, 탑골공원조차 안식처가 되지는 않는다. 그저 비슷한 연배의 사람들이 이토록 많다는 데서 안도할 뿐이다. 그들은 서울의 어디서 속마음을 들키지 않으려 애쓰지 않을 수 있을까. 있는 그대로 살이 숨 쉴 수 있을까. 노을이 지는 저녁, 가난을 들키지 않으려고 이런 저런 거짓말들을 늘어놓다 다시 지하철을 타고 집으로 돌아오는 퇴근길에 그들은 문득 외로움을 느끼지 않을까.

4. 문제의식과 주제 잡기

민속지학 취재는 관찰 중심이므로 설명문보다 묘사문을 활용해야 하며, 주제도 묘사문으로 제시해야 더 강렬하게 전달된다. 한 예로 2박 3일 강원랜드를 취재하러 갔던 박유리 기자는 관문인 사북역 모습을 독자에게 보여주면서 기사 주제를 드러낸다. 중앙정부는 강원랜드를 통해 세금을 더 거둬들이려 하고, 지자체는 자기 지역 쪽으로 기금이 더 들어오기를 바란다. 그러면서도 정부는 도박중독에 빠진 사람들을 나 몰라라 할 수가 없다. 기사 리드는 이런 이율배반적 상황을 그린다.

> "도박 문제 예방과 치유! 도박 문제 상담전화 1336" 사북역 입구에 놓인 간판은 여행자를 환영하고 경고했다. 짙은 색 등산복 차림의 이름 모를 중년 남자는 열차에서 내린 사람들을 주시했다. 손에는 명함만 한 광고지를 쥐었다. 사채 광고다. 중년의 눈동자에는 사채를 쓸 만한 사람을 가려내고 뽑아내는 긴장감이 흐른다. 돈을 찾아 허우

적거리는 이와 조난자를 낚아채길 기다리는 자는 묘하게 끌리기 마련이다. … (중략) … 조금 더 걷다 보면 4차선 도로가 보인다. 도로를 사이에 두고 2개의 펼침막이 싸우듯 마주본다. 카지노를 반대하는 펼침막과 카지노를 지키기 위한 펼침막이 횡단보도를 가운데에 두고 대결한다. 한쪽에선 카지노에서 돈을 잃고 지하주차장에서 자살한 누군가의 차량 사진과 "카지노가 원망스럽다"는 문구가 걸렸다. 다른 한쪽에 걸린 펼침막은 "카지노 레저세 결사 반대"라고 말했다. 카지노에 레저세 10%를 부과하는 지방세법 일부개정안이 국회 안전행정위원회에 상정되자 강원랜드 방문객과 폐광지역개발기금 등이 감소할 것을 우려했다. (박유리, 2014. 12. 12.)

강원랜드로 들어서는 길에도 경고와 환영이 공존하는데, 다음이 그 대목이다. 박유리 기자는 "중독으로 인한 병폐와 카지노로 인한 이윤 사이에서 줄타기를 하는 지역의 이중성을 기사에서 그리고자 했다"고 말했다.

로비를 사이에 두고 중독관리센터와 강원랜드 티켓 판매처가 마주한다. 신분증과 입장료 7,500원을 내고 입장권을 받아 뒤돌아서면 과몰입 예방 캠페인이 보인다. 중앙 로비에는 도박중독 예방 및 치유를 위한 전시회가 열렸다. 중독에 빠져 가산을 탕진한 사람들이 가족, 친구에게 쓴 편지와 그림이다.

"언니에게. 한때는 성공했다고 자랑하고 다녔었지요. 미안해요. 여행 와서 즐긴 게임이 이렇게 구렁텅이에 빠질 줄은 그때는 꿈에도 생각 못했어요. 이렇게 많은 돈을 갖다버리면서 언니한테 제대로 된 선물 한번 못하고 언니네 금붙이를 모두 가져다 팔아서 또 도박에 썼어." (박유리, 2014. 12. 12.)

박유리 기자에게 가장 골치 아팠던 취재처는 서울 서초구의 한 편의점이었다. 아무 계획 없이 공간으로 들어간다지만, 그래도 시간이 지나면 주제가 떠오르기 마련인데 편의점 취재는 막막함에서 시작하여 막막함으로 끝났다고 말했다. 주된 이유는 공간적 특성 때문이었다.

> 이틀간 보낸 편의점에서 누굴 만나 무얼 봤는지 뚜렷한 기억이 없다. 사람들이 물건을 고르고 계산대로 가는 데 걸리는 시간은 1~2분. 편의점에 오는 사람들의 얼굴에는 특별한 표정이 없다. 편의점 앞에 놓인 파라솔 테이블 의자에 앉거나 실내 간이 테이블에 서 있으면 같은 장면이 되풀이되는 영화처럼 지루한 모습이 반복된다. 표정 없는 사람들이 들어와 물건을 고르고 계산을 하고 나간다.
>
> 편의점에서는 담배 한 보루, 음료수 한 캔, 맥주 한 캔처럼 지금 당장 입에 넣을 것을 산다. 시간을 들여야 할 것들은 거의 없다. 물을 부으면 3분 안에 익는 컵라면이나 전자레인지를 돌리면 금방 뜨끈해지는 햇반처럼, 당장 배를 따듯하게 채워줄 것들이다. 편의점에는 그리움에 사무치는 것들이 없다. 찌개를 끓이고 나물을 무치고 밥을 안치곤 누군가를 기다려야 할 것들이 없다. 날개 처리가 되어 쉽게 해먹을 수 있는 1인용 생선처럼 혼자 먹고 자는 사람들을 위한 것들이 있다. 편의점에서는 특별한 날이 없다. … (중략) … 파편처럼 혼자인 사람들이 물건을 사러 편의점에 온다. (박유리, 2015. 7. 10.)

편의점은 정말 현대성의 극치를 보여준다. 한 공간이 어떻게 이토록 다용도일 수 있을까 싶다.

> 세상 모든 가게를 품은 편의점은 혼자인 그들에게 저마다의 용도를 내준다. 도시락과 라면을 먹는 그에게는 식당이고, 야외 테이블에서 맥주를 마시는 그에겐 술집이다. 1500원짜리 얼음 아이스커피를

마시는 이에겐 커피숍이고, 수수료 1300원을 내고 지급기에서 현금을 뽑아 쓰는 이에게는 은행이다. 한밤에 휴대전화 배터리가 나갔을 때는 충전소이고 택배를 부칠 때는 우체국이다. 손바닥만 한 기대를 얹어 정기적으로 몇천 원, 몇만 원짜리 스포츠토토를 구입하는 사람에겐 희망이다. (박유리, 2015. 7. 10.)

박유리 기자는 편의점에서 이틀간 2만 8,650원으로 다섯 끼를 먹으면서 공간과 사람을 지켜봤다. 편의점은 잠을 자지 못할 정도로 바빴지만, 동시에 무척 외로운 공간이었다. 박 기자는 그 느낌을 기사에, "그런데 기억이 잘 나지 않는다. 혼자 먹은 밥이나 홀로 보낸 공간에는 기억이 서리지 않는다. 기억이 나지 않는다"라고 썼다. 편의점은 번잡하고 생동하는 공간이면서 무관계의 무미건조한 공간이다. 그래서 거기에 있었어도 그곳이 잘 기억나지 않는다. 하지만 그런 무존재감이 현대 도시의 매력이며, 편의점은 그 상징이라 할 수 있다. 이 기사를 썼던 2015년에 비해 지금은 아예 주인이 없는 무인 점포가 아이스크림, 카페, 꽃집, 달걀 판매점, 반찬 가게, 건어물 가게로까지 확산일로다. 공간은 이야기를 품기 마련이지만, 그렇지 않은 공간이 보편화하고 있다. 편의점 기사는 그런 현대성을 선구적으로 보여줬다.

5. 민속지학 저널리즘의 전제 조건

민속지학 취재에는 기자의 역량과 에디터의 재량, 이 두 가지가 다 필요하다. 연역적 취재는 어느 정도 기사의 성공을 예견한 채 일을 시작하지만, 귀납적 취재는 그 가능성을 점칠 수조차 없는데도 일단 뛰어들고 보는 식이다. 기자에게 도전정신과 실험정신이 필요한 이유다. 기사 작성 단계에서도 창의성이 요구된다. 역피라미드 양식의 글쓰기를 벗어나

수필이나 소설 같은 다양한 장르와의 접점을 찾아서 자기 나름의 기사 양식을 개척해야 한다. 박유리 기자는 그것이 저널리즘의 외연을 넓히는 길이라고 했다. 언론사의 위계 구조를 고려하면, 민속지학 취재에는 기자의 역량보다 에디터의 재량이 더 긴요하다. 당장 기사 발제 때부터 에디터의 게이트키핑gatekeeping을 통과하기 어렵다. 한 아이템에 며칠을 투자하고도 고작 기사 하나 쓴다면 그걸 허용할 에디터는 별로 없다. 기자 개인적으로도 가성비가 낮다. 민속지학 방식으로 취재하면 수집한 정보의 10%밖에 기사에 담지 못한다고 박유리 기자는 토로했다. 앞서 소개한 기사들은 모두 박유리 기자가 한겨레 토요판 팀에 있을 때 썼는데, 당시 고경태 에디터가 이해와 관용의 리더십을 발휘한 덕에 기자들은 최대한으로 자율을 누릴 수 있었다. 박유리 기자는 그 경험을 '행운'이라고 했다.

박유리 기자는 민속지학 저널리즘을 꿈꾸는 기자에게 "외로워야 한다"고 조언했다. 이 말은 중의적이다. 민속지학 취재로 기사를 써보겠다고 하면 선후배 누구도 반기지 않는다. '또 소설 쓰네', '그 시간에 단독 정보 하나라도 더 구해오지' 등의 비아냥이 들린다. 그래서 회사에서 외롭다. 우여곡절 끝에 취재를 허락받아 현장에 가본들 누구 하나 기자를 도와주는 사람이 없다. 그래서 회사 밖에서도 외롭다. 어쩌면 민속지학을 추구하는 기자는 스스로 더 외로워해야 하고, 그 외로움을 적극적으로 즐겨야 할지도 모른다. 민속지학 기자는 철저히 관찰자로 남아야 하므로 자기 자신을 비우고 현장을 한없이 낯설게 보려고 노력해야 한다. 자기의 존재를 느끼지 못할 정도로 외로워져야 한다.

박유리 기자는 2008년 『국민일보』에 입사하여 2013년 한겨레로 옮겼다가 2023년 언론계를 떠났다. 형제복지원 보도로 2014년 관훈언론상을 받았고 그 취재기를 바탕으로 2020년 소설 『은희』를 출판하며 문단에 데뷔했다. 2023년부터는 고려대학교 대학원 언론학과 박사과정에서 수학하고 있다.

7장

한국 언론의 데이터 저널리즘, 기여와 한계

이나연

1. 데이터 저널리즘의 가치

2004년 10월 『동아일보』 의학 담당 기자였던 저자는 출산을 앞둔 동료 여성 기자들에게서 여러 하소연을 들었다. 산부인과에서 정기적으로 받는 산전 검사의 종류가 병원에 따라 다르고 검사 비용도 천차만별이라는 불만이었다. 당시엔 산전 검사의 대부분이 비급여였기에 국민건강보험공단에서 비용을 부담하지 않았는데, 병원에서 공개하질 않으니 여러 곳의 비용을 비교해 병원을 선택할 수 없다는 주장이었다. 비록 출산율이 급락하기 전이었지만, 그 말대로 '산전 검사 비용이 출산 비용만큼이나 비싸고 그마저도 비용은 병원마다 천차만별'이라면 제목이 딱 떨어지는 좋은 기삿거리였다. 곧 평소 친분이 있던 산부인과병원장, 대학병원, 그리고 출산을 준비 중이거나 최근 출산한 지인들을 대상으로 취재에 나섰다. 그러나 진료비라는 민감한 주제를 취재하다 보니 병원에서 자료를 확

동아일보 제25900호 ㊺ 사회

기형아검사 보험불가… 초음파 불가… 풍진검사 불가…

産前검사 혜택없이 말로만 "출산장려"

직장인 박모씨(28·서울 서초구 반포동)는 2월 임신 사실을 알고 첫 산전검사를 받았다. 혈액 소변 초음파 등 검사에 든 비용은 13만5450원. 진료비가 예상을 웃돌아 영수증을 살펴보니 환자 부담이 11만9030원, 건강보험 부담은 1만6420원이었다.

박씨는 "산전검사의 대부분이 건강보험 혜택이 없어 의아했다"고 말했다.

정부는 최근 자연분만 비용을 지원키로 하는 등 갖가지 출산장려 정책을 내놓고 있다. 하지만 임신부들은 분만비보다 큰 산전검사 비용부터 '손질'하라고 주문하고 있다.

▽산전검사, 쥐꼬리 보험 혜택=올해 서울의 개인 산부인과, 여성전문병원, 대학병원에서 출산한 산모 3명의 진료비를 분석한 결과 총산전비용 가운데 건강보험 부담액은 10% 내외에 불과했다.

개인 산부인과에서 출산한 A씨의 경우 산전검사 총비용은 160만8140원이었지만 건강보험 부담액은 11만7650원으로 7.3%였다. 여성전문병원을 이용한 B씨의 총비용은 50만3380원이었고 이 가운데 보험으로 처리된 비용은 5만9380원(11.8%)이었다. 대학병원에서 출산한 C씨의 진료비는 115만4740원이었지만 건강보험에서 지급한 급여는 17만7630원으로 15.8%였다.

보험 지급분이 적은 이유는 임신 기간 대부분 산모가 필수적으로 검사받는 선천성기형아 자궁경부암 초음파 등이 보험 급여대상이 아니기 때문.

건강보험심사평가원은 "풍진검사와 기형아검사인 트리플테스트에 대해서는 연말부터 보험에서 비용을 부담하기로 했다"며 "초음파는 2007년부터 보험에서 부담할 것인지 결정할 예정"이라고 말했다.

▽비용도 천차만별=보험수가가 정해지지 않다 보니 산전검사의 비용도 병원별로 차이가 컸다.

트리플테스트의 비용은 △개인병원 10만원 △여성전문병원 8만원 △대학병원 6만원이었다. 한 산부인과 의사는 "피 검사를 통해 다운증후군과 신경관결손을 검사하는 트리플테스트는 비용에 큰 차이가 없어야 정상"이라고 말했다.

초음파의 비용은 △개인병원 2만5000원 △여성전문병원 4만원 △대학병원 6만5000원 등으로 다르다.

진료 때마다 초음파를 보는 개인병원과 달리 대학병원은 임신기간 3~5회를 본다.

S대 병원의 한 교수는 "분만 비용이 너무 낮다 보니 산부인과에서 산전검사 비용 등으로 적자를 메우는 것이 사실"이라며 "정부는 필수적인 산전검사를 보험급여로 하고 분만비용을 현실화해야 한다"고 말했다.

이나연기자 larosa@donga.com

손택균기자 sohn@donga.com

주요 산전검사 가운데 보험·비보험 항목

보험
- 전혈검사
- 소변검사
- 혈액형검사
- 매독반응검사
- HBsAg (B형간염 S항원 검사)

비보험
- 초음파검사
- 유전학적 양수검사
- 모체혈청 선별검사 중 트리플테스트(α-FP, Estriol, HCG)
- 풍진검사(IgG, IgM)
- 자궁경부세포진검사

전혈검사는 가장 기본적인 혈액검사, 소변검사는 당뇨 단백뇨 등을 점검.

자료: 보건복지부

<자료 7-1> 『동아일보』 2004년 10월 27일 사회 3면(A29)에 게재된 산전 검사 관련 기사

출처: 이나연·손택균(2004. 10. 26.).

보하는 것조차 쉽지 않았다. 겨우 임신과 출산을 경험한 3~4명의 취재원을 확보하고 개인병원, 대학병원, 건강보험심사평가원 등을 취재했다. 취재 대상은 얼마 되지 않았지만, 산전 검사 비용이 적게는 50만 원대에서 많게는 160만 원까지 차이를 보인다는 사실을 알아냈다. 충분히 기사화할 만하다고 판단했다. 기사를 발제하자, 건강 지면을 염두에 둔 취재였지만 사회적으로도 중요한 주제였기에 사회 3면에, '산전 검사 비용 중 건강보험 부담액이 병원별로 천차만별이니 필수적 산전 검사는 보험급여로 정하자'는 취지의 톱 기사로 게재될 수 있었다(<자료 7-1> 참조).

취재한 지 20년이 지난 기사가 떠오른 것은 우연히 본 SBS의 저녁 뉴스 때문이었다. 데이터 저널리즘팀 '마부작침'이 보도한 "여긴 1만 원, 저긴 16만 원: 병원마다 천지 차이" 제목의 기사로, 해당 팀은 건강보험심사평가원에 등록된 519개 항목의 비급여 진료비 280만 건을 전수 분석했다(2023년 10월 25일 보도). 즉 산부인과뿐 아니라 전체 진료과의 비급여 진료비를 모두 분석한 것이다. 해당 기사에 따르면 골절 치료를 할 때 자주 받는 비급여 진료인 체외충격파 치료비는 서울 동작구 한 병원의 경우 1만 원이지만, 강남구의 한 병원에서는 16만 원에 이른다(기본 1,000타 기준). 심지어 건강보험심사평가원의 심사를 전후해 진료비를 변경하는 병원이 많을 뿐 아니라 심사 전후 진료비가 2배 이상 차이가 나는 병원도 전체 의원의 92.4%에 이르는 것으로 나타났다. 가령 서울 서초구의 한 산부인과는 자궁근종 수술비를 심사원 평가 이전에는 최대 2,300만 원으로, 심사 이후에는 300만 원으로 고시했다고 한다.

앞서 밝힌 바와 같이 두 기사는 거의 20년의 시차를 두고 작성됐으나 문제의식은 매우 유사하다. 동아일보 기사는 산부인과의 산전 검사에 중점을 뒀고 SBS 기사는 모든 진료과의 비급여 진료비를 다뤘지만, 기본적으로는 비급여 진료의 경우 병원에 따라 병원비가 천차만별이라는 사실을 다뤘기 때문이다. 그런데 두 기사는 우리 사회의 문제적 현상을 다뤘음에도 취재 방식이 전혀 다르다. 전자가 '사례 중심'의 전통적 취재 기법을 취했다면, 후자는 수많은 사례를 모은 데이터를 분석한 '데이터 저널리즘'의 대표적 사례다.

데이터 저널리즘은 학술적으로 정립된 용어는 아니다. 저널리즘의 많은 개념과 용어처럼 학자에 따라 조금씩 다르게 정의되지만, 대체로 "대규모 데이터large-scale data를 활용한 분석으로 기사 가치를 발굴하고, 이를 토대로 기사화하는 것"으로 정의할 수 있다(김영주 · 오세욱 · 정재민, 2015; Coddington, 2015; Tong, 2024). 일반적으로 뉴스 이용자들이 궁금한 정보를 직접 찾아볼 수 있는 '인터랙티브' 방식이어서 몰입도를 높일 수 있다고 평가된다. 데이터 저널리즘은 과거 컴퓨터를 취재에 활용한 컴퓨터 활용 저널리즘Computer Assisted Journalism: CAJ 혹은 컴퓨터 활용 보도 Computer Assisted Report: CAR와는 목적이나 데이터 수집 등에서 차이를 보인다는 시각도 있지만(Coddington, 2015), 대체로 이러한 컴퓨터 활용 보도CAR의 진보로 보기도 한다(김영주 · 오세욱 · 정재민, 2015; Tong, 2024).

그렇다면 데이터 저널리즘의 장점은 무엇일까? 만일 독자들에게 도입부의 두 기사를 평가하라고 요청한다면, 아마도 후자가 압도적으로 후한 점수를 받을 것이다. 그 이유를 탐색하는 과정에서 전통적 취재 방식의 문제점과 한계, 혹은 데이터 저널리즘의 우월성을 엿볼 수 있다.

우선 첫 번째 기사에 대한 비판은, 산전 검사의 문제점을 지적하면서 제시한 세 건의 사례가 얼마나 일반적이냐는 것이다. 비록 해당 기사에서 산전 검사에 들어가는 총비용이 병원에 따라 약 50만~160만 원으로, 그 차이가 세 배 이상 벌어진다고 밝히고는 있지만, 이들 사례가 '한국 사회에서의 산전 검사 비용의 현실'을 얼마나 정확히 보여주느냐를 판단하기는 어렵다. 즉 기사에 소개된 세 건의 사례가 전체 사례 중 최극단의 사례인지, 아니면 일반적인 사례인지를 알 수 없다. 만일 산전 검사 비용이 160만 원인 개인 산부인과 병원이 전국에 딱 한 곳이고 나머지 모든 병원은 대체로 100만 원 수준(160만 원과 50만 원의 평균 정도)이라면 앞의 기사는 '산전 검사 비용의 현실'을 정확히 제시한다고 보기 어렵다.

비판은 여기서 그치지 않는다. 만일 첫 번째 기사를 작성하기 위해 기자가 취재한 사례가 10건인데 이 중 8건이 평균 수준인 100만 원 정도이고 단 2건만이 각각 이 기사에서 소개된 50만 원, 160만 원인 경우, 기자가 기사의 취지를 강조하기 위해 의도적으로 8건의 사례에 대해서는 기사에 밝히지 않을 가능성에 대한 공격이다. 다시 말해, 독자들은 취재 과정을 알 수 없기에 과연 기사에 나타난 세 건의 사례를 기자가 자의적으로 선택한 것인지(가장 극단적인 것으로), 혹은 그렇지 않다면 실제 현실은 정말 그 차이가 두 번째 기사처럼 16배에 이를 수도 있는 것인지를 알기 어렵다. 취재 과정의 투명성과 관련된 비판으로서, 기사가 보여준 현실 혹은 사실이 우리의 '진료비 차이'라는 진실에 얼마나 가까운 모습인지 알 수 없다는 비판이다.

이 비판은 저널리즘의 존재 근거인 '객관적 정보의 제공'이라는 전제에 대한 공격과 직결된다. 저널리즘의 객관주의를 공격하는 사람들은, "기자들은 '주관을 반영하지 않고' 관찰한 그대로를 보도한다고 주장하지만, 실제로는 수많은 사실(혹은 앞의 경우 사례) 중에서 기자의 입맛(혹은 주관)에 맞는 것만 골라 뉴스 이용자에게 제시하는 것이 아니냐"고 비판한다. 기자는 항상 다양한 사례를 취재하는데, 정작 기사에는 취재한 사례 중 특정 사례만을 선택적으로 반영하기에 주관이 개입된다는 것이다(Chong 2019; Wahl-Jorgensen, 2020). 결과적으로 기자는 진실을 추구한다고 주장하지만, 그들이 보여주는 진실은 '선택적 진실'이며 자의적 진실이라는 공격이다.[1]

비록 전통적인 사례 중심 기사에 대한 이러한 비판이 항상 타당한 것은 아니며, 기사의 내용을 항상 일반화해야 하는 것도 아니다. 이러한 사실을 충분히 견지하는 한편으로, 데이터 저널리즘이 '기자의 선택적 진실'이라는 비판에서 비교적 자유로울 수 있다는 것 역시 간과될 수 없다. 다시 말해 저널리즘의 객관주의를 비판하는 주요 근거는 '기자의 선택 행위'에 초점을 두고 있지만, 데이터 저널리즘은 기본적으로 선택된 사례가 아닌 모든 사례를 분석한다는 것이다. 이러한 측면에서 볼 때, 데이터 저널리즘은 사회과학적 방법론을 저널리즘에 도입해야 한다는 저널리즘 학자들의 오랜 주장과 맞닿아 있다(Meyer, 1973). 즉 데이터 저널리즘은 새로운 현상이 아니며, 저널리즘을 보다 보편적이고 타당한 것으로 발전시키려는 사회과학적 전통이 변화해온 것이다.

데이터 저널리즘은 전통적 취재 방식의 한계와 비판을 보완할 수 있다는 점에서 특히 중요하다. 이것은, 앞서 밝힌 바와 같이 컴퓨터 활용 보도CAR의 발전 속에서 등장한 것이기에 한국에 정확히 언제부터 데이터 저널리즘이 도입되었는지 지정하기는 어렵다. 다만 학계와 언론계에서 2015년을 전후해 빅데이터와 디지털 혁신을 주요 가치로 내걸기 시작했

1 이 때문에 저널리즘은 사회과학이 아니지만, 기사 내용이 현실을 정확히 보도하지 못하는 과장이라거나 '침소봉대'라는 비판에서 자유로울 수 없었으며, 일찍부터 사회과학적 방법론을 도입하자는 학계의 목소리도 있었다. 즉 비록 저널리즘의 목적은 사회과학처럼 일반화는 아니지만, 취재 결과의 신뢰성을 높이기 위해 투명성 등의 사회과학적 방법론을 도입해야 한다는 주장이다(Maier, 2002).

고, 주요 언론사들도 이러한 추세를 따라 데이터 저널리즘팀을 신설한 것으로 본다(김달아·박지은, 2021). 2014년 KBS가 '데이터 저널리즘팀'을 신설했으며 2016년 SBS도 데이터 저널리즘을 수행하기 위한 전담팀인 '마부작침'을 신설했다.

이처럼 데이터 저널리즘이 국내에 도입된 것은 10년이 넘었지만, 최근 들어서는 언론 산업의 재정 위기에 따라 오히려 규모가 축소되는 추세다. 언론사의 재정이 갈수록 악화하는 상황에서 기사 한 건의 취재에 일반적으로 1개월 이상의 시간이 소요되는 데이터 저널리즘은 '가성비가 나오지 않는' 취재 방식이기 때문이다.

하지만 저널리즘의 역사에서 데이터 저널리즘이 지니는 의미는 단순한 유행, 그 이상이다. 데이터 저널리즘은 한국 사회에 만연한, 언론에 대한 불신을 개선하는 데에 도움이 될 수 있다. 아울러 오랫동안 논쟁이 되어온 기자들의 전문성을 확보하는 취재 방법이 될 수 있다.

따라서 이 장에서는 데이터 저널리즘이 왜 중요하며, 한국에서는 어떤 방식으로 진행됐는지, 한국 데이터 저널리즘의 한계는 무엇인지 등을 짚어보고자 한다. 구체적으로는, ① 데이터 저널리즘이 무엇이며 어떤 특장점을 지니는지, ② 역사적으로 어떠한 배경에서 진화되어온 것인지, ③ 한국의 데이터 저널리즘은 어떤 한계를 지니는지 등을 한국 데이터 저널리즘 수상작들을 분석하며 논의해보고자 한다.

2. 데이터 저널리즘의 정의와 유래

데이터 저널리즘이란

데이터 저널리즘은 학술적으로 정립된 용어는 아니다. 다시 말해 학자에 따라 조금씩 다르게 정의 내릴 뿐 아니라, 학계와 현장에서도 조금씩 다른 의미로 사용한다. 저널리즘 현장의 대다수 용어가 개념적으로 일관되게 정립되지 못했는데, 비교적 '신생 용어'인 데이터 저널리즘도 이러한 용어 중 하나로 볼 수 있다.

데이터 저널리즘을 일반인들이 이해하기 쉽도록 정의하자면, '수많은 데이터를 통해 나오는 패턴을 활용해서 기사 가치가 있는 사실을 찾아내고 이를 토대로 기사화하는 것'이다. 일반적으로 기자는 기획 기사를 작성할 때 기사가 될 만한 주제 혹은 아이디어(예를 들면 '산전 검사 비용이 병원별로 천차만별인 실태' 등)를 찾고, 이를 뒷받침할 수 있는 다양한 사례를 취재해 기사에 풍부하게 담으려고 노력한다. 그러나 아무리 많은 사례를 포함한다고 하더라도 전통적인 취재 방식으로 작성된 기사의 경우 주제를 뒷받침하는 사례는 한 사회의 전체 사례와 비교할 때 매우 소수이기 때문에 일반화 혹은 대표성에 대한 비판에 직면하게 된다.

예를 들어 '노인 인구의 증가와 교통사고의 문제'라는 기사 주제를 생각해보자. 근래에 우리 사회에선 고령자에 의한 충격적인 교통사고가 잇따라 발생한 바 있다. 이에 대해 일부 언론사가 이들 사고를 토대로 고령자가 낸 교통사고 사례를 몇 건 포함해 '고령 운전자들의 교통사고 증가'를 다뤘다. 하지만 이 기사는 전체 교통사고를 다룬 것이 아니며, 연령대별로도 분석하지 않았기에 실제로 고령 운전자의 교통사고 비중이 증가했는지를 판단할 수 없다. 다시 말해 모든 연령대별로 비교했을 때, 고령자만의 운전 사고가 더 증가한 것이 아닐 수도 있다. 따라서 해당 기사는 해당 사례들이 얼마나 대표성을 지니는지, 더 나아가 얼마나 현실을 정확하게 반영한 것인지에 대해 비판을 받을 수 있다.

그러나 해당 기사를 데이터 저널리즘의 취재 방법으로 접근한다고 가정해보자. 기본적으로는 전국에 보고된 모든 교통사고를 연령별·시기별로 분석할 것이다. 그리고 그 결과 실제로 최근에 고령층의 사고율이 증가했다고 볼 수 있는지를 파악할 수 있다. 이 경우 교통사고에 영향을 미칠 수 있는 다른 요인들, 예를 들어 도로의 상황 등을 고려할 수 있다면 더 정확한 현실을 보여줄 수 있다. 이러한 면에서 데이터 저널리즘은 전통적 방식으로 작성된 기사가 지니는 한계 중 하나를 해결할 수 있다.

이처럼 데이터 저널리즘의 경우에는 데이터 하나하나가 실제 사례이며, 주제를 뒷받침하는 '모든 사례'를 분석해 보도하는 것이기 때문에 기자의 자의적 선택 혹은 현상의 일부만을 조명한다는 비판에서 상대적으로 자유롭다. 이러한 문제는 사회과학에서 이야기하는 샘플링의 문제와도 관련이 있다. 즉 전통적인 취재 방법에 의존한 기사가 샘플링의 문제를 지녔다면, 데이터 저널리즘은 전수 조사이기에 이러한 문제를 대체로 해소할 수 있다.[2] 즉 전체 집단 중 일부만을 분석 대상으로 삼기 때문에 그 분석 대상을 토대로 조사한 결과가 전체 집단을 대표하기 어려운 문제를 해결할 수 있다는 것이다.

물론 데이터 저널리즘이 전통적 취재 방법보다 항상 우위에 있는 것은 아니다. 그 이유는 다음과 같다. 우선 데이터를 분석하는 방식만이 기사로서 가치가 있다고 할 수는 없으며, 혹은 모든 기사를 데이터 저널리즘으로 작성할 수도 없다. 기사의 역할은 일반화할 수 있는, 혹은 대표성을 지닌 정보만을 전달하는 것에 국한되지 않기 때문이다. 일반화 혹은 대표성 도출이라는 것은 한 사회의 전반적인 모습을 보여주는 데에 목적이 있다. 다시 말해 이러한 분석은 특정 현상이 한 사회에 어느 정도 확산되었을 때에만 의미가 있을 수 있다. 그러나 기사는 '새로운 소식'이라는 사전적 의미에서 알 수 있듯, 새로운 경향을 보여주기도 하고, 새로운 현

2 사회과학에서의 샘플링sampling의 문제란, 쉽게 말해 전수 혹은 모든 집단을 조사하지 않아서 생기는 한계를 의미한다. 예를 들어 대통령에 대한 대한민국 국민의 지지도를 조사하고자 할 때, 전수 혹은 모집단population은 대한민국 국민이다. 하지만 대한민국의 전 국민을 대상으로 지지율을 조사하는 것은 사실상 불가능하다. 이 때문에 사회과학에서는 과학적 방법을 통해 조사 대상(샘플sample)을 표집하게 된다. 이때 얼마나 모집단의 특성을 반영하도록 표집할 수 있느냐가 조사 결과의 신뢰성을 좌우한다. 만일 특정 지역(수도권)이나 연령층만을 대상으로 조사가 이뤄졌다면 여기서 나온 결과가 대통령에 대한 일반적인 지지도라고 추정할 수 없기 때문이다.

상을 먼저 포착해서 뉴스 이용자에게 알려주기도 한다. 예를 들어 앞의 사례에서 '고령자에 의한 교통사고 증가'를 전수 조사해 연령대별로 실제 교통사고가 증가했는지를 보여주는 것도 중요하지만, 고령자들의 교통사고가 한두 건 발생한 상황에서 향후 확산할 가능성을 예고하는 것도 기사의 중요한 역할이기 때문이다.

또한 모든 데이터 분석이 기사가 될 수 있는 것도 아니다. 당연한 말이겠지만, 데이터 분석 결과 중 일부만이 뉴스 가치를 지닌다. 결국 기자로서 뉴스 가치를 판단할 수 있는 훈련이 되었을 때에만 어떤 데이터를 어떻게 분석할 것인지를 결정할 수 있다. 다시 '고령자에 의한 교통사고 증가'라는 주제를 생각해보자. 우리 사회가 급격히 고령화하는 만큼, 실제로 고령자가 내는 교통사고가 유의미한 수준으로 증가한다면 그 사실만으로도 뉴스 가치가 있을 것이다. 하지만 '고령자에 의한 야간 교통사고 증가'는 더 큰 뉴스 가치를 지닐 수 있다. 후자 쪽이 좀 더 구체적인 정보를 제공하는 뉴스이기 때문이다. 이러한 측면에서 생각해보면 단순히 수많은 데이터를 분석해 그 결과를 기술적으로 제시하는 것은 의미가 없다. 그 안에서 뉴스 가치가 있는 주제를 찾아내야 한다는 점에서, 기본적으로 기자의 업무를 익히지 않으면 좋은 데이터 저널리즘을 수행하기 어렵다.

같은 맥락에서 오랫동안 데이터 저널리즘을 수행한 KBS 김태형 기자는, "데이터를 분석하는 능력에 못지않게 어떤 데이터를, 무엇에 중점을 두어 분석할 것인가는 결국 기자로서의 뉴스 가치를 학습하는 과정"이라고 강조했다. 『데이터 저널리즘*The Data Journalism Handbook*』이라는 책에서는 학자와 유력 언론사의 기자들에게 저널리즘이란 무엇인지 질문하고 그에 대한 답을 소개했는데, 여기서 영국 『파이낸셜 타임스*Financial Times*』의 신시아 오무르추Cynthia O'Murchu가 정의한 데이터 저널리즘은 다음과 같다.

> 나는 '저널리즘'을 강조하는 것이 중요하다고 생각한다. … (중략) … 데이터 저널리즘의 훈련은 데이터를 분석하거나 시각화하는 것 자체에만 초점을 맞추어서는 안 된다. 데이터를 이 세상에서 벌어지고 있는 일의 진실에 보다 가까이 가는 취재 방법으로 사용해야 한다는 것이다. 나는 오늘날 기자들에게 있어서 데이터를 분석하고 번역하는 일은 필수 능력이라고 생각한다. (Gray, Bounegru, & Chambers, 정동우 옮김, 2012/2015, p. 15)

데이터 저널리즘의 유래

데이터 저널리즘이 저널리즘에서 갑자기 등장한 것은 아니다. 데이터 저널리즘의 전신 정도로 이해되는 개념으로는 '컴퓨터 활용 보도CAR' 혹은 '컴퓨터 활용 저널리즘CAJ' 등이 있다. 따라서 데이터 저널리즘과 컴퓨터 활용 보도CAR는 어떤 차이가 있는지를 알아볼 필요가 있다. 뒤에서 다시 다루겠지만, 컴퓨터 활용 저널리즘CAJ은 '컴퓨터를 활용한 저널리즘의 통칭'인 반면, 컴퓨터 활용 보도CAR의 경우에는 '컴퓨터를 활용한 취재와 보도'를 일컫는다. 이 장에서 다루는 데이터 저널리즘은 데이터 분석에 기반한 취재와 보도에 중점을 둔 만큼, '컴퓨터 활용 보도CAR'라는 용어가 이 글에서의 데이터 저널리즘과 더 가깝다.

컴퓨터 활용 보도CAR는 흔히 '컴퓨터의 등장 이후 기사의 아이템을 찾고 취재·보도하는 과정에 컴퓨터를 적극적으로 활용하는 저널리즘'으로 정의된다. 흥미로운 점은 컴퓨터 활용 보도CAR가 미국에서 탐사 보도와 깊은 관련을 맺으며 발전해왔다는 점이다. 미국에서 탐사 보도investigative report는 숨겨진 사실(흔히 문제적 현상이나 이슈)을 밝혀내기 위해 수행되었으며, 이 과정에서 컴퓨터 분석을 활용했다. 컴퓨터를 활용한 탐사 보도의 주요 사례로 거론되는 미국 『애틀란타 저널 콘스티튜션*Atlanta Journal Constitution*』의 "돈의 색깔The Color of Money"이라는 제목의 기사는 금융기관의 대출 자료를 분석해 인종차별 실태를 확인하고 이를 폭로했다. 즉 수많은 대출 자료를 분석해, 금융기관이 인종에 따라 대출 과정에서 체계적으로 인종에 따른 불이익을 줬음을 밝혀낸 것이다.

이 사례에서 알 수 있듯 컴퓨터 활용 보도CAR는 데이터 저널리즘과 크게 다르지 않아 보인다. 그렇다면 데이터 저널리즘의 특징은 무엇일까? 학계에서도 아직까지 데이터 저널리즘이 컴퓨터 활용 보도CAR와 어떻게 다른지에 대해 체계적으로 구분하지 못했지만, 저자가 이해한 바는 다음과 같다.

컴퓨터 활용 보도CAR는 탐사 보도를 목적으로 방대한 데이터를 활용한 보도 유형이다. 즉 이 과정에서 컴퓨터의 활용은 기사를 취재하고 작성하기 위한 도구가 된다. 이에 비해 데이터 저널리즘은 기사의 기획 단계부터 데이터 분석을 전제로 한다. 즉 '이러저러한 데이터가 있다', '이 데이터를 분석하면 이러저러한 정보가 나올 수 있다', '이 정보는 뉴스 가치를 지닌다', '그렇다면 데이터를 분석해서 기사를 작성해보자'의 프로세스라는 점이다. 따라서 기사의 취재 과정 혹은 단계를 알 수 없는 뉴스 이용자들은 컴퓨터 활용 보도CAR와 데이터 저널리즘을 구분하지 못할 수도 있다. 특히 컴퓨터 활용 보도CAR가 컴퓨터 기술의 발전에 따라 초보적인 데이터 분석에서부터 시작되었다면, 데이터 저널리즘은 보다 광범위한 데이터를 기반으로 한다.

마지막으로 데이터 저널리즘의 경우 일반적으로 그래픽화와 비주얼화, 그리고 뉴스 이용자와의 상호작용을 염두에 두고 제작된다. 다시 말해 컴퓨터 활용 보도CAR에서는 데이터를 분석한 결과만을 제시하지만, 데이터 저널리즘에서는 뉴스 이용자들이 자신이 원하는 정보를 찾을 수 있도록(상호 작용할 수 있도록) 설계하는 것이 더 일반적이다. 예를 들어 국내에서 '인구 소멸'이라는 주제를 다룬 창원 KBS의 보도를 보면, 지역별로 어느 정도의 인구가 소멸되는지를 찾아볼 수 있다.

한편 컴퓨터 활용 저널리즘CAJ의 경우에는 조금 더 포괄적인 의미를 지닌다. 즉 컴퓨터를 활용하는 모든 저널리즘 행위를 일컫는 의미로 활용된다는 것이다. 극단적으로는 기사 작성 등에서 알고리즘의 도움을 받는 로봇 저널리즘과 최근 주목받는 생성형 인공지능artificial intelligence: AI에 의한 뉴스 생산도 이에 포함될 수 있다.

예를 들어 김영주와 오세욱, 정재민(2015)은 컴퓨터 활용 저널리즘CAJ과 관련한 용어들을 정의한 바 있는데, 이에 따르면 컴퓨터 활용 보도CAR와 데이터 저널리즘은 직접 기사를 생산하는 것으로 본 반면, 알고리즘 저널리즘과 로봇 저널리즘은 뉴스 생산 과정에서 컴퓨터의 알고리즘 기능을 활용하는 것으로 보았다.

컴퓨터 저널리즘computational journalism'은 '뉴스 생산'을 포함해 배포 등과 같은 저널리즘의 모든 과정에 컴퓨터를 활용하는 것을 의미한다. 이러한 개념 정의에 따르면 가장 상위 개념은 컴퓨터 저널리즘이며, 이는 다시 컴퓨터 활용 보도CAR와 알고리즘 저널리즘으로 나뉜다. 여기서 컴퓨터 활용 보도CAR와 알고리즘 저널리즘은 차별화된 개념이므로 상위 개념 여부를 나누기 어렵다. 컴퓨터 활용 보도CAR는 기자가 뉴스를 생산하는 데에 컴퓨터 기술을 활용하는 것이라면 알고리즘 저널리즘은 알고리즘이 뉴스를 생산하는 것이기 때문이다. 이에 따른 컴퓨터 활용 보도CAR와 데이터 저널리즘의 정의는 다음과 같다(김영주 · 오세욱 · 정재민, 2015, p. 18).

- 컴퓨터 활용 보도CAR: 뉴스의 취재 및 작성 과정에 컴퓨터를 활용하는 것으로, 일반적으로 컴퓨터로 데이터를 수집 · 가공 · 분석하여 뉴스를 작성하는 방법이다.
- 데이터 저널리즘: 데이터 처리를 위한 도구로서 컴퓨터를 취재부터 보도까지 저널리즘 전반에서 활용하는 것으로, 저널리즘 행위를 통해 만들어내는 결과물을 뒷받침하기 위해 데이터를 수집, 재조직, 분석, 시각화, 출간하는 행위를 통칭한다. 취재 및 편집 도구를 만들

때 공개된 소스 코드를 활용하는 '오픈 소스 저널리즘'도 데이터 저널리즘의 범주에 포함된다.

이러한 정의를 봐도 컴퓨터 활용 보도CAR와 데이터 저널리즘을 완벽히 구분하기는 어렵다는 사실을 알 수 있다. 오히려 데이터 저널리즘은 컴퓨터 활용 보도CAR가 컴퓨터 기술의 발전에 따라 진화한 행태라고 보는 것이 더 타당하다. 물론 컴퓨터 활용 보도CAR의 경우 보도를 강화하기 위해 탐사 보도를 통해서 데이터를 수집하고 분석하는 것을 이르며, 데이터 저널리즘은 데이터 자체에 더 많은 중점이 있기 때문에 이 둘은 다른 개념이라고 보는 일부의 시각도 있다. 이러한 이견은 기사의 시작을 주제(뉴스 가치)로 볼 것인지 데이터로 볼 것인지에 따른 시각의 차이로 보이기도 한다.

그러나 많은 경우, 분석할 데이터의 양이 커지고, 분석 도구가 발전함에 따라 데이터 저널리즘이 등장하게 되었다고 보는 시각이 우세한 만큼, 이 장에서는 이러한 관점을 따르기로 한다. 먼저 한국과 해외의 컴퓨터 활용 보도CAR 및 최근의 데이터 저널리즘을 살펴보기로 한다.

3. 컴퓨터 활용 보도에서 데이터 저널리즘까지

컴퓨터 활용 보도

데이터 저널리즘과 컴퓨터 활용 보도CAR의 첫 번째 사례로 흔히 언급되는 것은 영국 『가디언*The Guardian*』의 1821년 기사다. 이 기사는 거의 200년도 더 전에 작성된 이 기사는 영국 맨체스터 지역의 각 학교에 등록된 전체 학생 수와 출석자, 무상교육 학생 수, 학교 예산 등을 다뤘다. 더욱 흥미로운 점은 아직도 해당 기사가 가디언의 홈페이지에 올라와 있

Data journalism is not new: the very first Guardian - or Manchester Guardian as it then was - in May 1821 contained a table of data. For the first time, we've extracted that table so you can see it for yourselves.

The data would seem uncontroversial today: a list of schools in Manchester and Salford, with how many pupils attended each one and average annual spending. It told us, for the first time, how many pupils received free education - and how many poor children there were in the city.

In today's world of Ofsted reports and education department school rankings, this list would not seem unusual. In 1821, it caused a sensation. Leaked to the Guardian by a credible source only identified as "NH", it showed how official estimates of only 8,000 children receiving free education were inaccurate - in fact the total was nearer 25,000.

In 1821 the official statistics for the city were collected by just four clergymen, an impossible task and one which resulted in inaccurate and faulty data.

NH's reasons for supplying the data were clear:

> At all times such information it contains is valuable; because without knowing … the best opinions which can be formed of the condition and future progress of society must be necessarily incorrect.

In other words, without knowing the state of society, how can things ever get any better? This was using data to help fight for a decent education system.

The tools we have to analyse the data may have changed; that motivation has stayed exactly the same.

<자료 7-2> 『가디언』이 밝힌 첫 데이터 저널리즘 기사에 대한 안내문

출처: The Guardian(1821. 5. 5.).

다는 점이다(<자료 7-2>는 홈페이지에 게재된 안내문). 가디언은 이 보도를 통해 무상교육을 받는 학생이 정부가 밝힌 숫자보다 훨씬 많고(따라서 그만큼 가난한 학생의 비중이 높다는 것), 정부의 통계가 소수의 직원에 의해 형편없이 관리되어왔다는 사실을 세상에 알렸다. 주목할 만한 점은 가디언이 밝힌 정확한 데이터가 지니는 의미다.

> 우리 사회의 정확한 상태를 알지 못한 채 우리가 어떻게 현실을 더 좋게 만들 수 있겠는가? 우리가 열악한 교육환경을 극복하려는 싸움에 보탬이 되기 위해 데이터를 활용하는 이유다. 비록 우리가 데이터를 분석하는 도구는 달라졌겠지만, 우리가 데이터를 활용하는 동기는 정확하게 유지되어왔다.

이 사례는 데이터(숫자와 자료)의 중요성을 강조해온 가디언의 정신을 방증하고 있다. 한 사회의 발전과 문제 해결은 '정확한 사실'을 아는 것에서 출발하며, 이를 위해서는 정확한 자료(데이터)가 필수적이라는 현실 인식이 놀랍다. 그렇지만 이 기사가 컴퓨터를 활용한 것은 아니기에 본격적인 CAR 혹은 데이터 저널리즘으로 보기는 어렵다.

한편 컴퓨터를 취재에 활용한 최초의 보도는 1952년 미국 대통령 선거에서 CBS 방송국이 컴퓨터를 활용해 그 결과를 예측한 보도로 알려져 있다. 스티븐슨 후보의 당선을 예측한 다른 여론조사 보도와 달리, CBS는 초창기 대형 컴퓨터를 활용해 아이젠하워의 승리를 예측했다. 이후 미국에서 컴퓨터 활용 보도CAR는 탐사 보도의 발전과 밀접한 관련을 맺어왔다. 기자들이 공공 권력에 대한 감시 방안을 모색하면서 공공 기록(데이터)을 과학적인 방법으로 분석해 이를 보도에 활용해왔기 때문이다.

이러한 시도가 누적되면서 '정밀 저널리즘precision journalism'도 등장했다. 정밀 저널리즘이란 1970년대에 필립 마이어Philip Meyer라는 기자 출신 학자가 주장한 개념으로, "저널리즘과 사회과학으로 훈련된 기자들이 수행하는 저널리즘"을 의미한다. 마이어는 객관적 진실의 추구를 위해서는 데이터의 수집과 분석이라는 과학적 기법이 중요하다고 주장했다. 미국에서는 1960년대 이후 객관주의에 대한 비판으로 내러티브와 스토리텔링 기법을 활용하는 '뉴 저널리즘'이 등장한 바 있는데, 다시 이에 대한 반작용으로 더 큰 힘을 받게 된 것이 정밀 저널리즘이었다. 이러한 상황에서 마이어는 객관적 진실 추구라는 저널리즘의 목표를 달성하려면 문학적 기법(즉 내러티브와 스토리텔링)이 아니라 데이터 수집과 분석이라는 과학적 기법이 필요하다고 주장했다.

한편 컴퓨터 활용 보도CAR의 초기 모델이 데이터 저널리즘으로 진화한 데에는 공공 데이터가 비약적으로 확대되는 등 방대한 데이터에 대한 접근이 쉬워진 점, 그리고 대규모 데이터를 분석할 수 있는 컴퓨터 기술의 발전이 주요한 원인으로 작용했다는 평가가 많다. 실제 데이터 저널리즘이 본격적으로 시작한 시기는 2000년대 후반이라는 시각이 우세하다. 2010년 8월 유럽저널리즘센터 등이 주축이 된 '국제 데이터 저널리즘 콘퍼런스'가 암스테르담에서 개최되었으며, 이를 계기로 오늘날 영국의 BBC, 가디언, 그리고 미국의 『시카고트리뷴*Chicago Tribune*』 등이 데이터 저널리즘을 선도하고 있다.

국내의 경우 컴퓨터 활용 보도CAR의 초기 대표작 중 하나는 동아일보가 2000년 12월에 분석해 보도한 "검사 출신대학 분석, 서울대, 연·고대 출신 76%"(이수형·이정은, 2000. 12. 17.), 기사로 볼 수 있다. 당시 이 기사는 이달의기자상의 기획보도 부문 수상작으로 선정됐는데, 선정 이유는 '컴퓨터 활용 보도CAR 기법에 의해 검찰의 지역 편중 인사 실태를 분석했다'는 것이었다. 이 보도에서 동아일보는 검사 1,191명의 출신 고등학교와 대학교를 분석한 뒤, 서울대 및 연·고대 출신이 76%에 이르며 고교별로는 경기고 출신이 단연 1등이라고 밝힌 바 있다. 수상자는 이수형, 신석호, 이정은, 이명건 등 당시 동아일보 법조팀 기자들과 순천향대학교 신문방송학과 이민규 교수(현 중앙대학교 교수)였다. 이민규 교수는 당시 미국 미주리대학교에서 탐사 보도를 공부하고 귀국한 뒤로 컴퓨터 활용 기법을 동아일보 법조팀에 전수했고, 이러한 공로로 현직 기자와 교수가 기자상을 공동 수상할 수 있었다.

그러나 분석 대상이 1,191명에 불과하다는 점에서 알 수 있듯, 초기의 컴퓨터 활용 기법은 현재의 데이터 저널리즘에서 다루는 분석 대상과 비교할 때 초보적인 수준이었음을 알 수 있다. 실제 이로부터 약 3년 뒤인

2003년 11월 『세계일보』가 연속 보도한 "한국의 파워 엘리트 재산 대해부"(기획취재팀, 2003. 11. 3.) 기사는 이보다 진일보했다. 당시 세계일보는 고위 공직자의 재산 공개가 시작된 1993년 9월부터 2003년 9월말까지 약 10년간 고위 공직자 3,700명이 공개한 자산과 부채를 데이터베이스로 정리한 '한국의 파워 엘리트 분석 시스템'을 국내 최초로 개발했다고 밝혔다. 여기서 고위 공직자란 재산 공개 대상인 대통령과 국무총리, 장·차관을 포함해 1급 이상의 공직자와 국회의원 등으로, 이들이 해당 기간인 10년간 신고한 재산 총액은 무려 4조 4,133억 1,180만 원에 이르는 것으로 나타났다. 이를 통해 3,700명의 1인당 평균 자산은 11억 9,200만 원(공시지가 기준)이고, 평균 6.3건의 부동산을 보유했으며, 가구당 평균 3억 3,580만 원의 예금과 주식 등 동산을 보유했다는 사실을 밝혀냈다.

이러한 결과를 도출하기까지 많은 기자뿐 아니라 컴퓨터 관련 인력이 동원됐다. 당시 세계일보 측은 수상 소감에서 다음과 같이 밝혔다.

> 본보 취재팀과 전산팀은 한 달간 국회 공보와 관보 등에 산재한 공직자 재산 관련 정보를 효율적으로 활용하기 위해 컴퓨터 활용 보도CAR 시스템을 설계·개발했다. 이후 전산팀 관계자 6명은 일주일간 시스템 이론·실무 교육을 받은 입력부 직원 20명과 함께 한 달간 공직자 재산 공개 자료를 입력했다.

적어도 5주 이상 수십 명이 동원되어 분석한 자료를 세계일보는 2003년 11월 3일부터 6회에 걸쳐 무려 30여 건의 기사로 쏟아내며, 한국 고위 공직자들이 보유한 자산의 문제를 조목조목 밝혔다. 파워 엘리트가 보유한 아파트들이 주로 서울의 어느 지역에 몰려 있는지, 보유한 자산의 종류는 무엇인지 등을 다뤘다. 동아일보의 기사가 단편적이고 기술적이었다면 세계일보의 분석은 감춰진 사실을 폭로하는, 보다 탐사 보도의 성격을 지녔다.

막대한 데이터를 분석해 기사에 활용하는 컴퓨터 활용 보도CAR의 최근 한 사례는 『한국일보』의 기사로, 여기서는 질병관리청의 자료를 정보공개 청구로 확보해 코로나19 누적 확진자 2,497만 건을 분석했다(김창훈, 2022. 10. 15.). 컴퓨터의 도움 없이는 도저히 분석할 수 없는 자료를 토대로, 아동 확진자가 적었고 여성에 비해 남성 확진자 중 위중증이 많았다는 결과를 밝혀냈다. 이 기사에는 기자와 데이터 분석가의 이름이 함께 작성자로 게재됐다. 비록 탐사적 요소는 갖추지 못했으나, 컴퓨터의 도움 없이는 분석할 수 없는 광범위한 데이터를 분석해 '아이들은 코로나에 잘 걸리지 않는다'는 등의 속설이 사실이었음을 보여줬다.

데이터 저널리즘

컴퓨터 활용 보도CAR처럼 대규모 데이터를 활용하는 데 더해, 이후 등장한 데이터 저널리즘만이 지니는 특징은 무엇일까. 컴퓨터 활용 보도CAR와 데이터 저널리즘 기사를 비교해보면 그 차이를 어느 정도 확인할 수 있다.

국내 데이터 저널리즘 전문가들이 주요 데이터 저널리즘으로 손꼽는 초기 기사 중 하나는 2015년 6월 KBS 데이터 저널리즘팀(팀장 정한진 개발자)이 제작한 "메르스 전파 경로"다(<자료 7-3> 참조).[3] 당시 치사율 높은 메르스가 국내에서 급속히 전파되고 있었지만, 정부는 메르스 전파에 대한 정보 공개를 제한했다. 시민들은 전파 경로를 알 수 없었고, SNS를 통해 허위 정보마저 유통되고 있었다.

이러한 점에 착안해 KBS 데이터 저널리즘팀은 확진자의 성별, 나이, 확진 일자, 감염 장소, 경로 및 환자 상태 등의 데이터를 확보한 뒤 뉴스 이용자들이 원하는 정보를 쉽게 알 수 있도록 '상호작용 기능'을 곁들인

3 기사 링크 하단에 "메르스 전파 경로"의 URL을 별도로 걸어두었다.

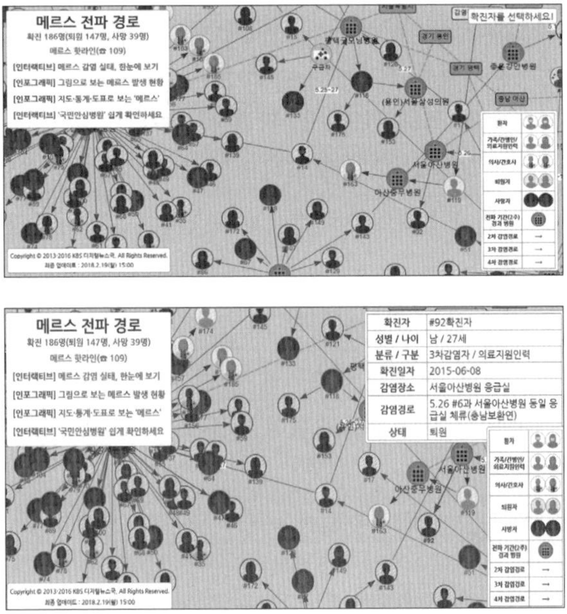

<자료 7-3> KBS가 제작한 "메르스 전파 경로" 기사의 화면:
초기 화면과 확진자 선택 화면

출처: 김태형(2015. 6. 7.).

데이터 저널리즘 뉴스를 제작했다. 예를 들어 특정 확진자를 클릭하면 그 확진자에 대한 정보, 즉 몇 번째로 확진되었는지, 성별과 나이, 확진일, 감염 장소 및 감염 경로 그리고 상태(퇴원, 사망 등)를 알 수 있도록 하는 식이었다.

최근 작성된 데이터 저널리즘 기사로는 2021년 KBS창원에서 보도한 "소멸의 땅: 지방은 어떻게 사라지나"가 있다(<자료 7-4> 참조). 이 기사는 통계청 마이크로데이터 통합서비스를 활용해 인구 데이터 원자료를 수집하여 분석했다. 다른 데이터 저널리즘 기사와 같이 뉴스 이용자와의 상호작용을 강화한 인터랙티브 기능을 포함하고 있다. 인터랙티브의 가장 일반적인 방식인 검색 기능도 갖춰 전국 읍·면·동 단위로 빈집 비율을 직접 찾아볼 수 있도록 했다. 누구든 자신이 궁금한 지역을 동 단위로 검

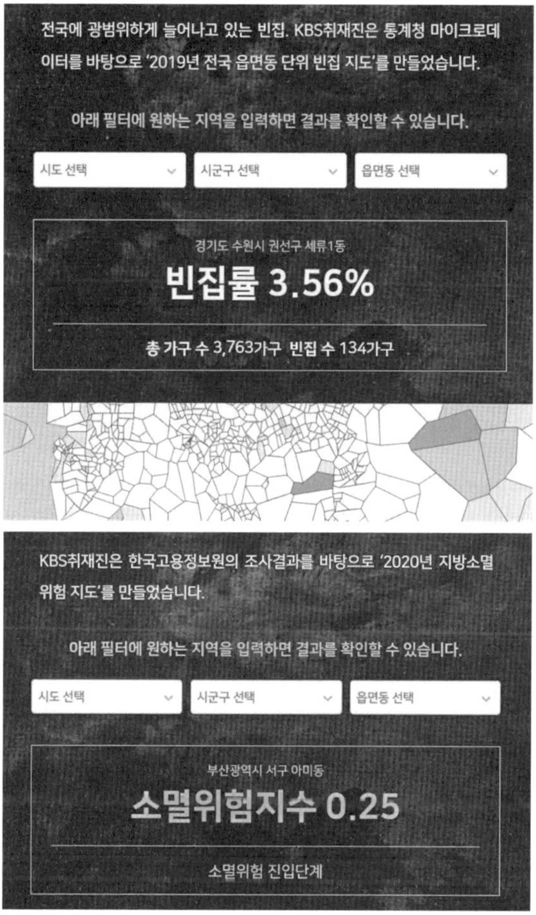

<자료 7-4> KBS창원의 지방 소멸 위험 지도와 빈집률 검색 화면

출처: KBS창원 심층기획팀(2021. 4. 2.).

색할 수 있게 한 것이다. 전체 3부로 구성된 이 기사는 지방 소멸의 위기에 놓인 10여 곳의 현장을 방문해 현지인들과 인터뷰한 내용, 그리고 스토리텔링도 곁들였다. 예를 들어 경남 산청 지역을 선택하면, 해당 지역 거주민과의 인터뷰를 볼 수 있고, 산청 지역의 현황도 정확히 파악할 수 있다.

한편 데이터 저널리즘이 문제적 현상을 분석하는 데에만 활용되는 것은 아니다. 대표적으로 『경향신문』이 2018년 보도한 "랭면의 취향"(뉴콘텐츠팀·203인포그래픽연구소, 2018. 7. 20.)은 서울과 의정부 등에 위치한 30곳의 평양냉면집을 방문해 육수 종류, 염도, 당도, 면의 강도, 고명 등을 세분화해 수용자들의 냉면 취향을 분석한 기사다. 냉면 마니아들이 손쉽게 냉면집을 선택할 수 있도록 정보를 준 기사로, 온라인저널리즘 어워드 인터랙티브 뉴스 부문을 수상했다.

기사 주제는 같지만, 분석할 수 있는 데이터의 양이 급증하면서 컴퓨터 활용 보도CAR가 데이터 저널리즘으로 발전된 사례도 있다. 예를 들어 앞에서 살펴본 세계일보의 고위 공직자 재산 분석 시리즈 기사가 컴퓨터 활용 보도CAR의 대표적 사례라면, <뉴스타파>의 "공직자 재산정보"(뉴스타파크리에이티브커먼즈, 1993-2024)는 같은 주제를 데이터 저널리즘으로 보여준 사례로 볼 수 있다. <뉴스타파>의 기사는 세계일보 기사보다 더 오랜 기간, 더 많은 고위 공직자를 대상으로 분석했을 뿐 아니라, 독자가 원하는 정치인의 재산 정보도 직접 찾아볼 수 있도록 인터랙티브 형식으로 제작되었다. 세계일보 기사의 경우 양방향성 기사가 아닌 일방성 기사다. 독자가 특정 정치인의 재산 정보가 궁금해도 이를 찾아보기는 어렵기 때문이다. 다시 말해 독자가 궁금한 내용을 직접 해당 기사에서 찾아보거나 확인할 수는 없다는 것이다. 이에 비해 <뉴스타파>의 기사에선 뉴스 이용자가 특정 공직자의 재산이 궁금할 때 이를 검색해서 찾아볼 수 있다. 예를 들어 1993년부터 2023년까지의 재산 총액 상위 10명의 사례를 볼 수 있을 뿐 아니라 특정 정치인의 재산이 연도별로 어떻게 변화했으며, 부동산, 예금, 건물 등의 항목은 어떻게 달라졌는지까지 알 수 있다. 데이터 저널리즘으로 넘어오면서 뉴스 생산자와 이용자의 상호작용 기능이 향상된 것이다. 데이터 저널리즘의 장점으로 뉴스 이용자의 몰입도가 높아지는 것이 꼽히는 이유도 이처럼 뉴스 이용자가 자신이 관심 있는 정보를 직접 찾아볼 수 있기 때문이다.

정리하자면 컴퓨터 활용 보도CAR와 데이터 저널리즘은 모두 방대한 데이터를 활용하지만, 두 장르의 기사를 구분 짓는 특징은 상호작용성과 맞춤형에 대한 강조다. 다시 말해 데이터 저널리즘 양식은 컴퓨터 활용 보도CAR의 '컴퓨터를 활용한 데이터 분석'에 '상호작용성(인터랙티브 Interactive)'을 결합한 콘텐츠를 뉴스 이용자들에게 제공한다. 상호작용성을 구현하기 위해서는 단순 그래픽이 아니라 다양한 비주얼 기법이 활용되어야 하는데, 특히 데이터 저널리즘에서는 비주얼을 중요하게 다룬다. 이러한 차이를 컴퓨터 활용 보도CAR와 데이터 저널리즘의 차별성으로 볼 것인지, 혹은 데이터 저널리즘을 컴퓨터 활용 보도CAR에 토대를 둔 기술의 발전이라고 볼 것인지에 대해서도 학자들마다 견해가 엇갈리고 있다.

그렇다고 모든 인터랙티브 기사가 데이터 저널리즘에 해당하는 것은 아니다. 일반적으로 데이터 저널리즘은 인터랙티브 양식을 포함하지만, 인터랙티브 양식의 기사라고 해서 모두 광범위한 데이터 분석을 기반으로 제작되는 것은 아니기 때문이다. 예를 들어 『뉴욕타임스*The New York Times*』가 2012년 12월 보도한 "Snow Fall: The Avalanche at Tunnel Creek"(이하 "스노우폴Snow Fall") 기사는 인터랙티브 기사의 효시로 여겨지지만 데이터 저널리즘은 아니다.[4]

정리하자면 데이터 저널리즘은, ① 방대한 데이터를 분석한다는 점에서 컴퓨터 활용 보도CAR의 특징을 지니며, ② 뉴스 이용자가 기사를 읽으면서 관심 분야의 정보를 검색할 수 있다는 점에서 인터랙티브 형식을 가미했다고 볼 수 있다. 또한, ③ 다양한 데이터 분석 결과를 제시하는 방법으로서 다양한 그래픽을 활용하고, ④ 기사의 작성 방식으로서 주로 서사적 구조를 지닌 스토리텔링 기법을 활용한다.

---

4 뉴욕타임스는 원고지 85장 분량의 방대한 텍스트에 멀티미디어 인터랙티브 요소를 가미했고, 이후 이 기사는 퓰리처상을 받았으며 언론계에도 막대한 영향을 미쳤다. 학계에서는 데이터 저널리즘이 이러한 인터랙티브 양식 도입의 마중물이 되었다는 시각이 우세하다.

흥미로운 점은 데이터 저널리즘이 저널리즘의 객관주의적 원칙을 따를 뿐만 아니라 주관성을 강조하는 스토리텔링 혹은 내러티브 양식도 모두 갖추고 있다는 점이다. 앞서 언급한 바와 같이 데이터 저널리즘은 컴퓨터 활용 보도CAR, 정밀 저널리즘 등 취재 방식에서의 사회과학적 연구 방법론 도입을 중요하게 여긴 학계의 관점을 전승하고 있다. 이와 반대로 대화적 화법, 주관의 반영, 서사적 이야기 구조 등은 객관주의 저널리즘에 반해 1960년대 미국에서 시작된 뉴 저널리즘의 도입으로 크게 발전했다(Schmidt, 2021; Van Krieken & Sanders, 2021). 즉 데이터 저널리즘은 데이터 분석에 기초를 둔 사회과학적 접근법, 그리고 이를 토대로 서사적 이야기를 구성하는 주관주의Subjectivity의 관점을 통합한 셈이다.

4. 국내 수상작으로 본 데이터 저널리즘

국내외에 데이터 저널리즘이 본격적으로 선보인 지 10여 년이 지나면서 국내에서도 수많은 데이터 저널리즘 기사가 제작되었다. 국내 데이터 저널리즘의 현실을 알아보기 위해 국내 언론계에서 가장 권위 있는 상을 받은 작품들을 대상으로 분석해보기로 했다. 비록 이 글의 분석 대상에 포함된 데이터 저널리즘 기사들이 한국의 모든 데이터 저널리즘을 대표하지는 못하더라도 대체로 우수한 기사라는 점은 부인하기 어려울 것이다. 따라서 국내 데이터 저널리즘 분야에서 최고 권위의 상을 받은 기사들은 어떠한 주제를 다루고 있는지를 분석함으로써 한국 데이터 저널리즘의 특징과 한계를 어느 정도는 가늠할 수 있다. 여기서는 관훈클럽(관훈언론상), 한국기자협회(한국기자상), 방송기자연합회(한국방송기자대상) 등 3개의 단체가 일 년에 한 번 선정하는 수상작들 중 데이터 저널리즘에 해당하는 기사를 분석에 포함했다.[5]

관훈클럽: 관훈언론상

국내에서 가장 권위 있는 기자상 중 하나인 관훈클럽의 관훈언론상 저널리즘 혁신 부문의 수상작을 분석해보자. 관훈클럽의 경우 저널리즘 혁신 부문을 2014년 신설해 2023년까지 모두 10건의 기사를 선정했다. 그러나 10건의 수상작이 모두 데이터 저널리즘 기사는 아니다. 예를 들어 2015년과 2016년에는 혁신적인 시스템을 도입한 언론사에 혁신상을 수여했으며, 2014년 선정된 기사는 기사 양식 면에서 데이터 저널리즘과는 다소 거리가 있다. 즉 저널리즘 혁신 부문 수상작은 대체로 인터랙티브, 컴퓨터 활용 보도CAR, 데이터 저널리즘 등의 요소 중 어느 하나를 갖췄거나 혁신적 시스템을 도입한 경우에 해당한다.

우선 수상작의 주제를 살펴보면, 치매, 순직, 장기 기증, 산업재해, 화재, 천안함, 청년 실업 등이다(<표 7-1> 참조). 이들 기사가 모두 우리 사회에서 중요하고도 시급한 이슈를 다루고 있다는 점에는 이견이 없다. 그러나 초기 탐사 보도가 주목한 주제들인 권력자에 대한 감시 혹은 사회의 부조리(인종차별 등과 같은) 등과는 다소 거리가 있다. 다시 말해 컴퓨터를 활용해 수집한 대규모 데이터를 분석해 우리 사회에 감춰진 비리나 문제를 발굴했나고 보기는 어렵다.

또한 데이터 저널리즘 기사보다는 인터랙티브 혹은 스토리텔링 기법의 기사가 많다. 구체적으로 2023년 수상작인 한국일보의 "미씽, 사라진 당신을 찾아서" 시리즈는 그해 9월 5회에 걸쳐 보도되었다. 이 기사는 국내의 치매 실종 신고가 최근 10년 사이 2배 가까이 증가한 1만 4,527건에 이른다는 점, 매일 같이 치매 노인의 실종을 알리는 경고 문자가 온다는 점에 착안했다. GPS 데이터로 치매 노인의 동선을 분석하고 뉴스 이

5 한국데이터저널리즘어워드도 2018년부터 2024년까지 6회째, 6개 부문에서 수상작을 선정하고 있으나 역사와 대표성 면에서 한국기자협회, 방송기자연합회, 관훈클럽에는 뒤진다는 판단에 이번 분석에서는 제외했다.

<표 7-1> 관훈클럽 저널리즘 혁신 부문 수상작

연도	언론사	기사 제목 및 주제	수상 이유
2023	한국일보	미씽, 사라진 당신을 찾아서	우리 주위에서 일어날 수 있는 치매 노인 문제를 입체적으로 분석했다. GPS 데이터로 치매 노인의 동선을 분석하고, 독자가 간접 체험을 할 수 있는 인터랙티브콘텐츠를 제작해 정부의 치매 실종 예방책 등 제도적 변화까지 가져온 공로
2022	동아일보	산화 그리고 남겨진 사람들	순직 소방관과 경찰관들의 삶을 내러티브 형식으로 심층취재했다. 웹에서는 지면과 다르게 유품 사진에 유가족의 추억을 가미했고, 사물과 장소들에 3D 그래픽 기술을 도입해 생동감 있게 구성했다. 재난·재해 상황에서 사람들을 구하려던 이들의 의로운 죽음을 혁신적인 방식으로 알린 공로
2021	동아일보	환생: 삶을 나눈 사람들	장기 기증인과 이식 대기자, 의료진 등을 다각도로 인터뷰하는 등 100일간 장기 기증의 전 과정을 스토리텔링 형식으로 구성하고, 탐사 보도 플랫폼을 만들어 온라인에 다양한 영상과 사진, 그래픽을 시도해 기사의 전달력을 크게 높인 공로
2020	경향신문	매일 김용균이 있었다	산업재해와 관련된 데이터를 수집·분석한 뒤 지면 인포그래픽과 디지털 인터랙티브 뉴스를 동시 제작해 데이터 저널리즘의 수준을 높인 공로
2019	YTN	사라진 방화, 화재 조사의 불편한 진실	정보공개 청구로 얻은 전국의 화재 데이터를 바탕으로 방화 실태를 분석한 기사에 머신러닝 데이터 기법을 적용해 데이터 저널리즘의 진전과 가능성을 보여준 공로
2018	한겨레	천안함, 살아남은 자의 고통	천안함 사건과 관련하여 대학 연구소와의 협업을 통해 다양한 데이터를 잘 활용했으며, 과학적으로 심층 취재 보도하는 등 새로운 방식으로 저널리즘의 수준을 높인 공로
2017	동아일보	청년이라 죄송합니다	청년 실업 문제를 스토리텔링으로 소개하면서, 취업 준비생들이 뉴스 제작에 기여하는 '뉴스생산자+소비자' 결합형으로 보도하고, 신문과 SNS를 연계하는 방식으로 크로스오버 뉴스 보도의 새 모델을 제시
2016	YTN	-	모바일 제보 시스템을 통한 '참여 저널리즘' 구현
2015	SBS	-	'스브스뉴스' - SNS에 적합한 혁신적인 뉴스 공급 모델을 개발해 디지털 저널리즘을 선도
2014	한겨레	형제복지원 대하 3부작	인권 사각지대였던 형제복지원 사건을 소설 구조로 보도

용자가 간접 체험을 할 수 있도록 인터랙티브콘텐츠를 제작했지만, 기사의 전반적인 내용이 데이터 분석에 토대를 둔 것은 아니어서 데이터 저널리즘보다는 인터랙티브형 기사에 더 가깝다. 한편 동아일보의 수상작인 "산화, 그리고 남겨진 사람들"(2022년 수상작)과 '환생: 삶을 나눈 사람들'(2021년 수상작)도 모두 뉴스 이용자와의 상호작용을 강조한 인터랙티브 기사로 볼 수 있다.

한국기자협회: 한국기자상

한국기자협회가 주최하는 한국기자상에서는 저널리즘 혁신과 관련한 부문의 기사에 별도로 시상하지는 않고 있는데, 대신 주로 기획보도 부문의 수상작 안에 이러한 기사들이 포함된다. 이 때문에 여기서는 한국기자상 중 기획보도 부문의 수상작을 위주로 살펴봤다.

우선 한국기자상 수상작의 주제는 검찰의 특수활동비 등 예산 검증, 공공기관 부정 채용, 해외 부동산 추적 보도 등과 같이 권력에 대한 감시 기능이 강화된 탐사 보도의 성격이 강하다(<표 7-2> 참조). 예를 들어 해외 부동산 추적 보도의 경우 국내 10대 재벌(대기업) 일가의 해외 부동산 보유 실태를 보도했는데, 이들 중 상당수가 미국 국적을 보유하고 있다는 사실도 밝혔다. 구체적으로 10대 대기업 일가의 1세대부터 5세대까지 중 사망자를 제외한 921명의 국적을 조사한 결과, 이 가운데 외국 국적이 115명이며 그중 95명은 미국에서 태어나 시민권을 취득한 미국 국적이라는 사실을 확인했다. 특히 성년자 121명 중에서는 미국 출생이 31%에 이르렀다. 이러한 보도는 한국을 대표하는 대기업 일가가 해외 부동산에 투자하고 있는 실태를, 그리고 해외, 특히 미국에서 자녀를 출산하는 실태를 고발한 것으로 볼 수 있다.

한편 한국기자상 기획보도 부문의 수상작을 살펴본 결과, 본격적인 데이터 저널리즘, 즉 광범위한 데이터를 분석하고 이를 인터랙티브 양식으

<표 7-2> 한국기자상 수상작

연도	부문	언론사	제목	기사 링크
2023	기획 보도	뉴스타파, 부산MBC, 경남도민일보	특수활동비 등 검찰 예산 최초 검증	-
2022	기획 보도	경향신문	우리가 명함이 없지 일을 안 했냐	https://m.khan.co.kr/national/national-general/article/202201260600001#c2b
2021	기획 보도	YTN	탐사보고서 '기록' 3D프린터와 암	https://www.ytn.co.kr/_ln/0103_202112080524344595
2020	기획 보도	경향신문	검찰·법무부 비공개 내규 48개 목록 보니…다 감춰야 하나	https://www.khan.co.kr/national/court-law/article/202011060600005
2019	기획 보도	한겨레	대한민국 요양보고서	https://www.hani.co.kr/arti/society/rights/893616.html
2018	기획 보도	서울신문	간병 살인, 154인의 고백	https://seoul.co.kr/newsList/plan/murder/
2017	기획 보도	한겨레	공공기관 부정 채용 민낯	https://www.hani.co.kr/arti/politics/politics_general/812504.html
2016	기획 보도	한겨레	의원 298명 후원금 지출 전수 조사	https://www.hani.co.kr/arti/politics/politics_general/738105.html
2015	기획 보도	한겨레	부끄러운 기록, 아동학대	https://www.hani.co.kr/arti/SERIES/892
2014	기획 보도	KBS	시사 기획 창 - 해외 부동산 추적보고서	https://news.kbs.co.kr/news/pc/view/view.do?ncd=2943994

* 이 표의 '기사 링크'를 통해 해당 기사로 연결됨. 다만 2023년 보도는 시리즈 기사여서 포함하지 못함.

로 구현한 기사는 많지 않았다. 오히려 컴퓨터 활용 보도CAR나 인터랙티브 양식 그리고 스토리텔링을 활용한 기사가 많다. 『한겨레』의 "대한민국 요양보고서"(2019년 수상작)의 경우, 비록 요양원 현지 조사 결과 800건, 정부 고발 확정판결 30건, 재가 요양보호사 14명의 심층 인터뷰를 포함하고 있긴 하지만 데이터 저널리즘보다는 인터랙티브 스토리텔링 기사에 더 가깝다. 특히 기자가 직접 요양보호사 자격으로 현장에 취업했다는 점에서 전통적인 위장취재의 성격을 지닌다. 『서울신문』의 "간병 살인, 154인의 고백"도 데이터 저널리즘이라기보다는 스토리텔링 기법과 인터랙티브 양식을 일부 결합한 기사로 볼 수 있다. 광범위한 데이터 분석을 토대로 작성된 기사는 아니기 때문이다.

방송기자연합회: 한국방송기자대상

마지막으로 방송기자연합회와 한국방송학회가 공동으로 주관하는 한국방송기자대상도 분석해봤다. 방송기자연합회는 2016년 처음으로 '전문보도' 부문을 신설해 컴퓨터 활용 보도CAR를 포함한 혁신 부문의 보도에 시상해왔다. 특히 2021년에는 '전문보도' 대신 '뉴미디어' 부문으로, 그리고 다시 2022년에는 '디지털콘텐츠' 부문으로 개편해 관련 보도에 시상하고 있다(<표 7-3> 참조).

그러나 관훈클럽의 관훈언론상 수상작과 마찬가지로 해당 기간의 수상작 여덟 편이 모두 데이터 저널리즘인 것은 아니다. 데이터 저널리즘의 성격을 지닌 기사는 SBS 마부작침의 "우리 동네 대선 이야기"(2022년 수상)와 "대기획 특별 사면"(2016년 수상)뿐이다. 모두 광범위한 데이터 분석을 통해 기사를 작성했으며, 뉴스 이용자들이 쉽게 관심 정보를 찾아볼 수 있도록 설계했다는 점에서 인터랙티브 기사의 성격 또한 지니고 있다.

한편 한국방송기자대상 수상작의 주제도 임대인, 산업재해, 친일파와 3·1운동, 대통령 선거와 특별 사면 등으로 구성된다. 이는 관훈언론상 수상작처럼 한국 사회의 주요한 이슈를 다루고 있으나, 권력 감시나 비리 발굴 등으로 보기에는 다소 부족한 측면이 있다는 비판을 받을 수 있다.

지금까지 살펴본 주요 언론상 수상작을 통해 몇 가지 주요한 사실을

<표 7-3> 한국방송기자대상 디지털콘텐츠 부문 수상작

연도	언론사	제목	기사 링크
2023	KBS	최초 분석 176 빌라왕 네트워크	http://reportplus.kr/reporter_award/yeary-award-digital/
2022	SBS	우리 동네 대선 이야기	https://mabu.newscloud.sbs.co.kr/election2022/
2021 뉴미디어	MBC	대한민국 나쁜 집주인 리포트	http://badlandlords.mbc-interactive.com/
2020	MBC	사람이 또 떨어진다 1136 추적 보도	https://imnews.imbc.com/newszoomin/groupnews/groupnews_13/index.html
2019	KBS	백주년 특집 3·1운동 만세지도	https://youtu.be/6hQtM1O1WSA
2018	YTN	사라진 방화, 화재 조사의 불편한 진실	https://www.youtube.com/watch?v=7sbsfUhy4Vo
2017 전문보도	SBS	친일파 재산 최초 공개 연속보도	https://news.sbs.co.kr/news/endPage.do?news_id=N1004338919
2016	SBS	마부작침 대기획 특별 사면	https://news.sbs.co.kr/news/endPage.do?news_id=N1003717471

확인할 수 있다. 첫째, 수상작 중 일부는 권력 감시와 비리 등을 발굴하고 있으며, 이러한 발굴을 위해서는 데이터를 분석하는 능력이 중요하다는 점이다. 그럼에도 불구하고 데이터 저널리즘 전반을 보면, 비리를 발굴하고 권력자를 감시하는 역할에 좀 더 초점이 맞춰져야 할 것으로 보인다. 둘째, 일부 언론사에 수상작이 집중되는 경향이 나타나며, 해당 언론사에서는 탐사 보도 혹은 데이터 저널리즘 전담 팀이 운영된다는 점이다. 예를 들어 동아일보의 히어로콘텐츠팀은 꾸준히 수상작을 만들어내고 있으며, SBS 마부작침도 마찬가지다. 한편 한겨레의 경우 과거에는 탐사보도팀에서 데이터를 활용한 탐사 보도로 수상을 하는 경우가 적지 않았지만, 최근 수상작이 없는 것은 이 팀을 없앤 것과 관련이 있어 보인다.

문제는 데이터 저널리즘팀을 유지하는 언론사가 급격하게 줄었다는 점이다. KBS의 경우 2014년 의욕적으로 데이터 저널리즘팀을 만들었고,

전성기에는 기자 3명, 개발자 3명, 데이터 분석가 2명, 인포그래픽 디자이너 1명으로 구성돼 독립된 팀으로 운영되었다. 하지만 해당 팀은 인원이 축소되었다가 2021년 직제 개편 당시 팀장이 공석이 되면서 사실상 해체되었다. SBS의 경우에도 2016년에는 기자 2명, 데이터 분석가 1명, 개발/디자인 1명, 인턴 1명 등 총 5명으로 데이터 저널리즘팀이 운영되었으나, 2024년 기준 기자 2명(데이터 저널리스트), 디자인 1명, 인턴 1명 등 총 3명으로 축소 운영되고 있다. 중앙일보 역시 한때 최다 9~10명으로 데이터 저널리즘팀을 구성했지만 이후 없어졌다.

데이터 저널리즘팀 경험 기자 인터뷰

그렇다면 현장에서 데이터 저널리즘을 수행한 경험이 있는 기자들의 인식은 어떠할까. 이를 알아보기 위해 국내 주요 언론사에서 데이터 저널리즘을 담당한 경험이 있는 기자들을 대상으로, ① 데이터 저널리즘의 장점이 무엇인지, ② 한국 데이터 저널리즘의 문제점과 한계점은 무엇인지, ③ 데이터 저널리즘이 어떤 면에서 (한국) 저널리즘에 기여할 수 있다고 생각하는지, ④ 기자들이 갖춰야 할 점은 무엇인지 등을 질문했다.

데이터 저널리즘으로 취재하는 방식에서의 장점으로는, 우선 객관적인 취재 방법을 꼽았다. 한 데이터 저널리스트는, "분석한 데이터 혹은 분석방법론을 투명하게 공개해 독자들의 재현성Replicability이 가능하다. 그만큼 논란이 줄고 상대적으로 객관적인 취재 방식이다. 즉 정치 및 사회, 경제 현상을 데이터라는 객관화를 통해 기사화할 수 있고 언론의 신뢰를 높일 수 있다"고 말했다. 다시 말해 공개된 데이터를 분석하면 누구나 같은 결과에 이를 수 있어(재현성 혹은 반복가능성), 기자의 선택적 사례 선택 등으로 자의적이라거나 주관적이라는 의심에서 상대적으로 자유로울 수 있다는 것이다.

더 깊이, 더 본연의 문제에 다가갈 수 있다는 점도 장점으로 꼽혔다.

즉 몇 개의 사례에서는 드러나지 않았던 문제가 수만, 혹은 수백만에 이르는 사례 데이터 분석을 통해서는 드러나며, 이를 통해 더 근원적인 문제에 파고들 수 있다는 것이다. 또한 기자들은 데이터 저널리즘이 출입처 중심의 보도자료에 의존하는 국내 취재 관행에도 혁신적인 변화를 가져올 수 있을 것으로 보았다.

한국 데이터 저널리즘이 지니는 문제점이나 한계점에 대해서는 어떻게 인식하는지 물어본 결과, 앞서 지적한 바와 같이 많은 언론사가 데이터 저널리즘 기사 생산을 투자 대비 효율로 여기는 문제를 지적했다. 한 데이터 저널리스트는 다음과 같이 말한다.

> 데이터 저널리즘팀을 두거나 제대로 꾸려가는 언론사는 늘지 않고 있다. 오히려 줄어드는 것도 같다. 데이터 저널리즘에 대한 투자를 꺼리면서 생겨난 현상이다. 사실 조회 수나 시청률로 접근하게 되면 데이터 저널리즘은 가성비가 높지 않은 분야다. 오랜 시간 취재해야 하는 데다, 데이터 수집과 분석, 시각화에 품도 많이 든다. 그렇지만 데이터 저널리즘을 통해 세상에 없던 좋은 기사를 낼 수 있다. 차별화된 기사를 낼 수 있다. 언론 환경이 갈수록 어려워지고 있지만 좋은 저널리즘이 궁극적 목표라면, 데이터 저널리즘에 투자하는 언론사가 더 늘어나야 한다.

또 다른 언론사의 데이터 저널리즘 담당 기자의 현실 인식도 비슷했다.

> 언론사 내부에서는 '데이터 저널리즘은 곧 비용'이라는 생각이 절대적이다. 데이터 저널리즘은 기본적으로 기획부터 보도까지 시간이 꽤 필요하다. 가령 정보공개 청구를 통해 데이터를 발굴하고 데이터 정제, 분석, 취재, 제작의 과정을 거치면 평균 1개월이 소요되는 경우가 많다. 거기에 데이터 저널리스트, 디자이너, 개발자까지 투입되는

> 걸 비용으로 따져보면 기사 하나에 들어가는 리소스가 엄청나다고 보기 때문에 소위 '가성비'가 나오지 않는다는 논란이 발생한다. 지금까지 대부분의 데이터 저널리즘팀이 없어진 이유다.

기자 중심의 뉴스룸 문화에 대한 문제점도 지적했다. 한국 언론사에서 주인공은 기자이기 때문에 개발자나 디자이너, 데이터 분석가 등의 직업군은 뉴스 제작 과정에서 전문성을 발휘하기 어렵다는 것이다.

> 해외는 개발자, 디자이너, 데이터 분석가 역시 저널리스트란 동등한 지위로 업무를 한다. 이에 비해 한국에서는 발제부터 취재, 기사 작성을 기자만 하다 보니 비기자 직군을 '제작' 직군으로 보는 시각이 일반적이다. 그러다 보니 기자가 디자이너에게 수정하라고 지시하는 일이 비일비재하다.

이런 업무 환경에서 비기자 직군이 버티기란 쉽지 않다. 그리고 그 결과 데이터 저널리즘 관련 전문가들이 언론을 떠나게 되고, 곧 데이터 저널리즘을 이어갈 수 없게 되는 것은 당연한 수순이라는 것이다.

그럼에도 불구하고 데이터 저널리즘은 특히 한국 언론 환경에서 기여할 측면이 크다고 인식했다. 한국 언론에 대한 낮은 신뢰도 문제(객관적 보도를 통한)뿐 아니라 출입처 혹은 보도자료에 치중하는 보도의 문제로부터 벗어나, 기자만의 문제의식을 담은 기사를 발굴할 수 있다는 것이다. 넘쳐나는 다양한 데이터를 분석할 수만 있다면 기사 주제는 무궁무진하게 발굴할 수 있기 때문이다. 또한 데이터를 분석한다는 것은 하나의 단편적 사례를 분석하는 것이 아니기에 한 사회의 구조적 혹은 제도적 문제점을 포괄적으로 반영할 수도 있다.

한편 한국 기자 중에는 간단한 엑셀조차 다룰 수 없는 기자가 많다고 언급하며, 수준 높은 데이터 저널리즘을 위해서는 기자들도 데이터에 대한 이해를 높이기 위해 노력해야 한다고 주문한다.

> 대부분의 데이터는 엑셀을 기반으로 하기에 엑셀을 편히 쓸 수 있는 것만으로도 데이터 세상에 한 발 걸치고 있는 것과 다름없다. 코딩 능력은 하루아침에 기르기 어렵지만, 엑셀은 그렇지 않다. 우선 엑셀부터, 데이터 저널리즘의 출발점이다.

5. 데이터 저널리즘의 함의

한국의 언론과 기자들은 열악한 재정적 환경에도 불구하고, 컴퓨터 활용 보도CAR 등의 취재 기법을 뉴스 제작에 도입해 새롭고 품질 좋은 기사를 작성하기 위해 꾸준히 노력해왔다. 데이터 저널리즘은 취재에 기자뿐 아니라 데이터 분석가, 그래픽 디자이너 등 많은 인력을 동원해야 하고 취재에도 오랜 시간을 투자해야 한다. 하루에도 몇 건씩 기사를 작성해야 하는 한국 언론의 시스템에서 데이터 저널리즘은 사치스러운 취재 방법일 수도 있다. 흔히 대규모 데이터를 화려한 그래픽과 인터랙티브 방식으로 구현하는 데이터 저널리즘을 떠올리면 더욱 그러하다.

하지만 데이터 저널리즘의 본질은 이러한 재현 방식에만 있지 않다. 보다 중요한 것은 앞서 살펴본 바와 같이, 데이터 저널리즘의 보다 근본적인 가치는 저널리즘의 가장 중요한 원칙인 객관주의 실행에 도움이 된다는 것이다. 다시 말해 데이터 저널리즘은 '사례 중심'의 전통적인 취재 방법이 직면했던 '저널리즘이 객관적인가(사례의 선택에서부터 주관이 개입된다)'라는 비판으로부터 보다 자유로울 수 있다. 저널리즘의 객관주의를 사회과학적인 방법론을 도입하는 것, 즉 투명성을 확보하는 것이라고 볼 때, 데이터 저널리즘은 이에 가장 가까운 취재 방법으로 보인다. 즉 공개된 데이터를 분석하면(투명성) 누구나 동일한 결과에 이를 수 있으므로(반복 가능성), 기자의 주관이 취재 결과에 미치는 영향을 최소화할 수 있다.

그럼에도 불구하고 한국에서는 일부 의욕적으로 데이터 저널리즘을 수행하던 일부 방송사와 신문사마저 효율성 등의 문제로 관련 보도를 위축시켜가고 있는 실정이다. 뿐만 아니라 최근 데이터 저널리즘이 다루는 대상도 권력자에 대한 감시, 사회의 비리를 들춰내는 탐사 보도의 성격에서 다소 벗어나고 있다.

향후 본격화될 디지털 사회에서 인간의 모든 행동은 점차 데이터화할 것이다. 사례를 모은 결과인 데이터는 넘쳐날 것이고, 이에 따라 저널리즘에서 데이터 분석을 통해 취재할 수 있는 영역은 점차 확대될 것이다. 그렇기에 데이터 저널리즘은 더 이상 혁신이 아닌 기자의 일상적 업무가 될 수도 있다. 생각해보면 기자의 핵심 역할인 '인터뷰'도 한때는 혁신으로 인식되지 않았던가. 데이터 분석을 포기하는 저널리즘이란 있을 수 없다.

> 데이터를 검색하고 걸러내고 시각화한다는 것은 정보를 수집하는 직업, 그 자체를 변형시키는 일이다. 이 일에 능숙한 기자들은 팩트와 통찰에 바탕을 둔 기사 쓰기가 쉽다는 것을 경험할 것이다. 추측을 널하고, 인용을 널하고, 대신 데이터에 바탕을 눈 상한 논지의 기사를 만들 수 있으면 이것은 저널리즘의 역할에 큰 영향을 미칠 것이다. (Gray, Bounegru, & Chambers, 정동우 옮김, 2012/2015, p. 6)

8장

뉴스룸 커뮤니케이션 혁신의 시작

김지현 · 김창숙

1. 커뮤니케이션 혁신의 중요성

저널리즘은 본질적으로 집단 노동의 산물이다. 뉴스 제작은 일반적으로 취재 기자가 뉴스 아이템을 발굴하고, 이를 취재해 기사를 작성한 뒤 출고하는 방식으로 이루어진다. 그러나 이 과정은 단순히 취재 기자의 노력만으로 완성되지 않는다. 데스크는 기사가 보도할 가치가 있는지 판단하고 작성된 기사를 편집하며, 사진 기자는 현장의 이미지를 포착하고, 그래픽 및 일러스트 기자는 기사 내용을 시각적으로 구현할 만한 요소를 제작한다. 편집 기자는 기사의 지면 배치를 조정하고 크기를 결정하며, 온라인 기사 역시 비슷한 과정을 거치되 그 표현 방식은 차별화된다. 편집국장은 이 모든 과정을 총괄하고 책임지며, 이러한 과정에서 최소 3명 이상의 인력이 뉴스 제작에 직접적으로 관여한다. 이들은 뉴스가 최종적으로 독자에게 전달될 때까지 끊임없이 커뮤니케이션하며 협업한다.

이처럼 뉴스 생산 과정에서 이루어지는 커뮤니케이션은 생산물의 품질을 결정하는 데 중요한 역할을 한다. 박영흠과 서수민(2023)은 뉴스 제작이 고도의 논리적 사고와 종합적 가치 판단을 필요로 하며, 이 과정에서 자유롭고 활발한 의견 교환, 투명한 정보 전달, 수평적 협력이 필수적이라고 강조했다. 이들은 "저널리즘의 성패와 품질은 뉴스 제작 과정에서 커뮤니케이션을 잘하느냐 못하느냐에 따라 결정된다"고 언급하며, 현재 저널리즘 위기의 근본적인 원인을 커뮤니케이션 문제에서 찾았다(박영흠·서수민, 2023, 2p). 이러한 점에서 언론사 내부의 커뮤니케이션 방식은 저널리즘 품질을 향상시키는 중요한 요소로 주목받아야 한다.

저널리즘 위기의 원인을 조직 문화에서 찾은 연구들도 이러한 문제를 뒷받침한다. 이오현과 이석호(2019)는 언론인의 "샐러리맨화"를 지적하며, 위계적이고 순응적인 조직 문화, 폐쇄적이고 비성찰적인 관행, 그리고 합리적인 기준과 원칙의 부재가 언론사의 문제를 심화시키고 있다고 주장했다. 이들은 특히 위계적 조직 문화가 "비합리적인 분노", "인격 모독 발언", "강압적인 의사소통"과 같은 문제를 야기하며 기자들이 자유롭게 의견을 제시하지 못하게 한다고 밝혔다(이오현·이석호, 2019, pp. 87-93). 이러한 문화는 심리적 탈진, 직무 만족도 저하, 이직률 상승 등으로 이어지며, 조직의 지속 가능성을 위협한다.

특히 젊은 기자들은 권위적이고 위계적인 문화에서 더 큰 심리적 압박을 받고 있다. 전오열(2016)은 기자들이 자율성과 관련된 스트레스로 인해 직업 효능감이 감소하고, 냉소주의와 정서적 고갈을 경험한다고 분석했다. 조수선과 정선호(2017)는 여성 기자가 남성 중심의 업무 문화 속에서 결정 권한 부족과 업무 협조의 어려움으로 인해 더 큰 박탈감을 느끼고 있다고 지적했다. 이는 여성 기자의 비율이 증가하는 현실에서 조직 내부 커뮤니케이션 방식을 개선해야 할 필요성을 더욱 강조한다.

디지털 환경은 집단 노동을 필수화하고 가속화하고 있다. 인터넷과 모바일을 통해 뉴스를 소비하는 이용자가 증가하면서, 뉴스 제작 과정에는 더욱 다양한 직군이 관여하게 되었다. 기존의 취재 기자와 데스크 중심의 제작 과정에 UX/UI 디자이너와 웹 개발자 등이 추가되면서 이들의 협업은 필수가 되었다. 특히 이용자 경험을 향상시키기 위한 노력은 언론사의 생존을 위해 필수적이다. 온라인으로 뉴스를 생산하고 유통하는 디지털 환경은 뉴스 제작 과정에서 더 많은 인적 자원을 요구한다.

예를 들어 워싱턴주 캐스케이드산맥에서 발생한 눈사태를 다룬 뉴욕타임스의 "스노우폴Snow Fall" 기사는 디지털·멀티미디어 콘텐츠 제작의 성공적인 사례로 꼽힌다. 이 기사는 취재 기자가 1만 7,000자에 달하는 텍스트를 작성하고, 사진 기자와 그래픽 디자이너, 동영상 제작자, 3D 전문가, 웹 기술자, UX/UI 디자이너 등 총 18명이 협업하여 완성되었다. 이 과정에서 66개의 모션 그래픽과 사진, 지도, 비디오, 스크롤링 인터랙션 등 다양한 멀티미디어 요소가 포함되었다. 이러한 성공은 단순한 작업 분담을 넘어 각 직군이 긴밀히 소통하고 조율한 결과였다.

디지털 전환이 가속화되면서 국내 언론사들도 이 변화에 적응하기 위해 큰 압박을 받고 있다. 그중 『동아일보』의 히어로콘텐츠팀은 국내에서 디지털 혁신의 선도적인 사례로 주목받고 있으며, 그 성공적인 변화를 이끈 핵심에는 기존 뉴스룸과는 다른, 수평적인 커뮤니케이션 구조가 있었다. 이 글에서는 히어로콘텐츠팀에서 활동한 취재팀과 제작팀 7명과의 대면 인터뷰 및 <디오리지널The Original> 사이트의 "인사이드Inside" 섹션에 게재된 취재 후기를 바탕으로, 수평적 커뮤니케이션이 가능했던 환경적 요인과 팀원들이 이를 실제로 실천해온 과정을 살펴본다. 인터뷰는 2024년 8월 7일부터 9월 13일까지 동아일보사 인근의 카페 및 회의실에서 진행되었으며, 이를 통해 디지털 시대에 적합한 협업과 소통의 중요성에 대해 탐구하고자 했다. 특히 뉴스룸 내부의 커뮤니케이션 혁신이 저널리즘의 품질과 조직의 지속 가능성에 미치는 긍정적인 영향을 조명할 것이다. 이를 통해, 수평적 커뮤니케이션이 디지털 시대의 저널리즘에 어떤 실질적인 변화를 가져오는지 명확히 하고, 앞으로의 언론사들이 나아갈 방향을 제시하는 중요한 시사점을 도출해낼 것이다.

2. 분업에서 협업으로

새로운 커뮤니케이션 환경에 놓이다

국내 언론사의 커뮤니케이션 방식은 대체로 상명하복의 위계적인 성격이 강하다. 그러나 동아일보는 타 언론사에 비해 이러한 문화가 상대적으로 약한 편이다. A 기자는 여러 언론사 시험을 보며 동아일보를 선택한 이유로 "나이스한 분위기"를 꼽았다. 실무 평가에서 타사와 동시에 합격했지만, 동아일보의 열린 분위기가 매력적이었다는 것이다. 업무 진행 과정은 기본적으로 수직적 구조를 따르지만, 실무 회의에서는 본부장이나 팀장 앞에서도 의견을 자유롭게 낼 수 있는 분위기라고 설명했다.

B 기자 또한 과거에는 데스크의 반대 때문에 현장 기자가 '반드시 써야 한다'고 생각한 기사를 작성하지 못한 적이 있었지만, 최근에는 '온라인이라도 게재하고 싶다'고 주장하면 수용되는 경우가 많다고 말했다. 회사에서 운영하는 공정보도위원회가 정기적으로 발행하는 소식지에서도 부당한 기사 작성이나 출고 문제에 대한 제기가 이루어지며, 이는 동아일보 구성원들이 강압적이지 않은 커뮤니케이션 문화를 내재화하는 계기가 되었다.

취재 외 직종 종사자들도 동아일보의 자유로운 소통 문화를 체감하고 있다. 한 사진 기자는 타사에서 동아일보로 이직한 후, 업무 강도는 비슷하지만 사진부가 편집국과 분리되어 있어 편집부에서 함부로 간섭하지 못하는 분위기를 느꼈다고 말했다. 이전 회사에서는 편집부 부장이 사진기자에게 직접 지시하며 욕설을 하기도 했지만 동아일보에서는 그런 일을 경험한 적은 단 한 번도 없었다. 기자들과의 연봉 차이도 적어 더 평등한 관계에서 일하는 느낌이라고 했다.

또한 히어로콘텐츠팀 구성원들이 대체로 사내에서 인정받는 젊은 엘리트들이라는 점도 커뮤니케이션 방식이 변화할 수 있는 계기가 됐다. 이 팀의 기자, 사진 기자, 그래픽 기자는 원 부서에서도 업무 능력이 뛰어나고 대인관계도 원활한 것으로 평가받았다. 저자가 인터뷰한 대상자들의 연령은 27세에서 48세 사이였으며, 대부분 디지털 환경에 익숙하고 수평적 소통에 익숙한 MZ세대였다. 특히 사진 기자와 그래픽 기자는 실제 나이는 적지 않았지만, 각 부서에서 가장 젊은 축에 속했으며, 48세로 가장 나이가 많은 기자도 다른 취재 기자들과 편안하게 소통할 수 있는 인물로 평가받았다.

팀 외부의 데스크 개입을 최소화하여 수직적인 커뮤니케이션 창구를 줄인 점도 새로운 소통 방식을 가능하게 했다. 데스크는 일반 뉴스를 제작하는 데 있어 최고 전문가지만, 디지털 환경에 대한 이해는 20~30대 기자들에 비해 부족할 수밖에 없다. 히어로콘텐츠팀은 차장이나 부장 등 중간 간부의 통제를 받지 않았으며, 편집국장도 주제 승인 외에는 일절 관여하지 않았다. 이는 팀 내에서 자율적이고 수평적인 소통을 가능하게 한 중요한 요인이었다.

> 편집국장도 우스갯소리로 우리가 얘기해봤자 잔소리밖에 안 된다는 그런 생각을 갖고 계신 것 같아요. 젊은 기자들이 알아서 해야 재밌는 게 나오지, 우리가 얘기하면 그냥 똑같은 기사처럼 되지 않겠냐는 우려와 부담을 좀 느끼시는 것 같아요. 기자들이 모여서 막 이렇게 뿜짝뿜짝하는 것에 또 뭔가 지시를 내리듯이 하면 안 된다라는 약간의 합의가 처음부터 있었어요. 터치 전혀 하지 않는다, 이렇게 대놓고 얘기하신 적도 있고. 사장이 지시를 한 건지는 전혀 모르지만 초반부터 약간 그런 생각을 갖고 계시는 것 같고, 그렇게 하셨고, 그게 이어지다 보니까 저 팀은 뭔가 디테일하게 지시를 하지 않는 팀,

그렇게 굳어진 것이 아닌가. (A)

커뮤니케이션 방식을 안내받다

새로운 작업은 새로운 커뮤니케이션 방식을 요구한다. 기존에는 취재 기자가 주도적으로 다른 직군에게 상명하달식으로 업무를 요청하거나, 부서장끼리 논의한 후 부서 내에서 기자에게 업무를 배분하는 방식이 일반적이었다. 그러나 히어로콘텐츠팀에서는 서로 직접 소통하며 협업해야 했다. 기존에 없던 것을 만들어내고, 업무 내용과 방식도 다른 상황에서 구성원들은 당혹감과 스트레스를 느낄 수밖에 없었다. 취재 기자, 사진 기자, 그래픽 기자, 웹 디자이너, 웹 개발자 등 각기 다른 직군이 함께 일하면서, '야마', '나와바리', '우라까이', '누끼', '트리밍', '코딩' 등 각자 사용하는 언어의 차이로 인한 이질감은 피할 수 없었다.

이에 따라 히어로콘텐츠팀은 원활한 업무와 커뮤니케이션을 위해 안내자 역할을 두었다. A 기자는 프로젝트 매니저로서 시간 흐름에 맞춰 수행할 업무를 관리하고, 각 직군이 사용하는 언어를 설명하는 통역가 역할을 맡았다. 또한 각 직군이 서로에게 요구할 수 있는 범위와 가능한 업무 영역, 소요 시간, 제작 과정을 미리 논의해, 서로 부담을 주지 않으면서 업무가 진행되도록 했다. 이러한 사전 조율은 전반적인 커뮤니케이션을 원활하게 만들었을 뿐 아니라, 서로의 직무에 대해 깊이 이해할 수 있게 하는 계기가 되었다. 동시에 기자들에게는 수평적인 소통의 중요성과 필요성을 강조하며, 이를 실천할 수 있도록 도왔다.

처음 취재 기자들이 왔을 때 후배들도 적극적으로 의견을 내야 선배가 덜 힘들다고 얘기해요. 보통 편집국에서는, 특히 저연차 기자들, 사회부 수습이 끝난 지 얼마 안 된 기자들은 수습 기자 물이 아직 들어 있고, 사건팀은 거의 시키면 밑에서 그냥 수행을 하는 식으로 많이 굴러가잖아요. 연차가 어릴수록 그런 것들이 있는데 그렇게 하지 않았으면 좋겠다고 계속 얘기를 하죠. 과거의 언론사 편집국 커뮤니케이션 방식과 이에 따른 문제점에 대해서도요. (A)

팀원들과 팀장은 현업을 하다 갑자기 발령나서 딱 그 자리에 떨어진 셈이잖아요. A 기자님이 그 사이에서 기사 만드는 과정에서 모르는 게 있을 수도 있으니까 항상 중간에 껴서 일정이나 제작 과정을 조율해가며 연결다리 역할을 해주고. (C)

서로의 업무를 이해하며 벽을 허물다

신문 제작은 집단 노동의 결과물이지만, 그 과정은 분업화되어 있다. 취재하고 기사를 쓰는 사람, 제목을 짓는 사람, 사진을 찍는 사람, 그래픽과 일러스트를 그리는 사람, 지면이나 온라인에 기사를 출고하는 사람 모두 역할이 다르다. 이 분업적 업무가 원활하게 진행되기 위해서는 직무 간 소통이 필수적이지만, 실제 소통은 주로 부서의 데스크 중심으로 이루어진다. 구성원 모두가 좋은 기사를 만들기 위해 노력하지만, 실무 담당자들은 분업 구조 안에서 개별적으로 작업을 수행하는 방식이다.

사진 신청하는 게시판 같은 게 있어서 오늘 6시에 어디에서 간담회가 있다라고 일정을 올리면 사진부에서 보고 기자를 배정해줘요. 사진 기자는 하루 스케쥴이 여러 개 있겠죠. 오전에는 여기 갔다가 낮에는 여기 갔다가 저녁에는 여기 가고 이런 식으로 일하다 보니까 서울 내에서 취재가 있으면 취재 기자나 사진 기자 모두 각자 일정에 따라 움직이다 현장에서 만나 간단히 얘기만 나누고 그냥 전문가니까 알아서 찍어주시겠지 하죠. 거기(사진)에 대해서 얘기를 하는 게 맞는지도 사실 잘 모르겠고. 그건 그들의 영역이죠. 사진 기자 선

> 배가 저희한테 취재를 어떻게 하라고 얘기를 하시지 않잖아요. 물론 의견을 물어볼 때도 있는 것 같다는 생각도, 기억도 나긴 하는데 깊이 있게 얘기해본 적은 없는 것 같아요. (A)

> 편집 기자가 지면에서 그래픽 사이즈를 정하기 때문에 저희가 기사를 미리 읽어보고 방향을 정할 수는 없죠. … (중략) … 사실 취재 기자들의 의견도 전혀 못 듣죠. 어떻게 보면 그런 것 때문에 지면 디자인이나 그래픽이 10년째 발전이 없었을 수도. (D)

지면 제작의 경우 취재 기자, 사진 기자, 그래픽 기자가 각자 맡은 일을 하고 편집 기자가 이를 종합해 완성한다. 이용자 입장에서 생각하면, 신문은 하루 단위로 생산된 전체 지면을 한꺼번에 이용하고 평가한다. 반면 디지털콘텐츠는 개별 기사 단위로 완성도가 평가된다. 웹에서는 이용자들이 한 기사씩 선택해 보기 때문에, 각 기사의 완성도는 해당 기사에 참여한 각 직군의 업무 수준과 직결되며, 실무자들 간의 긴밀한 소통이 더 중요하다. 『뉴욕타임스*The New York Times*』「혁신Innovation」(2014) 보고서에서도 디지털 뉴스 생산에 대해 "매시간, 매일 소프트웨어 개발자, 디자이너, 상품 관리자들과 나란히 일하는 것은 혁명적인 일이었다. 이는 실리콘밸리에서는 표준적인 방식이었지만, 편집국에서는 급진적이었다"고 언급했다.

A 기자의 가이드를 받은 후 팀원들은 히어로콘텐츠에 적합한 주제를 찾기 시작했고, 각기 다른 직군의 기자들과 주제에 대해 끊임없이 논의했다. 취재 기자는 주제를 정하는 데 몇 주가 걸리더라도 여러 주제에 대해 취재하고, 취재한 내용을 모든 팀 구성원에게 공유했다. 취재 기자는 사회적으로 중요한 사안을 알아내고 취재하는 전문성은 갖고 있지만, 이를 인터랙티브콘텐츠로 구현해본 경험은 없기 때문이다. 사진 기자와 그래픽 기자는 시각적 요소를 어떻게 포함할지 고민하고, 또 웹 개발자는

그것을 웹상에서 어떻게 구현할지 아이디어를 제시하며, 기자들의 제안이 실제로 가능한지 설명했다. 회의에 참여한 인턴에게도 의견을 요청하며 소통이 이루어졌다.

이 과정에서 팀원들은 처음에는 몰랐던 서로의 업무, 각자의 요구 사항, 그리고 자기 분야의 한계를 더 깊이 이해하게 되었고, 각 업무의 전문성을 인정해나갔다. 동시에 날카로운 질문들도 오갔다. "뭘 보여줄 수 있나요?", "어떻게 보여줄 수 있죠?", "어떻게 촬영할 건가요?", "장담할 수 있나요?", "본질과는 거리가 있지 않나요?" 등의 질문들은 답변자들을 곤혹스럽게 만들기도 했지만, 이러한 질문들이 취재 기자 중심의 위계 구조를 허물고, 각 구성원이 스스로의 한계를 깨닫게 만드는 계기가 되었다. "산화" 팀의 취재 기자 이기욱은 초반 회의에서 지면의 문법에 적응해버린 신문기자라, 뻔한 내용을 어떻게 해야 지면과 다르게 보여줄 수 있는지 고민할 재량은 부족했다고 고백했다. 자신의 한계를 인정하는 것은 타인에게 마음을 여는 계기가 됐다. 이렇게 팀원들은 각자의 한계와 서로의 전문성을 인정하며, 개별 작업을 종합하는 방식이 아닌 서로의 전문성을 녹여내는 공동의 작업을 하면서 준비하면서 진정한 팀으로 거듭났다.

> 저희는 보통 데스크하고 소통을 하다 보니까 협업을 긴밀하게 해 본 경험이 별로 없는 거죠. 그래서 요구를 할 수 있다거나 논의가 가능한 부분이라는 생각을 못했던 것 같아요. … (중략) … 취재만 할 때는 제가 사진 신청해서 이거 찍어주세요 하면 그냥 훌훌 찍고 가신다고 생각했는데, 사진 기자랑 계속 일을 하다 보니까 사진 기자도 취재 기자처럼 똑같은 니즈를 갖고 있더라고요. 더 좋은 사진을 찍고 싶고. 판에 박힌 그들도 사진 시간이 없어서 공들여서 사진을 못 찍는 경우지, 마치 기자들이 단독, 특종을 찾는 것처럼 사진 기자도 사진만으로 되게 의미 있는 걸 만들어내고 싶은 그런 니즈가 있으시더라고요. 잘 몰랐어요. 솔직히 말씀드리자면 제 기사 쓰기에 바빠서

알아서 찍어주시겠지 한 거죠. … (중략) … 히어로팀에 오면서 사진 기자와 처음으로 대화하고 논의하고 취재 내용을 아예 보내드리면서 긴밀하게 소통했던 것 같아요. (A)

웹 페이지에 보면 막 움직이는 거 있잖아요. 저는 처음에 그냥 프로그램 돌리면 되는 거라 생각했거든요. 그런데 실제로 보니까 하나하나 명령어를 만들어가지고 하더라고요. 노가다도 이런 노가다가 없다, 이거 진짜 아무나 하는 일은 아니구나, UX/UI 전문가가 있어야 되고 UX/UI 디자인을 구현하는 개발자가 있어야 되고, 총 디렉팅하는 사람이 있어야 된다는 걸 배웠죠. (E)

인터랙티브 구현했을 때 매력적일지를 디자이너, 기획자, 개발자에게 계속 검증받거나 상의하게 되더라고요. 저희는 그쪽 전문가가 아니니까. … (중략) … 디자이너나 개발자가 진짜 대단한 직업이구나, 완전히 다른 생각을 할 수도 있구나(라는 걸 깨달았어요). 그 전에는 어떤 일을 하는지 몰랐거나 아니면 좀 막연한 환상 같은 걸 가지고 있었거든요. 그런데 '이렇게 하면 사용자가 클릭할 때 편해요', '독자가 느꼈을 때 더 와닿을 거예요'라고 할 때 나와는 다른 종류의 저널리즘적 전문성이 많이 숙달이 돼 있고 공부가 많이 돼 있구나 하는 생각을 했어요. (B)

시공간의 틀을 깨고 커뮤니케이션하다

인터넷은 업무 공간, 시간, 방식, 그리고 내용을 모두 변화시켰다. 과거에는 취재처에서 각자 취재를 하더라도 기사 작성과 마감은 편집국에서 이루어졌고, 기자들은 마감 후 편집국에 모여 다른 기자들과 취재 내용을 논의하거나 하루의 피로를 풀며 사적 대화도 나누곤 했다. 즉 기자들은 물리적 공간을 공유하며 함께 작업했다. 그러나 오늘날 대부분의 언론사 취재 기자들은 취재처, 근처 카페, 혹은 집에서 각자 업무를 처리하고 현장에서 바로 퇴근한다. 공동 작업을 하더라도 각자 맡은 부분을 취재한 후 SNS 메신저를 통해 정보를 공유하고, 이를 한 사람이 모아 정리하는 방식으로 작업이 이루어진다. 요즘 취재 기자들은 한 공간에 모여 얼굴을 맞대고 의견을 조율하는 방식으로 일하지 않는 것이다.

이와 달리, 히어로콘텐츠팀은 한 공간에 모여 회의를 하고 함께 취재를 다니며 한 공간에서 기사를 작성했다. 실제로 히어로콘텐츠팀의 취재 후기에는 기자 4명이 함께 취재원을 만나러 가는 경우가 자주 등장한다. 예를 들어 "99℃" 프로젝트에서는 취재 일정이 겹치지 않는 한, 취재 기자가 혼자 현장에 가는 일은 없었다. 2명 이상의 기자가 한 현장에 가서 서로 다른 시선으로 취재하고, 이를 바탕으로 의견을 나누며 더욱 완성도 높은 콘텐츠를 만들 수 있었다. 아이돌 연습생을 취재하기 위해 4명의 기자가 함께 메이크업 현장을 방문했을 때, 이들은 각기 다른 시각으로 관찰한 내용을 공유했다. 누군가는 거울 앞에서 단장을 하는 모습을, 또 다른 이는 건강을 위해 보약을 마시는 연습생의 모습을, 혹은 메이크업이 끝난 후 잠시 눈을 붙이는 멤버의 모습을 관찰하는 식이었다. 그리고 이렇게 서로 다른 관점에서 바라본 내용을 종합하며 더 풍부한 이야기를 만들 수 있었다.

히어로콘텐츠 팀 4기 취재에서도 4명의 기자는 안산시 원곡동으로 함께 움직였다. 당시 팀에 속했던 김재희 기자는 "인사이드"에서 다음과 같이 적었다.

> 팀원들은 서로의 부족한 점들을 채워줬다. 미처 생각하지 못했던 질문을 던져주기도 했고, 꺼내기 어려운 날카로운 질문들을 부드럽게 돌려서 말해주기도 했다. 공동 취재의 또 다른 장점은 똑같은 말을 들어도 다양한 해석이 가능하다는 것이었다. 취재원이 한 말의 기

저에 어떤 감정이 깔려 있었을 것인지를 서로 짚어주기도, 혹은 흘려 들었던 취재원의 말이나 자주 사용하는 단어가 그 사람의 중요한 특징이 되기도 했다.

다음은 당시 영상을 맡은 남건우 기자의 말이다.

> 영상 촬영을 주로 할 때는 팀원들이 취재를 맡아줬다. 팀원들은 카메라를 들고 있는 날 대신해 취재원에게 궁금한 걸 질문해줬다. 바쁠 때는 나 대신 팀원들이 취재원에게 마이크를 채워줬다. "마이크 소리 들어가고 있어?"라고 체크해주기도 했다. 카메라를 세팅하는 동안 대화를 나누며 취재원을 편안하게 해준 것도 팀원들이었다. 부드러워진 분위기 덕분에 취재원들은 카메라 앞에서 보다 편하게 자신의 이야기를 했다. 팀원들이 없었다면 영상 촬영을 끝까지 해낼 수 없었을 것이다.

"미아" 프로젝트의 경우 채널 A 방송기자가 합류하면서 취재 기자, 사진 기자, 영상 기자, 영상 기자를 보조하는 오디오맨과 기관 관계자까지 함께 움직였다. 사진 기자의 경우 초기에는 사진부 소속이있지만 DX 본부로 소속이 바뀌면서 이 공간의 주사용자가 됐다. 그래픽 기자, 디자이너, 웹 개발자 역시 회의 시 물리적으로 같은 공간에 모여 직접 대면하며 소통했다.

시간의 틀도 변화했다. 일반적인 종합일간지의 업무 주기는 하루살이와 같을 정도로 짧다. 오전 9시에 발제가 이루어지고, 10시경 작성이 확정되면 취재를 거쳐 오후 4~5시쯤 초고를 제출한다. 점심 시간을 제외하면 기사 한 개를 작성하는 데 주어지는 시간은 약 6시간이다. 그래픽 기자는 마감 일정에 맞추기 위해 "오후 4~6시는 정말 중요한 전화가 아니면 받지 않을"(D) 정도로 바쁘게 업무를 진행했다. 사진 기자도 "2~3년 전만 해도 취재 현장에 30분~1시간 정도 여유 있게 도착하고 떠나면서 여러 방식으로 사진을 찍었지만, 최근에는 최소한의 필요한 사진만 찍고 다음 현장으로 떠나야"(B) 할 정도로 촉박하게 업무가 진행됐다. 지면 발행 중심의 시간 사이클은 뉴스가 온라인으로 출고되면서 더 짧아졌다. 이처럼 명확한 시간적 한계가 있는 업무 환경에서 상명하달식 커뮤니케이션은 효율성을 높이는 필수 요소일 수 있다.

그러나 히어로콘텐츠팀은 6개월간 한 아이템을 완성하기 때문에 이러한 시간적 제약을 벗어날 수 있었고, 이는 커뮤니케이션 방식이 변화하는 토대가 됐다. 취재팀 기자의 경우 주제를 정하는 데만 몇 개월을 논의했고, 주제가 정해져도 내용을 구체화하는 데 또 몇 주를 할애했다. 사진 기자나 그래픽 기자 역시 시간적 틀을 깨면서 커뮤니케이션이 가능해졌다. 취재 기자처럼 6개월을 내내 함께하진 않지만, 그래픽 기자의 경우 발간 2~3주 전부터 히어로콘텐츠팀에 집중 투입되면서 다른 업무에서는 어느 정도 자유로워졌다. 그래픽 기자에게 제공되는 시간적 여유는 취재 기자들과 대화하면서 업무를 진행하여 다른 생각, 다른 방향이 있을 때 즉각 반영·수정해나가면서 그래픽의 질을 높였다. 원래 담당 업무는 그래픽·일러스트지만 디지털콘텐츠 전체의 편집을 도맡는 실험을 하기도 했다. 사진 기자도 이와 같은 소통을 통해 기사와 더 연관성 있는 사진을 찍을 수 있었다.

> 긴 호흡으로 같이 하잖아요. 그러면 차 이동할 때도 이런저런 얘기를 하다 보니 주인공, 주변인들에 대한 이해가 깊어져 생각도 많아지고 더 다양한 사진을 찍을 가능성이 높아지는 거죠. (E)

스스로 동기를 부여하고 성장하다

존중을 바탕으로 한 커뮤니케이션은 원활한 소통뿐만 아니라 개인의 성장에도 중요한 동기를 부여한다. 상사의 통제가 강할 때는 부하 직원이 지시받은 일만 수행하게 되지만, 수평적인 커뮤니케이션 환경에서는 스스로 동기 부여가 되어 더 잘 해내기 위해 노력하게 된다. 즉 상호 존중은 개인과 조직 모두의 성장을 이끈다. 실제로 히어로콘텐츠팀에서 이루어진 서로의 전문성을 존중하는 커뮤니케이션은 취재팀과 제작팀 구성원 모두에게 성장의 동기를 제공했고, 그 결과 콘텐츠의 질도 높아지는 성과를 가져왔다.

처음에 A 기자는 "디지털 기사라도 결국 기사가 좋아야 하지 않나" 하는 생각으로 일단 기사부터 작성하고, 디지털 요소는 나중에 고려하자고 생각했다. 그러나 히어로콘텐츠의 2회차인 "무대로 가는 길" 기사를 작성하면서는 디지털 기사 제작을 위해 홈페이지 제작 툴인 '윅스WIX'에 직접 가입하기에 이르렀다. 이전에는 기사 작성 외의 일은 기자의 일이 아니라고 생각했고, 해본 적이 없어서 할 수 있음에도 불구하고 못 한다고 여겼다. 하지만 히어로콘텐츠팀에서의 경험을 통해 A 기자는 직접 사진 사이즈를 조절하고, 어도비 프리미어로 영상을 편집하는 법을 검색하며 콘텐츠 제작에 적극 참여했다. 이후 프로젝트 매니저가 된 그는 UI 디자인 툴 '피그마Figma', 웹 페이지의 요소 크기를 측정하는 '페이지 룰러Page Ruler', 색 코드를 찾아주는 '컬러 피커Color Picker' 등 다양한 도구를 사용하며 더욱 적극적으로 작업에 임하게 되었다.

남건우 기자는 단순한 호기심에서 카메라를 손에 들었다. 기사에 포함될 영상을 직접 촬영하고 편집하는 일이 재미있겠다는 생각이 들었고, 회사는 막내 기자인 그에게 카메라를 맡겼다. 그는 유튜브를 통해 카메라 사용법과 영상 제작에 대해 배우고, 사내 크리에이티브 디렉터에게 영상 촬영에 관한 강의를 듣기도 했다. 그리고 실제로 취재 과정에서 촬영한 동영상을 활용해 히어로콘텐츠에 영상을 포함시켰다. "지면의 문법에 익숙해진 신문기자"였던 이기욱 기자는 "아무리 좋은 기사라도 독자에게 전달되지 않으면 소용없다"는 점을 깨닫고 새로운 목표를 세웠다며, "이제 코딩 책을 펼쳐야겠다"고 다짐했다. 5기 히어로콘텐츠팀에서는 모든 취재 기자가 내러티브 기사 형식을 공부하고 전문가의 자문을 구했으며, 이전 히어로팀의 기사를 내러티브 형식으로 다시 써보기도 했다.

성장 동기는 사진 기자와 뉴스룸 디벨로퍼 같은 제작자들에게도 생겨났다. 사진 기자 송은석은 "99℃" 팀에 합류하면서 사진에 대해 고민하던 중, 넷플릭스에서 방영된 다큐멘터리 <블랙핑크: 세상을 밝혀라>를 보며 영감을 얻었다. "공존" 팀과 일할 때는 알폰소 쿠아론 감독의 영화 <로마 Roma>를 레퍼런스로 삼아, 중립적이면서도 따뜻한 시선을 유지하려고 노력했다. "99℃" 팀에서 그는 "원했던 사진은 씁쓸함이 담긴 다크 카카오 같은 이미지였지만, 실제 촬영된 사진은 달콤하기만 한 초콜릿 같았다"며 아쉬움을 표했고, "공존" 팀과 일할 때는 "도둑 촬영도 하고 초상권 때문에 못 쓰더라도 일단 찍고 보는 등 최선을 다했다"고 했다. 히어로팀이 해체된 후에도 그는, "늘 하던 대로 관성적으로 취재를 하던 도중 문득 취재 대상이었던 아이들을 떠올리며, '지금의 나는 그들처럼 100도가 되기 위해 최선을 다하고 있나' 하며 스스로를 되돌아본다"고 했다.

뉴스룸 디벨로퍼인 C는 "개발 과정에서는 욕심이 생기기 마련"이라며, 이미 만든 지도의 세부 정보를 과감히 삭제하거나, 정보를 담은 말풍선이 더 친절할 것 같아 이를 추가하는 등의 결정을 내렸다. 그는 작업을 진행하며 뿌듯함을 느꼈고, "앞으로도 더 다양하고 참신한 시도를 많이 해보고 싶다"는 생각을 갖게 됐다. 또 다른 뉴스룸 디벨로퍼인 고민경도, "나 혼자였다면 그저 개발하기 재밌고 수월하겠다는 생각에 그쳤을 텐데, 협업을 통해 생각의 틀이 넓어진 것 같다. 모두의 고민과 생각이 합쳐져 만들어졌기 때문에 더 적절하고 자연스러운 효과가 만들어지지 않았을까 생각한다"며 "모두가 이러한 뿌듯함과 희열감을 느꼈으면 좋겠다. 이 효과는 모두의 협업, 모두의 고민이 합쳐져 만들어진 것이기 때문이다. 그리고 특히 개발자로서 내가 만든 결과물을 본 다른 팀원들이 '내가 열심히 머리 싸매고 했던 고민들이 절대 헛된 게 아니었구나'라고 생각했다면 더없이 좋고 보람찰 것 같다"고 했다.

기존 방식을 벗어나 새로운 무언가를 창조하는 과정은 외부에서 보기엔 흥미로워 보이지만, 내부에서는 스스로를 깨부수며 겪는 고통스러운 성장의 과정이다. 히어로콘텐츠팀의 구성원들은 누구도 요구하지 않았지만, 스스로 공동의 목표를 위해 전문성을 키워나갔다. 이들이 성장의 고통을 함께 겪는 과정에서 위계는 사라지고, 수평적인 소통이 자리를 잡았다. 그 결과, 각자가 자발적으로 고민하고 배우며 앞으로 나아갈 계획을 세우게 되었다. 이는 개인의 성장뿐만 아니라 팀 전체의 시너지 효과를 일으키는 전조였다.

진짜 '협업'을 하다

그동안 신문사 구성원들이 협업했다고 말하는 것은 사실이 아니었을 가능성이 높다. "99℃" 팀 김배중 기자가 "인사이드"에 쓴 것처럼, '나 홀로 취재'가 익숙한 기자들이 각자 취재한 내용을 메인 집필자에게 '토스'하고, 이 기사들이 하나의 기사로 엮어졌을 때 '협업했다'고 하던 신문기사들의 이야기나. 그래픽·일러스트 기사, 사진 기사, 웹 디자이너, 웹 개발자, 편집 기자도 마찬가지다. 협업을 한다고는 했지만, 사실상 컨베이어벨트에 선 작업자처럼 각자에게 주어진 업무만 수행하는 방식이었다.

그러나 히어로콘텐츠팀에서는 수평적 커뮤니케이션이 자연스럽게 자리 잡은 후, 각자가 수행한 작업을 단순히 이어 붙이는 것이 아니라, 한 주제의 모든 영역에 대해 각자 치열하게 고민하고 서로의 작업에 깊이 관여하면서 마치 하나의 덩어리를 녹여내듯이 협력해나갔다.

> 인터랙티브콘텐츠는 혼자서 뭔가를 못 만들어요. 취재 내용을 기반으로 계속 커뮤니케이션을 해야 돼요. 기사에 맞추기 위해서는 여

기에 맞는 사진을 찍어야 되고 영상물도 이 주제에 수렴을 해야 되기 때문에 끊임없이 의사소통을 해야 되는 거죠. 그러다 보니 굉장히 유기적으로 질서 있게 움직일 수밖에 없어요. … (중략) … 인터랙티브라는 게 기자들이 기획을 완결성 있게 해서 디자이너랑 개발자한테 뿌리면 거기서 알아서 착착착 다 될 거라고 생각을 했는데, 그게 아니라 아예 기획 단계에서 막 서로 왔다 갔다 하면서 전혀 생각지 못했던 결과물이 나오더라고요. (B)

실제 "표류" 기사의 경우, 사진 기자가 119 구급차에 동승해 촬영한 사진이 뛰어나 기획이 변경되었다. 취재팀이 인상적인 환자 2명을 인터뷰한 후에는 지면 시리즈 구성이 다시 수정되기도 했다. 처음에는 기획안만 완성되면 그에 맞춰 취재를 진행하면 될 것 같았지만, 실제로 진행해보니 기획과 취재 사이에는 선후나 우열이 없음을 깨달았다(B).

업무 과정에서 그때그때 핵심 역할을 수행하는 직군이 달라짐에 따라 팀장인 취재 기자가 아닌 그래픽 기자, 사진 기자 또는 웹 개발자가 업무를 주도하는 상황도 발생했다. 사진 기자가 취재 기자의 기획안을 보고 시각적 효과가 약하다고 판단해, 그러한 기획은 적합하지 않다고 지적하거나 기사에 맞는 장면 연출을 준비해달라고 요청하기도 했다. 웹 개발자는 틀을 만들어놓고 취재 기자에게 그 틀에 맞는 기사와 사진, 자료를 요구했다. 이러한 방식은 기존의 '모든 것을 취재 기자가 주도하고 이끄는' 방식과는 "거꾸로"(C) 진행되는 것이었지만, 아무도 문제 삼지 않았다. 이는 디지털콘텐츠 제작 과정에서 자연스러운 일이었고, 팀원들에게는 충분한 커뮤니케이션을 통해 서로의 업무 내용·방식에 대한 이해와 신뢰가 이미 바탕에 깔려 있었기 때문이다. 최고의 디지털콘텐츠를 만들어내자는 목표가 공유된 상황에서, 이를 구현하기 위한 최선의 방법을 찾고 수행하는 데에 모두가 주도적으로 참여했다.

완성도가 높은 결과는 당연한 귀결이었다. 히어로콘텐츠팀의 작품이 발표될 때마다 언론계는 물론 학계와 정부에서도 주목했다. "증발", "환생", "공존", "산화", "표류", "트랩" 등 지금까지 나온 히어로콘텐츠는 한국기자협회 이달의기자상 기획보도 신문·통신 부문, 한국디지털저널리즘어워드 대상, 관훈언론상 저널리즘 혁신 및 사회 변화 부문, 보건의날 기념식 대통령 표창, 한국신문상 기획탐사 보도 부문 등에서 수상했다. 특히 정부는 "표류" 시리즈를 바탕으로 소아 응급 비대면 의료 대책에 관한 당정 협의회를 열고, 기사에서 제안한 핵심 대책 두 가지를 모두 반영하여 응급의료 대책을 발표했다.

가장 중요한 점은 기사를 통해 이용자와의 커뮤니케이션이 이루어졌다는 것이다. 진심을 담아 모두가 협력하여 만들어낸 기사는 이용자에게 닿았다. 기사에는 "올해 본 것 중 가장 무서운 기사"(표류), "기사를 읽으며 피가 바싹 말랐다"(표류)는 댓글이 달렸고, "소름 끼친다"(미아), "무섭다"(미아)라는 반응도 있었다. B 기자는 "그걸 보고 비로소 진심이 통했다는 걸 느꼈다"고 말했다.

팀은 이용자와의 커뮤니케이션을 더욱 확장하기 위해 히어로콘텐츠 전용 웹사이트인 <디 오리지널>을 만들고, 제작 후기를 담은 "인사이드" 섹션을 추가했다. 회사 구성원뿐 아니라 타사 기자, 언론계 종사자, 언론학계, PD, 그리고 콘텐츠 담당자 등 많은 사람이 히어로콘텐츠의 기획 및 제작 과정에 대해 궁금해했기 때문이다. "인사이드" 섹션에는 취재 기자뿐만 아니라 제작에 참여한 웹 디자이너, 사진 기자, 기획자 등 모든 구성원들의 제작 후기가 업로드되었다. "표류"의 취재 뒷이야기는 네 컷 만화 "히어로툰"으로 제작되어 인스타그램과 동아닷컴에도 연재되었다.

히어로콘텐츠팀의 활동이 종료된 이후에도 뉴스 생산 과정의 커뮤니케이션 방식은 변화한 채 나아갔다. 타 직군과의 수평적 커뮤니케이션을 통해 협력한 경험은 일상 업무에서도 그에 대한 신뢰를 높여 더 효율적으로 일할 수 있게 했다. 협력하기 전에는 서로 인사만 하던 사이였고, 직접 소통하지 않거나 메신저로 이야기를 나누지도 않았지만, 이후에는 필요한 업무에 대해 직접적으로 이야기해야 할 때 메신저로 바로 소통하게 되었다. 소통의 빈도와 양이 증가함에 따라 일상 업무의 효율성과 완성도 또한 높아졌고, 회사에 대한 소속감도 강화되었다.

> 취재 기자와 교류할 일이 없었는데 많이 알게 되니 좋긴 했어요. 사실 같은 회사에 다녀도 남남이잖아요. 근데 어느 정도 아는 사람이 생기니까 좀 편하긴 하더라고요. 본지 할 때 직접 와서 마주치는 경우가 많은데 저에 대한 인식이 좋아진 것 같다는 느낌이 들어요. '얘는 믿고 맡길 수 있는 애구나'라고 생각하고 있다는 느낌이 들긴 해요. (D)

> 전사적으로 확산이 되면 그런 문화들이 조금씩 이식될 것 같아요. 1기에서 8기까지, 4명씩만 해도 32명이 벌써 이 과정을 거쳤어요. 그리고 중간에 개발자, DX 본부에 있는 사람들도 많이 바뀌고. 지속된다면 굉장히 많은 인원이 의사결정 방법, 경험을 공유한단 말이죠. 그 사람들이 연차가 차고 나면 후배들과 소통도 이런 식으로 할 가능성이 높다고 봐요. 신문을 만드는 구조는 과거나 지금이나 달라지지는 않았지만 조금씩 바뀌는 건 있거든요. (E)

3. 뉴스룸 내 커뮤니케이션 혁신과 저널리즘의 미래

앞서 논의한 바와 같이, 언론사의 내부 커뮤니케이션 방식은 저널리즘의 품질뿐만 아니라 조직의 혁신과 지속 가능성에까지 직결되는 중요한 요인이다. 동아일보 히어로콘텐츠팀의 사례는 전통적인 위계 중심의 업무 방식을 넘어, 수평적이고 협업 중심의 커뮤니케이션 방식이 저널리즘 품질 향상에 어떻게 기여할 수 있는지를 잘 보여준다. 특히 이 팀은 직무

간의 경계를 허물고 각자의 전문성을 존중하며 진정한 협업을 이루어낸 점에서 국내 언론사들에 중요한 교훈을 제공한다.

히어로콘텐츠팀의 성공 요인은 몇 가지로 요약될 수 있다. 첫째, 팀원들이 서로의 역할과 전문성을 깊이 이해하고 존중하며, 이를 바탕으로 자유롭게 의견을 교환할 수 있는 환경을 조성했다는 점이다. 이러한 수평적 커뮤니케이션은 구성원들에게 자율성과 동기를 부여하며, 새로운 목표를 설정하고 성취할 수 있도록 독려했다. 둘째, 팀원들은 자신들의 한계를 인식하고 이를 극복하기 위해 새로운 기술과 지식을 자발적으로 학습하며 성장해나갔다. 예를 들어 취재 기자가 디지털콘텐츠 제작 기술을 배우거나, 사진 기자가 시각적 스토리텔링을 발전시키는 등의 노력이 콘텐츠의 질적 향상으로 이어졌다.

이 팀이 보여준 수평적 커뮤니케이션 방식은 단순히 뉴스 제작의 품질을 높이는 데 그치지 않고, 조직 내 다른 부서에까지 긍정적인 영향을 미쳤다. 특히 각 팀원이 서로의 업무를 더 깊이 이해하며 협력하는 과정에서 나타난 시너지는 기존의 위계적 업무 방식에서 기대할 수 없는 결과를 만들어냈다. 팀원들은 각자의 전문성을 발휘하며 새로운 아이디어를 제안했고, 이 과정에서 팀 전체가 함께 성장하는 모습을 보였다. 예컨대 히어로콘텐츠팀의 디자이너와 개발자는 기존의 뉴스 제작 방식에서 간과되었던 이용자 경험UX 요소를 적극적으로 반영하며, 독자가 콘텐츠를 더 몰입감 있게 소비할 수 있는 환경을 조성했다.

또한, 히어로콘텐츠팀은 디지털 환경에 적합한 새로운 커뮤니케이션 방식을 실천하며, 뉴스 제작 과정에서 전통적인 역할 분담을 재정의했다. 기존의 상명하복 구조에서 벗어나 팀 내 구성원들은 특정 시점에서 각자의 역할에 따라 리더십을 발휘하며 프로젝트를 주도했다. 이 과정에서 나타난 유기적인 협업은 이전의 단순한 작업 분담을 넘어 진정한 공동 작업의 모범 사례로 자리매김했다. 이와 같은 협업은 특히 디지털콘텐츠 제작에서 필수적이었는데, 다양한 멀티미디어 요소를 효과적으로 결합하기 위해서는 각 직군이 긴밀하게 소통하고 조율해야 했기 때문이다.

물론 이러한 수평적 커뮤니케이션 방식이 모든 구성원에게 항상 긍정적인 경험으로 남는 것은 아니다. 각 팀장의 성향에 따라 커뮤니케이션의 질이 달라지거나, 참여 기간이 짧아지면서 협업의 깊이가 얕아질 위험도 존재한다. 또한, 팀 구성원 간의 전문성 차이와 커뮤니케이션 방식의 차이로 인해 갈등이 발생하기도 했다. 하지만 이러한 어려움에도 불구하고, 히어로콘텐츠팀은 디지털 시대의 뉴스룸에 필요한 새로운 커뮤니케이션 문화를 제시하며, 조직의 변화와 발전 가능성을 보여주었다.

히어로콘텐츠팀의 성공은 단순히 한 팀의 성과에 그치지 않았다. 그들의 협업 방식과 커뮤니케이션 문화는 조직 내 다른 부서와 직군에도 긍정적인 영향을 미쳤으며, 나아가 언론사 전체의 문화적 전환을 가능하게 했다. 이러한 변화는 구성원들의 업무 효율성과 소속감을 높이는 데 기여했으며, 조직의 경쟁력을 강화하는 밑바탕이 되었다. 특히 히어로콘텐츠팀의 사례는 언론사가 어떻게 디지털 환경에 적응하고 혁신할 수 있는지에 대한 모범적인 사례로 평가받고 있다.

결론적으로 언론사 내부 커뮤니케이션 방식의 혁신은 단순한 업무 프로세스 개선을 넘어, 저널리즘의 품질을 높이고 조직의 미래를 밝히는 핵심 열쇠임을 히어로콘텐츠팀의 사례는 명확히 보여준다. 이제는 기존의 위계적 구조에서 벗어나, 전문성과 신뢰를 기반으로 한 수평적 협업 문화를 확산시킬 때다. 이는 디지털 시대 저널리즘의 새로운 표준이자, 언론사가 직면한 여러 도전에 대응할 수 있는 강력한 전략으로 자리 잡을 것이다. 더불어 이러한 변화를 조직의 장기적인 문화적 전환으로 연결시키기 위해, 지속적인 교육과 혁신을 위한 시스템적인 지원이 필요하다. 조직 내 모든 구성원이 전문성을 강화하고 신뢰를 기반으로 협력하는 문화를 정착시킬 수 있다면, 이는 저널리즘의 품질과 조직의 경쟁력을 동시에 높이는 중요한 기반이 될 것이다.

9장

한국 인터랙티브 뉴스의 혁신

"매일 김용균이 있었다"

김지현 · 김창숙

1. 인터랙티브 뉴스의 시작과 확산

디지털 미디어의 발전은 저널리즘의 역할과 기능의 확장을 가져왔다(Singer, 2022a). 특히 독자의 뉴스 소비 방식 변화는 저널리즘의 전달 방식을 단순한 정보 제공에서 독자의 능동적 참여와 해석을 강조하는 형태로 발전시켰다(Deuze & Witschge, 2020). 이러한 전환 속에서 인터랙티브 뉴스는 저널리즘 혁신의 핵심 수단으로 부상하며, 텍스트, 이미지, 영상, 그래픽 등의 다양한 멀티미디어 요소를 결합해 독자가 능동적으로 정보를 소비할 수 있게 하는 환경을 제공한다. 그리고 이 형식은 저널리즘이 사회적 이슈와 독자 간의 연결을 강화하고 참여를 유도하는 데 중요한 역할을 한다(Greber, 2024). 독자는 스크롤이나 클릭을 통해 뉴스를 탐색할 수 있는 상호작용적 참여 기능을 이용해 사건에 대한 이해도를 높이고(Singer, 2022b), 더욱 몰입감 있고 감정적으로 연결된, '체험하는 뉴스'

를 경험하게 된다(De la Peña et al., 2010).

인터랙티브 뉴스는 독자가 뉴스 소비에 능동적으로 개입하고 정보를 스스로 탐색할 수 있게 하는 구조를 강화하며, 저널리즘의 역할을 단순한 정보 제공자에서 참여의 촉진자로 확장한다(Greber, 2024). 이러한 디지털 상호작용은 독자에게 사건의 한가운데 있는 듯한 몰입 경험을 제공하며, 이를 통해 뉴스에 대한 인식과 감정적 반응을 변화시킬 수 있는 가능성을 제시한다(Sundar, Kang, & Oprean, 2017). 특히 360도 비디오를 활용한 몰입형 뉴스는 복잡한 사회적 이슈에 대해 독자의 이해를 심화하고, 사건과의 감정적 연결을 강화한다는 연구 결과도 제시된 바 있다(Van Damme, All, De Marez, & Van Leuven, 2019). 이러한 몰입적 경험은 독자가 단순한 정보 소비자를 넘어서 능동적 정보 탐색자로 기능하도록 돕는다. 나아가 독자와 사회적 이슈 간의 연결성을 강화함으로써 사회 참여의 기회를 확대하는 데 기여한다(Greber, 2024). 요컨대 디지털 상호작용 기술은 정보 전달의 효율성을 높이는 동시에, 저널리즘의 패러다임을 변화시켜 독자의 능동적 참여와 사회적 책임을 촉진하는 중요한 수단으로 자리 잡고 있다 하겠다(Sundar, Kang, & Oprean, 2017).

인터랙티브 뉴스는 2010년대 초반부터 디지털 기술의 발전과 함께 본격적으로 확산하기 시작했다. 그 시작을 알린 대표적인 사례는 2012년 12월 『뉴욕타임스*The New York Times*』가 보도한 "스노우폴Snow Fall"이다. 이 기사는 사진, 동영상, 60여 개의 모션그래픽을 활용해 눈사태의 전후 상황을 독자가 스크롤을 통해 체험하듯 이해할 수 있게 구성되었다(<자료 9-1> 참조). 이 기사는 시각적·상호작용적 스토리텔링을 통한 기술과 저널리즘 서사의 결합이라는 혁신을 보여주며, 정보 전달의 패러다임 변화를 이끌어냈다(Cohen, 2013). "스노우폴"은 290만 명의 독자 방문과 350만 회의 조회 수를 기록하며 큰 주목을 받았고, 퓰리처상을 수상하며 저널리즘 산업 내 인터랙티브 뉴스의 가치를 증명했다(Thurman & Schapals, 2022a). 이는 독자가 사건을 경험하도록 유도하는 몰입형 스

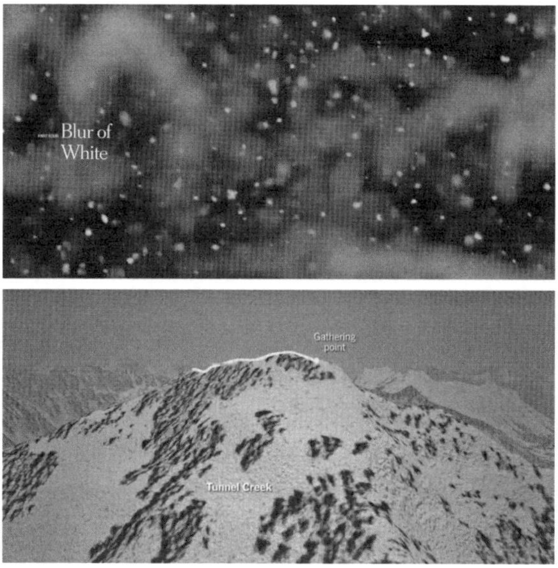

<자료 9-1> "Snow Fall: The Avalanche at Tunnel Creek"
인터랙티브 뉴스 기사 화면

토리텔링의 가능성을 보여준 동시에 여러 언론사가 유사한 형식의 뉴스 제작에 뛰어드는 계기가 되었다.

뉴욕타임스는 2013년에 또 다른 인터랙티브 뉴스인 "더 자키The Jockey"에서 몰입형 스토리텔링을 도입했다. 이 기사는 경마 기수 러셀 베이즈의 일상을 다각도로 조명하며, 텍스트, 영상, 그래픽, 애니메이션, 인터랙티브 타임라인을 결합해 독자가 경주의 흐름과 기수의 삶을 직접 체험할 수 있게 했다. 이는 스포츠 정보 전달 방식을 다변화시키며 독자의 관심과 몰입을 높였고, 스포츠 저널리즘의 새로운 가능성을 보여준 사례가 되었다. 같은 해 『워싱턴포스트*The Washington Post*』가 발표한 "새 시대의 벽: 장벽이 세상을 바꾸고 있다A New Age of Walls: How Barriers are Changing our World"는 또 다른 인터랙티브 저널리즘의 혁신적 사례로 주목받았다(Perry, 2018). 이 기사는 현대사회와 세계 정치에 영향을 미치는 지리적 경계와 장벽을 다루며, 드론 영상을 활용해 독자들이 장벽의 규모와 지형적 특성을 생생하게 체험하도록 했다. 또, 인터랙티브 맵 기능을 통해 독자들이 세계 주요 장벽의 위치를 직접 탐색하며, 관련 정보를 텍스트로도 받을 수 있게 했다. 이러한 접근은 독자들에게 시각적 몰입감을 통한 정보 탐색의 자유를 제공하며, 현대사회의 물리적 경계에 대한 깊이 있는 통찰을 가능하게 했다(Holton, Coddington, & Gil de Zúñiga, 2021).

"스노우폴"과 그 이후 등장한 인터랙티브 뉴스들은 단순히 뉴스를 전달하는 방식을 넘어, 독자의 경험과 감정적 연결을 중시하는 몰입형 저널리즘의 가능성을 열었다(De la Peña et al., 2010). 이는 사회적 · 정치적 주제에 대한 독자의 공감대를 넓히고, 저널리즘의 영향력을 강화하는 중요한 도구로 자리 잡으며 저널리즘 산업의 패러다임 변화를 이끌었다. 앞서의 해외 사례들이 인터랙티브 뉴스의 강점과 저널리즘적 혁신을 보여줬다면, 이제는 한국의 사례를 중심으로 인터랙티브 뉴스가 지속 가능한 저널리즘 모델로 발전할 가능성을 논의할 필요가 있다.

이 글에서 주목한 한국 인터랙티브 뉴스의 대표 사례는 『경향신문』의 "매일 김용균이 있었다"다. 이 기사는 산재로 사망한 1,748명의 데이터를 전수조사해 각 노동자의 죽음을 시각화하는 방식으로 구성했다. 독자가 커서를 이용해 개별 노동자의 이름, 나이, 재해 원인 등 구체적인 정보를 확인할 수 있도록 설계되었으며, 이를 통해 사회적 문제를 보다 직관적이고 감성적인 방식으로 전달했다. 이 보도는 산업재해라는 무거운 주제를 시각적 데이터와 상호작용을 통해 효과적으로 풀어냄으로써 사회적 변화를 촉발한 성공 사례로 평가받으며 한국데이터저널리즘협회 2020 올해의 데이터 시각화상, 관훈언론상(제38회), 민주언론상(제30회), 이달의 기자상(제351회), 국제앰네스티 언론상, 한국기자상(제51회) 기획보도 부문 등 다수의 언론상을 수상했다. 전례 없는 한국형 인터랙티브 뉴스의 성공 사례였다.

디지털 기술의 발전과 더불어 저널리즘의 역할과 가치가 계속해서 논의되고 있는 오늘날, 저자들은 한국 저널리즘의 혁신 사례를 분석함으로써 저널리즘, 기술, 독자의 관계를 구체적으로 탐색하고, '기술과 저널리즘의 결합이 독자에게 어떤 방식으로 의미 있는 경험을 제공할 수 있는지'를 구체적으로 살펴보고자 했다. 이를 기반으로 디지털 기술과 저널리즘의 만남이 현대 시민사회에서 지니는 의미 그리고 사회적 변화를 유도하는 방식을 논의해보고자 한다. 이러한 분석이 한국 저널리즘의 패러다임이 어떻게 진화하고 있는지를 이해하고, 앞으로의 변화를 예측해보는 데 의미 있는 단서를 제공할 수 있기를 기대한다.[1]

2. 저널리즘과 디지털 기술의 유기적 결합

저자들은 "매일 김용균이 있었다" 기사의 분석과 기자 인터뷰를 통해 디지털 기술이 결합한 인터랙티브 뉴스의 세 가지 주요 특성을 도출했다. ① 상호작용 기술을 활용한 데이터 저널리즘의 확장, ② 데이터와 감정적 서사의 결합, ③ 사회 감시자로서의 저널리즘 실현이 그것이다.

데이터 저널리즘의 진화, 인터랙티브 뉴스: 상호작용 기술을 활용한 몰입형 저널리즘

매년 1,000명가량, 하루에 3명꼴의 노동자가 일터에서 사고로 사

1 논의를 위해 기사를 분석하면서 "매일 김용균이 있었다" 팀의 기자를 인터뷰했다. 몇 명이나 읽을지도 몰랐던 산업재해 기사를 '매일같이' 작성하던(황경상 기자 취재기의 표현을 빌렸다) 김지환 기자, 사망 노동자 데이터를 아카이브로 만들고 인터랙티브 뉴스로 제작하고자 했던 '기획자' 황경상 기자, 실제 인터랙티브 기술을 결합해 모든 정보를 시각화한 '개발자' 김유진 기자다. 인터뷰 내용과 그들이 제공해준 자료(취재기, 보고서 등)를 발췌해 분석에 활용했음을 미리 밝혀둔다. 인터뷰에 응해준 기자님들에게 진심 어린 감사의 마음을 전한다.

> 망한다는 통계 숫자는 그 자체만으로 사람들에게 와 닿기는 어려웠다. 이 끔찍한 현실을 어떻게 하면 시민들에게 알리고 공론화할 수 있을까 하는 고민에 이르렀고, 이들의 죽음을 아카이브화해보자는 결론을 냈다. 노동자 한 명, 한 명의 죽음이 숫자가 아니라 체온으로 느껴질 수 있도록 구체적으로 기록해 전달하자는 생각이었다.

"매일 김용균이 있었다" 팀 황경상 기자(현재 경향신문 데이터 저널리즘 팀장)의 취재기에 담긴 글이다. 산업재해라는 한국사회의 중요한 이슈와 디지털 기술을 접목한 인터랙티브 뉴스의 만남은 이렇게 시작되었다. 5명으로 구성된 "매일 김용균이 있었다" 팀은 노동부에 정보공개청구를 해 2016년부터 2019년 9월까지의 중대재해 보고 목록을 입수하고, 이와 별도로 더불어민주당 한정애 의원실을 통해 2018년부터 2019년 9월까지 발생한 중대재해에 대한 재해조사 의견서 1,305건 전수를 입수해 이를 직접 입력하는 작업을 시작했다고 한다.

기자들은 일관된 형식을 취하는 것이 아닌, 데이터를 수기로 입력하고 이 자료를 바탕으로 분석해 산업재해로 인한 사망의 패턴을 밝혀냈다. 가령 추락 사고는 5미터 이하의 낮은 높이에서 가장 많이 난다는 사실, 초심자들보다는 고숙련 노동자들에게서 많은 재해가 발생한다는 것, 공휴일 사고가 전체의 20%가 넘는다는 사실 같은 것들 말이다. 사고가 발생한 원청 기업들을 분석해 대기업 계열사 중에서는 현대차 그룹, 대림 그룹, 포스코 그룹 순으로 사고가 많이 발생한다는 사실도 밝혀냈다.

데이터 저널리즘은 통계를 시각적으로 표현하여 많은 정보를 일목요연하게 정리함으로써 독자에게 복잡한 정보를 알기 쉽게 전달해준다. 객관적이고, 정확하고, 간결하게 말이다. 카이로(Cairo, 2012)는 데이터 시각화가 데이터의 객관성을 유지하면서도 정보를 보기 좋게 만드는 것을 넘어, 데이터의 본질적 의미, 사건이나 문제의 복잡한 맥락을 효과적으로 전달할 수 있게 하고, 특히 대규모 데이터나 복잡한 정보를 독자에게 이

해시키는 데 유용하다고 지적했다. 데이터 시각화는 독자에게 데이터의 의미를 직관적으로 파악할 수 있게 해주는 도구가 되고, 정보의 스토리텔링을 강화하면서 독자가 데이터와 상호작용하고 이를 해석해 사건의 맥락을 더 쉽게 파악할 수 있게 한다는 것이다. "매일 김용균이 있었다"는 1,748건의 사망 자료를 분석해 현장 노동자가 산업 현장에서 떨어져 사망하는 것을 시각화한 자료를 기사 전면에 내세우면서 수많은 산업재해 사건과 '추락사'라는 사망 원인을 쉽게 파악할 수 있도록 했다(<자료 9-2> 참조).

"매일 김용균이 있었다" 프로젝트는 기존의 데이터 저널리즘처럼 산업재해를 숫자와 패턴으로 시각화하여 독자에게 제공하는 데 그치지 않았다. 팀에서 사망 노동자의 아카이브를 인터랙티브 기술로 구현해내는 업무를 담당했던 김유진 디자이너(현 『한국일보』 기자)는 상호작용적 기술을 활용해 독자들이 데이터를 직접 탐색하고 '몰입'할 수 있도록 설계했다고 설명했다. 황경상 기자의 말처럼 노동자 한 명, 한 명의 죽음이 "체온으로 느껴질 수 있도록", 사건의 맥락을 이해하면서 감정적 연결을 형성할 수 있도록 돕고자 한 것이다.

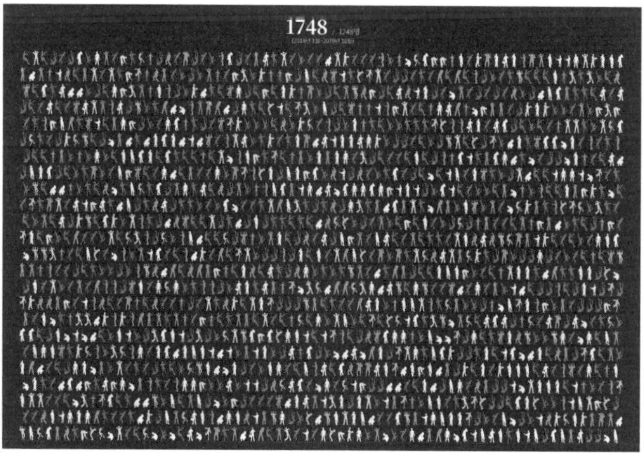

<자료 9-2> "매일 김용균이 있었다" 인터랙티브 뉴스 기사 화면

구체적으로 살펴보자. “매일 김용균이 있었다”에서는 단순히 대량의 정보를 시각적으로 정리해 보여주는 기술을 넘어, 히트맵을 통해 데이터를 제시함으로써 작은 아이콘 형태로 노동자들을 화면에 보여주고, 커서를 대거나 클릭을 하면 그날 사망한 사람의 이름과 나이 등 추가적인 정보를 얻을 수 있게 하는 상호작용이 가능한 기술을 적용했다. 기사에서 제공하는 데이터를 독자가 자신의 선택에 따라, 직접 날짜별 사망 사고를 클릭해보거나 사고 발생의 원인과 빈도를 시각적으로 탐색해보게 하면서 스스로 사건의 본질에 가까워질 수 있도록 한 것이다(<자료 9-3> 참

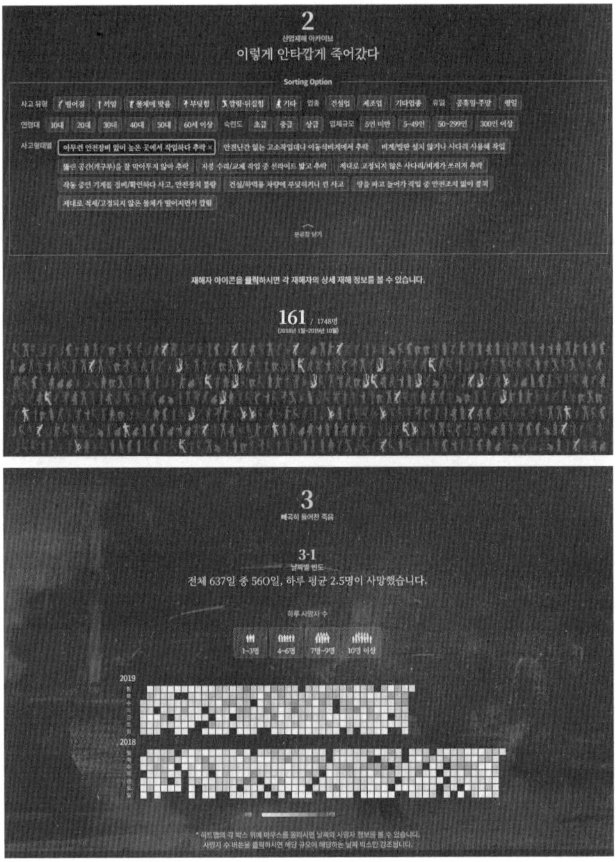

<자료 9-3> “매일 김용균이 있었다” 인터랙티브 기술 적용 예시[2]

조). 이러한 인터랙티브 기술의 구현은 독자들에게 기사에서 다루고 있는 사회적 이슈와의 감정적 연결을 형성하도록 하는 뉴스 소비 경험을 제공하고(Sundar, Kang, & Oprean, 2017), 독자는 이러한 능동적 개입과 참여를 통해 해당 이슈에 더 몰입하여 사건을 해석하게 된다(De la Peña et al., 2010). 그리고 이러한 몰입 경험은 독자가 산업재해와 같은, 중요하지만 종종 잊히기 쉬운 이슈를 일상 속에서 발생하는 문제로 인식하게 하는 데 기여한다. 결국 독자들은 한 명, 한 명의 죽음이 의미하는 바를 이해하며, 사회적 책임의 중요성을 깨닫게 된다.

데이터와 감정적 서사의 결합: 내러티브 저널리즘의 한계를 넘어

"매일 김용균이 있었다"는 산재로 인해 사망한 노동자의 데이터를 기반으로 한 통계에서 출발하지만, 동시에 통계 너머의 이야기를 강조한다. 기자들은 산업재해로 인한 노동자의 죽음이 단순한 숫자로만 처리되는 현실을 비판하며, 기사 자체가 하나의 기록이자 추모의 장이라는 점을 기사 초반 분명하게 드러낸다. 기사 서문에 "죽음의 숫자가 너무 많으니까 죽음은 무의미한 통계 숫자처럼 일상화되어서 아무런 충격이나 반성의 자료가 되지 못하고…"라는 김훈 작가의 글을 인용함으로써 독자의 감정적인 공감을 이끌어내고, 기사 초반 "노동자들의 죽음이 무의미한 통계 숫자가 되지 않도록 하기 위해 사고로 숨진 노동자 한 명, 한 명의 죽음을 기록했습니다. 파편화되고 기억되지 못하는 죽음을 한 곳에 모아 사회적으로 추모하기 위한 의미도 있습니다"라고 언급하며 1,748명의 사망 사건을 단순 통계 정보로 제공하는 것을 넘어, 죽음을 사회적 문제로 확장해 재인식시킴으로써 감정적 공감을 호소하는 것과 함께 사회적 반성의 필요성을 제기한다.

정리하면 이 프로젝트는 숫자로 표현된 데이터에 각 노동자의 구체적 이야기를 덧붙이는 방식을 통해 산업재해 문제에 대한 독자들의 감정적 몰입과 공감을 유도했다. 예를 들어 부산 오페라하우스 공사 현장에서 사망한 타워크레인 기사의 사고를 구체적으로 다루며, 사고 전후의 상황을 상세히 취재해 보여줬다. 수치화된 사망 '데이터'에 한 사람의 '이야기'를 덧붙이면서 독자가 '산업재해'에 감정적으로 더 가까이 갈 수 있도록 한 것이다. 이는 데이터 저널리즘 그리고 독자의 감정적 결합을 끌어낼 수 있는 내러티브 저널리즘 간 결합을 통해 독자가 산업재해를 단순한 통계가 아닌 인간적 비극과 사회적 이슈로 이해하도록 유도한 것으로 보인다.

> 건조한 데이터 분석만으로는 현장의 모습을 그려내는 데 한계가 있었다. 현장 취재로 좀 더 생생한 목소리를 전달하고 싶었다. 부산 오페라하우스 건립 공사 현장에서 사망한 이동식 타워크레인 기사의 유족을 취재해 사고 전후의 상황을 들었다. 지반 침하라는 어이없는 사고 원인과 함께 원청 기업인 한진중공업이 사고 이후 '근로계약서가 없어 산재 처리가 어렵다'며 유족을 기만하려고 한 것을 보도했다. 보도가 나간 뒤에 근로복지공단은 한진중공업의 주장과 달리 유족의 산재 신청을 승인했다. 늘 같은 패턴의, 같은 원인의 어이없는 사고가 반복되는 이유를 찾기 위해 현장의 목소리를 듣기도 했다. 사고가 가장 많이 발생하는 건설 현장의 전·현직 노동자 3명과 집담회를 진행했다. 한국산업안전보건공단에서 운영하는 산재예방 순찰차(패트롤카)와 동행해 직접 눈으로 사고가 잦은 소규모 건설 현장을 확인해보기도 했다. (황경상 기자 취재기 중에서)

일반적으로 기사는 정보의 정확성과 객관성에 중점을 두며, 통계 수치를 보고하고, 사건의 맥락을 간결하게 전달하지만(Schudson, 2003), "매일 김용균이 있었다"는 김훈 작가의 발언을 인용해 노동자의 죽음이 어떻게 통계화되고, 사회적으로 무감각하게 처리되는지를 비판적으로 서술하며 감정적 반응을 유도했다. 이 기사에서 노동자의 죽음은 단순한 사고 통계로만 제시되지 않고, 각각의 죽음이 한 인간의 삶의 일부로 상세히 묘사된다. 그렇게 함으로써 독자에게 노동자의 죽음이 단순한 숫자가 아니라, 사회의 구조적 문제로 인해 발생한 비극임을 강조한다. 독자는 뉴스를 통해 단순한 정보 습득을 넘어 사회적 반성의 기회를 갖게 된다.

또 하나 주목할 것은 바로 '현장성'이다. 텍스트 중심의 뉴스 기사는 독자에게 핵심 정보를 빠르게 전달하기 위해 객관적이고 간결하게 만들어진다. 구체적인 묘사나 현장성은 강조하지 않는다. 이러한 방식에서 구체적인 세부 사항은 생략되거나 축약되어 전달되며, 독자가 사건의 세부적인 맥락이나 시각적 이미지에 깊이 빠져들 여지를 제공하지 않는다. 터크먼(Tuchman, 1978)은 이러한 접근이 뉴스의 객관성을 유지하는 데 기여하지만, 독자에게 사건의 본질을 감정적으로 전달하는 데는 한계가 있다고 설명한다. 그러면서 구체적인 사건의 맥락과 현장 묘사는 독자가 상황을 상상하고, 감정적으로 반응하는 데 중요한 역할을 한다고 지적했다. "매일 김용균이 있었다"는 취재 내용을 "밟고 선 것은 폭 13㎝의 파레트 거치대뿐. 최후의 생명줄인 안전대 고리를 걸 만한 설비도 없었습니다"와 같이 구체적으로 묘사하면서도, 추락 사고가 발생한 과정을 생생하게 묘사해 독자가 마치 현장에 있는 것처럼 사고의 위험성과 심각성을 느끼게 했다.

내러티브 저널리즘은 이야기의 흐름을 통해 독자의 감정적 몰입과 사회적 인식을 고취시키지만(Harbers & Broersma, 2014), 감정적 서사를 강조하다 보면 뉴스의 객관성과 명확성이 손상될 우려도 있다(Tuchman, 1978). 그런데 인터랙티브 뉴스 환경은 데이터 분석에 기반한 객관적인 정보와 감정적 서사를 동시에 제공한다는 강점이 있다. 이를 통해 독자는 다양한 관점에서 사건을 이해하고, 복잡한 사회문제를 직관적으로 받아들일 수 있는 몰입 경험을 얻게 된다(Neveu, 2014). 전통적인 뉴스 기사가 데이터를 간결하게 제시한 후 독자 스스로 해석하도록 남겨두면서 서사를 배제하는 측면이 있다면 반대로 내러티브 저널리즘은 객관성의 우려를 낳는다. 하지만 "매일 김용균이 있었다"는 복잡한 데이터를 객관적으로 정리해 시각화하면서도 노동자의 처참한 작업 환경과 사망에 이른 과정을 서사적으로 그려냄으로써 데이터 저널리즘의 객관성 그리고 내러티브 저널리즘의 감정적 호소 모두를 효과적으로 활용하고 있다.

사회 감시자로서의 저널리즘: 효율적 탐사 보도의 실현

> 추락 사고 다음으로 많이 발생한 것이 끼임 사고입니다. 사람이 로봇 가까이 접근하면 자동으로 멈추는 안전장치가 있었지만 제대로 작동하지 않았습니다.

"매일 김용균이 있었다"는 산업재해로 인한 사망 사건의 빈도와 원인을 다루면서도, 김용균 씨의 죽음을 비롯한 여러 산업재해 사건이 반복적으로 발생한 이유를 탐구한다. 결과적으로는 그 책임을 개인의 실수나 단순한 사고로 돌리지 않고, 다단계 하도급 구조와 같은 시스템적 문제 그리고 대기업의 안전 관리 소홀을 폭로한다. 데이터 분석을 통한 사고 통계뿐만 아니라 시스템적으로 발생한 안전 문제의 구조적 분석 결과를 함께 보도함으로써 사회적 불의와 구조적 결함을 드러내고, 책임을 묻는 데 중점을 두는 탐사 보도(Houston, 2010)의 특성을 반영하고 있는 것이다.

> 김용균 씨가 일하던 곳은 직접적인 원청 관리감독 없이 하청 업체 간의 계약 관계 속에서 이루어졌다. 그 과정에서 안전 관리가 제대로 이루어지지 않았고, 김 씨는 적절한 안전 장비 없이 위험한 현장에서 작업을 하다 사망했다. … (중략) … 서부발전은 김 씨가 사망한 날에도 그에게 적절한 안전 교육이나 장비를 제공하지 않았으며, 안전 점검 시스템도 부재한 상태였다.

"매일 김용균이 있었다" 기사 내용 중 일부다. 기자들은 이러한 반복적인 사고가 "원청이 근로자의 안전을 책임져야 할 의무를 소홀히 하고, 하청 업체에 책임을 떠넘긴 결과"라고 분명하게 지적한다. 기업 안전 관리 시스템의 근본적 문제를 폭로한 것이다. 이러한 탐사 보도는 권력자들에게 책임을 물음으로써 공익을 보호하고, 사회적 불의와 구조적 문제를 바로잡는 역할을 한다(Ettema & Glasser, 1998). 기업의 안전 조치 미비로 인한 사고에 대해 책임을 묻는 것은 단순한 사건 보도 이상의 의미를 지닌다. 보도를 통해 기자들은 기업의 책임을 규명하고, 더 나아가 사회적 개선을 요구하는 목소리를 대변하기 때문이다.

> 사고가 발생한 원청 기준으로 살펴보면 현대차 그룹이 32건의 사고로 1위를 기록했고, 다음으로 대림 그룹(31건), 포스코 그룹(27건), 대우건설(26건) 등의 순으로 많았습니다.

책임 소재를 기업에 두는 것은 저널리즘이 중립적 정보 전달자의 역할을 넘어 사회적 불의와 구조적 문제를 폭로하고 책임을 묻는 사회적 '감시자watchdog'로서 기능하는 것으로(Harcup, 2009), 이러한 보도는 권력자나 대기업이 자행하는 구조적 문제 및 부패를 폭로함으로써 사회적 변화를 촉구하는 데 목적을 둔다(Houston, 2010). 결과적으로 개인의 실수나 불행으로 치부될 수 있는 사건을, 더 큰 사회적 문제로 확장하여 분석함으로써 독자에게 사고의 원인과 책임이 어디에 있는지 명확하게 인식시키는 것이다. 독자는 이를 통해 사회적 문제의 책임이 현장의 개별 노동자나 관리자 개인에게 있는 것이 아니며, 더 큰 구조적이고 시스템적인 문제와 연결되어 있다는 거시적 맥락에서 접근할 수 있게 되고, 더 깊이 사고함으로써 시스템 개선의 필요성을 인식하게 된다(Ettema & Glasser, 1998).

특히 "매일 김용균이 있었다"라는 인터랙티브 기사에서 독자는, 시각화된 그래프에 커서를 옮겨가며 기업별 사고 빈도, 높이별 추락 빈도 등을 직접 눈으로 확인하면서 대기업의 역할과 책임, 사회적 불의와 구조적 문제의 현실을 깊이 인식하게 된다. 결과적으로 독자는 문제의 본질을 파악하고, 나아가 사회적 책임에 대한 경각심과 시스템 개선의 문제의식을 갖게 될 수 있다. 이는 독자와 사회적 문제 간의 연결성을 더욱 강화시키며, 산업재해로 인한 사망 사고의 개선을 위한 사회 전반의 여론 환기에도 기여할 수 있다.

3. 저널리즘의 혁신, 인터랙티브 뉴스와 지속 가능한 저널리즘

산업재해로 사망한 노동자들의 죽음을 다룬 인터랙티브 뉴스 "매일 김용균이 있었다"는 전통적인 뉴스 기사 형식과는 확연히 다른 방식으로 사건을 전달한다. 상호작용적 요소를 통해 독자의 참여를 유도하고, 감정적 서사를 통해 노동자의 죽음을 개인적 이야기로 풀어내며, 사고의 구조적 문제를 깊이 있게 다루는 등 다양한 저널리즘적 특성을 보여준다. 저자들은 기사 분석과 인터뷰 등을 통해 인터랙티브 뉴스의 설계 및 구현이 빅데이터 분석과 시각화 기술을 활용함으로써 데이터를 신뢰성 있는 정보로 전환시키며, '사실 검증', '시민의 사회 참여 촉진', '권력 감시', '공적 담론 형성의 장 제공'(Kovach & Rosenstiel, 2021; Rosenstiel, 2023), 나아가 '사회적 변화에 대한 논의 촉진'이라는 저널리즘의 임무(McNair, 2017)를 실현하고 있음을 확인했다.

인터랙티브 뉴스는 디지털 기술을 활용해 빅데이터를 분석하고, 객관적 통계를 제시함으로써 뉴스의 신뢰성을 높이며, 이를 시각화하여 복잡한 맥락을 알기 쉽게 전달할 수 있도록 설계한다. 그리고 독자는 데이터를 직접 탐색하는 상호작용을 통해 다양한 관점과 시각으로 사회문제를 분석하면서 권력 구조의 불투명성을 이해할 수 있다. 이 과정에서 독자는 자신만의 해석을 도출할 수도 있다. 결과적으로 인터랙티브 뉴스는 독자가 정보의 수동적 소비자를 넘어서 '능동적 탐색자'이자 '사회적 참여자'로 성장할 수 있도록 도우며, 공론장을 활성화시킴으로써 저널리즘의 본질적 가치를 재확인하게 만든다. 실제로 황경상 기자는 취재기에서, "보도 이후, 양대 노총과 더불어민주당, 정의당 등 정치권에서도 보도에 대한 논평을 내놓았고, 이재갑 고용노동부 장관은 경향신문 인터뷰에서 산재 사망 사고의 솜방망이 처벌 관행에 대해 "노동부 차원에서 양형 기준과 관련한 입장을 정리해 법원에 의견을 제출할 것"이라고 밝히기도 했다면서 "매일 김용균이 있었다"라는 인터랙티브 뉴스가 산업재해와 책임에 대한 비판적 여론을 형성하는 데 기여했을 뿐만 아니라, 이를 기반으로 사회적 변화를 가져올 가능성이 있음을 시사했다.

이런 맥락에서 인터랙티브 뉴스는 저널리즘의 본질과 디지털 기술이 만나 지속 가능한 저널리즘을 가능하게 하는 새로운 패러다임의 출발을 알린 혁신이다. 적어도 저널리즘의 새로운 지평을 열어가고 있다는 점에서는 반기를 들 사람이 없을 것이다. 저널리즘적 관점에서 인터랙티브 뉴스가 주도한 혁신은 다음과 같이 정리할 수 있다. 첫째, 인터랙티브 뉴스는 독자에게 강력한 몰입 경험을 제공함으로써 기존의 텍스트 중심 저널리즘을 넘어서는 스토리텔링의 전환을 가져와(Sundar, Kang, & Oprean, 2017) 정보 전달의 효과를 극대화했다. 가상현실 같은 기술을 이용한 인터랙티브 뉴스는 저널리즘이 사회적 이슈에 대한 간접적인 경험을 생생하게 할 수 있게 하는 환경을 제공하며, 이는 중요한 사회문제에의 독자 관여도를 높임으로써 사회 참여 가능성을 높일 수도 있다. 둘째, 인터랙티브 뉴스는 데이터 시각화가 필요한 분야에서도 강점을 발휘하는데, 특히 공공 데이터를 직관적으로 전달하고, 이를 통해 독자들이 사회 이슈에 대한 데이터를 더욱 능동적으로 탐색하고 분석할 수 있게 한다(Cohen, Singer, & Thorsen, 2021). 칼슨과 홀트(Karlsson & Holt, 2021)는 투명성과 오픈 데이터의 중요성을 언급하며, 인터랙티브 플랫폼을 통해 독자들에게 데이터를 시각적으로 제공하는 방식이 뉴스의 접근성과 이해도를 높인다고 설명하기도 했다. 셋째, 인터랙티브 뉴스를 통해 기술과 저널리즘이 만나고, 이 만남으로 독자들은 복잡한 사회적 이슈를 알기 쉽게 보여주는 시각 자료와 상호작용함으로써 정보를 더 깊이 탐구할 수 있게 되며, 나아가 정보 소비자에서 '참여형 독자'로 변모할 수 있게 된다 (Holton, Coddington, & Gil de Zúñiga, 2021).

4. 지속적인 저널리즘 혁신을 위한 과제

그렇다면 앞으로의 저널리즘 패러다임의 변화와 지속 가능한 저널리즘 혁신을 위해 우리가 풀어가야 할 과제는 무엇일까? 여기서는 그 답으로 세 가지를 제안한다. ① 기술인력의 확보와 비용 문제 해결, ② 수평적 협업 체계와 내부 커뮤니케이션의 중요성 인식, ③ 독자 맞춤형 비즈니스 모델 개발이다.

> 의견서는 대체로 PDF 파일 형식이었고 파일 내부도 문자가 아니라 이미지로 돼 있었다. 형식도 제각각이어서 기계적으로 변환하기는 어려웠다. 문서를 하나씩 열어서 성명, 나이, 숙련도, 직업, 재해 원인 등을 스프레드시트에 수작업으로 입력했다. 재해 상황도 같은 그림은 캡처를 해서 따로 저장했다. 입력 작업만도 지난해 9월 말부터 꼬박 한 달 반이 넘게 걸렸다. 정보공개 청구로 받은 목록과 의원실을 통해 받은 목록의 내용이 다르거나, 의견서와도 맞지 않는 부분이 있어 수차례 보정 작업을 거쳤다. 보도 전날까지도 숫자가 어긋나는 부분이 있었다. 팀의 김유진 디자이너와 이아름 기획자는 일일이 숫자를 맞춰보며 확인을 했다.

황경상 기자는 인터뷰에서 인터랙티브 뉴스를 “가성비가 떨어지는 뉴스”라고 표현했다. 데이터 정제부터 확인, 검수까지의 기한이 너무 오래 걸린다는 것이었다. 이후 데이터를 분석하고 패턴과 맥락을 밝혀내는 과정 또한 빠르게 이루어지지 않는다. 게다가 패턴과 맥락의 분석 결과를 시각화하고, 인터랙티브 요소를 가미시키는 과정도 거쳐야 한다. 즉 하나의 인터랙티브 뉴스가 탄생하기까지는 많은 인력이 오랫동안 협력해야 한다. 따라서 시의성 있는 기사는 인터랙티브 뉴스와 거리가 멀고, 언론사 조직 특성상 하나의 팀이 오래 지속되는 것 또한 쉽지 않다.

인터랙티브 뉴스가 지속 가능한 저널리즘 모델로 발전하기 위해서는 어떠한 요소들이 전제되어야 하는지 하나하나 이야기해보자. 첫째, 인터랙티브 뉴스는 데이터의 수집과 정제, 분석, 시각화, 상호작용적 설계 등 복잡한 작업을 필요로 하며, 개발자와 같은 전문 인력이 필수적이다(Pavlik, 2019). 또 고가의 장비와 기술적 지원이 필요하다. “매일 김용균이 있었다”에는 개발자가 있었다. 기술적 구현을 담당했던 김유진 디자이너는 처음 입사할 때부터 편집국 내 개발자로 채용되어 팀에 투입되었지만, 대부분의 언론사는 개발자 인력을 확보하는 것 자체가 큰 장벽이 될 수 있어 일상적으로 인터랙티브 뉴스를 제작하기는 어렵다. 물론 이러한 문제는 기술 부서와 편집 부서 간의 긴밀한 협업을 통해 해결할 수도 있다. 하지만 인터랙티브 뉴스는 단기적으로 즉각적인 수익을 창출하기 어렵고, 생산까지 오랜 시간이 소요된다는 문제도 있어 언론사 내부에서 ‘가성비가 떨어지는 뉴스’로 인식될 위험이 있다는 것 또한 풀어야 할 과제다. 황경상 기자가 언급했듯이 데이터 정제와 시각화 작업, 상호작용 구현 과정은 시간이 많이 걸리며 여러 인력이 오랜 기간 협력해야 하는데, 이러한 특성으로 인해 시의성을 중시하는 언론사의 빠른 기사 생산 구조와 충돌할 수 있다.

둘째, 수평적인 커뮤니케이션 구조와 협업 체계다. 인터랙티브 뉴스의 성공을 위해서는 팀원 간의 수평적 커뮤니케이션과 협업이 필요하다.

"매일 김용균이 있었다"는 경향신문의 디지털 부서와 편집국 내에서 이루어진 긴밀한 협업의 결과물이었다. 황경상 기자와 김지환 기자가 동기이자 같은 부서에서 일하며 자연스럽게 아이디어를 공유했고, 워싱턴포스트의 총기 사망 사건 아카이브 사례를 참고해 사망 노동자 아카이브를 기획하게 되었다.

> 같은 부서에서 일하게 된 입사 동기 김지환 기자는 매일같이 노동자들의 사망 기사를 써서 웹으로 내보내고 있었다. 지면에 들어가는 기사도 아니고 과연 몇 명이나 볼지도 알 수 없는 기사라는 걸 본인 역시 너무나 잘 알고 있었다. 그럼에도 너무 미안하고 안타까워서, 이렇게라도 해야 마음이 편하다고 했다. 어디선가 속보가 나오면 그대로 쓰는 것도 아니었다. 해당 사고에 대한 재해조사 의견서를 입수해서 더 자세하게 기사를 보완하곤 했다. 그 모습을 보며 문득 워싱턴포스트에서 선보였던 경찰에 의한 총기 사망 사건 아카이브 사이트가 떠올랐다. … (중략) … "우리도 이렇게 사망한 노동자들의 아카이브를 만들어보면 어떨까?" 워싱턴포스트의 사이트를 보여주자 김지환 기자는 두말 않고 그러자고 했다. 기획의 시작이었다. (황경상 기자의 취재기 중에서)

비공식적으로 시작된 이 기획은 편집국장의 신속한 승인으로 현실화될 수 있었다. 디지털콘텐츠 부서가 편집국 내에 있었기 때문에 복잡한 의사결정 과정 없이 빠르게 기획이 승인되었다. 이와 같은 단순한 승인 구조와 수평적 협업 체계는 기획 단계부터 최종 결과물까지 팀의 방향성을 일관되게 유지하는 데 도움이 되었다. 김유진 기자는 "데이터 시각화와 인터랙티브 요소가 기사의 핵심 내용과 일치하도록 팀원들과 지속적으로 소통했고, 이와 같은 협업은 프로젝트의 완성도를 높이는 데 중요한 역할을 했다"고 설명했다. 황경상 기자는 "최민지 기자의 경우 다른 업무가 있었음에도 데이터 입력에서부터 취재까지 성실하게 수행해줬고, 어찌 보면 본인의 주 업무가 아니었지만 김유진 디자이너와 이아름 기획자는 데이터 입력과 수정 과정에서 '일일이 숫자를 맞춰보며 확인하는' 수고로움까지 기꺼이 해줬다"면서 기사 작성 과정에 있어 팀원 소통과 컨펌으로 인한 어려움은 없었다고 말했다.

셋째, 독자의 관심과 참여를 유도하는, 독자 맞춤형 비즈니스 모델이 필요하다. 코바치와 로젠스틸(Kovach & Rosenstiel, 2021)은 신뢰와 참여를 바탕으로 하는 구독 모델이 저널리즘 비스니스의 핵심으로 부상했다고 분석한 바 있는데, 실제 이러한 모델은 데이터 분석을 기반으로 정보를 제공함으로써 정보 신뢰도를 높이고, 독자가 기사 내용과 상호작용함으로써 능동적 탐색자로 사회적 이슈에 참여하도록 이끌 수 있다. 즉 인터랙티브 뉴스 환경은 궁극적으로 독자의 충성도를 높일 수 있다. 뿐만 아니라 장기적인 구독 모델을 통해 경제적 지속 가능성을 확보하는 데에도 기여한다. 다양한 국가에서 구독 기반 뉴스 모델이 성공적으로 정착되는 이유를 분석한 한 연구 결과, '콘텐츠의 품질'과 '디지털 경험'의 영향이 구독을 유도하고 유지시키는 핵심적인 요인인 것으로 나타났다는 점에서도(Fletcher & Nielsen, 2017) 이 모델에 대한 긍정적 기대를 해볼 수 있을 것이다.

물론 뉴스 제공자가 아닌, 인터랙티브 뉴스를 소비하는 독자가 처한 현실적인 한계에 대한 우려의 목소리도 존재한다. 톨센과 잭슨(Thorsen & Jackson, 2020)은 인터랙티브콘텐츠를 소비하려면 고속 인터넷과 고성능 장비가 필요하기 때문에, 이는 저소득층이나 인프라가 부족한 지역의 독자들에게 접근성을 제한하는 문제를 초래할 수 있다고 지적한다. 한국의 경우 기술 인프라가 잘 갖추어져 있어 이러한 문제는 덜하지만, 세대 간 디지털 격차는 여전히 중요한 문제로 남아 있다. 또한 인터랙티브 뉴스에 대한 이해 부족도 문제로 지적된다. 젊은 세대와 노년층 모두 인터랙티브 뉴스를 어떻게 활용해야 하는지에 대한 정보가 부족하며, 이는 뉴스 소비의 저해 요인이 된다. 그럼에도 불구하고 알고리즘 기반의 개인화된 정보 추천 시스템과 인터랙티브 뉴스는 많은 유사점을 공유하며, 독자가 자신의 관심사에 맞는 뉴스를 탐색하도록 도울 수 있다는 점에서 '지속 가능한' 저널리즘 모델로서의 충분한 가능성과 비전을 지닌다. 치타오와 우팡자오, 우추한, 후앙용펑(Qi, Wu, Wu, & Huang, 2020)은 AI와 인터랙티브 뉴스의 결합 가능성을 언급하며, AI가 독자의 행동 패턴을 분석해 개인화된 뉴스를 실시간으로 추천할 수 있는 잠재력을 지녔다고 강조한다. 물론 과도한 개인화는 정보 코쿤cocoon이나 필터 버블filter bubble을 형성해 다양한 관점의 접근을 제한할 위험이 있으므로(Karlsson & Holt, 2021), 인터랙티브 뉴스를 활용한 비즈니스 모델을 개발함에 있어서는 개인화된 뉴스 제공과 공론장 형성 간 균형에 대해 진지하게 고민할 필요도 있다.

10장

혁신 모델로서의 추모 저널리즘

기억과 성찰

이완수

1. 추모저널리즘의 개념과 의의

사람은 누구나 죽는다. 삶이 행복했든 불행했든, 장수를 했든 단명을 했든, 유명한 사람이든 그렇지 않은 사람이든 누구나 결국은 죽는다. 그러나 언론에 비치는 죽음은 다르다. 어떤 죽음은 언론에 의해 널리 알려지지만, 다른 어떤 죽음은 아무 소식도 없이 사라진다. 언론은 저명한 사람의 죽음은 부고를 통해 알리지만, 그렇지 않은 사람의 죽음은 무시한다(Scanlon & McCullum, 1999). 하지만 평범한 사람이 폭력적·비극적·비정상적인 방법으로 죽은 경우, 또는 한꺼번에 다수의 사람이 죽은 경우라면 그 죽음은 언론에 의해 다르게 다뤄진다. 생전에 언론으로부터 무시되었던 보통 사람조차 이런 '특이한 죽음bizarre death'을 맞으면 언론은 특별한 관심을 보인다. 공적인 언론에 의해 유명인처럼 비중 있게 다뤄진다. 그러나 모든 언론이 '죽음이 특이하다'는 이유만으로 그 죽음을 공표하는 것은 아니다. 모든 죽음이 모든 언론에 의해 늘 환영받거나 수용되는 것도 아니다. 많은 언론은 여전히 유명인의 죽음에만 주목할 뿐, 보통 사람의 죽음은 외면한다. 보통 사람의 죽음을 다루는 경우라 할지라도 그 죽음을 축소하거나 숫자와 통계로 처리한다. 비대칭적 기록에 의한 선택적 추모다.

대중매체 가운데 신문은 죽음을 알리는 특별한 추모 공간을 갖는다. 캐나다 출신 언론학자 스캔론과 맥쿨럼(Scanlon & McCullum, 1999)은 "대중 죽음에 대한 미디어 보도"라는 제목의 논문에서 "언론은 죽음을 의미 있게 만드는 역할을 한다the media help make death meaningful"고 말했다. 언론은 죽음에 대한 단순 기록자가 아니다. 언론은 한 개인의 죽음에 의미와 상징을 부여하는 사회적 추모자다. 언론의 추모 기사는 한 개인의 삶을 기록하는 동시에, 그 사회의 공유된 기억, 집단가치, 미덕, 그리고 사회적 규범을 선택적으로 드러낸다. 나아가 그 사회의 질서와 안전은 물론 사람들의 감정과 정서 구조를 보여준다. 추모 기사는 그 자체가 한 개인의 연대기이자 기념비적인 기록이면서, 동시에 사회적 가치를 반영하는 거울이다(Hume, 2000).

추모 저널리즘commemorative journalism의 확산은 사회 구성원들의 안녕well-being과 함께 건강한 사회를 만드는 데 도움을 준다. 이 장에서는 한국 저널리즘의 혁신 모델로서 추모 저널리즘의 문제를 다룬다. 저널리즘의 혁신 대상은 언론사가 정보를 수집하고, 독자와 시청자에게 뉴스를 제공하고, 이를 마케팅하고, 수익을 낼 수 있는 '새로운 방식들new ways'을 포함한다(Caplan, 2020). 여기서는 새롭고 혁신적인 방식의 신문 추모 기사 두 편을 소개한다. 하나는 『한겨레』의 "잊지 않겠습니다"이고, 다른 하나는 『경향신문』의 "매일 김용균이 있었다"이다. 전자는 어린 학생의 죽음에 대한 '기억과 다짐'에 관한 추모 기사이고, 후자는 고된 노동자의 죽음에 대한 '성찰과 반성'에 관한 추모 기사다. 이들 신문이 보도한 두 추모 기사는 많은 언론이 외면해온 '보통 사람의 죽음'을 다루었다. 그런 점에서 두 기사 모두 다른 언론에서는 쉽게 찾아볼 수 없는 '새로운 방식'을 사용한 혁신적인 기사이다. 이 장에서는 이들 두 혁신적인 추모 기사를 차례로 소개하고, 추모 저널리즘의 존재 의의와 혁신적 모델, 그리고 추모 저널리즘의 역할과 기능에 대해 이야기해보고자 한다. 끝으로 추모 저널리즘의 혁신이 시사하는 의미와 가치를 종합적으로 기술한다.

2. 기억과 다짐: 『한겨레』 "잊지 않겠습니다"

2014년 6월 16일은 온 국민을 비통에 잠기게 한 세월호 참사가 발생한 지 꼭 두 달째 되는 날이었다. 이날 자 한겨레 1면 머리기사는 여느 때와 달랐다. "아들, 엄마 꿈속에 한 번만 와줘…"라는 제목이 독자들의 눈길을 유난히 끌었다. 정치 · 사회 · 경제 · 국제 뉴스가 늘 차지하던 한겨레의 1면은 이날 세월호 참사로 희생된 아이들에 대한 추모 기사로 채워졌다. 아들의 얼굴 그림을 슬픈 표정으로 어루만지고 있는 세월호 첫 희생자 정차웅 군의 어머니 사진이 지면 한가운데를 차지했다. 왼편에는 기자가 취재해 적은 정 군의 개인 이야기가 얼굴 캐리커처 사진과 함께 실렸다. 부모와 형제들이 직접 쓴 편지 그리고 기자가 직접 작성한 아이(들)에 대한 간략한 삶에 대한 추모 기록이었다. 한국 추모 저널리즘의 새로운 지평을 연 "잊지 않겠습니다"의 시작이었다.

정 군에게 어머니가 보낸 편지는 "사랑하는 아들 차웅에게. '웃으며 잘 다녀오겠습니다' 하고 떠났던 수학여행이 너무나 길구나"로 시작했다. 이어서 "부족함 많은 엄마여서 미안하구나. 해준 것 없어 미안하구나. 지켜주지 못해 미안하구나"를 거쳐 "사랑한다, 아들아. 보고 싶다, 아들아"로 끝을 맺었다. 22줄의 길지 않은 글이었다. 아들을 도저히 떠나보낼 수 없는 모정을 담은 이 애절한 편지글은 독자들의 심금을 울렸다.

기자가 기록한 그의 죽음은 다음과 같다.

> 경기도 단원고 2학년 4반 정차웅(17) 군은 세월호 침몰사고가 난 4월 16일 오전 10시 25분께 침몰해역에서 발견되었다. 정 군은 구명조끼를 입고 있지 않았다. 침몰하는 배에서 자신의 구명조끼를 친구에게 주고, 또 다른 친구를 구하기 위해 맨몸으로 바다에 뛰어들었다. 정 군은 병원으로 옮겨져 심폐소생술을 받았지만 이날 낮 12시 20분께 숨졌다. 불의를 보면 참지 못하는 성격이었다. 세월호의 어린 영웅이었다.

왼쪽 머리 귀퉁이를 차지한 "'세월호의 어린 영웅' 정차웅"이라는 부제가 그의 캐리커처 위에서 빛나고 있었다. 하지만 세월호 참사를 상징하는 노란색 리본(🎗)을 단 "잊지 않겠습니다"라는 제목이 무거운 그늘을 드리웠다. 한겨레는 이 추모 기획 기사를 시작하면서 다음과 같이 밝혔다.

> "미안하다, 얘들아~ 절대 잊지 않을게…" 세월호 참사 이후 많은 이들이 수없이 되뇌었던 말입니다. 어느덧 세월호가 우리 곁에서 멀어져 가고 있습니다. 사고 진상 규명도 더디기만 합니다. 한겨레는 세월호 참사 두 달을 맞아 참사로 희생된 경기도 안산 단원고 학생들의 얼굴 그림과 부모의 절절한 마음이 담긴 글을 싣기로 했습니다.

한겨레 추모 기획물 "잊지 않겠습니다"는 다른 신문에서는 찾아볼 수 없는 "과감하고, 인간적인 시도"였다(이명수, 2015). 세월호 참사 첫 희생자 정차웅 군의 이야기로 시작된 이 추모 기획 기사는 해를 넘겨 2015년 1월 19일까지 무려 8개월간 이어졌다. 최덕하, 양온유, 유예은, 전현우를 거쳐 114번째 구보현으로 끝났다. 단원고 학생 희생자 250명 가운데 유가족의 동의를 얻은 114명이 사회적 기억으로 되살아났다. 유가족이 아이(들)에게 편지글을 쓰고, 기자가 그 아이들의 삶과 죽음을 기록하는 형식이었다. 긴 여정의 이 추모 기획 기사는 내내 같은 형식을 유지했다. 한국 언론사에서 한 추모 기사가 이렇게 오랜 기간 지면을 차지한 예는 없었다.

추모 기사는 한국 언론에서 오랫동안 주목을 받지 못했다. 평소에도 비중 있게 다뤄지지 않은 '변방의 뉴스'였으며, 그마저도 공적 인물이나 유명한 사람들이 차지하는 특별한 공간으로 여겨져 왔다(Walter, Littlewood, & Pickering, 1995). 그러나 한겨레는 이 변방의 추모 기사를 통해 깊은 바닷속으로 사라졌던 어린 무명씨의 이름을 한 명, 한 명 건져 올렸다. 하루도 거르지 않고 실린 이 추모 기사 속 인물들은 모두 이름 없는 어린 학생들이었다. 기사가 실리기 전까지만 해도 그들을 아는 사람들은 유가족이나 친구, 그리고 선생님뿐이었다. 우리 사회 누구도 이들의 이름을 기억하는 사람은 없었다.

한겨레 "잊지 않겠습니다"는 기억에서 사라질 뻔했던 이들 어린 죽음들의 이름을 되찾아줬다. 한국 언론사에서 사고로 숨진 보통 사람들의 삶과 죽음을 일일이 추모하고 기록한 유례는 없었다.[1] 대부분은 이름이 뉴스를 만든다name make news(이완수, 2017). 아무도 모르는 이름 없는 무명인이 사회적 추모의 대상이 되는 경우는 드물었다. 과거에도 수많은 시민의 죽음이 있었고, 어린 학생들의 죽음도 있었다. 하지만 이들 이름 없는 시민이나 학생이, 그것도 집단으로 추모되고 기억된 적은 없었다. 그들의 죽음은 '배제된 죽음'이자, '숨은 죽음'이면서, '죽음의 공적 부재public absence of death'로 처리되었다(Walter, Littlewood, & Pickering, 1995).

한겨레는 기억에서 배제되고, 사회적 관심에서 사라질 뻔했던 희생자 114명을 유가족의 편지글과 기자의 취재 기록으로 되살려냈다. 엄마와 아빠는 아들과 딸에게, 언니와 형은 동생에게, 동생은 누나와 오빠에게, 친구는 친구에게, 선생님은 제자에게 글을 썼다. 신문에 실린 이 추모 편

1 천안함 피폭으로 희생된 군인 46명 전원을 추모 기사로 기록한 적은 있다(이완수·김찬석, 2019).

지는 기자가 쓴 글이 아니라 어린 망자와 더불어 살았던 가족과 형제들이 직접 쓴 글이다. 기사는 기자가 쓴다는 기존의 제작 관행을 깼다. 유가족이 이끌고, 기자가 따라가는 새로운 옴니버스omnibus 추모 형식이었다. 그 편지글은 기자가 적을 수 없는 망자의 삶과 죽음, 그리고 유가족의 고통, 연민, 애정, 기원, 소망, 사랑, 의무, 책임, 기억이 씨줄과 날줄을 이루면서 채워졌다.

"잊지 않겠습니다"는 어떻게 기록되었는가

좋은 기사라고 해서 늘 깊은 고민 끝에 나오는 것은 아니다. 때로는 우연한 동기나 계기로 만들어진다. 세월호 추모 기획 기사 "잊지 않겠습니다"는 우연한 기회에서 시작됐다. 한겨레에서 시사만화를 그렸던 박재동이 세월호 참사 한 달째인 5월 16일을 맞아 뜻밖의 제안을 했다. 희생된 아이들의 캐리커처를 신문에 실으면 어떠냐는 의견이었다. 그는 이미 죽은 단원고 학생 80여 명의 얼굴 그림을 그려놓고 있었다. 그러나 이 제안에 대해 편집국 안팎의 분위기는 시큰둥했다. 사고 수습으로 어수선한 사회 분위기 탓도 있었지만, 부모들로부터 초상권 동의를 받는 일 역시 문제였다. 자식을 잃고 슬픔에 빠져 있던 부모들을 설득하는 일은 쉽지 않았다. 부모들의 반응은 싸늘했다. 언론에 대한 불신도 있었다. 편집국 안에서도 의견이 엇갈렸다. 취지는 좋지만 얼굴을 한 번 싣는 게 무슨 의미가 있겠냐는 반대 의견도 나왔다.

별 진척 없이 그렇게 두 달 가까이 흘렀다. 그때 김이택 편집국장과 이종규 사회2부장이 학생들 한 명, 한 명의 이야기를 실어보자는 의견을 냈다. 하지만 그마저도 큰 진전은 없었다. 그해 6월 중순 박재동 화백과 김이택 국장이 10명의 아이들의 캐리커처를 표구한 액자를 들고 경기도 안산에 있던 유가족대책위원회를 찾아갔다. 유가족에게 캐리커처를 전달한 뒤 조문만 하고 돌아올 참이었다. 그 자리에서 김 국장이 캐리커처를 그려 전달하게 된 배경을 설명했다. 김 국장은 '슬픔의 상처를 덧내려는 게 아니라 아이들의 죽음을 잊지 않기 위함'이라며 취지를 설명했다.

그 자리에 있던 부모들이 수긍하면서 한겨레에 하나둘 편지를 보내오기 시작했다. 편집국으로 직접 보내기도 하고, 사람을 통해 보내기도 했다. 카카오톡 메신저나 이메일로 보내오기도 했다. 긴 글도 있었고, 짧은 글도 있었다. 글이 길면 지면에는 일부만 싣고, 전문은 온라인에 내보냈다. 표현이 서툴러 마음을 다 드러내지 못하는 글도 있었고, 맞춤법이 틀린 글도 있었다. 글은 맞춤법이나 오탈자 정도만 고쳐서 그대로 실었다.

유가족의 편지글과는 별도로 기자가 직접 아이들 한 명, 한 명의 삶을 기록하기로 했다. 그 역할을 경기도 안산 지역 취재를 맡고 있던 김기성 기자와 대구·경북 지역에 주재하던 김일우 기자가 맡았다. 두 기자는 매일 네다섯 명의 부모에게 일일이 전화를 걸어 아이들의 삶을 하나씩 기록해나갔다. 어떤 부모들과는 직접 만났다. 아이들의 이야기를 직접 듣고 글을 쓰기 위해서였다.

갑자기 세상을 떠난 아이에 대해 끝까지 차분하게 이야기하는 부모는 없었다. 기자와 통화하는 동안 부모들은 하나같이 울었다. "우리 아이는요," 하고 밝은 목소리로 시작하다가 끝내는 목이 메어 말을 잇지 못했다. 아버지가 말하다가 울고, 전화를 내신 받은 어머니가 또 서럽게 울었다. 그러면서 "내가 이렇게 사는 게 아이에게 너무 미안하다"고도 했다. 부모들은 우리 아이를 꼭 기억해달라며 한겨레에 편지글을 써서 보내왔다. 우리 아이의 이 이야기만은 꼭 넣어달라는 당부의 말도 잊지 않았다. 김기성 기자는 "막연하게 시작해서 답답하게 끝나는 취재였다"고 말했다(416가족협의회·김기성·김일우·박재동, 2015). 하나하나가 비통하고 애절한 기록이었다. "잊지 않겠습니다"를 취재하고 기록한 두 기자는 "숱한 죽음을 단순히 숫자로만 기록해서는 안 된다고 생각해 '슬픈 만인보'를 썼다"고 말했다.

"잊지 않겠습니다"는 무엇을 기록했는가

'슬픈 만인보'인 "잊지 않겠습니다"는 수많은 죽음에 대한 기록이다. 그 죽음은 우리가 늘 봐왔던 숫자로 기록된 죽음이 아니다. 분노와 슬픔, 세상이 바뀌어야 한다는 사회적 반성을 담아 어린 생명 한 명, 한 명의 삶을 생생히 기록한 죽음이다. 아이들을 '망각의 바다'에서 하나씩 건져 올려 그 유가족과 국민의 가슴에 안겼다. 힘든 여정이었다. 언론학자 이완수와 최명일(2021)은 한겨레 "잊지 않겠습니다" 추모 기사를 "가족이 기억하는 죽음이면서, 기자가 기록하는 죽음"이라고 정의했다. 가족이 기억하고 기자가 기록해 함께 완성한 기사였다. 신문 추모 기사는 죽은 자에 대한 기록이다. 죽은 자는 말이 없다. 그래서 한겨레가 대신 그들의 삶과 죽음을 기록했다. 유가족들은 한겨레 "잊지 않겠습니다"라는 사회적 추모 공간을 통해 자신들의 애통한 마음을 드러냈다. 그리고 우리는 그들이 사랑했던 아이들 한 명, 한 명의 이름과 삶을 기억하게 됐다.

한겨레 추모 기사 "잊지 않겠습니다"는 몇 가지 점에서 한국 추모 저널리즘의 새로운 장을 연 혁신적인 사례로 평가된다. 첫째는 추모 기사를 중요한 뉴스 장르로 격상시킨 점이다. 추모 기사도 1면에, 그리고 오랫동안 크게 실릴 수 있다는 가능성을 보여줬다. 그전까지 추모 기사는 편집국에서 중요한 위치를 차지하지 못했다. 유명인이 죽으면 간혹 부고나 작은 추모 기사 형식으로 신문 인물면에서 실리는 정도였다. 1면과 같은 중요한 지면을 차지하는 경우는 드물었다. 둘째는 수용자(독자)가 지면에 직접 참여할 수 있게 한 점이다. 뉴스 수용자가 신문 지면에 직접 참여한 예는 거의 없었다. 뉴스는 기자가 쓰는 고유한 영역이다. 그런 점에서 "잊지 않겠습니다"는 뉴스 수용자인 유가족과 생산자인 기자가 함께 지면을 완성한 새로운 실험이자 도전이었다.

셋째는 망자 한 명, 한 명의 이야기를 일일이 기록했다는 점이다. 물론 특정 인물 한 명의 삶과 죽음을 기록한 예는 있었다. 하지만 다수의 개별 인물 모두의 삶과 죽음을 연속적으로 기록한 예는 별로 없다. 집단적 죽음은 늘 숫자의 기록으로 끝나곤 했다. 하지만 "잊지 않겠습니다"는 이런 형식적 관행에 변화를 가져왔다. 넷째는 한꺼번에 죽은 모든 죽음을 다 기록하기 위해 시도했다는 점이다. 과거에는 몇 명의 예외적인 사람만을 기록하고 추모했을 뿐, "잊지 않겠습니다"처럼 피해자 전부를 추모 대상으로 삼은 예는 없었다. "잊지 않겠습니다"는 다수의 죽음을 사회적 공론장에 기록했다는 점에서 실험적이면서 파격적이었다. 한두 명이 아닌 다수의 사람을 추모 기록에 담기 위해서는 많은 취재 과정과 지면 공간이 필요하다. 하루에 한 명씩 실었지만 모두 114일이 걸렸다. 시간에 쫓기고 지면 제한이 큰 한국 신문 특성상 시도하기 어려운 일이었다.

다섯째는 이름 없는 어린 학생들의 죽음을 기록했다는 점이다. 신문이 유명인이나 공인이 아닌 무명의 학생이나 시민의 죽음을, 그것도 집단으로 기록한 예는 적다. 세월호 참사로 희생된 수백 명의 어린 삶이 기록된 예는 한국 언론사에 없다. 여섯째는 한 사람의 개인적 삶을 기억하는 동시에, 사회적 가치를 반영해 기록했다는 점이다. "잊지 않겠습니다"는 개인의 역사이면서 가족의 역사이고, 국가의 역사이기도 하다. 한 망자의 삶의 본질을 축약적으로 드러내 보여준다는 점에서 인생의 연대기이자 기념비석인 기록이다. 우리 사회가 강조하는 사회적 가치와 미덕, 그리고 해결해야 할 중요한 문제를 드러낸 기획이다.

일곱째는 죽음 기록의 장기성과 지속성을 지켜냈다는 점이다. "잊지 않겠습니다"는 한국 저널리즘 역사에서 드물게 장장 8개월에 걸쳐 기록되고 보도되었다. 호흡이 짧고 속보에 쫓기는 한국 저널리즘 관행에서 보면 흔치 않은 일이다. 기자들은 한 보도 의제를 오래 끌고 가지 않는다. 독자들에게 식상할 수 있다는 이유도 있지만, 새로운 뉴스가 계속 나오기 때문에 한 기사를 오래 붙들고 있을 수 없기 때문이기도 하다.

여덟째는 기억의 가치를 기록으로 일깨워주었다는 점이다. 우리는 사고로 숨진 사람들의 이름을 모두 기억하지 못한다. 그 죽음은 단순히 숫자로만 남을 뿐이다. 죽음과 함께 이름도 묻히고, 꿈도 묻힌다. “잊지 않겠습니다”는 한 명, 한 명의 억울한 죽음을 삶의 이야기를 적어나갔다. 의사, 판사, 공무원, 교사, 수의사, 건축가, 신부, 디자이너, 요리사, 화가 등 아이들이 생전에 간직했던 꿈을 기록했다. 망각의 바닷속으로 사라질 뻔했던 그들의 꿈이 기억으로 되살아났다. 그들이 어떻게 죽었고, 살아 있는 우리에게 무엇을 말하고자 하는지 알려줬다. 그것은 전적으로 기록을 통해 가능했다. 시간이 흐르면 죽은 아이들만 잊히는 것이 아니다. ‘부조리한 사회가 이제는 바뀌어야 한다’는 다짐도 함께 묻히고, 잊힌다. 망각은 그래서 무섭다. 김일우 기자는 “망각 뒤에는 늘 또 다른 허망한 사고들이 이어진다”고 말했다.

아홉째는 신문기사에서 책으로 확장 출간되었다는 점이다. 신문기사와 같은 제목의 435쪽에 이르는 『잊지 않겠습니다』가 한겨레출판사를 통해 발간되었다. 한겨레는 “아이들의 죽음을 기억하는 데 조금이라도 보탬이 되기 위해 이 책을 내게 되었다”고 밝혔다. 한국 저널리즘 역사에서 추모 기사가 묶여 한 권의 책으로 나온 예는 없었다. 이 책이 나온 직후 세월호 참사를 애도하고 추모하는 수많은 책이 쏟아져 나왔다. 세월호 희생자 추모가 신문의 기록 흔적glimpse을 거쳐 책으로 축적화accumulation되었다. 그것은 세월호 추모 저널리즘의 사회적 확산을 의미하는 새로운 시도였다.

3. 성찰과 반성: 『경향신문』 “매일 김용균이 있었다”

2019년 11월 21일자 경향신문 1면은 기사와 사진이 없다. 서너 건의 기사로 편집되어 보도되던 평소 지면과는 다른 생소한 장면이었다. 대신 “오늘도 3명이 퇴근하지 못했다”는 세로 제목과 함께 뒤집혀진 안전모 그림이 들어간 인포그래픽이 지면 전체를 차지했다. 한편 이날 1면에는 한국 언론 역사상 가장 많은 사람이 실렸다. 산업재해로 죽은 노동자 1,200명이다. 사망 원인과 나이가 깨알처럼 함께 적힌 희생자들의 이름이 지면 전체를 빼곡히 채웠다. 윤○○(54 · 떨어짐), 박○○(51 · 부딪힘), 김○○(58 · 끼임), … 이들 1,200명은 떨어져서, 끼여서, 깔려서, 뒤집혀서, 부딪혀서, 물체에 맞아서 죽은 노동자들이다. 이 기사는 2면에서 "기억하다", "퇴근하지 못한 어느 산재 노동자와 유족 이야기"로 이어졌다. 이 추모 기사는 여기서 멈추지 않았다. 경향신문의 인터랙티브 사이트를 통해 "매일 김용균이 있었다"라는 제목으로 확장되었다. 모두 1,748명에 이르는 노동자의 죽음에 대한 추모 기록은 이렇게 만들어졌다. 한국 언론사에서 보기 드문 작업이었다.

중대재해로 인한 노동자의 사망 보도에 불씨를 지핀 김용균은, 태안화력발전소 하청 노동자로 작업 도중에 죽었다. 그의 죽음을 경향신문은 다음과 같이 적고 있다. "2018년 12월 11일 새벽 3시, 홀로 석탄 운반용 컨베이어벨트를 점검하던 24살 청년이 벨트에 끼어 사망했다." 이 사고는 경향신문이 "매일 김용균이 있었다" 추모 기획 기사를 심층 기록하기로 마음먹게 한 결정적인 계기가 되었다. 노동자 김용균의 죽음으로 잊혔던 무명의 노동자 한 명, 한 명의 삶과 죽음이 분석되고 기록되었다. 그 기록 속에는 사고 유형, 이름, 나이, 사고 날짜, 업종, 회사, 행정조치 등에 대한 자세한 정보가 담겼다.

"매일 김용균이 있었다"는 어떻게 기록되었는가

한겨레 "잊지 않겠습니다"가 아주 우연히 시작되었다면, 경향신문 "매일 김용균이 있었다"는 기자의 문제의식에서 시작되었다. 이 기사를 기획한 황경상 기자는 매년 2,000여 명의 노동자가 사고나 질병으로 숨진다는 통계(장필수, 2022)에 주목했다. 그는 이 죽음에 숫자 이상의 의미가 있다고 느꼈다. 당시 그의 입사 동기 김지환 기자는 매일 노동자들의 사망 기사를 써서 신문사 웹사이트에 올리고 있었다. 지면에 들어가는 기사도 아니었고, 몇 명이나 볼지도 알 수 없었다. 그냥 미안하고 안타까워서, 이렇게라도 해야 마음이 편안해서였다. 대한민국이 경제협력개발기구 OECD에서 산업재해 1위 국가라는 불명예를 뒤집어쓰고 있다는 얘기는 많았다. 그것이 현실이었다. 하지만 그 통계 수치 자체만으로는 사람들에게 가닿기 어려웠다. 숫자만으로는 누가, 어디에서, 어떻게 죽었는지 알 길이 없다. 노동자들의 안타까운 죽음이 무의미한 통계 숫자로 남지 않도록 하기 위해서는 사고로 죽은 노동자 한 명, 한 명의 죽음을 기록하는 길밖에 없었다. 황 기자는 "이런 시도가 없이는 노동자의 죽음은 파편화되고 기억되지 못할 뿐 아니라, 사회적으로 그들의 죽음을 추모할 방법도 없었다"고 말했다.

2019년 9월 당시 편집국 모바일팀과 뉴스콘텐츠팀 소속 황경상, 김지환, 최민지, 이아름, 김유진 기자는 재해 사망 노동자의 삶과 죽음을 다뤄보기로 했다. 이들은 일터에서 죽은 노동자의 죽음이 헛되지 않게 해보자는 쪽으로 의견을 모았다. 개인 노동자 한 명, 한 명의 죽음을 기록하는 데 초점을 맞췄다. 고용노동부에 보고된 중대재해 발생 현황 목록을 정보청구를 통해 입수했다.

부족한 정보는 더불어민주당 한정애 의원실의 도움을 받았다. 한 의원실을 통해 2016년부터 2019년 9월까지 발생한 사고성 사망자에 대한 조사 의견서 전부를 받아보니 모두 1,305건, 1,355명이었다. 의견서에는 취재팀이 원한 사망자의 이름, 나이, 숙련도, 사고 당시 상황, 사고 원인이 자세히 기록되어 있었다. 취재팀은 이를 바탕으로 사망한 노동자 한 명, 한 명의 이름, 나이, 사망 원인과 과정을 분류하고 기록했다. 그리고 이들 기자들이 애쓴 덕에 노동자 추모 기사 "매일 김용균이 있었다"가 세상에 나왔다.

“매일 김용균이 있었다”는 무엇을 기록했는가

취재팀은 2018년 1월부터 2019년 10월까지 1,748명의 노동자가 떨어지고, 끼이고, 깔리고, 뒤집히고, 부딪히고, 맞아서 죽었다는 사실을 알아냈다. 경향신문은 중대재해로 누가, 언제, 어디에서, 어떻게 죽었는지 하나씩 기록해 이를 사회에 공표했다. 김용균 씨 사망 후 산업재해로 희생된 1,748명의 이름 없는 노동자는 이렇게 알려졌다.

건설 현장에서 추락사한 김호민(가명 · 22) 씨는 신문에 다음과 같이 기록되었다. “인천의 한 기계식 주차 설비 건설 현장에서 일하던 스물두 살 김 씨는 19미터 높이에 올라 철골 구조물 고정 공사를 하고 있었다. 그는 볼트를 조이기 위해 몸을 움직이다가 아차 하는 순간 지하 2층 바닥으로 떨어져 사망했다.” 스물두 살 청년 김 씨는 어처구니없이 죽었다. 그의 죽음이 개인의 부주의 때문인지, 아니면 회사의 안전과 감독 소홀 때문인지는 알 수 없었다. 경향신문의 “매일 김용균이 있었다”가 보도되기 전까지는 적어도 그랬다.

경향신문 “매일 김용균이 있었다”는 한국 저널리즘에 두 가지 가치를 보탰다. 하나는 추모 저널리즘의 새로운 내용과 형식이고, 다른 하나는 한 무명 노동자의 죽음을 사회적 기억으로 되살려낸 저널리즘적 가치 실현이다. 경향신문은 이 추모 기사를 통해 개별 노동자의 이름과 나이, 사망 원인과 과정을 자세히 기록했다. 매년 2,000명이 넘는 노동자가 일터에서 죽어 나가는데도 가족 외에는 아무도 알지 못하고, 아무도 관심을 기울이지 않는다. 무엇보다 죽음을 수치화한 통계는 사람들의 가슴에 와닿지 않는다. 하루에 3명꼴로 노동자가 일터에서 사고로 죽지만, 그것은 한낱 숫자에 불과할 뿐이다. 누가, 언제, 어디에서, 무엇을 하다가, 어떻게 죽었는지는 아무도 모른다. 파편화되고 기억되지 못하는 죽음이다. 언론이 보도하는 한 건, 한 건의 개별 보도도 마찬가지다. 사회적 파급력은 미미하다. 경향신문은 “매일 김용균이 있었다”라는 추모 공간을 통해 망각된 죽음을 또렷한 기록으로 되살려냈다. 황경상 기자는 "노동자 한 명, 한 명의 죽음이 숫자가 아닌 체온으로 느껴질 수 있도록 구체적으로 기록하고 싶었다"고 말했다.

숫자로 처리되던 노동자의 죽음을 체온이 느껴지는 '사람의 죽음'으로 기록하기 위해 경향신문은 새로운 형식을 사용했다. 바로 디지털 인터랙티브 뉴스다. 노동자의 부당한 죽음을 생생하게 기록하기 위해 도입한 방식이었다. 미국 『워싱턴포스트*The Washington Post*』가 선보인, 경찰 총기 사고 사망자들의 아카이브 사이트에서 아이디어를 얻었다. 2018년 1월부터 2019년 10월까지의 기간에 사망한 노동자 1,748명이 디지털 공간의 아이콘으로 되살아났다. 이 아이콘 위에 커서를 대면 죽은 노동자가 누구인지, 언제 죽었는지, 어디서 죽었는지, 왜 죽었는지, 그 죽음이 어떻게 처리되었는지에 대한 자세한 내용이 뜬다. 하루 평균 사망자 수, 사고 발생이 잦은 기업 순위, 추락 높이, 사고 발생 시점, 사고 발생 지역도 입체적으로 보여준다. 우리는 이 조그만 아이콘을 통해 한 이름 없는 노동자의 삶과 죽음을 확인하고 기억한다. 그리고 추모의 기회를 갖는다. 모두 추모를 다루는 새로운 내용이고 방식이다.

죽은 노동자는 말이 없다. 그들은 죽는 순간 이 세상에서 사라진다. 이름도 없고 힘도 없던 노동자의 죽음을 누구도 되살려서 들려주지 않는다. 그들이 누구인지, 어떻게 죽었는지, 어떤 삶을 살아왔는지, 산 자에게 무엇을 말하고 싶어 하는지 알 길이 없다. 작가 김훈은 노동자의 죽음을 다음과 같이 말한다.

> 죽음의 숫자가 너무 많으니까 죽음은 무의미한 통계 숫자처럼 일상화되어서 아무런 충격이나 반성의 자료가 되지 못하고 이 사회는 본래부터 저러해서, 저러한 것이 이 사회의 자연스러운 모습이라고 여기게 되었다. 죽음조차 두려움을 불러일으키지 못하고, 나와 내 자식이 그 자리에서 죽지 않음을 다행으로 여길 뿐, 타인의 고통과 불

행에 대한 감수성을 상실해간다. (김훈, 2019. 9. 25.)

노동자의 죽음이 숫자로 기록되고, 통계화된다는 김훈의 말은 무섭다. 그것은 노동자의 죽음이 '사람의 죽음'이 아닌 '숫자의 죽음'으로 끝나기 때문이다. 누구도 이 말을 귀담아듣지 않았고, 사회적 피해자를 대변한다는 언론조차 이 말을 외면해왔다. 그래서 우리는 노동자의 죽음에 아무런 충격이나 반성을 느끼지 못하게 되었다. 산 고용주의 목소리는 전하면서도 죽은 노동자의 목소리는 돌아보지 않았다. 대형 사고가 터지면 고위 관리, 정치인, 종교인 등 각계 지도자들은 빈소에 몰려가 '명복'을 빌고, 언론은 요란스럽게 보도한다(김훈, 2024). 그런 뒤 모든 게 금세 없었던 일처럼 잊힌다. 한두 명씩 죽고 다치는 사고는 아예 몇 글자의 TV 자막 뉴스 정도로만 흘러가고 만다. 그러고 나면 죽은 자의 이야기는 뒷전으로 밀려나고, 사람들의 관심에서 멀어진다. 죽음에 대한 언론의 기록은 늘 과거형이었다. 우리가 추모 기록을 통해 앞으로 무엇을 해야 할지에 대한 고민은 적었다. 경향신문 추모 기사 "매일 김용균이 있었다"는 무명 노동자의 죽음을 통해 과거가 아닌 미래의 방향을 보여줬다는 점에서 가치가 크다.

4. 기억과 성찰을 위한 저널리즘

누구에게나 죽음은 불행한 일이다. 그 죽음이 온당하지 않을 때는 더 그렇다. 언론은 부당한 죽음에 대한 사회적 기록자social recorder다. 언론이 부당한 죽음을 기록하지 않으면 그 죽음의 흔적은 사라진다. 자연히 망각된 죽음으로 남는다. 세월호 희생자 114명의 죽음을 다룬 한겨레의 "잊지 않겠습니다"와 산재 희생자 1,748명의 죽음을 다룬 경향신문의 "매일 김용균이 있었다"는 부당한 죽음을 사회적 기록으로 고발한 경우다.

두 추모 기사는 한국 저널리즘에 두 가지 특별한 의미를 제공한다. 하나는 기억의 문제다. 언론이 산 자의 이야기가 아닌, 죽은 자의 이야기를 다루는 일은 흔하지 않다. 죽은 자는 말이 없고, 누군가가 기록해주지 않으면 기억할 수 없다. 그런 점에서 한겨레의 추모 기사는 114명의 이름 없는 죽음을 기억으로 되살렸다. 세월호 희생자 114명은 가족에 의해 기억되었고, 기자에 의해 기록되었다(이완수·최명일, 2021). 삶을 채 꽃피우지 못한 114명의 어린 겨자씨는 망각의 바다에서 기억의 세계로 건져졌다.

경향신문의 추모 기사는 1,748명의 이름 없는 노동자의 죽음과 삶을 기억으로 되살렸다. '너무 많은 숫자' 정도에 불과한 무의미한 노동자의 죽음을 '사람의 죽음'이라는 기억으로 바꿔 놓았다. 죽기 위해 출근하는 사람은 없다. 하지만 이들 1,748명의 노동자는 일터에서 죽었다. 하지만 이 무명 노동자들의 죽음을 기억하는 사람은 없다. 그들이 누구인지, 어떻게 죽었는지 아무도 기억하지 못한다. 추모 기사 "매일 김용균이 있었다"는 바로 이러한 문제의식에서 출발해 누가, 어떻게 죽었는지에 대한 사회적 기억을 불러냈다.

노동자 강수덕 씨의 죽음은 우리가 왜 부당하고 불행한 죽음을 기억해야 하는지를 보여준다. 경향신문은 강 씨의 '어이없는 죽음'을 다음과 같이 밝히고 있다.

> 2018년 2월 서울의 한 공사 현장에서 일하던 강수덕(가명·63) 씨는 사다리 위에 올라가 배관 연결 작업을 하던 중 뒤로 넘어져 죽었다. 강씨가 딛고 서 있던 사다리 발판의 높이는 60㎝에 불과했다. 흔히 추락사고라 하면 수십 미터 높이를 상상하지만 실제로는 그렇지 않다.

추락 사고의 절반이 불과 0~5미터 사이의 높이에서 발생한다. 겨우 몇

십 센티 높이의 사다리에 올라 일하다가, 아니면 지붕 위 얇은 판재를 밟았다가 떨어져 죽는다(황경상, 2019). 어이없는 죽음들이다. 경향신문이 '매일 김용균이 있었다'를 보도하지 않았으면 알 수 없었을 내용의 죽음이다.

불행한 죽음은 매일 일어나지만 언론은 이에 관심을 기울이지 않는다. 우리는 이런 죽음을 알지도 못하고 기억하지도 못한다. 한국 언론사에서 평범한 시민의 부당한 죽음이 사회적 기억으로 되살아난 경우는 흔치 않다. 일부 사회직 저명인사의 죽음은 추보 기사를 통해 조명되고, 의미를 부여하는 방식으로 기억되지만(이완수, 2017), 이름 없는 노동자의 죽음은 대부분 쉽게 잊힌다(황경상, 2019). 노동자의 죽음은 누구도 돌아보지 않는 '죽음의 공적 부재자'로 남는다.

다른 하나는 성찰에 관한 문제다. 죽음에 대한 사회적 기록의 의미는 반성을 통해 더 나은 미래로 나아가기 위한 교훈을 얻는 데 있다. 이 두 기사는 어린 학생과 노동자의 부당한 죽음을 단순히 추모하고 기록한 것이 아니다. 그들의 죽음에 대한 기록은 우리가 무엇을 해야 할지에 대한 성찰과 반성의 기회를 제공한다. 그들은 왜 죽었는지, 우리는 그들의 죽음에서 무엇을 놓치고 있는지, 앞으로 무엇을 준비하고 고쳐나가야 하는지를 질문하게 한다. 안전, 제도, 규정, 도덕, 책임, 감독, 의무와 같은 우리 사회가 관심을 기울여야 할 가치를 드러내 보여준다. 그리고 우리는 그 죽음에서 무엇을 배워야 할지에 대한 사회적 교훈을 얻는다. 사회적 타살이 초래한 죽음은 불행한 죽음이고 억울한 죽음이다. 세월호 학생의 죽음이나 일터에서의 노동자의 죽음은 모두 사회적 타살이 만들어낸 죽음이다. 따라서 이 죽음들은 사실의 단순한 기록에 그칠 문제도 아니고, 기억만으로 끝날 문제도 아니다. 우리는 이 죽음들을 반추하고 성찰함으로써 그 의미를 되새기게 된다. 그런 면에서 추모 저널리즘은 개별적 죽음에 대한 집단적 성찰을 통해 사회적 의미를 획득하는 역사적 기록 행위인 셈이다.

5. 추모 저널리즘의 혁신적 모델

이름 없는 평범한 시민들의 죽음이 사회적 공론장에 기록된 사례가 한겨레와 경향신문이 처음은 아니다. 미국 『뉴욕타임스*The New York Times*』는 이미 20여 년 전인 2001년 9·11테러 직후 숨진 2,310명의 시민의 삶과 죽음을 기록했다. 뉴욕타임스는 당시 "슬픔의 초상화portraits of grief"라는 제목의 추모 기사를 통해 이들의 개인적인 삶을 기록으로 남겼다. 추모 대상의 숫자도 엄청났지만 기간도 상당했다. 무려 1년 넘게 보도가 이뤄졌다. 뉴욕타임스 창간 150년 역사에 처음 있는 일이자, 세계 언론 역사를 봐도 유례없는 혁신적인 시도였다. 죽은 무명의 시민이 권위 있는 뉴욕타임스의 추모 대상이 된 점, 추모 대상의 수가 엄청난 점, 그리고 장기간에 걸쳐 기록이 이뤄진 점에서 추모 저널리즘의 새로운 지평을 열었다는 평가를 받았다. 뉴욕타임스는 이 기사로 그해 퓰리처상을 수상했다. 추모 기사로 퓰리처상을 받은 최초의 사례였다. 9·11테러 참사 추모 보도는 사실 뉴욕타임스 추모 저널리즘의 중요한 시험대였다. 공인이나 유명인을 중심으로 추모 기록을 해오던 뉴욕타임스는 일반 시민의 죽음을 기록해야 할지를 놓고 고민했다. 내부적 고민 끝에 나온 결과물이 바로 "슬픔의 초상화"였다. 이후 이 시리즈는 보통 사람들ordinary men and women의 죽음을 기록에 담으려는 신문들의 새로운 추모 모델이 되었다. 이제 뉴욕타임스 추모 기사는 가장 뛰어난 기자들이 만드는 가장 관심받는 뉴스다.

뉴욕타임스의 이런 혁신적인 추모 기사는 코로나19 당시 다른 나라 신문사의 편집에도 큰 영향을 끼쳤다. 이탈리아 북부 도시 베르가모에서 발행되는 지역 일간지 『에코디베르가모*L'Eco di Bergamo*』는 코로나로 인한 사망자가 늘어나자 10개 면을 부고 기사로 채웠다. 이전에는 상상하기 어려운 일이었다. 미국 지역 일간지 『보스턴글로브*The Boston Globe*』는 더 파격적이었다. 전체 지면 가운데 16개 지면을 코로나 사망자 부고 기사로 덮었다. 코로나 희생자를 추모하기 위한 혁신적인 시도였다. 9·11테러 희생자 전원을 추모 공간에 올렸던 뉴욕타임스의 새로운 도전도 이어졌다. 뉴욕타임스의 2020년 5월 24일자 1면 기사는 코로나19로 숨진 일반 시민 1,000명의 이름과 간단한 이력을 적은 추모 기사가 해당 면 전체를 뒤덮었다. "미국 사망자 10만 명, 헤아릴 수 없는 손실"이라는 제목을 단 이 기사의 취지는 숫자가 아닌 사람을 보자는 것이었다. 당시 시몬 랜던 그래픽 담당 부국장은 "사망자가 단순히 숫자로 표현되는 것에 대해 독자와 내부 구성원들이 피로감을 호소했다"고 말했다(이정애, 2020). 이에 사망자들의 이름을 하나씩 싣는 방식으로 개인의 비극을 구체화한 것이다. 노동자 1,200명의 죽음을 기록한 경향신문의 2019년 11월 21일자 "오늘도 3명이 퇴근하지 못했다"의 모델이 된 기사였다.

한국 사회에서 이름 없는 보통 사람들의 죽음을 기록하는 추모 기사는 드물다. 최근 들어 간헐적으로 실리기는 해도 그리 오래된 일이 아니다. 『동아일보』는 천안함 피폭으로 실종된 군인 46명 전원의 사진과 이름을 2010년 4월 16일자 1면에 실었다. 그리고 지면 하단에는 광고 없이 임직원들의 마음을 담은 애도의 글을 실었다. 동아일보의 이런 파격적인 구성은 2, 3, 4면에 걸쳐 실종자를 추모하는 "46인을 기립니다"로 이어졌다. 여기서 동아일보 특별취재팀은 실종자 한 명, 한 명의 사연을 취재해 370자짜리 형식의 짧은 추모 기사를 실었다. 『중앙일보』에서도 같은 날 비슷한 시도가 이뤄졌다. 중앙일보는 "산화한 46인의 삶과 꿈"을 통해 실종 군인 46명의 삶을 하나씩 기록하며 추모했다. 이전에는 볼 수 없었던 새로운 형식의 추모 기사였다. 무명 군인의 죽음을 사회적 죽음으로 추모한 새로운 시도였다. 동아일보와 중앙일보는 희생된 군인 모두의 삶을 기록에 담았다는 점에서 선택적으로 기록하던 기존의 방식들과는 달랐다. 이처럼 한국 추모 기사의 내용과 형식은 세월에 따라 반복과 변화를 거듭하면서 진화해왔다. 이름 없는 학생과 노동자의 죽음을 집단으로 기록해 사회에 공표하는 방식의 발전이었다.

언론에 의한 추모는 살아 있는 사람들의 관심에도 영향을 미쳤다. 한겨레는 "청년산업재해기획보도: 살아남은 김용균들"(장필수 · 김가윤 · 정환봉 · 백소아, 2022. 7. 11.)에서, 일터에서 가까스로 죽음은 피했지만 노동력을 완전히 잃은 20~30대 젊은 노동자 187명의 삶을 기록했다. '살아남은 김용균 187명'을 기록하는 이유에 대해 "일터에서 죽지 않고 다치지 않을 권리를 말하기 위해서다"라고 밝혔다. 사람이 죽어야, 자식을 잃은 부모가 분노에 차 거리에 나서야 정부가 조사에 나선다(장필수, 2022. 9. 6.). 언론은 잠시 관심을 보이지만, 곧 다시 없었던 일처럼 조용해진다. 한겨레 장필수 기자는 "노동자가 죽고, 이런 상황은 계속 반복된다"고 말했다. 그가 만난, 죽음 직전까지 갔던 많은 노동자의 이야기는 차마 눈 뜨고 볼 수 없을 정도다. 일터에서 일산화탄소 중독으로 두 살배기가 된 서른한 살 이희성(가명) 씨의 이야기는 기막히다. "어느 날 아들이 갑자기 눈을 떴는데 까막눈이 된 거예요. 엄마도 아빠도 못 알아보고 눈만 깜박 깜박거려요." 이희성 씨 어머니는 스물세 살에 일터에 나갔다가 일산화탄소에 중독되어 8년째 '예'와 '아니요'밖에 말하지 못하는 아들을 보면 가슴이 무너진다. 일산화탄소에 중독되어 뇌손상을 입은, 전봇대를 오르다 감전되어 양팔을 잃은, 공사장 자재에 맞아 하반신이 마비된, 교통사고로 목뼈가 부러져 온몸을 움직일 수 없는 '살아남은 김용균들'은 이루 헤아릴 수 없다. 그들은 살아 있지만 움직일 수 없고 일할 수 없는 '죽은' 사람들이다. '살아 있지만 죽은 노동자'의 삶에 대한 한겨레의 기록은 새로운 시도였다. 한겨레는 이 기사로 많은 상을 받았다. 하지만 '살아남은 김용균들'의 삶을 기록하고 추모한다는 점에서 새로운 저널리즘을 개척한 공로가 더 크다. 모두 혁신적인 시도이자 변화다.

6. 추모 저널리즘의 역할과 기능

뉴스는 산 자의 이야기를 다룬다. 간혹 죽은 자의 이야기를 다루기도 하지만, 그런 경우는 극히 제한적이다. 죽은 사람은 말이 없고, 그래서 뉴스로 잘 다뤄지지 않는다. 그들이 누구인지, 어떤 삶을 살았는지, 왜 죽었는지, 그 죽음이 우리에게 무엇을 이야기하려고 하는지 우리는 알 수 없다. 죽음은 망각을 낳고, 그래서 뉴스에서 배제된다. 그 죽음이 이름 없는 보통 사람의 것이라면 더 그러하다. 뉴스는 기억을 위해 존재한다. 언론은 사회가 기억하는 그 무엇something을 드러낼 뿐 아니라, 개인의 삶과 관계되어 있는 속성 혹은 가치에 대해 잊혀져온 그 무엇에 대한 암시를 제공한다(Hume, 2000). 언론은 공적 기억을 개인적 기억과 연결해주고, 시대적 기억으로 확장시켜준다. 그리고 그 기록은 우리가 사는 시대의 정신과 가치를 드러내 보여준다. 언론이 기록하지 않으면 기억도 없다.

망자의 삶과 죽음을 기록하는 신문 추모 기사는 한 사람의 개인적 역사를 기억하는 통로이자, 사회의 가치를 반영하는 창문이다. 추모 기사에 의해 개인의 역사와 사회의 역사는 하나로 묶인다. 반대로 특별한 역사적 순간이 개인 시민의 삶과 연결되기도 한다. 따라서 추모 기사는 과거를 비추는 거울이자, 앞으로 나아가야 할 방향을 비추는 사회적 조명등이기도 하다(McDonald, 2011). 추모 기사는 한 개인의 삶뿐만 아니라 그가 살았던 사회의 가치를 기록하는 비옥한 문서와 같다(Kastembaum, Peyton, & Kastembaum, 1977). 과거와 현재, 사실과 판단, 개인과 사회 사이를 넘나드는 지적 경험을 제공하기 때문이다. 추모 기사의 사회적 역할과 기능이 그래서 큰 것이다.

하지만 한국의 신문 추모 기사는 오랫동안 뉴스의 주류에 포함되지 못했다. 유명인이 죽어야 그들의 삶을 회고하는 식으로 간간이 지면에 실리는 정도였다. 신문 지면에 실리는 예도 적고, 내용이나 형식도 엇비슷했다. 나이와 학력을 보여주고, 과거의 직업과 직위, 그리고 공적 성취를 주로 기록하는 식이다(이완수, 2017). 망자의 삶과는 별로 관계없는 성공한 유가족에 대한 정보, 발인 날짜와 장소, 연락처에 대한 의례적 정보를 담는다(김병희 · 이완수, 2024). 추모 기사 속 유명인들은 뉴스거리로서 좀 더 가치를 지닌다(McDonald, 2011). 그들은 대부분 업적과 명성, 사회적 영향력을 드러내는 '역사 속으로 비상하는 사람들'이자, 신문 지면에 초대된 '선택된 수혜자들'이다. 제대로 된 기록조차 없이 사라진 무명의 일반 사람들과는 달리 역사 속에 살아남은 '특별한 사람들'이라고 할 수 있다.

한국 사회에서 이름 없는 보통 시민들은 그런 혜택을 누리지 못한다. 죽어서 신문의 추모 기사에 실릴 기회는 거의 없다. 그들이 국가에 특별히 헌신했거나 사회적 영웅이 아닌 한 삶의 발자취를 남기기는 쉽지 않다(Lee, Shim, & Yoo, 2014). 그들이 왜 죽었고, 어떤 삶을 살아왔으며, 가족과 친구에게 어떤 사람이었는지, 그들의 죽음이 우리에게 무엇을 말하는지에 대한 이야기는 별로 남아 있지 않다. 무명인은 언론의 관심 대상이 아니며, 자연히 '기록의 부재자'로 남는다.

세월호 참사로 희생된 이름 없는 학생과 산업재해로 숨진 무명의 노동자에 대한 추모 기사는 그래서 특별하다. 한겨레의 추모 기사 "잊지 않겠습니다"와 경향신문의 추모 기사 "매일 김용균이 있었다"는 한국 추모 저널리즘 역사에 새로운 이정표가 되었다. 이 기사들은 망각될 뻔했던 한 개인의 죽음을 사회적 기억으로 되살려낸 한국 추모 저널리즘의 개척자라고도 할 수 있다.

누군가가 죽었다는 사실 고지만으로 그 죽음의 의미를 다 보여줄 수는 없다. 어떤 죽음이 사회적으로 부당하거나 바람직하지 않으면 그 죽음은 다시 조명되고 기억되어야 마땅하다. 오늘날에는 언론이 그 역할을 한다. 언론은 사적인 죽음을 공적인 영역에서 논의하고, '개인'의 죽음에 '사회적' 의미를 부여하는 기능을 한다. 그 가운데서도 신문은 '추모'라고 하는, 죽음을 알리는 특별한 공간을 갖는다. '저널리즘의 황무지'로 불려

온 신문의 추모 기사는 독자들을 장례와 추모에 초대하고, 슬픔을 나눌 기회를 부여하며, 남겨진 가족과 친구들에게 조의를 표하고, 망자의 지위와 업적을 칭송할 기회를 제공한다(Moremen, 2004). 그리고 그 죽음은 사회적 가치와 미덕을 드러내며 삶을 성찰할 기회를 제공한다.

추모 기사는 한 개인의 삶의 본질을 축약적으로 드러내 보여주는 인생의 연대기이자 기념비적인 기록이다. 추모 기사는 그 사회가 지향하는 가치를 드러내 보여주거나, 개인의 삶과 관련된 잊혔던 가치관을 드러내 보여준다. 망자가 살았던 특정 공동체(사회, 국가)의 중요한 가치 또한 추모 기사에서 엿볼 수 있다(Hume, 2000). 한겨레의 "잊지 않겠습니다"는 사회의 보편적인 안전, 가치, 이념, 규범을 보여주고, 경향신문의 "매일 김용균이 있었다"는 한국 사회의 불합리한 안전, 계층, 권력관계, 정서 구조를 보여준다.

정리하자면 신문 추모 기사는 사회적 가치에 초점을 맞추는 강력한 기념적 기록이다. 추모 기사는 죽음에 대한 그 사회의 기억, 문화, 집단적 의미를 주조한다. 또한 죽음의 개인적 연대기로서의 기능뿐 아니라 그 사회의 소중한 가치를 보존하는 기능을 한다. 특히 한 개인의 삶에서 기념되어질 만한 가치가 있는 속성은 국가의 상징성과 연결되기도 한다. 추모 기사는 한 존재의 마지막 공식인 공시이기도 하다. 추모 기사에 대한 언론의 틀 짓기는 한 개인의 삶을 단순히 보여주는 데에서 끝나는 것은 아니다. 그보다는 사회적 가치를 공중에게 널리 알림으로써 우리 사회가 무엇을 기억하고, 반성하고, 성찰해야 하는지 알리는 데 초점을 둔다.

추모 기사도 이제 어떻게 내용을 담고 구성하는가에 따라 중요한 뉴스가 될 수 있음을 보여준다. 전 세계적으로 추모 기사는 더 이상 '변방의 뉴스'이거나 '이류의 뉴스'가 아니다. 그것은 세계 언론이 추모 기사에 특별히 주목하는 데서 잘 드러난다. 추모는 저널리즘의 중요한 기록 대상이다. 그 형식과 내용 또한 파괴적이고 혁신적이다. 추모 저널리즘은 시대에 따라 진화한다. 또한 추모 저널리즘의 기술, 규칙, 표준, 태도와 관점은 언론이 반영하는 시대의 모습과 함께 변화한다(McDonald, 2016/2019). 과거에는 무시되었던 추모 기사가 지금은 중요한 저널리즘의 영역이 되었다. 추모 기사는 개인적인 기억의 중요성을 강조함으로써 사회의 안녕과 행복에 기여한다(Hume, 2000). 추모 기사는 한 개인에 대한 애도의 성격을 지니는 동시에, 그 사회의 가치를 드러내는 렌즈 역할을 한다(Horowitz & Sorensen, 2007). 추모 저널리즘은 한 사람의 삶을 돌이켜 보고, 그 삶의 틀을 만든 시대를 조명한다. 나아가 그 인물의 삶이 사회 공동체에 어떤 영향을 미치는지 보여준다. 추모 기사는 개인의 기억이면서 사회적 기억이고, 시대적 기억이다. 세계 언론들은 한 개인의 죽음을 기록하는 추모의 문제를 저널리즘의 가치 있는 영역으로 바라보기 시작했다. 이제 추모 저널리즘이 세계 저널리즘의 변화와 혁신을 이끄는 주체로 등장하기 시작한 것이다.

* * *

많은 사람이 한국 저널리즘의 위기를 이야기한다. 심지어 '한국 저널리즘은 죽었다'고까지 말하는 사람도 적지 않다. 언론이 사회적 기능을 제대로 수행하지 못했기 때문일 것이다. 기술환경이 급격히 바뀌고 수용자의 취향이 달라졌는데도 언론의 제작 관행은 옛날 그대로다. 죽은 저널리즘의 부활을 위한 해법은 결국 변화와 혁신에서 찾을 수밖에 없다. 저널리즘의 혁신은 새롭거나, 변화를 추구하거나, 새로운 가치를 추구하는 데 있다(Caplan, 2020).

지금의 한국 언론들이 저널리즘 혁신의 가치를 잘 실천하고 있는지는 의문이다. 일부 언론사를 중심으로 혁신적인 모델을 내놓고는 있지만, 그것은 극히 소수에 불과하다. 한겨레의 "잊지 않겠습니다"와 경향신문의 "매일 김용균이 있었다"는 저널리즘 혁신 측면에서 도전적인 사례로 꼽힌다. 다섯 가지 이유에서다. 첫째, 저널리즘 주제의 혁신이다. 두 기사 모두 죽음에 대한 추모 문제를 중요한 사회 의제로 다루었다. 추모 기사는 그동안 한국 언론에서 중요한 위치를 차지하지 못했다. 추모는 언론의 관심을 받는 뉴스 거리가 아니었다. '변방의 뉴스'이거나 '이류의 뉴스'로 뒷전에 밀려나 있었다. 그런데 이 두 신문은 변방의 추모 뉴스를 1면에다, 그것도 장기간에 걸쳐 중요한 기사로 다뤘다.

둘째, 추모 인물 선택의 혁신이다. 과거의 추모 기사는 주로 유명인이나 사회적 공인을 중심으로 기록되어왔다. 이에 반해 보통 사람이 추모 대상으로 선택된 예는 별로 없다. 그들의 죽음 자체가 특별한 경우를 제외하고는 늘 그러했다. 생물학적 죽음이라는 점에서는 공평하지만, 언론이 다루는 사회적 죽음은 불공평하다. 한겨레와 경향신문의 두 추모 기사는 죽음의 구조적 불평등을 바로 잡은 경우다. 추모 저널리즘에서 공고하게 유지되어온 정치경제적 지위에 따른 편향과 사회권력적 불균형성을 모두 무너뜨렸다는 점에서 혁신적이다.

셋째, 추모 기사의 형식과 내용 측면의 혁신이다. 한겨레의 경우 뉴스를 기자와 더불어 수용자(독자)가 함께 기록하는 새로운 형식을 시도했다. 뉴스는 기자가 늘 만들어왔기에 여기에 독자가 끼어들 여지는 별로 없었다. 하지만 한겨레의 "잊지 않겠습니다"는 독자인 유가족이 기록의 중심자가 되고, 기자가 이를 보소하는 새로운 협업 방식으로 기록되었다. 이는 기자가 모든 기록을 도맡았던 기존의 제작 관행과는 다른 차별적인 방법이다. 한편 경향신문의 "매일 김용균이 있었다"는 두 가지 점에서 혁신적이다. 하나는 1면 전체를 중대 재해로 죽은 노동자 1,200명의 명단으로 채운 점이다. 인포그래픽으로 구성한 편집의 파격성이 특히 돋보였다. 이러한 파격적인 편집 방식은 이전엔 볼 수 없는 시도였다. 다른 하나는 일터에서 어이없게 죽은 1,748명의 노동자의 삶의 이력을 디지털 인터랙티브 방식으로 꼼꼼히 재현한 실험적인 시도다. 이 인터랙티브는 죽은 노동자가 누구인지, 언제, 어디서, 어떻게 죽었는지에 대한 방대한 기록을 남겼다. 단순히 숫자나 통계로 처리되던 죽음을 체온이 느껴지는

'사람의 죽음'으로 변화시켰다. 즉 몰가치적인 통계적 죽음을 가치적인 사회적 죽음으로 되살려냈다는 점에서 혁신적인 추모 저널리즘의 한 전형을 제시했다.

넷째, 추모 기사 속 가치의 혁신성이다. 언론은 사회문제를 다루면서 다양한 가치를 제안한다. 하지만 한겨레와 경향신문의 두 추모 기사처럼 개인의 삶과 사회적 가치를 동시에 보여준 예는 별로 없다. 이들 두 신문의 추모 기사는 사랑, 희망, 꿈, 용기, 상실감, 가족, 행복, 기원과 같은 개인적 가치와 함께, 기억, 다짐, 성찰, 반성, 제도, 안전, 규범, 생명 존중, 안녕, 책임, 의무, 연대와 같은 사회적 가치를 동시에 드러내 보여준다. 추모 저널리즘의 목적은 단순히 죽음을 고지하는 데에만 있지 않다. 추모 저널리즘은 개인의 삶의 본질을 축약적으로 보여주는 동시에, 사회의 가치를 반영해 성찰과 반성으로 이끌 수 있어야 한다.

다섯째, 피해자 중심의 기록이라는 점에서 혁신적이다. 한국 저널리즘은 피해자나 약자의 목소리를 내는 데 적극적인 편이 아니었다. 가해자와 강자의 목소리는 크지만, 피해자나 약자의 목소리는 반대로 작다. "잊지 않겠습니다"와 "매일 김용균이 있었다"는 무력하고 호소할 데 없는 피해 유가족과 노동자가 목소리를 낼 수 있게 하는 공간을 제공했다. "잊지 않겠습니다"가 없었다면 세월호 유가족들은 억눌린 분노와 슬픔을 어디든 털어놓을 길이 없었다. "매일 김용균이 있었다"가 없었다면 죽은 노동자는 그(들)의 억울한 죽음을 세상에 알릴 길이 없었다.

언론의 추모 뉴스는 선택의 결과다. 따라서 추모 뉴스 선택은 사실에 대한 단순한 기록 행위가 아니라, 새로운 역사적 사실을 재현하는 행위이다. 죽음에 대한 언론의 재현은 여러 사실 가운데 중요하다고 판단되는 특정한 사실을 강조하는 방식으로 나타난다. 죽음이라는 과거의 문제는 추모라는 현재의 문제로 새롭게 재해석된다. 안전 불감증, 국가 부재, 관료주의, 생명 경시 풍조, 이익주의, 자본 논리, 망각이 과거의 문제라면, 안전 가치, 생명 존중, 약자 배려, 노동권 보장, 기억, 반성과 성찰은 우리가 주목해야 할 현재의 문제다. 언론은 사회문제를 고발하고, 그 사회 공동체에 필요한 공적 가치를 제안한다. 그것이 언론의 본질적 사명이다. 언론이 끊임없이 새롭고 혁신적인 저널리즘을 추구하는 것 역시 이런 사명 때문이다. 혁신적인 추모 저널리즘은 과거의 문제에 대한 기록(혹은 기억)을 바탕으로 현재를 성찰하는 역사적 유추를 통해 실천된다. 그것이 추모 저널리즘의 긍정적 기능이다. 언론이 죽음을 보도하면서 제시하는 가치는 곧 사회적 가치이고, 이 사회적 가치는 사회 구성원이 지녀야 할 이상적 가치이기도 하다. 언론의 추모 기사는 그 사회의 이상적 가치를 제시하며, 나아가 사회적 통합을 강화하는 데 도움을 준다(Peri, 1999).

신문 추모 기사는 한 망자의 죽음을 알리는 단순한 사회적 공간이 아니다. 그 공간은 망자의 존재, 망자와 관계된 특별한 미덕이나 가치를 강조하는 방식으로 기록된다. 추모 기사는 한 사람의 개인적 이력과 함께 사회적 가치에 대해 기억하고 싶은 것만을 선별적으로 기록한다. 그런 면에서 추모 기사는 개인 삶에 대한 사회적 기억이라고 할 수 있다. 그 기억은 세대 간, 가족 간, 집단 간 기억과도 연결된다.

죽음은 그 자체로 비극적이다. 하지만 언론이 다루는 과정에 그 폭력성과 비극성은 더 커진다. 언론은 죽음을, 때로는 드라마처럼 다루고, 때로는 이벤트화함으로써 사람들의 이목을 집중시키고 감정을 고양시킨다. 하지만 단순히 이벤트적 기록으로 끝나지만은 않는다. 언론이 기록하는 이례적이고 극적인 죽음은 그 죽음을 기억하고 반성하게 하며, 사회 통합에도 기여한다. 언론은 특정 죽음을 의례화ritualized함으로써 사회 공동체 구성원들을 애도와 통합으로 이끈다(Pantti & Wieten, 2005, p. 301). 미국 9·11테러, 천안함 피폭 사고, 세월호 침몰 사고 등에 대한 희생자 추모 기사는 모두 언론이 희생자의 죽음을 의례화함으로써 그 비극을 역사적 기억과 사회적 통합으로 이끈 경우다. 그것은 죽음에 대한 사회 구성원들의 기억을 환기시키고, 성찰로 이어지게 한다는 점에서 긍정적이다. 이때 기억의 주체는 개인이지만, 기억의 과정은 다분히 사회적이고 집단적이다. 개인적 기억이라는 것도 사실은 시대적 또는 세대적 기억을 잘 벗어나지 않는다. 기억은 그(그녀)가 살고 있는 사회 환경의 테두리 속에서 이뤄지기 때문이다. 또 개인이 자기 가족의 역사에 대해 갖는 기억도, 그가 살았던 시대의 사회적 기억의 범주를 웬만해선 벗어나지 않는다. 기억의 이런 특징은 개인을 특별한 역사적 순간과 연관지음으로써 가족의 역사 및 국가의 역사와 하나로 묶는다.

추모 저널리즘은 죽음에 대한 사회적 공론장의 기능을 한다. 언론은 개인의 죽음을 사회적 죽음으로, 그리고 국가적 죽음으로 확산시킨다. 사회적으로 공유된 기억과 집단적 가치를 추모 기사 안에 부가할 뿐 아니라, 사회적 규범과 부합하는 의미를 중심으로 기사를 기록한다. 추모 기사는 한 개인의 삶과 죽음에 대한 기본적인 사실을 담지만, 사실은 그 이상의 의미를 갖는다. 특히 신문 추모 기사는 개인의 죽음에 대해 이야기하는 인정된 사적 공간이자, 대중을 위한 이야기를 정당화legitimizing하는 공개된 공적 공간이기도 하다. 한 사회 구성원들이 건강하고 안녕한 삶을 살기 위해서는 더 많은 혁신적인 추모 저널리즘이 필요하다.

11장

'스브스뉴스'와 '비디오머그', 변방에서 시작된 SBS 뉴스의 혁신 노력

이현식

SBS를 포함한 방송사들이 이른바 '디지털 대응'을 본격화한다고 발표한 지 20년이 넘는 시간이 흘렀다. 그러나 초창기 뉴스 디지털화는 지상파용으로 제작 방송된 리포트물을 자사 홈페이지와 주요 포털 등 디지털 플랫폼에 그대로 올려놓는 형태였다. 이 작업을 얼마나 신속하게 하는가, 어떻게 배치해야 시청자를 더 모을 수 있는가를 갖고 고민하고 경쟁했다. 그것이 한계였다. 뉴스 자체에 대한 접근이 달라져야 한다든가, 이전엔 뉴스가 아니었던 것을 뉴스콘텐츠화해야 한다는 새로운 생각은 자리 잡기 어려웠다.

그런 분위기에 변화의 바람을 일으킨 혁신의 대표적 사례가 SBS의 '스브스뉴스'다. 스브스뉴스는 다양한 형식의 실험, 기자 아닌 다른 직군에 의한 뉴스 전달 등으로 사람들의 기억에 남았고, 지금도 지상파 방송사가 일군 뉴미디어 혁신의 대표적 사례로 회자되고 있다. 한때 SBS 보도본부의 작은 팀이었던 스브스뉴스는 출범 10여 년이 지난 오늘날 별도의 법인 체제로 운영되고 있다. SBS는 스브스뉴스 이후로도 다양한 혁신을 시도해왔고, 그 모든 것이 어우러져 SBS 보도의 디지털 체험을 구성하고 있다.

이 장에서는 스브스뉴스의 태동과 발전, 비슷하지만 다른 '비디오머그'의 등장, 이들의 발달 과정을 통해 SBS가 어떤 고민을 안고 뉴미디어 시대의 생존을 실험해왔는지, 그 과정에서 얻은 교훈은 무엇인지, 그것이 '여전히 SBS 종사자들의 활동의 중심인' 지상파 <8 뉴스>와는 어떻게 상호작용하고 있는지 검토해보고자 한다.

1. 혁신은 변방으로부터

혁신은 변방에서 나온다는 말이 있다. 국가의 흥망성쇠나 기업의 경영을 봐도 그렇다. 힘과 돈과 사람이 모여 있는 조직의 중심에서는 혁신이 나오기 어렵다. 중앙에 있으면 굳이 귀찮게 뭘 바꾸지 않아도 안온하게 잘 지낼 수 있다. 뭔가를 바꾸려면 신경 써야 할 것도 많고, 변화에 의해 불이익을 볼 사람이나 조직이 민감하게 반응해오기도 한다. 그 반응은 대체로 저항이며, 조직의 본체를 그 '혁신'이라는 것이 위협할 수 있다는 논리의 모습을 띠는 경우도 많다.

방송보도도 마찬가지다. 예로부터 인사철에 방송보도의 책임자가 바뀔 때마다 '혁신'은 단골 메뉴로 입에 오르내렸지만, 실제로 이뤄지는 혁신은 많지 않았다. 1990년대 뉴스와 지금의 TV 뉴스를 같은 화질로 놓고 보면, 사람들의 복색이나 화장, 조명, 그래픽 같은 외형적인 것을 제외하고는 별로 다른 점이 없다. 그 이유는, 그래도 됐기 때문이다. 무엇보다 보도본부의 중심에 있는 부서들은 그날그날의 뉴스를 제작하기에도 늘 너무 바빴다. SBS로 보자면, 보도국의 정-경-사(정치-경제-사회)로 이어지는 주요 부서들은 예나지금이나 TV 메인 뉴스인 <8 뉴스>의 제작을 위해 존재했고, 거기에 어떤 기여를 했느냐가 평가의 기준이 됐다. 그래서, 제 딴에는 아무리 혁신을 표어로 내걸고 몸부림쳐도 '<8 뉴스> 중심의 우주'를 벗어나는 혁신은 나올 수가 없었고, 앵커 멘트 리포트로 이어지는 뉴스 프로그램의 구조도 바뀌지 않았다.

10여 년에 걸쳐 SBS 보도 분야 뉴미디어 혁신의 불꽃이 되었고, 지금도 많은 이의 입에 오르내리는 스브스뉴스와 같은 혁신 프로젝트는, 보도국의 중심부에서 나온 것이 아니다. 취재 기자들이 유배지라고 부를 만한 곳에서, 보도국 취재부서들과는 아예 독립된 공간에서, 방송뉴스를 만드는 간부들의 시야로부터 벗어난 곳에서 싹을 틔웠고, 자라났다.

2. '스브스뉴스'의 태동

이름

스브스뉴스는 이름부터 특이하다. 'SBS 뉴스'라고 부를 때와는 다른 'B급 문화'의 감성이 느껴진다. '스브스'라는 이름은 SBS 내부에서 만든 게 아니었다. 언제 누가 처음이었는지는 모르겠지만 젊은 시청자들이 인터넷 댓글 등에서 '에스비에스'를 그렇게 줄여 부르기 시작했다. 일설에 따르면 초성 ㅅ-ㅂ-ㅅ으로 표현할 수 있는 욕설에서 비롯됐다고도 한다. 'SBS'라는 정식 명칭보다 가볍고 만만하게 들리는 이유는 그런 유래 때문일 수도 있다. '에스비에스'보다 두 음절이 줄었고 모음이 'ㅡ' 한 가지여서 입술을 덜 움직여도 된다는 언어학적 효율성까지 더해져, '스브스'라는 이름은 시청자들 사이에 쉽게 퍼졌다. 지상파 뉴스의 고루한 틀과 무거운 전통에서 벗어난 젊고 가벼운 뉴스 콘텐츠를 만들기로 했을 때, 이 '스브스'라는 이름은 이미 어느 정도의 대중적 인지도를 갖추고 있는 좋은 선택지 중 하나였다.

이름을 ‘스브스뉴스’로 지은 것은 콘텐츠 생산자가 어깨 힘을 빼게 만드는 효과를 가져왔다. ‘SBS <8 뉴스>에서 어떻게 저런 걸 다뤄?’ 할 법한 소재들을 가벼운(때로는 예능적인) 방식으로 다룰 수 있게 되었다. 방송뉴스 편집 회의에선 발제조차 되지 않을 생활밀착형 소재나 평범한 사람들의 소소한 사연들을 콘텐츠화할 수 있게 된 데는 이 이름의 역할이 컸다. TV 뉴스를 TV를 통해서는 시청하지 않는 20대 청년들과의 거리감도 좁힐 수 있었다.

그러나 이런 이름을 정착시키는 과정은 순탄하지 않았다. 디지털 뉴스를 만드는 조직 내에선 ‘괜찮은데?’와 ‘괜찮을까?’가 교차하는 정도였다면, 보도국장은 펄쩍 뛰었다. 가운데 낀 팀장이 고생이 많았고, 그에게 결국 설득된 보도국장이 이번엔 그 위의 임원들을 설득해 허락을 받느라 고생했다는 이야기가 회사에 전설처럼 내려온다.

조직

2013~2014년까지의 SBS 뉴미디어뉴스부에는 서너 명의 기자가 있었지만, 독립적인 ‘디지털’만의 업무 영역을 갖고 있다고 하기는 어려웠다. TV 뉴스 콘텐츠를 사후적으로 온라인에 유통하는 일이 주 업무였다. <8 뉴스>와 <모닝와이드> 등 TV 뉴스로 나간 동영상 리포트 및 일반 스트레이트 기사를 SBS 뉴스 홈페이지 그리고 각 포털에 유통하는 데에 집중하는 수준이었다.

당시 가장 큰 고민은 온라인에 유통할 기사의 양적 부족이었다(이는 지금도 마찬가지이긴 하다). 네이버뉴스와 다음뉴스라는 양대 포털은 온종일 열려 있는데, TV 뉴스콘텐츠가 주로 출고되는 건 아침 뉴스가 끝나는 7시 반, 낮 12시 뉴스 끝난 뒤, 5시 뉴스 끝난 뒤, 8시 메인 뉴스 끝난 뒤, 밤 12시 반에서 1시쯤 마감 뉴스인 <나이트라인>이 끝난 뒤로 제한되어 있으니 기사량이 태부족이었다.

방송기자들도 물론 스트레이트 기사 쓰기 교육을 받지만, 1990년대 중반 이후로는 뉴스의 '제작성'이 강조되면서 기자들이 점차 '리포트를 만드는 PD'처럼 되어갔다. 수첩에 볼펜으로 쓴 스트레이트 기사를 유선 전화로 부르던 시절보다 기사를 송고할 수 있는 기술적 수단은 발달했지만, 정작 SBS 방송기자는 스트레이트를 쓰지 않았다. 뉴미디어뉴스부의 기자들은 연합뉴스 기사를 속칭 '우라까이うらがえい'(방송문체로 바꿔서 쓰는 작업을 일컫는 업계 속어)하여 포털뉴스 수요에 대응하느라 허리를 펼 새가 없었다.

그러니 당시 뉴미디어뉴스부는 '잘나가는' 부서라고 보기는 힘들었다. 취재 기자는 응당 사회부에서 인정받고 정치부나 경제부로 가는 것이 당연한 커리어 경로로 받아들여지던 때였다. 그런 상황에서, 주니어 기자들 중에서도 유독 생각이 톡톡 튀고 마인드가 자유로운 청년기자 2명이 디지털 부서로 배속되었다. 권영인과 하대석 기자로, 두 기자는 TV 뉴스콘텐츠의 후속 유통에 얽매이지 않고 2014년부터 다양한 형식과 내용을 좌충우돌 실험하기 시작했다.

처음에는 기자들이 작성한 기사를 20대 시청자(독자)의 눈높이에 맞추는 수준에서 작업하던 이들은 곧 한계를 느꼈다. 이들은 20대 비非기자 인력들에게 기사 작성권을 넘겨주는 과감한 시도를 하기에 이른다. 자유롭고 흥미로운 콘텐츠가 생산되기 시작했다. 당시 몇몇 대학에서 학점 인정용 인턴십 프로그램을 운영해달라는 요청도 있는 상황이어서, 회사에서는 2015년 1월, 1기 인턴 10명을 선발해 기자 2명, 인턴 10명, 구성작가 1명으로 정식 팀을 발족시켰다. 공식적으로 스브스뉴스 전담팀이 구성된 것이다. 소재 발굴과 기사 작성은 20대 인턴들이 주도적으로 하고, 콘텐츠 구성에서 부족한 점은 경험 있는 작가가 보완하며, 뉴스 매체가 내는 콘텐츠로서 갖춰야 할 기본에 관한 검수와 지도를 기자가 맡는 시스템이었다.

사무실(공간)

SBS 목동사옥에서 보도국은 2004년 입주 초기부터 5층이었다. 보도본부장과 국장, 정치부·사회부·경제부는 SBS가 여의도에서 목동으로 옮겨온 2004년 이후 5층을 떠난 적이 없다. 5층은 전통적 기자 조직의 문화가 지배하는, 공기부터 다른 공간이었다.

대학생 인턴 10명이 주축인 스브스뉴스팀은 5층을 벗어나 캠프를 차렸다. 목동사옥 9층은 건물 허리에 자리 잡은 옥외정원이 절반이고, 그 정원으로 나가는 길에 몇 개의 회의실이 있다. 처음부터 기능성을 살려서 만든 회의실이라기보다는, 원래는 아니던 공간에 칸막이를 쳐서 간이 회의실처럼 만든 공간이다. 스브스뉴스팀의 첫 보금자리는 바로 그 회의실이었다. 비좁고, 환기도 잘 안 되고, 인터넷도 느린 공간이지만 보도본부의 기존 플로어플랜상 스브스뉴스팀의 업무 공간을 확보할 수가 없었다. 어쩔 수 없이 보낸 9층인데, 그게 '신의 한 수'가 됐다.

변방에 유배 온 듯한 느낌을 받을 수도 있었겠지만, '5층 보도국'에서 멀리 떨어진 곳이라는 위치가 스브스뉴스팀에겐 오히려 큰 장점이 되었다. 상명하복식 기자 조직의 문화로부터 멀리 떨어질 수 있었기 때문이다. 대학생 인턴들은 5층 보도국에 있었다면 굳은 표정의 기자들 사이에서 주눅들기 쉬웠을텐데, 9층의 독립공간에선 누구의 눈치도 볼 필요 없이 자신들의 모습대로 생활할 수 있었다. 시끄럽게 토론하고 웃고 떠들어도 뭐라 할 '아저씨'들이 없었다. 이들을 지도·지휘하여 새로운 콘텐츠를 만드는 두 젊은 기자도 층층시하 기자 선배들과 보직 간부들의 오지랖 넓은 간섭을 받지 않아도 되었기에 다양한 실험을 계속할 수 있었다.

차차 스브스뉴스팀의 성과가 쌓이고 인원도 늘면서 이들은 19층에 보다 넓은 공간을 얻어 이주하게 됐지만, 초창기의 허름한 공간에서 다진 '외인부대' 같은 팀 분위기는 스브스뉴스의 DNA에 새겨져 지금까지도 큰 역할을 하고 있다. "뉴스에는 위아래가 없다"는 초창기 슬로건도 그런 분위기에서 생겨났다.

팀의 정신을 담은 슬로건

스브스뉴스팀은 대학생 인턴들이 기자의 눈치를 보지 않고 제 목소리를 낼 수 있도록 '기자님'이라는 호칭도 금했다. 인턴들이 기자와 팀장에게 영어 닉네임을 지어 붙이고, 그 닉네임으로 부르도록 했다. 인턴들이 주축이 된 스브스뉴스 1기 팀은 자체적으로 팀 공식 슬로건을 정했다. 당시 압도적인 표를 받고 내부 당선된 안이 "SBS가 내놓은 자식들"이었다. 냉난방도 환기도 시원치 않은 회의실에 따로 살림을 차릴 수밖에 없었던 자신들의 처지를 자조적으로 담은 이름인데, 외인부대 같은 묘한 자유로움과 도전정신의 느낌도 낼 수 있어서 팀원들이 이 안을 지지했다고 한다. 여기에 '자신 있게'를 붙이자는 안이 대두됐다. "SBS가 '자신 있게' 내놓은 자식들". 이렇게 말이다.

문제는 조직의 허락을 받는 일이었다. 스브스뉴스팀이 만드는 콘텐츠는 SBS 뉴스 사이트에도 걸려야 했고, 페이스북 등 SBS 뉴스가 운영하는 다양한 소셜미디어 계정에도 걸려야 했기 때문이다. 그때까지 두 젊은 기자와 인턴 10명의 자유로운 생각을 최대한 존중해주던 뉴미디어뉴스부장도 이 슬로건만큼은 '장난하냐'며 강하게 반대했다고 한다. 지금이야 이른바 '레거시 언론'이 온갖 다양한 이름의 버티컬 브랜드를 내놓는 시절이지만, 10년 전에는 '디지털이라고 해서 언론기관의 품격을 저버려선 안 된다'는 분위기가 강했다.

반대하는 부장과 설득을 시도하는 젊은 팀원들의 대치 끝에, 결국 부장은 "에이 씨, 너네 맘대로 해!" 하고 자리를 박차고 나갔다. 수락한 건지 반어법으로 반대한 건지 아리송했지만, 팀원들은 '이때다' 싶어 미리 준비한 슬로건 디자인 배너를 페이스북 계정에 걸었다. 이제 이 슬로건은 돌이킬 수 없는 기정사실이 되었다. 이런 분위기는 구성원들의 높은 자발성으로 연결되었다. 하대석 기자는 당시를 이렇게 술회한다.

당시 1기 인턴들은 정말 말도 안 될 만큼 스브스뉴스에 애정을 쏟았다. 주말 내내 자기들끼리 아이템 회의를 하는 통에 주말에는 단톡방에서 카톡을 금지한 적도 있다. 그랬더니 몰래 다른 단톡방을 만들어 자기들끼리 계속 아이템 회의를 했다. 훗날 인턴들이 "그땐 스브스뉴스와 연애하는 것 같았다"고 말할 만큼 열정이 들끓었다. (하대석, 2018, p. 62)

스마트리포트 "모바일 30년"의 성공 같은 실패

2014년 초, 김도식 뉴미디어뉴스부장은 권영인과 하대석 두 기자에게 이렇게 말했다. "『뉴욕타임스*The New York Times*』의 "스노우폴Snow Fall"처럼 새로운 거 만들어봐."(하대석, 2018, p. 54). 김 부장은 80년대 초반 학번으로 법조에서 잔뼈가 굵은 전통 기자였지만, 기존의 방식으로 TV 뉴스를 디지털 유통하는 건 한계에 부딪혔다는 점을 절감하고 있었다. 당시 비슷한 고민을 안고 있던 기자들에게 큰 계시처럼 다가왔던 콘텐츠가 뉴욕타임스의 "스노우폴"이었다.

2012년 12월에 공개된 "스노우폴"은 인터랙티브interactive 뉴스콘텐츠, 디지털 스토리텔링의 역사를 연 것으로 회자되는 뉴욕타임스 콘텐츠다. 갤럭시S3와 아이폰5가 쓰이던 시절, 뉴욕타임스는 1만 7,000자에 이르는 심층취재물을 동영상-사진-인포그래픽 등 다양한 요소와 결합해 전혀 새로운 인터페이스를 지닌 웹콘텐츠로 내놓았다. 이듬해 퓰리처상을 받은 "스노우폴"을 당시에는 전 세계 언론사들이 디지털 혁신의 새로운 북극성으로 섬기다시피 했다.

뉴욕타임스는 이미 그전부터, 취재 기자와 담당 데스크, 지면 편집자, 디지털 편집자, 인포그래픽 디자이너, 사진 기자, 소프트웨어 개발자가 초기 기획 단계부터 함께 콘텐츠를 만들어가는 시스템을 정착시켜놓고 있었다(저자가 뉴욕특파원 근무 당시인 2010년 직접 방문해서 들은 이야기다.) "스노우폴"은 18명의 인력이 6개월간 작업한 결과물로 알려져 있다. SBS 뉴스에서는 도저히 불가능한 방대한 자원을 투입한 것이라 감히 거기에 견줄 수는 없지만, 기존 TV 뉴스의 인터페이스를 넘어선 새로운 콘텐츠를 만들어보자는 의지가 '스노우폴 같은 거 만들어보라'는 지시에 담겨 있었다.

2014년은 마침 한국이 이동통신 서비스를 시작한 지 30주년이 되는 해였다. 뉴미디어뉴스부는 취재 부서의 정보통신 담당 기자와 함께 "모바일 30년" 특집 리포트라는 크로스미디어 형태의 새로운 뉴스 체험을 기획했다. TV 뉴스를 통해서는 기존 방식대로 리포트를 내보내는 한편, 인터넷으로 이 콘텐츠를 접하는 사람들에게는 화면 속 버튼을 누르면 구글 글라스처럼 창이 떠올라 관련 부가정보를 볼 수 있게 만들었다. 이 작품은 이달의방송기자상 전문보도 부문 등 외부 상을 수상하며 주목을 받았고, 사내에서도 새로운 시도를 했다는 호평이 따랐다.

문제는, "모바일 30년" <8 뉴스> 영상을 TV나 포털에서 본 사람은 있어도 다양한 기술이 결합된 새로운 포맷의 "스마트리포트"를 온라인(SBS 뉴스 사이트)에서 체험해본 시청자가 거의 없었다는 사실이다. 당시 실정에 다양한 인터페이스와 그래픽 효과를 구현하느라 PC 전용 서비스로 기획했던 것이 패착이었다(하대석, 2018, p. 55). TV 뉴스를 리니어linear하게 시청하는 사람도 줄어든 마당에, 방송사 홈페이지에 와서 일일이 부가 정보를 토막 내가며 찾아보는 체험을 하려는 시청자는 더욱 찾기 힘들었다. 기획부터 온라인 사후 제작까지 3개월 가까이 애를 썼던 뉴미디어뉴스부 기자들은 '그렇게 애썼는데 아무도 안 봤다니' 하는 충격을 경험했고, 이는 사고의 전환으로 이어졌다. TV 체질을 벗어나지 못한 공급자 위주의 '새로운' 시도는 아무런 반향을 낳을 수 없으며, 포맷 실험은 철저히 사용자의 입장에서, 사용자 체험에 대한 관찰에서 출발해야 한다는 것이었다.

'카드뉴스'의 등장

2014년은 이미 국내에서도 페이스북이라는 미국발 소셜미디어 플랫폼이 막강한 영향력을 쌓기 시작하던 때였다. 스마트폰의 보급 확대에 힘입어, 사용자들은 네이버 등 국내 포털에서 페이스북과 같은 소셜미디어로 빠르게 옮겨가고 있었다. 페이스북 이용자의 90%가 스마트폰 등 모바일 기기를 통해 페이스북을 접했다.

당시 페이스북은 유저들이 어떻게 하면 더 많은 시간을 페이스북에서 보내게 만들까 고민했고, 그 결과로 '가로 슬라이드'라는 사진 UI를 도입했다. 사진 여러 장을 한꺼번에 업로드하면 그걸 슬라이드 형태로 옆으로 넘기면서 볼 수 있게 한 것이다. 그러자 일부 유저가 사진에 간단한 텍스트를 넣어 업로드하기 시작했다. 처음 이 새로운 포맷의 가능성을 발견한 건 소비재 회사들의 마케팅 담당자들이었다. 제품의 사진에 간단한 부가정보를 붙여 광고성 이미지를 만들고, 그 이미지 여러 개를 한번에 올려 손가락으로 넘겨가면서 볼 수 있게 한 것이다.

뉴미디어뉴스부의 권영인 기자가 이 새로운 인터페이스에 주목했다. TV 뉴스 리포트 1분 30초도 길다고 안 보는 사람들이 많으니, 리포트의 주요 장면을 캡처하고 자막을 달아서 '가로 슬라이드 UI'로 유통하자는 것이었다. '카드뉴스'라는 이름도 붙였다(권영인 · 하대석, 2018, p. 40).

PC에서 모바일로 사람들의 디바이스 이용 행태가 빠르게 넘어가는 시대적 흐름을 타고 카드뉴스는 대성공을 거두었다. 유저 입장에서는 뉴스콘텐츠의 내용을 편리하고 신속하게 파악하기가 쉬워졌다. 이미지와 간단한 텍스트만으로 만들어져 있으니 소리를 켜지 않아도 되었고, 이는 대중교통을 이용 중인 시청자에겐 큰 장점으로 받아들여졌다.

방송리포트 1분 30초짜리 영상물로 접할 내용을 카드뉴스로는 20~30초면 파악할 수 있었다. 다만 20~30초를 할애해주는 유저도 많지는 않았다. 당시 스브스뉴스팀은 독자의 50%가 10초 안에 떠나며, 그중 상당수는 3초 안에 '스와이핑'으로 콘텐츠를 벗어난다고 봤다. 팀 내 인턴들을 상대로 자체 관찰 실험을 진행해본 결과 콘텐츠 하나당 평균 시청 시간은 1.2초였다고 한다(권영인·하대석, 2018, pp. 38-39). 스브스뉴스팀은 1.2초 안에 독자의 눈길을 잡지 못하면 버려진다는 절박한 심정으로 콘텐츠를 제작했다.

카드뉴스는 콘텐츠 공급자 입장에서도 제작이 쉽고 편리했다. TV로 방영된 뉴스리포트를 개작해 동영상을 다시 업로드하는 것보다, 리포트를 카드뉴스로 만들어 소셜미디어 플랫폼들에 뿌리는 게 훨씬 빠르고 효과도 컸다.

카드뉴스를 처음 만들기 시작한 게 2014년 8월이다. 카드뉴스의 성공은 스브스뉴스가 2015년 1월, 별도의 진용을 갖춘 팀으로 독립하는 초석이 되었다. 다만 진입 장벽이 낮은 장르라서 순식간에 모든 언론사가 이들을 따라했다. 그리고 점차 전체적인 모바일콘텐츠 시장의 변화와 함께 사람들은 카드뉴스보다 '재미있는 동영상'을 선호하기 시작했다. 유행 시작 2년 만에 네이버 모바일뉴스 메인 섹션에서 카드뉴스가 사라졌다. 초창기 카드뉴스 형식으로 인기를 끈 스브스뉴스도 점차 동영상 위주로 전환하게 된다.

캐릭터 개발과 '재재'의 등장

스브스뉴스는 출범 초기부터 기존 SBS 뉴스와는 다른 '룩앤필Look and Feel'과 '톤 앤 매너'를 지향했다. 그런 노력의 일환으로, 스브스뉴스 제작진을 만화 캐릭터처럼 그려서 카드뉴스와 홍보 배너에 활용했다. TV 뉴스리포트라면 기자가 앵글 속에 들어가 인터뷰 대상자와 대화하는 모습이 화면에 나오지만, 스브스뉴스의 카드뉴스에선 곰돌이 모양의 제작진 캐릭터가 기자 역할을 대신했다. 이런 포맷은 '스브스뉴스'라는 이름과 함께, 시청자(또는 독자, 유저)들로 하여금 '스브스뉴스'를 뭔가 젊고 새로우며 부담 없는 존재로 받아들일 수 있게 도와줬다.

여기서 더욱 확장된 새로운 시도가, 뉴스전달자presenter로서 기자가 아닌 인력을 전면에 내세운 것이다. 2015년 이후 스브스뉴스는 빠르게 동영상 중심으로 전환하게 되는데, 이때 인턴 출신인 이은재 에디터(방송명 '재재'), 박채운 에디터(방송명 '루팡') 등이 현장 리포터 역할을 담당해 기자의 리포팅과는 다른 느낌으로 시청자에게 다가가면서 스브스뉴스의 대중화에 기여했다.

3. '스브스뉴스'와 플랫폼

'네이버'와 '다음' 등 대형 포털의 문제

2014년 이전까지, SBS를 포함한 레거시 뉴스 미디어의 디지털 전략에서 가장 큰 문제는 대형 포털에의 종속 문제였다. 포털들은 전략적으로, 또한 의식적으로 각 뉴스 제공자의 차별성을 약화시켰다. 쉽게 말해 SBS 기자들이 고생해서 만든 뉴스나, 듣도 보도 못한 날림성 온라인 매체(매체라고 하기도 어려운)의 기사나 포털의 뉴스 섹션에선 똑같은 한 줄로 취급받았다. 네이버뉴스와 다음뉴스에서 상위에 랭크되지 못하면 기사의 퀄리티나 사회적 의미에 상관없이 묻히고 잊히기 일쑤였다. 대형 포털은 점점 언론사에 대해 '갑'으로 자리매김하게 되었다.

이런 구조를 탈피하고 자체 플랫폼을 강화하며 자사 콘텐츠 유통의 주도권을 쥐는 것은 모든 언론사(뉴스제공사업자)의 꿈이었지만, 현실적으로 기사를 홍보할 채널이 대형 포털 외에 마땅치 않은 상황에선 쉬운 일이 아니었다. 각 사의 사이트에서 무슨 짓을 하든, 유저들은 한 자리에서 많은 콘텐츠를 편하게 접할 수 있고 인터페이스도 깔끔한 포털을 통해 모든 것을 해결하려 하는 습관을 바꾸려 들지 않았다. 이런 상황에서 새로운 가능성이 등장했다. '페이스북'이라는 미국발 플랫폼이 인기를 끌기 시작한 것이다.

급속히 떠오른 플랫폼 '페이스북'

페이스북이 미국에서 론칭된 것은 2004년이다. 그렇지만 초창기 수년간은 미국에서도 창업자 마크 저커버그의 모교인 하버드 등 명문대학 위주로 확산되었고, 지금처럼 광범위한 영향력의 플랫폼이 되기까지는 시간이 꽤 걸렸다. 2007년 당시 저자는 SBS 서울디지털포럼Seoul Digital Forum: SDF의 강연 프로그램 기획과 연사 섭외를 담당하고 있었는데, 미국 IT업계 인사들을 통해 페이스북의 존재를 알게 되었다. 사용 자체는 어려울 것이 없었지만 국내에선 쓰는 사람을 찾기 힘들었고, 외국 연사들을 찾아보고 접촉하는 데에나 사용했던 경험이 있다. 페이스북을 접한 국내의 얼리어답터들끼리 이곳에서 영어로 소식을 주고 받기도 했다.

한국에서 페이스북 사용이 일반화된 것은 적어도 2010년 이후로 볼 수 있다. 그리고 2014년이 되자 페이스북은 네이버나 다음과 같은 포털의 아성을 위협하기 시작했다. 단지 사용자 수의 증가만이 문제가 아니었다. 정년층 가운데에서도 외국 문물을 보다 많이 접하고 유행을 신도하는 집단이 새로운 외래종 소셜미디어 플랫폼인 페이스북을 열심히 쓰기 시작했다는 게 중요했다. '시대의 흐름'에 뒤처지지 않으려면 방송사 보도본부도 페이스북 확산 흐름에 올라타야 했다.

그런데 조직 내에선 콘텐츠 유통 전략을 두고 고민에 직면했다. 페이스북 플랫폼에 SBS 뉴스콘텐츠를 배포하는 방법으로는 두 가지가 있었다. 하나는 SBS 뉴스news.sbs.co.kr의 콘텐츠 원문 링크를 페이스북에 올려서 뉴스 홈페이지 방문을 유도하는 것이다. 방송사가 직접 운영하는 자체 플랫폼의 성가를 높이자는 것인데, 유저 입장에서는 매력이 떨어지는 방안이었다. 클릭을 한 뒤 웹페이지가 로딩될 때까지 몇 초의 시간이 걸리기 때문이다. 유저의 눈을 붙잡아둘 수 있는 시간은 1.2초 이내인데 페이지 로딩에만 2초 또는 그 이상이 걸릴 수 있다는 건 심각한 문제였다.

또 다른 방법은 영상이나 이미지를 곧바로 페이스북에 올리는 것이었다. 이는 방송사의 자체 플랫폼(뉴스 홈페이지)으로 유저를 유입시키는 효과는 기대할 수 없지만, 대신 훨씬 큰 플랫폼(페이스북)에서 SBS 콘텐츠의 노출을 늘리는 데에 효과적이었다. 페이스북 SBS 뉴스 계정의 '좋아요'와 구독을 늘리는 데에는 이 방법이 훨씬 잘 먹혔고, 페이스북을 이용하는 유저들 또한 이 방식을 훨씬 선호했다. 하지만 포털과의 거래에서 그랬듯 '남 배불리는 일만 하는 것 아니냐'는 내부의 우려 또한 간단히 무시할 수 있는 문제가 아니었다.

두 전략 중 어느 쪽을 택할지를 놓고 2014년 SBS 뉴미디어 파트에서는 반 년 가까운 격론이 벌어졌다. 결국, 일단 페이스북에 직접 콘텐츠를 올려 구독자를 늘리자는 쪽으로 정리가 됐다. 유저 트래픽을 SBS 자체 콘텐츠로 유도하는 데에 페이스북이 그리 우호적이지 않았기 때문에, 페이스북에 이미지나 영상, 텍스트를 직접 올리는 편이 콘텐츠 확산 효과도 훨씬 빠르고 크게 나타났다.

2014년 카드뉴스라는 형식을 실험하게 된 것도 이런 플랫폼 전략의 고민 위에서 나온 시도였다.

멀티플랫폼 전략

그렇다고 페이스북이라는 플랫폼에 '올인'하는 게 좋은 선택이 아니라는 건 자명했다. 페이스북 알고리즘이 언제까지 스브스뉴스의 카드뉴스를 잘 퍼뜨려줄지, 페이스북 다음에 또 어떤 플랫폼이 뜰지 모를 일이었다.

스브스뉴스는 독자와의 접점이 될 만한 플랫폼이면 어디든지 콘텐츠를 업로드했다. 2015년 초창기만 해도 트위터, 카카오스토리 뿐 아니라 '빙글', '플립보드' 등 이제는 이름도 가물가물해진 곳까지 10개 이상의 플랫폼에 콘텐츠를 올렸다. 빙글의 경우 2023년에 서비스가 중단되었지만, 2015년 스브스뉴스 구독자가 40만에 이르렀고 올리는 카드뉴스마다 50만이 넘는 노출 수를 기록할 정도로 인기가 있었다.

소셜플랫폼 가운데 '인스타그램'과 '트위터'의 경우에는 올릴 수 있는 카드의 수를 제한했으므로 스브스뉴스팀에서는 이들 플랫폼을 위해 별도의 네 장짜리 카드뉴스를 만들기도 했다. 트위터에 올릴 때는 해당 플랫폼의 톤앤매너에 맞춰 친구가 말하는 듯한 말투로 텍스트를 바꾸기도 했다.

콘텐츠 제작 업무를 직접 경험하지 않은 경영 부문 종사자의 경우 이 점을 잘 이해하지 못하는 경향이 있는데, 한 플랫폼에 올린 콘텐츠를 다른 플랫폼에 똑같이 올리는 것으로는 좋은 성과를 기대할 수 없다. 다양한 플랫폼마다 특성을 파악하고 그에 맞게 콘텐츠를 변형해서 업로드하는 일은 상당한 수준의 센스와 노하우의 축적, 그리고 추가적인 노동의 투입을 요구했다. 쉽게 말해, 다 사람이고 돈이었다.

그래도 성과는 확연했다. 다양한 소셜플랫폼을 통해 노출을 늘리면서, 스브스뉴스는 네이버나 다음 같은 포털에 의존하지 않아도 되었다. 네이버뉴스 '가장 많이 본 기사'에 올라도 당시 조회 수 10만을 넘기기가 쉽지 않았는데, 스브스뉴스의 카드뉴스는 30~50만, 가끔은 100만 조회 수도 드물지 않게 넘겼다.

멀티플랫폼 전략의 성공으로 조회 수가 '레벨 업'되자, 플랫폼들과의 역학관계에도 변화가 생겼다. 플랫폼들이 스브스뉴스와 제휴하자며 경쟁적으로 접촉해오기 시작했다. 페이스북은 '인스턴트 아티클' 포맷을 확산시키기 위해 초기 파트너로 SBS 뉴스와 스브스뉴스를 택해 제작을 지원했다. 카카오는 '1boon' 서비스의 제휴브랜드로 스브스뉴스를 택해 수익 공유를 제안해왔고, 이를 안 네이버도 '네이버포스트'의 모범 계정으로 스브스뉴스를 선택했다. 한 플랫폼에 매이지 않는 전략이 플랫폼에 대한 협상력 강화로 귀결된 것이다.

‘유튜브’ 중심 시대

뉴스 플랫폼으로서 페이스북의 한국 내 전성기는 2015년에서 2017년까지 정도로 볼 수 있다. 스브스뉴스를 성공시킨 SBS뿐 아니라 다른 대부분의 레거시 언론사도 페이스북에서 다양한 ‘버티컬 서브 브랜드’를 만들어 카드뉴스나 짧은 영상 등으로 젊은 층 잡기에 나섰다. 하지만 시장 상황은 생각보다 빨리 변했다.

해외 뉴스 미디어들은 좀 더 긴 영상의 가능성을 새롭게 발견하면서, 영상 시청 플랫폼인 유튜브로 주 무대를 옮기기 시작했다. <복스Vox>나 <바이스Vice>, CNN <그레이트 빅 스토리Great Big Story> 등의 채널이 10분 이상의 ‘롱폼long form’ 영상콘텐츠로 세계적인 주목을 끌고 있었다.

2017년 하반기에는 페이스북이 유저 타임라인에 매체의 뉴스 대신 ‘친구’들의 소식을 우선 노출하는 쪽으로 알고리즘을 바꿨다. 이는 한국의 디지털 뉴스 시장에 지각변동급 변화를 가져왔다. 페이스북에 올린 뉴스콘텐츠의 도달률이 급격히 떨어지면서, 노동력 투입의 ‘가성비’가 나오지 않게 됐다.

소셜미디어로서 페이스북 자체의 매력도도 하락했다. 페이스북에 중장년층이 유입되면서 ‘쿨한’ 느낌이 사라지고 정치 토론 글이나 가짜뉴스 논란이 늘자, 젊은 층은 대거 인스타그램 등 다른 소셜미디어로 옮겨갔다. 반면 유저들의 유튜브 시청 시간은 점점 늘어갔다. 2018년부터는 확연하게 유튜브가 국내 각 언론사의 대표적 뉴미디어 플랫폼으로 자리를 잡았다. 방송사와 종편은 물론, 신문사들까지 유튜브 채널을 개설하고 영상 전쟁에 뛰어들었다.

SBS도 스브스뉴스를 카드뉴스 대신 영상 중심으로 개편하는 한편, <비디오머그>와 같은 새로운 버티컬 브랜드를 내놓으면서 유튜브 대응을 강화했다. SBS 뉴스 유튜브 공식채널의 개설 일자는 2014년 5월 2일이다. 5년 만에 구독자 41만, 누적 조회 수 5억 7,000만 뷰를 넘겼다. 만

10년이 지난 2024년을 기준으로 보면 구독자 453만, 조회 수 120억 회 이상이라는 기하급수적 성장을 기록했다.

유저 입장에서 유튜브의 가장 큰 장점은 '쉽다'는 것이다. 트위터나 페이스북은 나름의 인터페이스와 분위기가 있고, 거기에 대한 적응이 좀 필요하다. '타임라인'이 있고, 내 담벼락과 남의 담벼락이 구분돼 있다는 걸 개념적으로 이해하지 못하는 사람들도 적지 않았다. 반면 유튜브는 그냥 클릭하면 영상을 재생해주는 간단한 인터페이스여서 폭넓은 세대에게 쉽게 다가갈 수 있었다. 시정한 영상을 바탕으로 관심사를 추정해 추천 영상을 무한 제공하는 알고리즘의 힘도 강한 중독성을 발휘했다.

TV 진출

스브스뉴스의 동영상콘텐츠가 유튜브를 통해 20대에게 좋은 반응을 얻자, TV 편성에서도 이를 주목했다. 스브스뉴스팀 또한 이왕 만드는 프로그램, 유튜브를 넘어 TV로 방송하고픈 욕망이 있었다. TV에 정식 편성되면 더 많은 제작비를 쓸 수 있게 된다는 이점도 있었다.

<돈워리스쿨>은 2018년 9월부터 스브스뉴스 채널로 업로드된 청년 경제교육 콘텐츠다. 스브스뉴스 성격에 맞게 예능적 성격을 살려서 출연진을 구성했다. 경제 유튜브로 인기 있던 '돈쌤', '슈카' 등이 경제 해설과 지식 전달을 맡았고, 다양한 예능 프로그램을 섭렵하며 인기가 높던 장예원 아나운서는 '재테크에 관심이 많지만 경험과 지식이 부족한 청년 시청자들'을 대변하는 역할을 맡았다. 유튜브 조회 수와 매체 보도량 등의 반응이 좋게 나오면서, 2019년에는 TV판을 새로 제작하게 되었다. 스튜디오 세트에 좀 더 공을 들이고 분량도 TV 편성에 맞게 조절했다. 언어 표현 등을 지상파 심의 기준에 맞게 가다듬고 자막은 방송 송출용 가이드라인에 맞춰야 하는 등 손이 많이 가는 일이었다. 이후 <돈워리스쿨>은 2020년 시즌 2까지 유튜브와 TV로 제작·방영되었다.

또한 스브스뉴스에는 <문명특급>이라는 서브 시리즈도 있었다. 기자가 아닌 일반인 에디터 재재가 진행자로 나서서 K팝, 영화 등 대중문화를 다루는 콘텐츠였는데, 이게 젊은 세대들로부터 상당한 인기를 끌었다. 거의 모든 K팝 아이돌 그룹의 안무를 숙지하고 있는 재재는 자신이 청소년 시절 푹 빠져서 들었던 옛 아이돌들을 다시 유튜브의 중심으로 끌어냈다. '숨듣명(숨어서 듣는 명곡)', '컴눈명(다시 컴백해도 눈감아줄 명곡)' 등의 유행어가 문명특급을 통해 나왔다.

젊은 세대의 열화와 같은 성원에, 스브스뉴스 <문명특급> 팀은 유튜브콘텐츠에 참여한 아이돌 그룹들을 모아 실제 콘서트를 개최하기에 이른다. 그리고 이 콘서트를 TV의 제작 기준에 맞춰 제작해 TV에서 방영하게 된다. 당시 이 프로젝트는 이은재 에디터와 홍민지(방송명 '밍키') PD가 진행했다. 밍키는 스브스뉴스에서 PD 역할을 했지만 직제나 고용형태상 'SBS 제작국의 PD'는 아니었는데, TV 정규방송의 K팝 프로그램을 만드는 정규직 영상감독-기술감독-중계기술팀과 직접 협업해 콘서트 방송을 성사시켰다. 2021년 6월 전파를 탄 SBS TV <문명특급> '컴눈명 스페셜'은 CJ ENM이 발표한 그해 6월 둘째 주 콘텐츠 영향력 평가지수 Content Power Index: CPI에서 1위를 차지할 정도로 큰 반향을 일으켰다.

지금도 K팝 등 대중문화 콘텐츠는 TV용으로 제작·방송한 뒤 유튜브 등 온라인 포맷으로 유통하는 것이 기본적인 시스템이다. 그런 점에서 볼 때 온라인 전용으로 기획되어 TV 방송으로 확대되고, 대중적인 인정까지 받은 <돈워리스쿨>과 <문명특급>은 대단히 혁신적인 모델이었다.

TV 편성에서도, 기존의 TV 예능 제작 시스템보다는 제작비를 덜 쓰고 더 큰 파급 효과를 만들 수 있는 모델이었다. 재재는 나중에 대중문화에 전문성을 지닌 진행자 겸 인터뷰어로 인기를 끌게 되었고, 윤여정 배우의 아카데미 여우조연상 수상 당시 윤여정 배우와의 인터뷰까지 맡았다. 그리고 이 인터뷰는 TV에 편성돼 방송되기도 했다.

4. '비디오머그'의 등장

'스브스뉴스'와는 달랐던, '비디오머그'의 출범

스브스뉴스의 실험이 성공을 거두면서 SBS 보도본부 기자들의 뉴미디어 부서 지원도 늘었다. 뉴스의 소재와 형식에 관한 기존 틀을 깰 수 있다는 새로운 가능성에 이들은 열광했다. 뭣보다, 자신들이 실제 생활에서 많이 쓰는 디바이스와 플랫폼에 특화된 콘텐츠를 만들 수 있다는 점이 젊은 기자들의 열띤 호응을 끌어냈다.

그런데 기자들이 뉴미디어에서 만드는 콘텐츠는 스브스뉴스 인턴들이 발제하고 제작하는 콘텐츠와는 태생적으로 결이 다를 수밖에 없었다. 기자들은 보다 시사지향적이었고, 직접 취재하기를 원했다. 스브스뉴스가 나름의 조직과 방식으로 돌아가고 있는 가운데, 뉴미디어뉴스부에 새롭게 배속된 기자들은 자신들의 영역에서 새로운 콘텐츠 제작에 나섰다. 그렇게 시작된 것이 '비디오머그'(2015~)다.

시대적 배경이 만든 브랜드의 성격

비디오머그의 성격이 잡히게 된 데는 그 시대적 배경이 크게 작용했다. 2015년은 박근혜 전 대통령 임기의 한가운데다. 기자들 입장에서는 TV의 <8 뉴스>에선 다 할 수 없는 얘기가 많았고, 갈증을 느낄 수밖에 없었다. 이러한 상황에서 비디오머그는 기자들이 갈증을 해소할 수 있는 창구가 되었다.

비디오머그 초창기에 큰 화제를 모았던 영상이 있다. 2015년 6월 22일 업로드된 "박근혜 대통령의 '색다른' 비상급수"[1] 편은 가뭄 피해가 심

---

1 '비디오머그'의 해당 영상은 다음 링크에서 확인할 수 있다. https://news.sbs.co.kr/

각한 강화도의 논에 소방차로 비상급수하는 현장을 방문한 박근혜 대통령의 영상을 담았다. 박 대통령이 소방호스를 제대로 다루지 못해 거센 물줄기를 맞은 논바닥은 V자로 깊이 패였고, 이 모습은 "…"이라는 자막, 그리고 황당함을 표현하는 효과음과 함께 1분 23초의 영상으로 제작됐다. 당시는 비디오머그의 공식 유튜브 채널 개설(2016. 3. 29.) 전이었고, 따라서 영상 조회 수는 페이스북에서만 25만 회가 나왔다. 그런데 숫자보다도 파급력은 더 컸다. 이 영상이 비디오머그 채널 초기의 성격을 상당 부분 규정하게 된 것이다. 이후 최순실 사태가 터지고 사상 초유의 탄핵 국면이 열리면서, 비디오머그는 스브스뉴스나 기존 TV 뉴스가 담지 못하는 정치 관련 영상을 다루는 채널로 자리 잡게 되었다.

이러한 성격은 탄핵 국면과 대선의 계절이 지난 후에도 어느 정도 여파를 남기게 되었다. 비디오머그는 정치를 포함한 다양한 시사 문제를 스브스뉴스보다는 좀 더 보도지향적으로 다루게 되었고, 제작에도 기자들이 보다 직접적으로 나섰다.

다양한 서브 브랜드 개발

2024년 9월 기준 154만 명의 구독자를 보유한 비디오머그 채널은 "뉴스에 깊이 있는 해설을 더해 신뢰할 수 있는 인사이트 콘텐츠를 제공합니다"라는 슬로건을 내세우고, 시사 이슈의 맥락과 배경을 알려주는 심층 인터뷰나 해설 영상 등을 다양하게 제작하고 있다. <교양이를 부탁해>, <귀에 빡!종원>, <글로벌 인사이트>, <딥빽> 등이 비디오머그의 대표적인 맥락 설명 콘텐츠 시리즈다. <교양이를 부탁해>는 가자지구 전쟁, 중국 정치-경제와 미중 갈등, 미국 대통령 선거 등의 시사 이슈에 대해 배경 지식과 함께 사안의 흐름을 짚어주는 설명을 시도한다. 저자를

---

news/endPage.do?news_id=N1003038243&plink=SHARE&cooper=COPY

포함한 SBS의 시니어 기자와 학계의 전문가들이 사안을 설명하는 '컨트리뷰터'로 등장한다. <귀에 빡!종원>은 프리젠터(김종원 기자, 전 뉴욕특파원) 캐릭터로 브랜드네이밍한 케이스다. 귀에 '빡' 박히도록 사안을 설명해준다는 취지의 코너로, 테무와 알리의 저가 공세, 키토 다이어트 등 생활밀착형 소재이면서도 기자가 취재하기에 따라 폭넓은 맥락과 지식을 전할 수 있는 내용들을 다룬다. <글로벌 인사이트>는 워싱턴특파원을 역임한 김수형 외교안보팀장이 국내 언론의 한계를 넘어 국제뉴스 속 플레이어들을 직접 인터뷰하는 코너다. <딥빽>에서는 외교안보팀 김혜영 기자가 주로 남북 관계나 한반도 정세와 관련한 뉴스를 해설하고 있다.

TV 뉴스에 방영

시사 이슈를 다루다 보니, 비디오머그는 TV 뉴스에도 좋은 콘텐츠가 되었다. 특히 박근혜 정부 말기에는 5분 이상의 충분한 시간을 갖고 사안을 해설하며 다양한 자막으로 이해를 돕는 비디오머그 콘텐츠가 기존 TV 뉴스 리포트보다 효과가 좋았다.

연일 대규모 촛불집회와 정치적·사법적 격변이 일어나던 시기에, 취재 부서 기자들은 대부분 취재 현장에 묶여 있거나 TV 생방송을 해야 했다. 화면과 자료를 모아서 재구성하는 제작물을 만들어 댈 인력이 회사 안에 남아 있지 않은 날이 많았다. 그럴 때, 특히 주말에 비디오머그 영상물은 TV 뉴스 큐시트를 채우는 소중한 자원이 되었다.

다만 2010년대의 분위기로는 인터넷식 자막이나 그래픽 스타일을 TV에 그대로 내는 것이 부담스러운 면이 있었다. 그래서 TV 뉴스 편집부가 비디오머그팀에 자막 작업을 뉴스 자막 스타일에 맞게 새로 해줄 것을 요구하고, 비디오머그팀이 이를 거부하는 상황이 종종 벌어지기도 했다. 2020년대도 중반에 접어드는 요즘은 시청자들도 조직의 구성원들도 모두 인터넷 스타일 자막과 CG에 익숙해져서, 비디오머그에 나간 영상물을 그대로 TV 뉴스에 방영해도 별 탈이 없다.

5. 우리의 시청자(독자)는 누구인가: 타깃 설정의 문제

백화점과 입점 점포

페이스북, 유튜브 등 당대에 인기 있는 뉴미디어 플랫폼에서 뉴스콘텐츠를 유통한다는 것은, 비유하자면 오프라인 상권에 백화점을 출점하는 것과 같다. 서울 핵심 상권에서 신세계와 현대, 롯데백화점이 경쟁하는 것처럼, 뉴미디어 플랫폼에서는 SBS와 MBC, KBS, 조선일보, 중앙일보, 한겨레신문 등의 매체들이 각자의 백화점을 내고 그 안에 다양한 점포를 개설해 손님을 모은다.

스브스뉴스, 비디오머그 등 '버티컬 브랜드'는 'SBS백화점' 안에 있는 각각의 점포와 같다. 점포들이 손님을 모아 장사를 잘 하려면, 먼저 각자의 고객이 누군지를 잘 알아야 한다. 중년 여성용 화장품을 주로 판매하는 점포는 그에 맞는 제품을 깔아야 한다. 남들이 잘 판다고 해서 젊은 여성들을 위한 색조화장품을 기웃거리면 이도 저도 안 된다. 당연한 소리 같지만, 유튜브에서 채널을 운영하는 언론사들 중에는 자기 고객이 어떤 사람들인지 제대로 파악하지 못한 채 남들 채널에서 '터지는' 콘텐츠를 따라하는 (그러나 성과는 잘 나오지 않는) 경우가 적지 않다.

'스브스뉴스'와 '비디오머그'의 구독자 차이

SBS 뉴스 유튜브의 대표적 버티컬 브랜드인 스브스뉴스와 비디오머그의 경우, 남들이 보기에는 구분이 잘 안 갈지 몰라도 구독자층이 다르다. 비디오머그는 2015년 박근혜 정부 한중간에 시작돼 정치 기반으로 성장했기에 구독자의 80% 안팎이 20~40대 남성이다. 그래서 비디오머그는 자연스럽게 스포츠 콘텐츠로 확장되었다. 경기 중계화면을 다양하게 활용한 '스포츠머그'가 탄생했고, 스포츠 관련 역사와 기록들을 재미있게 다루는 '별별스포츠' 같은 서브 브랜드가 생겨난 것도 비디오머그 구독자층을 연구한 끝에 나온 결과다.

반면 스브스뉴스의 경우 10대 후반에서 20대의 여성들이 핵심적인 구독자층으로 나타났다. K팝과 영화 등 대중문화 콘텐츠를 기반으로 한 <문명특급> 등의 콘텐츠가 잘 먹혔고, 이들에게 소구할 수 있는 프리젠터 재재는 '연반인(연예인 같은 일반인)'이라는 신조어 카테고리를 만들며 준 스타로 성장했다.

비슷하게 경쾌한 톤 앤 매너로 콘텐츠를 만들더라도, 스브스뉴스에서는 젠더, 환경, 트랜드, 대중문화 등을 다룬 콘텐츠가 수치적으로 좋은 결과를 가져온다. 예를 들어 최근 유치원과 초등학교 저학년 연령대의 여자아이들에게 큰 인기를 끈 '티니핑'이라는 애니메이션 캐릭터와 인형이 있다. 티니핑을 다루는 콘텐츠는 스브스뉴스가 만들지, 비디오머그가 만들지 않는다. "조카에게 아는 척 가능한 티니핑 세계관 5분 정리"라는 썸네일의 스브스뉴스 영상은 올해 8월 26일 업로드된 후 3주 만에 조회 수 60만을 넘겼다.[2]

이와 달리 비디오머그에서는 고발성 소재, 사건·사고, 현장 취재, 풍자성 정치 뉴스, 이슈의 맥락 설명 등이 좀 더 활발한 구독자 반응을 끌어내는 경향이 있다. SBS도 이런 점들을 알게 되기까지 적지 않은 시행착오를 거쳤다. 비디오머그의 경험을 소개하자면, 이런 일이 있었다. MBC의 뉴미디어 버티컬 브랜드 '일사에프(14F)'가 비디오머그보다 몇 개월 일찍 구독자 100만을 돌파했다. 한참 먼저 시작한 비디오머그는 조급해

2 스브스뉴스의 해당 영상은 다음 링크에서 확인할 수 있다. https://youtu.be/Zh2r77MnEoY?si=T6Uq7NeULSTB8EqE

졌다. 일사에프의 성공을 들여다보니 <소비더머니>라는 킬러 콘텐츠의 역할이 큰 것으로 나타났다. 사람들이 관심 있는 브랜드에 관한 다양한 이야기를 지식 스토리텔링 스타일로 친근하게 풀어내니 인기가 있구나 싶었다. 2021년 초부터 비디오머그도 인력을 몰아서 비슷한 유형의 스토리텔링 콘텐츠를 만들기 시작했는데, 예상 외로 별다른 반응이 나오지 않았다. 반면 비슷한 시기에 현장 취재 콘텐츠 "실화냐?" 시리즈를 내면 어렵지 않게 수십 만 조회 수가 나왔다. 지식 스토리텔링이냐 현장 취재물이냐, 장르의 문제가 아니었다. 일사에프와 비디오머그의 구독자 특성이 달랐던 것이다(박수진 · 조을선 · 장선이 · 신정은, 2022, pp. 96-98).

6. 탈지상파 시대의 제작

공감

뉴미디어 뉴스콘텐츠 제작에서 가장 중요한 점을 꼽으라면 구독자의 '공감'이 아닐까 싶다. 물론 TV 뉴스도 시청자의 공감이 중요하다. 하지만 TV라는 브로드캐스팅 리니어 미디어의 특성상, 콘텐츠를 제작하는 공급자(기자)가 그러한 공감을 실시간으로 느껴가며 일하기는 어렵다. 뉴미디어 뉴스콘텐츠에서는 수용자의 공감 반응이 보다 즉각적으로 오고, 콘텐츠의 생사도 보다 빠르고 확실하게 결정된다. 즉 TV 뉴스는 공급자 측의 판단(편집회의 등)에 따라 일단 송출되고, 송출되는 시점에는 각 아이템이 평등하게 노출되지만, 뉴미디어콘텐츠의 경우에는 수용자(플랫폼 유저)의 공감을 받지 못하면 그대로 사장된다.

공감을 불러일으키는 아이템이 조회 수도 잘 나온다. 공감에도 여러 가지가 있는데, 시청자의 마음속 답답함을 풀어주는 공감을 일으켰을 때 가장 화끈한 반응이 일어난다. SBS 뉴스 유튜브 계정에 5년 전 업로드된 영상이 하나 있다. 제목은 "백종원 '진짜 너무 하신 거 아닙니까?' 국회의원 질문에 반박한 국정감사장의 백 선생"으로, 2018년 10월 국회 국정감사장에 나온 백종원 더본코리아 대표와 국회의원들의 문답 현장 영상 중 가장 인상적인 부분을 5분 남짓으로 추린 것이다. 2024년 9월 22일 기준 이 영상은 조회 수 2,391만 회, '좋아요' 11만 개, 댓글 2만 9,310개를 기록했고, 이후로도 계속해서 댓글이 달리고 있다. SBS 뉴스 채널의 모든 동영상 중 최고 수준이다. 막무가내로 물정 모르는 소리를 무례하게 쏟아내는 의원들에게 기죽지 않고 하나하나 논박하는 백종원 대표의 항변에 사람들이 느낀 후련한 공감이 그런 폭발적인 숫자로 나타난 것이다.

비디오머그 채널도 비슷한 경험을 갖고 있다. 비디오머그 역대 동영상 중 가장 인기가 높았던 것은 "불난 집 앞 불법주차 차량, 이제는 그냥 밀어버립니다^^"라는 제목의 서울시 소방재난본부 훈련 영상이었다. 주택가 골목에 불법주차된 차량의 사이드미러를 소방차가 그냥 부수고 지나가고, 소화전을 막은 불법주차 차량의 유리창을 깨고 호스를 연결하는 모습에 시청자들은 통쾌함을 느꼈다. 2019년 4월에 업로드된 해당 영상은 5년여가 지난 시점에 1,580만 회가 넘는 조회 수를 기록하고 있다. 또한 2만 1,000개가 넘는 댓글이 달려 있고 이후로도 계속 댓글이 달리고 있는데, '저건 훈련일 뿐, 아직도 소방 활동을 방해하는 불법주차 차량을 소방대원들이 어쩌지 못한다'며 답답해 하는 댓글이 다수를 이룬다.

소통

공감을 촉발하는 작용은 소통이다. 전파를 광범위한 대상에게 무차별적으로 뿌리는 '브로드캐스팅' 모델의 TV와 달리, 뉴미디어는 소통에 필요한 기능을 다양하게 갖추고 있다. 댓글과 채팅 기능이 대표적인 예인데, 여기서 말하려는 '소통'은 그것에 국한되지 않는다. 시청자가 댓글이나 채팅 등으로 표현한 의견과 관심이 실제 콘텐츠에 반영될 때, 콘텐츠 공급자가 우리의 요청에 주목하고 있다고 느낄 때 시청자들은 공감의 희열을 느낀다.

2018년 4월 판문점 남북정상회담 당시엔 이런 일이 있었다. 당시 비디오머그팀은 현장에서 보내오는 취재 영상 중 인상적인 장면들을 2분 남짓한 짧은 클립들로 만들어 업로드했다. 하루에 20건 넘는 영상이 계속 올라오자 구독자들도 신기했는지 이런 댓글을 달았다. "지금 감금당해서 억지로 영상을 만들고 있는 거라면 다음 영상 1분 21초 오른쪽 상단에 별을 0.3초 동안 띄워주세요."

비디오머그 편집자는 다음 영상 아이템에 실제로 0.3초간 별을 그려 넣었다. "헐. 진짜 띄웠어 ㅋㅋㅋㅋㅋ" 같은 댓글에 유저들이 느낀 소통의 효능감이 넘쳐났다. 이 일은 나중에 "비디오머그 편집자 감금설을 알아보자"라는 별도의 콘텐츠로 이어지기도 했다. 이와 같이 '방송사가 일방적으로 뿌리면 그저 받아보는 사람'이 아니라, '만드는 과정에 함께 참여하는 사람'이라는 경험을 수용자들에게 안겨주는 것이 중요하다.

참여

뉴미디어 플랫폼은 콘텐츠 제작에 수용자가 보다 직접적으로 참여할 수 있도록 한다. 스브스뉴스 초창기인 2015년 7월, 최저임금 인상 문제가 첨예한 이슈로 떠오른 가운데 한 장의 사진이 커뮤니티와 주요 포털에서 화제가 됐다. 영국에서 최저시급으로 2시간 일한 뒤 장을 보면 살 수 있는 식료품을 모아 찍은 장바구니 사진이었다. 고기와 요구르트, 딸기, 맥주까지 제법 풍성해 많은 이들을 놀라게 했다.

당시 보도국 사회부에서 근무하던 하현종 기자의 제안으로, 스브스뉴스팀은 해외에 거주하는 독자들에게 '각자 사는 나라에서 최저시급 2시간치 금액으로 장을 보고, 그 사진을 올려주세요'라는 프로젝트를 진행했다. 미국, 일본, 인도네시아, 호주, 독일, 네덜란드 등 11개 국가에서 독자들이 장을 본 뒤 사진을 보내왔다. 카드뉴스 담당 에디터가 끈기 있게 캠페인을 진행하며 참여자들과 소통한 결과였다. 참여자들이 보내온 사진 속 장바구니는 당시 우리나라 최저시급(당시 5,580원) 2시간치로 살 수 있었던 돼지고기 약간-생수-양파 등에 비해 풍족했다. 이 사진들은 스브스뉴스의 카드뉴스로 제작되었을 뿐 아니라 SBS <8 뉴스>로도 제작돼 상당한 반향을 일으켰다. 프로젝트를 제안하고 <8 뉴스> 보도를 맡은 하현종 기자는 스브스뉴스의 권영인, 하대석 두 기자와 함께 그해 올해의방송기자대상 뉴미디어 부문 특별상을 수상했고, 지금은 독립법인이 된 스브스뉴스의 대표직(스튜디오161 대표)을 맡고 있다.

내려놓기

'우리는 그래도 지상파인데', '전통과 권위가 있는 방송인데'라고 어깨에 힘이 들어가 있는 한, 시청자의 공감을 받기는 어렵다. 그런 의식을 드러내지 않더라도 시청자들은 귀신같이 감지한다. 진솔하게 모든 걸 내려놓는 데서 시청자의 공감이 싹튼다. 많은 연예인이 말하는 바와 같이, 차라리 약점을 스스로 공개하고 망가지는 게 시청자의 공감을 더 잘 일으킨다. SBS 메인 채널은 이것이 어려운 데 반해, 스브스뉴스와 비디오머그 등 버티컬 서브 브랜드는 보다 용이하다.

2015년 SBS는 극우성 커뮤니티 사이트 '일간베스트'(일베) 회원들이 변형한 로고를 뉴스 그래픽에 사용했다는 논란에 연이어 휩싸이며 곤란한 처지에 빠졌다. SBS 구성원 중에 일베 회원이 숨어 있는 것 아니냐는 의구심이 온라인에서 퍼져나가자, 한 인턴이 아예 이 문제를 정면으로 다뤄 콘텐츠화해보자고 제안했다.

그래서 그해 4월, "방송가에 침투한 일베? 하…우리가 먼저 당해봐서 아는데…"라는 제목의 스브스뉴스 콘텐츠가 나왔다. 시간에 쫓기면서 뉴스 그래픽용으로 쓸 기관 로고 등을 온라인 검색을 통해 찾다 보면 멀쩡해 보이는 고화질 이미지가 뜨는데, 이게 얼마나 교묘하게 조작되어 있는지, 육안으로 걸러내기가 어렵다는 점을 솔직하게 설명했다. 일베가 변형한 이미지가 뉴스 그래픽에 사용된 것은 소홀함에서 온 불찰이지 SBS가 일베에 '오염'됐기 때문은 아니라는 해명이었다. 하지만 이 콘텐츠의 경우 어설픈 변명으로 비치면 오히려 곱절로 비난받을 수 있는 예민한 문제였다. 제작진은 아예 '시청자'와 '언론'이라고 적힌 캐릭터에게 스브스뉴스 캐릭터가 울면서 매를 맞고, 또 다른 익명의 캐릭터가 이 상황을 지켜보며 웃는 만화 컷으로 콘텐츠를 시작했다. 먼저 철저히 망가진 덕분에, 시청자들뿐 아니라 SBS 비판에 앞장섰던 진보 성향 미디어 평론지들조차도 '실수였을 뿐'이라는 해명을 받아들여줬다.

감정

공감은 한자로는 '共感'이다. 남의 감정, 의견, 주장 따위에 대하여 자기도 그렇다고 느끼는 것을 의미한다. 이 중에서 특히 감정이 중요하게 작용한다.

저자가 TV 뉴스 제작부서에서 근무하던 시절 후배들에게 하던 얘기가 있다. TV 뉴스 아이템을 제작할 때, 이것이 어떤 감정 이모티콘에 해당하는지 스스로 마음을 정하고 있어야 한다는 것이다. 내가 만드는 이 아이템이 '좋아요'에 해당하는지, '싫어요'인지, '화나요'인지, '후련해요'인지, '이상해요'인지, '슬퍼요'인지, '감동이에요'인지, '놀라워요'인지…. 그것이 정해져야 해당 기사의 텍스트와 영상과 음성의 톤이 정해지고, 거기에 시청자도 공감할 수 있다.

이는 아이템에 기자 개인의 주관적 감정을 불어넣는 것과는 다른 이야기다. 해당 아이템이 뉴미디어 플랫폼에 올라갔을 때 플랫폼 유저가 어떤 이모티콘을 누르기를 바라는지 기자 스스로 '콘셉트'를 갖고 있어야 한다는 얘기다. 내가 전달하는 기사가 불러일으킬 감정이 무엇일지에 대해 아무 생각이 없는데 그것에 남이 공감하기는 어렵다. 내가 만드는 콘텐츠가 어떤 감정 이모티콘 클릭을 유발할지 개념이 서면, 그 콘텐츠에 맞는 스토리텔링도 가닥이 잡힌다.

톤 앤 매너

'톤 앤 매너Tone and manner'는 원래 디자인이나 마케팅 등에서 쓰이던 용어로, 전체적인 색감과 분위기 등 이미지를 일관성 있게 유지하는 것을 말한다. 자사 브랜드의 콘셉트를 확실히 한 후 로고부터 제품명, 색상, 패턴 등에 이르기까지 모든 것이 브랜드 콘셉트를 따르도록 하는 것이다. 요즘은 뉴미디어 제작에 있어서도 이 '톤 앤 매너'를 자주 말한다. 콘텐츠의 브랜드와 플랫폼에 따라 말투부터 자막 폰트에 이르기까지 모든 것을 조정한다. 쉽게 말하자면, 똑같은 기자가 똑같은 현장에 취재를 나가더라도 TV 뉴스용 제작과 유튜브용 제작은 달라야 한다는 이야기다.

이를테면 역대 올림픽이나 2018년 하노이 북미정상회담 등에는 비디오머그 담당 기자가 영상취재팀과 함께, <8 뉴스> 취재팀과는 별도로 파견되었다. 비디오머그 기자들은 주변 스케치, 뒷얘기, 기자가 직접 체험해보는 현장, 라이브 연결 등 다양한 방식으로 콘텐츠를 생산했다. 하노이 북미정상회담에 파견된 비디오머그 박수진 기자는 머리끝부터 발끝까지 비디오머그의 상징색인 민트색 착장을 입고 비디오머그라고 쓰인 머리띠까지 쓴 채 취재와 라이브 연결을 소화했다. 젊은 시청자들은 이에 호응해 라이브 채팅과 댓글에서 '기자누나', '기자언니'라고 친숙하게 부르며 현장 상황을 질문하고 소통했다.

B급이 아니라 B+급으로

지상파 뉴스가 아니라 인터넷 전용으로 만드는 뉴스콘텐츠는 언어 표현부터 자유롭다. 지상파 뉴스에서는 금기시되는 'ㅋㅋ'와 'ㅠㅠ' 같은 표현은 아무도 그 사용을 문제 삼지 않는다. 'B급 정서'나 '병맛', 각종 '드립'도 자주 사용된다.

중요한 건 넘지 말아야 할 선을 넘지 않는 것이다. 시청자들이 스브스뉴스나 비디오머그에 기대하는 것은 'B급 그 자체'가 아니다. 스브스뉴스와 비디오머그가 SBS 뉴스의 버티컬 브랜드라는 사실을 모르는 시청자들도 마찬가지다. '진짜 B급'을 구현하는 유튜버와 채널은 이미 차고 넘칠 정도로 많다. '진짜 B급' 경쟁으로는 스브스뉴스와 비디오머그가 유튜버들을 따라갈 수 없다. 그렇다면 우리가 지상파라는 사실을 약점이 아니라 차별화 포인트로 만들어야 한다. 스브스뉴스를 태동시킨 하대석 기자는 이를 'B+를 지향하는 전략'이라고 표현했다.

특히 정치적 사안도 소재로 다루는 비디오머그는, 튀려다가 선을 넘어 물의를 빚지 않도록 하기 위해 강한 내부 모니터링 절차를 운영하고 있다. 작가의 구성안을 기자가 1차 검수한 뒤 제작에 착수하고, 영상편집이 완료되면 작가, 기자, 편집자, 팀장 등 다른 역할과 시각을 지닌 사람들이 함께 모여 2차 검수를 한다. 혹시 업로드 뒤에 논란에 휩싸이지 않을지, 다양한 관점에서 점검해본다. 썸네일도 담당 디자이너와 에디터, 기자 등 여러 직군의 사람들이 함께 검토한다. 그럼에도 불구하고 전혀 예상 밖의 수용자 반응이 일어나 논란에 휩싸이는 경우도 가끔은 있지만, 적어도 그러한 가능성을 최소화하기 위한 최대의 노력을 기울인다.

정확하지 않은 재미는 재미가 아니다

각종 인터넷 커뮤니티나 소셜미디어에서는 때로는 재미있고 때로는 충격적인 사연과 이미지, 영상들이 수없이 쏟아져 나온다. 이런 재미있는 '썰'이나 '짤'들은 인터넷에서 쉽게 소비되고 조회 수가 잘 오르기 때문에, 대부분의 언론사는 이런 것들을 모아서 살짝만 손본 뒤 자사 유통채널로 내보내는 섹션을 운영하고 있다(SBS 뉴스의 경우 'PICK' 섹션이 그런 '조회 수 벌이'의 역할을 해왔다).

'썰'과 '짤'들은 스브스뉴>와 같은 콘텐츠의 좋은 소재나 출발점이 되지만, 실제로 스브스뉴스 이름을 달고 나가는 콘텐츠로 제작할 때는 사전에 출처와 진위 여부를 확인하는 작업을 꼭 거친다. 그것이 언론사가 콘텐츠를 만드는 도리이기도 하거니와, 확인 과정에서 새로운 이야깃거리가 추가되기도 하고, 스토리텔링을 새롭게 할 가능성도 열리기 때문이다. 때로는 확인해가는 과정 자체가 흥미로운 콘텐츠가 되기도 한다. 격의 없고 재미있는 콘텐츠를 추구하는 스브스뉴스팀이지만, 이들은 "정확하지 않은 재미는 재미가 아니다"라는 슬로건을 염두에 두고 일한다. 또한 비디오머그팀은 "신뢰할 수 있는 재미"를 모토로 삼고 있다.

* * *

이제까지 서술한 스브스뉴스와 비디오머그의 경험은 SBS가 이 밖에도 다양한 뉴미디어 프로젝트들을 벌이는 데에 기본 정신과 제작 노하우를 제공하는 밑바탕이 되었다. 스브스뉴스와 비디오머그를 경험한 기자들이 <8 뉴스>를 제작하는 지상파 취재 부서로 돌아가서 동료 선후배들에게 '디지털 마인드'를 전파함에 따라 '방송'과 '뉴미디어' 두 분야가 좀 더 긴밀하게 협력할 수 있게 된 면도 의미가 크다.

유아기 때부터 스마트폰을 쥐고 성장한 요즘 젊은 세대들은 아직도 '방송'과 '뉴미디어'를 나눠서 얘기하는 사람들이 있느냐고 혀를 차겠지만, 여전히 두 단어 사이에는 큰 간극이 있는 것이 방송사의 현실이다. 이어지는 12장에서는 SBS가 스브스뉴스와 비디오머그의 경험을 바탕으로 시도한 다른 프로젝트들, 그리고 유튜브 만능 시대에 방송사다운 저널리즘을 구현하기 위해 벌이고 있는 다양한 노력들, 또 그에 따른 고민들을 다뤄보고자 한다.

12장

방송기자도 TV를 안 보는 유튜브 만능 시대, 방송저널리즘의 살길은

이현식

한때 방송의 저녁 메인 뉴스 앵커는 전국에서 얼굴을 알아보던 시대가 있었다. 그 시대 앵커 자리는 인지도를 높여 정치권으로 넘어가는 발판 역할을 하기도 했다. 이제는 그런 시대가 아니다. 앵커를 몇 년씩 해도 사람들이 '어디서 본 사람 같은데' 하면 다행일 정도다. 당장, 방송기자들 본인이 방송뉴스를 직접 TV로 보는 경우가 별로 없다. 종일 부장들의 편집회의를 거쳐 저녁에 방송되는 1시간짜리 메인 뉴스 프로그램(SBS의 경우 <8 뉴스>)을 TV로 '본방 시청'하는 경우는 야근 당직을 하느라 모니터링할 때뿐인 것이 현실이다.

이미 2010년대부터 보도국의 젊은 기자들은 자기들이 만든 뉴스 리포트조차 TV로 보지 않았다. 네이버나 다음 등의 포털에 리포트 아이템이 클립으로 올라오면 그것으로 자사 아이템과 타사 아이템을 비교해보며 모니터링했다. 부침이 심한 플랫폼의 역사에 영원한 승자는 없다. 지금은 유튜브의 세상이다. 심지어 방송이 나가지 않았어도, '유튜브에 나가면 나간 것'이라는 생각까지 등장했다.

플랫폼이 바뀌면 거기에 콘텐츠를 만들어 대는 언론사의 일도 바뀔 수밖에 없다. 유튜브가 천하를 통일한 세상에서, 방송사의 저널리스트들은 어떻게 일하고 있을까. '스브스뉴스'와 '비디오머그'를 낳은 SBS의 경험과 고민들을 담아봤다.

1. 유튜브 시대의 저널리즘

댓글과 조회 수에 휘둘리지 않기

유튜브 시대, 기자들이 과연 시청자들과 소통을 잘했는지, 할 일을 제대로 하고 감동도 줬는지 알 수 있는 척도는 결국 댓글과 조회 수다. 뉴미디어 담당자들은 "조회 수의 노예"라는 자조적 표현을 입에 달고 살게 되며, 때로는 영혼을 갉아 먹히는 느낌을 받기도 한다. 어느 모로 봐도 잘 만든 콘텐츠인데 조회 수가 터지지 않기도 하고, 제작자 입장에서는 별로 공을 들이지도 않았고 대단한 내용도 아닌데 조회 수가 터지기도 한다.

댓글도 마찬가지다. 댓글이 많이 붙는 콘텐츠는 '유저와 공급자의 상호작용이 활발'한 것으로 평가되어 대부분의 플랫폼에서 노출에 우대를 받는다. 그렇지만 '댓글이 많다=좋은 콘텐츠'라는 등식이 성립하는 것은 아니다. 질문이 '저널리즘적으로 좋은 콘텐츠인가'일 경우 더욱 그렇다.

댓글의 경우, 그것의 내용도 중요하지만 그걸 다는 사람들이 어떤 사람들인지를 주의 깊게 살펴야만 댓글에 휘둘리지 않고 중심을 유지할 수 있다. 특히 시사적인 내용을 다루는 콘텐츠의 경우에는 어느 한쪽 입장을 지닌 사람들이 집중적으로 댓글을 다는 경우가 많다. 댓글란에서 잔뼈가 굵은 일부 '댓글러'들은, 어떻게 댓글을 써야 콘텐츠 제작자의 마음에 상처를 남기고 자존감을 깎아내릴 수 있는지 잘 안다.

'그건 이런 겁니다': 유튜브 시대 레거시 미디어의 역할

온갖 신기하고 재미있는, 때로는 충격적인 영상이 범람하는 유튜브의 시대, 일반 유튜버들이 하기 힘들어하고 별로 하려 하지 않지만 이용자들에게 가치가 있는 레거시 미디어의 역할은 무엇일까. 그건 바로, "이거 실화임?" 하는 식의 댓글로 표현되는 시청자의 궁금증을 해소해주는 것이다.

이것은 '팩트체크'보다 조금 더 넓은 차원의 이야기다. 쏟아지는 정보 가운데 도대체 뭐가 유용하고 가치 있는 것인지, 어떤 것이 지나친 주장이고 어떤 것이 합리적인 건지 혼란스러워하는 시청자에게 등대와 나침반 역할을 해주는 것이 레거시 미디어가 할 수 있는 역할이라는 차원이다.

"지금 이 이슈에 대해서 온갖 얘기가 쏟아지는데, 혼란스러우시죠? 저희 SBS가 알아보니, 자초지종은 이렇습니다"를 말할 수 있다면, 다소 신속하지 않더라도 시청자는 SBS 콘텐츠를 클릭하고, 1.2초가 아니라 5분, 10분, 30분짜리 영상도 지루해하지 않고 보게 된다.

이런 점에 대해서는 사실 꽤 오래전부터 나라 밖에서도 논의가 이루어져왔다. 2007년 SBS는 서울디지털포럼Seoul Digital Forum: SDF의 주제로 '미디어 빅뱅'을 잡고 외국 미디어 전문가들과 학자들의 견해를 들었다. 저자가 당시 세션 기획과 연사 섭외 담당이었다. NBC유니버셜의 피터 스미스Peter Smith 국제부문 사장은 '올드미디어여, 편히 잠들라Rest in Peace: RIP'라고 새겨진 묘비명 이미지를 들고 나왔다. AP의 톰 컬리Tom Curley 당시 사장은 정보가 홍수를 이룰수록 신뢰할 만한 정보 판단자의 존재가 더욱 중요하다고 말했다. 레거시 미디어가 바로 그 역할을 할 수 있고, 해야만 한다고 역설했다. 『롱 테일*Long Tail*』이라는 저서로 경영학계와 미디어 업계의 스타로 각광받던 크리스 앤더슨Chris Anderson <와이어드Wired> 편집장도 "앞으로의 언론은 정보 가이드로서의 역할이 중요하다. 범람하는 정보의 큐레이터 또는 편집자로서의 역할을 수행하며 독자 커뮤니티를 관리하고 쌍방향의 대화를 유도하는 에디터에 대한 필요성은 오히려 더 커지고 있다"고 말했다.

미국 컬럼비아대학교의 경영대학원과 언론대학원 양쪽에서 강의하며 텔레인포메이션연구소Columbia Institute for Teleinformation: CITI를 이끌던 엘리 노엄Eli Noam 교수는 지구온난화global warming에 빗댄 '미디어 온난화media warming'라는 개념을 들고 나왔다. 그는 기술과 기기와 정보가 이미 홍수를 이루고 있는 상황에서 미디어 기업이 창출할 수 있는 최고의 부가가치는 이를 걸러 정보를 '축소'해주는 데 있다고 강조했다. 이어서, 미디어기업들은 스스로를 전문화 또는 특성화하고, 프로그램을 선별해 틀어주는 자사의 '브랜드력'을 강화함으로써 생존 가능성을 높일 수 있다고 노엄 교수는 조언했다. 벌써 17년 전 이야기이지만 지금 들어도 전혀 옛날얘기 같지 않은 생생함으로 와닿는 통찰이다.

맥락 저널리즘 … <뉴스쉽> 사례

그러한 관점에서 레거시 미디어가 잘할 수 있는 일이 이른바 '맥락 저널리즘contextual journalism'이다. 맥락 저널리즘이란, 사실 기술을 넘어서 사건에 담긴 의미와 파장, 이면을 고찰하거나, 사태가 그 지경에 이르게 된 자초지종을 알려주는 보도 방식을 일컫는다. 기사의 육하원칙5W1H 가운데 특히 '왜Why'와 '어떻게How'의 설명에 공을 들인다.

이는 그저 '자세히' 설명하는 것과는 다르다. 경험이 부족한 기자에게 어떤 사안에 대해 심층적으로 자세히 써보라고 하면, 자신이 수집한 사실과 정보들을 그냥 쏟아놓는dump 경우가 있다. 그래서는 안 된다. '구슬이 서 말이라도 꿰어야 보배'라는 속담처럼, 사실과 정보 간의 의미와 관계를 밝혀주어야 한다. 그러면 콘텐츠가 길더라도 시청자·독자는 떠나가지 않는다. 오히려 콘텐츠를 퍼 나르고 지인들에게 추천한다.

SBS의 <뉴스쉽> 코너는 맥락 저널리즘을 실천하는 사례다. 2021년 5월에 시작할 당시에는 "뉴스를 더 쉽게"라는 캐치프레이즈를 내세웠다. 그런데, "중국은 왜 비트코인을 때리나", "코로나 백신 돌려막기와 K방역 3T모델" 등의 주제를 다루다 보니 '쉽게'라는 수식어가 잘 맞지 않는 옷처럼 느껴졌다. 방송기자로 훈련받은 사람들에게 '쉽게'는 '중3도 알아들을 단어로', '짧게'와 같은 의미로 받아들여지는데, 그런 식으로 사안의 맥락과 의미를 설명하는 데에는 한계가 있었기 때문이다.

<뉴스쉽> 필진은 그래서 캐치프레이즈를 바꿨다. "파편화된 뉴스는 이제 그만, 이슈의 맥락을 읽는 재미를 담았습니다"를 새로운 모토로 삼았다.

우선 분량 제한을 없앴다. 중국발 요소수 수입 중단 사태를 다룬 "요소수 다음은? 탈脫세계화 거센 파도 맞닥뜨린 한국호"(2021. 11. 20.), 중국의 산업구조 변화와 한중 무역 역조, 한반도 지정학까지를 다룬 "중국 경제와 헤어질 결심? 중국, 어떻게 달라졌길래"(2022. 9. 3.) 등의 콘텐츠는 1만~1만 2,000자가 넘는 텍스트에, 사진과 그래픽을 더하면 A4용지로 10~15장에 이르는 분량으로 작성됐다. 사안의 맥락을 설명하기 위해 필요하다면 역사 속 인물이나 고전 명화 등을 끌어다 비유하기도 하는 등, '기사'라는 형식과 통상적인 길이에 구애받지 않았다. 저자는 뉴스쉽의 포맷을 '텍스트-베이스드 콘텐츠text-based content'라고 정의했다.

신문 매체들도 부담스러워하는 분량을 방송기자가 쓰는 것에 대해 처음엔 SBS 안에서도 우려의 목소리가 있었다. 모바일 시대의 사람들은 긴 것을 보지 않는다는데, 독자들에게 외면당하지 않겠느냐는 것이었다. 저자를 포함한 집필진은 그래서, 독자가 긴 글을 읽다가 지치지 않고 징검다리 건너듯 따라올 수 있도록 심혈을 기울였다. 편당 실제 집필 기간 나흘 중 하루는 문장과 문장의 연결을 다듬는 작업에 투자했다. 특히 모바일 이용자의 경우 글자만 한참 나오면 쉽게 지친다는 점을 고려해, 세 단락에 한 번꼴로 소제목을 붙여 단락을 나눈다든지 사진과 그래픽을 삽입했다. 학습만화 스타일의 그래픽이나 캐리커처풍의 삽화, '움짤'로 불리는 무빙 GIF까지 동원해 독자의 이해를 도왔다.

2022년 11월 <스브스프리미엄> 출범 이전까지 <뉴스쉽>은 SBS 뉴스 홈페이지와 네이버·다음 등 포털 뉴스를 통해 서비스되었는데, 당초 우려와 달리 독자들의 호응이 컸다. 네이버뉴스 조회 수 10~20만, 댓글 400~600개를 넘기는 경우가 많았고, 댓글의 상당수는 '모처럼 기사다운 기사를 읽었다', '맥락을 잘 설명해주어 감사하다', '아이에게도 꼭 읽히고 싶다' 같은 호의적 반응이었다. 반도체 이슈를 다룬 "중국경제와 헤어질 결심" 편이 나간 뒤에는 대한전자공학회 서울IT포럼의 전직 각료와 CEO, 교수들이 강연을 요청해오기도 했다.

'길다고 안 보는 것이 아니라, 무엇을 하느라 길어졌느냐가 중요하다'는 깨달음이 조직 안팎에 공유됐고, 후배 기자들은 자극을 받았다. 처음 <뉴스쉽>이라는 코너를 만들 때는 방송기자들이 뉴미디어에서 시도할 수 있는 새로운 포맷 모델을 제시한다는 의도도 있었다. 저자는 주로 국제정치와 국제경제 이슈를 다뤘지만, 이를테면 형사사건이나 국내 정치 이슈에 대해서도 취재부서의 담당 기자가 <뉴스쉽> 콘텐츠 형식을 사용해 충분히 맥락을 설명하면 좋지 않겠냐는 생각이었다.

일부 기자 개인들은 실제로 그런 생각을 했다. 문제는 부서 간 장벽이었다. 뉴스쉽 코너 담당자가 각 취재부서 데스크에 제안을 하면, 각 부서에서는 난색을 표했다. "좋은 줄은 알겠다. 그런데 그거 만들려면 기자를 일주일 동안 데일리 방송 리포트에서 빼줘야 하는데, 그 뒷감당을 할 수가 없다"는 반응이 나왔다.

시니어 기자들의 활용

역사와 전통이 있는 레거시 언론사들의 경우, 연차가 오래된 시니어 기자들에게 적절한 역할을 주는 것이 상당한 고민이다. 이들을 활용하기에 '맥락 저널리즘 콘텐츠 제작'은 최적의 업무 가운데 하나다. 기자 생활을 20~30년 이상 하면서 겪은 체험담과 보고 들은 이야기만 해도 상당한 자산이 된다. 젊은 기자들이 열심히 발로 뛰어서 담을 수 있는 것과는 다른 깊이의 통찰도 기대할 수 있다. 또한 이미 시시콜콜한 데일리 업무에서 벗어난 경우가 많아, 맥락 콘텐츠 제작에 충분한 시간과 정성을 쏟을 수 있다.

<SBS 스포츠 뉴스>의 권종오 기자와 최희진 기자가 출연하는 비디오머그의 "별별스포츠"는 시니어 기자들만이 갖출 수 있는 내공을 장점으로 활용한 케이스다. 걸어다니는 스포츠 트리비아 백과사전 같은 최희진 기자의 자료와 데이터를 바탕으로, 스포츠 현장을 30년 이상 누빈 권종오 기자가 속된 말로 '썰을 푼다.' 요즘 젊은 시청자들은 유튜브 영상 아카이브에서나 봤을 역사적 명경기나 화제의 스포츠 현장 상당수를 직접 취재한 권 기자의 입담에, 젊은 스포츠팬들은 열띤 호응을 보낸다.

SBS는 <스브스프리미엄> "이브닝 브리핑" 등 맥락설명형 뉴스레터 제작에도 시니어 기자를 적극 활용하고 있다.

2. 유튜브 24시간 라이브 체제 'SBS 모바일24'

2019년에 이르면 페이스북이나 트위터 등의 소셜 플랫폼이 레거시 미디어의 콘텐츠 유통에서 차지하는 비중은 크게 줄어들고, 바야흐로 유튜브 원톱 시대가 된다. SBS는 유튜브 경쟁에서 앞선 축에 속했지만, 점차 격화되는 경쟁에 새로운 차원으로 대응할 필요가 있었다.

방송사 중에는 YTN의 유튜브 성장세가 눈부셨다. 기본적으로 24시간 뉴스 방송 체제를 갖고 있는 YTN은 엄청난 양의 뉴스 관련 영상을 빠른 속도로 쏟아냈다. 유튜브 알고리즘이 라이브 스트림을 우대했기 때문에, SBS도 라이브를 강화할 필요가 있었다. 'SBS 채널에 가면 늘 뭔가 새로운 일이 벌어지고 있구나'라는 인식을 주자는 목표도 있었다.

이왕 하려면 제대로 스케일을 갖춰 표가 나도록 하자는 방침이 섰다. SBS 보도본부는 24시간 유튜브 라이브 체제를 갖추기로 하고 콘텐츠 수급에 나섰다. YTN과 달리, TV 뉴스 생방송이 중심이 될 수는 없었다. SBS TV가 하루에 방송하는 뉴스성 프로그램을 다 끌어모아도 8시간을 채울 수 없었다. 당시 SBS TV 일일 편성표를 보면 <모닝와이드> 1·2부(95분), 오전 10시 <SBS 10 뉴스>(20분), <SBS 12 뉴스>(50분), 주영진의 <SBS 뉴스브리핑>(120분), <SBS 오뉴스>(60분), <8 뉴스>(55분), <나이트라인>(30분)으로, 도합 430분에 불과했다. 스브스뉴스와 비디오머그는 하루 2~3개의 영상을 출고했는데, 영상클립 하나의 길이가 보통 5분 내외, 길어봤자 20분 정도였으므로 역시 부족했다.

24시간 생방송 서비스를 새로 기획하는 마당이니, 라이브 스트리밍을 염두에 두고 유튜브용으로 새로운 프로그램들을 신설하기로 했다. <비스킷-뉴스를 점령하라>(비디오머그와 스브스뉴스의 내질 형식), <배거슨 라이브 ㅅㅅㅅ>(배성재 아나운서가 진행하는 스포츠 토크쇼), <비오다 갬>(기상전문 기자와 여성 기상캐스터, 개그맨이 생활과 역사 속 날씨 이야기를 풀어감), <어젠더스>, <취조>(<8 뉴스>의 김현우 앵커가 진행하는 뉴스 속 인물 인터뷰), <김범주의 이건머니>(경제기자로 잘 알려진 김범주 기자의 경제토크), <재재특급>(스브스뉴스의 인기 진행자 '재재'가 대중문화와 사회현상을 자유롭게 소개하는 토크쇼) 등 30분~1시간짜리 온라인 스트리밍용 프로그램들이 2019년 4월 24시간 서비스 개국의 기둥 역할을 했다. 새로운 프로그램들을 좋은 비주얼로 만들고 스트리밍도 원활하게 할 수 있도록, 스트리밍 전용 스튜디오도 수천만 원을 들여 새로 꾸몄다.

하지만 모자랐다. 24시간 전체를 오리지널 프로그래밍으로 채울 수는 없어도, 재방송 비율을 가급적 줄이려면 더 많은 콘텐츠를 채워야 했다. 그래서 팟캐스트의 영상화가 뉴미디어국의 주요 과제로 대두됐다. SBS 보도본부의 팟캐스트는 기본 1시간 단위로 제작되었는데, 스튜디오에 캠코더를 두어 촬영도 병행하고 있었다. 촬영한 영상으로 뭘 적극적으로 하려 했다기보다는, 방송사라는 DNA 때문에 별다른 생각 없이 일단 그냥 찍었다고 보는 편이 맞다. 그렇지만 상황이 변하자 팟캐스트 촬영 영상은 어떻게든 다듬어서 써야 할 꽤 소중한 원석으로 취급받게 되었다. 적어도 하루 2시간 분량의 새로운 영상을 확보할 수 있었기 때문이다.

보도국에서 수급할 수 있는 콘텐츠를 다 동원한 뒤에는 회사 내 다른 조직으로 눈을 돌렸다. 스포츠국에서 진행하는 유튜브용 야구 토크쇼 <야구에 산다>를 편성표에 얹었다. 라디오국에서 진행하는 <정치쇼> 또한 SBS 라디오 청취 프로그램 <고릴라>의 "보이는 라디오"로 서비스되고 있었으므로, 이 영상 또한 편성에 담았다.

서비스의 명칭은 당초 '유튜브24'라는 가칭으로 사내에서 통용됐으나, 실제 서비스 개국 때는 "SBS 모바일24"로 바뀌었다. 유튜브를 염두에 두고 만드는 서비스라고 해서 이름에 '유튜브'를 못박아버리면 확장성도 떨어지고, 우리 스스로를 특정 플랫폼에 종속시킬 수 있다는 우려 때문이었다. SBS 보도본부의 뉴미디어 혁신 초창기인 2014년, PC 위주로 신규 서비스를 준비하다가 모바일 대응이 늦었던 교훈을 잊지 말고 '모바일 우선'으로 사고하자는 취지도 이름에 담았다. 이미 모든 콘텐츠 소비의 70% 이상이 모바일을 통해 이뤄지던 시점이었다.

이름을 'SBS 유튜브24'가 아니라 'SBS 모바일24'로 정했기 때문에, 유튜브뿐 아니라 라이브 스트리밍이 가능한 모든 플랫폼으로 내보내자는 전략이 당연히 따라왔다. 편성된 프로그램은 네이버, 트위치 등 다양한 플랫폼으로 송출했다. '트위치'는 아마존의 자회사가 운영하는 소셜 방송 서비스로, 처음엔 게임 위주로 성장했지만 2019년 당시에는 다양한 분야를 포괄하는 세계 최대의 인터넷 라이브 방송 서비스로 커져 있었다. 트위치는 뉴스 미디어들이 쉽게 발을 들여놓을 수 있는 플랫폼은 아니었지만, 다른 플랫폼보다 사용자 연령도 어리고 평소 뉴스를 시청하지 않는 유저들에게 우리 콘텐츠를 노출시킬 수 있다는 장점이 있었다(관훈클럽 엮음, 2019).

3. 이게 뉴스야?: 'SBS 모바일24'가 노출한 갈등

앞서 소개한 콘텐츠들은 나름대로 좋은 시청자 반응을 얻었다. 그 요체는 '뉴스 같지 않다'는 데 있었다고 생각된다. 그런데 그 '뉴스 같지 않다'는 점이 성과이자 고민의 출발점이 되었다.

SBS 보도국은 한마디로 <8 뉴스>를 위해서 존재하는 조직이다. 바꾸려고 많은 시도를 해봤지만, 조직의 DNA가 그렇게 박혀 있다. 삼성전자가 아무리 소프트웨어 어쩌고 해봐도 뼛속까지 하드웨어 제조업체인 것과 비슷하다. 구성원들의 하루 일과도 <8 뉴스> 제작 사이클에 맞춰져 있고, 조직도 <8 뉴스> 생산을 위해 짜여 있다. 그런데 <8 뉴스>는 매우 압축되고 정제된 형식이다 보니 그 틀에 들어가지 못하는 콘텐츠가 많다. 어찌 보면 SBS 뉴미디어국은 '<8 뉴스>에선 안 받아주는 것'을 '<8 뉴스>에선 안 할 방식'으로 만들면서 성장했다. SBS 모바일24가 선보인 다양한 프로그램들은 스브스뉴스와 비디오머그가 해온 '탈脫<8 뉴스>' 실험을 확장한 것이었다.

모바일24는 SBS 보도본부 콘텐츠의 외연을 확장했지만 동시에 SBS 보도본부의 정체성에 대한 이견과 갈등을 드러내는 기제가 되기도 했다. 대중문화 현상에 대해 기자 아닌 에디터가 낄낄거리며 수다를 떠는 <재재특급> 같은 콘텐츠도 낼 수 있어야 한다는 견해가 있는 반면, '우리가 왜 그런것까지?'라는 물음도 제기됐다. SBS 뉴미디어국이 하는 일은 결국 SBS 보도의 총화인 <8 뉴스>의 확산과 강화에 복무해야 하는 것 아니냐는 주장이었다.

브랜드 성격의 문제도 있었다. '모바일 24'라는 간판 아래 너무나 이질적인 콘텐츠가 공존했다. 구색의 다양성이 장점이 될 수도 있지만 마케팅 차원에서는 고민거리였다. 브랜드가 제공하는 제품들의 성격이 하나로 수렴해야 마케팅하기가 용이하기 때문이다.

<김현우의 취조>와 <재재특급>을 어떻게 하나의 브랜드 안에서 키워나갈 것인가? 후자를 보러 들어온 시청자가 전자에도 관심을 가질 수 있을까? 이질적인 프로그램들은 채널을 따로 떼어서 키워나가는 게 나을까? 따로 떼면 지속적인 관리가 가능할까? 모바일24 프로그램들을 보던 사람들이 <8 뉴스>에도 좀 더 관심을 가질까? 어느 것 하나 쉽사리 대답할 수 있는 질문이 없었다. 무엇이 뉴스인가. 우리가 전하는 것은 뉴스여야만 하나. 이런 질문들에 대한 답 찾기는 지금도 계속되고 있다.

4. 오디오콘텐츠 부문에서의 다양한 실험

방송의 출발은 라디오였다. 그 후 수많은 혁신으로 라디오는 미디어 산업의 중심에서는 밀려났지만, 여전히 나름의 강점을 갖고 살아남았다. 일단 비용이 상대적으로 덜 든다는 게 큰 장점이고, 수용자 입장에서는 운전, 가사노동 등 다른 활동을 하면서 이용할 수 있다는 점이 큰 장점이다. SBS도 이런 점에 착안해, 오디오콘텐츠 부문에서 다양한 실험을 하며 혁신의 성과를 쌓아왔다.

SBS 보도본부의 뉴미디어 혁신에 있어서, 오디오콘텐츠 부문은 외부의 주목을 상대적으로 덜 받았지만 알고 보면 흥미로운 부분이 많다. 다른 어느 부문보다도 자발적으로 생겨났고 조직의 관리에서 방치되다시피 한 상태로 확장되었기 때문에, 잡초 같은 생존력으로 살아남으며 독특한 궤적의 생존을 이어가고 있다.

'SBS 골라듣는 뉴스룸'의 태동

박근혜 정부와 언론의 갈등이 커져가던 2015년, <8 뉴스> 메인 앵커였던 김성준 부장은 앵커 자리를 내놓고 뉴미디어뉴스부로 오게 되었다. 절반쯤 유배 비슷한 상황이었기 때문에 부서 일에 적극 관여할 입장은 아니었고, 회사에서도 업무에 관한 압박을 주지 않았다. 바쁜 일 없이 소일하던 그가, 다양한 일에 관심과 의욕이 많은 후배 하나와 세상일에 대한 수다를 주고받다가 '이거, 녹음해서 인터넷에 올려보자'고 시작한 게 SBS보도국의 팟캐스트 시리즈 SBS 골라듣는 뉴스룸이 되었다. 당시는 <나는 꼼수다> 등의 팟캐스트가 미디어 산업의 변방에서 시작해 차차 청취자를 늘려가던 시기였지만, 레거시 미디어 중에서는 팟캐스트에 관심을 갖는 곳이 없었다.

당시 뉴미디어 소속이지만 주력 분야가 법조인 임찬종 기자, 예능 라디오 PD이면서 시사와 스포츠에 관심이 많은 이승훈 PD가 의기투합했고, 여기에 당시 신인인 김선재 아나운서, 김남희 스포츠아나운서(SBS 본사가 아니라 스포츠 채널 소속) 등이 "너, 별로 안 바쁘지? 스튜디오 와서 한 시간만 놀다 가라" 수준의 캐스팅을 통해 합류했다.

이름이 '골라듣는 뉴스룸'이 된 이유

녹음은 SBS 목동 사옥 4층 메인 뉴스 스튜디오 옆의 골방에서 했다. 원래는 아나운서들이 내려와 라디오 뉴스를 읽는 녹음실이었는데, 라디오 뉴스를 11층 라디오센터에서 진행하게 되면서 송출라인은 걷어내고 <8 뉴스> 대기실로 쓰고 있었다. 최대 5명이 옹기종기 모여 앉아 얘기를 나눌 수 있는 정도였다. 마이크는 라디오국에서 더 이상 쓰지 않는 구형

재고를 받아다 설치했다.

팟캐스트 시리즈의 명칭이 '골라듣는 뉴스룸'이 된 건 사실, '골방에서 진행하는 방송'이라는 점을 살린 작명이었다. "'방'이 영어로 '룸room'이니까 '골방=골+Room'이지? 그러니 약칭을 '골룸'으로 하자!"라는 데에 참여자들이 의기투합했다. 영화 <반지의 제왕The Lord Of The Rings>의 캐릭터 '골룸'의 이름을 팟캐스트 시리즈의 약칭으로 삼고 싶었던 치기가 먼저였고, '골라듣는 뉴스룸'은 나중에 붙은 뜻풀이에 가까웠다.

'골룸' 프로그램들의 녹음은 그냥 참가자들끼리 카톡으로 시간을 맞춰서 했다. 일주일에 1회가 기본이었지만 각자 업무가 바쁘면 그냥 미루기도 하고, 화젯거리가 많으면 2시간 넘게 수다를 떤 뒤 두 편으로 나눠서 내기도 했다. 처음엔 녹음과 편집을 담당할 별도의 인력을 둘 수가 없어서, 스브스뉴스팀 인턴 중 손 남는 친구에게 도움을 받아 해결하는 상황이 2년가량 이어졌다.

들꽃처럼 잡초처럼: 프로그램의 확장

이런 경위에서도 알 수 있듯, SBS 골라듣는 뉴스룸은 스브스뉴스보다 여러 가지로 좀 더 'B급'이었지만 회사에서는 별다른 간섭이나 관리를 하지 않았다. 관리자들은 이미 스브스뉴스 추진팀과 여러 차례 갈등을 겪으면서 어느 정도 무뎌지기도 했고, 스브스뉴스나 비디오머그 등 주목받는 프로젝트들 때문에 바쁘기도 했다. '골룸' 프로젝트를 시작한 앵커 출신 기자가 뉴미디어뉴스부의 보직부장과 동기급이었기 때문에, '알아서(사고는 안 치고 적당히) 하겠지'라는 분위기도 있었고, 일일이 뭐라고 간섭하기 애매한 사정도 있었다. 김성준 기자가 곧 메인 뉴스 앵커로 복귀한 뒤에도 SBS 골라듣는 뉴스룸의 이런 분위기는 그대로 남았다.

그래서 팟캐스트 프로그램을 신설하거나 이름을 바꾸거나 출연자를 바꾸거나 하는 일이 SBS 안에서 벌어지는 그 어떤 프로젝트보다도 자유롭게 이뤄졌다. 부서 책임자의 승인 따위 없이, 참가자들이 의기투합하면 그냥 그대로 정해지고, 뉴스 홈페이지 한구석에 올라가고, '팟빵' 등 외부 오디오앱에 업로드됐다. 이런 초창기 성장사는 SBS 골라듣는 뉴스룸 (골룸)의 콘텐츠 성격에도 영향을 미쳤다.

임찬종 법조기자가 이승훈 라디오 PD, 김선재 아나운서와 세상사를 논하던 <뉴스혹>은 개그맨 수준의 입담을 지닌 정연석 변호사가 합류하면서 법률 소재 팟캐스트 <최종의견>으로 바뀌었다. 의료가 정치적·사회적 사안과 맞물리는 시점에도 관심이 많았던 조동찬 의학 전문 기자는 자신이 <8 뉴스>에서 다 할 수 없는 얘기를 쏟아내는 <뽀얀거탑>(의료드라마 '하얀거탑'의 패러디)을 시작했다. 야구 팬이기도 한 이승훈 PD는 세이버매트릭스(야구 데이터) 대가인 이성훈 스포츠 기자와 함께 <뭐니볼>(헐리우드 영화 '머니볼' 패러디)을 열었다. 독특하고 날카로운 경제평론으로 방송가에서 성가가 높은 김범주 기자는 <이건머니>를 통해 TV를 통해서는 전할 수 없었던 신랄한 경제평론을 풀어냈다. 책을 좋아하는 조지현 기자 등 몇몇은 <북적북적>이라는 팟캐스트 프로그램을 만들어, 자기들이 청취자들에게 추천하고 싶은 책을 읽어주며 '북토크'를 했다. 자기 색깔이 확실한 콘텐츠 제작자 이주형 기자는 <책영사(책과 영화 사이)>라는 프로그램을 만들어 젊은 후배들과 함께 책과 영화에 관한 수다를 나눴다.

그 외에도 다양한 프로그램이 중간에 생겼다 사라지기를 반복했다. 확실한 자기 콘텐츠가 있는 기자가 '풀고 싶은 얘기들이 있어요' 하면 개설해보고, 반응이 안 나오거나 <8 뉴스> 업무 때문에 도저히 지속이 안 되겠으면 부담 없이 접는 식이었다. 이들의 팟캐스트 진행은 따로 소속 부장의 허가를 받지 않고 이뤄지는 경우가 대부분이었다. 그런데도 앞서 언급한 프로그램들은 대부분 200회를 넘어서 장수했다. 1년을 50주라고 치면 4년 이상 생존한 것으로, 뉴미디어 판에서는 상당한 장수 기록이라 할 수 있다.

2017년에 저자가 팟캐스트 지원 업무를 맡은 뒤에는 약간의 기획을 통해 두 프로그램을 추가했다. 하나는 김수현 문화 전문 기자의 <커튼콜>이다. 30년 가까이 음악, 무용, 연극, 뮤지컬 등 다양한 공연문화 현장을 누빈 김수현 기자는 콘텐츠도 많고, 그것에 대해 얘기하는 걸 무척 즐겨했다. 하지만 TV 뉴스로 그런 내용을 풀어낼 기회가 거의 없어 몹시 답답해하고 있었다. 그런 김 기자에게 '문화에 관한 온라인 수다'를 제안하니 흔쾌히 동의했다. 문화에 관심이 있는 아나운서를 진행자로 두고, 관심이 갈 만한 공연예술 관련자를 불러 김수현 기자가 대화를 주도하는 구조를 짰다.

야구 관련 팟캐스트 <뭐니볼>이 스포츠국 야구 유튜브 방송 <야구에 산다>로 확장되는 것을 보면서, 저자는 축구 팟캐스트도 기획했다. 손흥민이 프리미어리그로 이적해 활약하기 시작하면서 축구에 대한 대중적 관심과 온라인 트래픽이 크게 늘어난 상황이기도 했다. <SBS 골라듣는 뉴스룸> 프로그램 가운데 아마도 처음으로 슬로건을 먼저 정하고 출연진을 짰다. 슬로건은 "축덕과 축알못이 함께 즐기는 방송"('축알못'은 '축구 잘 알지도 못하면서'의 약어다)이었고, 그래서 이름은 '축덕쑥덕'으로 미리 정했다.

처음엔 박문성 해설위원과 축구 담당 기자, '축알못' 포지션의 신입 아나운서 주시은, 국가대표 축구팀의 활약에 관심이 많은 20대 '국뽕' 남성 포지션의 뉴미디어콘텐츠 PD(박진형 PD, 방송명 '뽕피디') 등으로 출연진을 짰다. 이런 진용으로 1년쯤 방송을 하다가 주영민 스포츠 취재팀장이 진행자 자리를 이어받았다. 이미 다른 플랫폼에서 많이 다루고 있는 '해축(해외축구)' 뒷얘기보다, SBS 축구기자들이 직접 취재할 수 있는 K리그와 국대(국가대표) 경기를 중심에 두었다. 처음에는 트래픽 손해를 볼 수 있다는 우려도 있었으나, 국대 경기와 K리그에 대한 대중의 관심이 늘면서 오히려 길목을 선점한 셈이 됐다. 축구계에서 논란이 된 사안에 대해 <축덕쑥덕>에서 다루면, 축구 팬들의 커뮤니티에 유저들이 직접 "축덕쑥

덕에선 이렇다더라"며 요약본을 만들어 올리는 정도가 됐다. 주시은 아나운서가 <축덕쑥덕> 멤버로서 K리그 팬들에게 이름을 알리고 회사 내 축구 관계자들에게 관심을 받은 것은, 나중에 SBS 대표 예능 <골 때리는 그녀들>의 '아나콘다' 팀 참여로도 이어졌다.

팟캐스트 방송물의 분량이 주당 10시간 이상으로 늘게 되면서는 전담 제작 요원이 필요해졌다. 처음에 스브스뉴스 인턴 1명의 도움을 받던 것이, 전담 오디오 PD 1명+인턴 2명의 체제로 확대됐다.

애청자 '라포' 형성과 청취자 확장: 어느 쪽에 중점을 둘 것인가

'골룸' 프로그램은 2년여 만에 주당 10시간 분량으로 늘어났다. 자발적 의기투합으로 만들어지는 수다 방송이다 보니 참가자들은 모이면 즐거웠고, 녹음이 너무 길어졌으니 그만 끊어라 어쩌라 하는 사람도 없었다.

이런 분위기는 팟캐스트 청취 플랫폼을 통해 들어오는 청취자들과 이른바 '라포rapport'(친밀감, 친근감, 신뢰감 등을 의미)를 형성하는 데 크게 도움이 됐다. 청취자들은 'SBS 기자들이라고 해서 경직돼 있을 줄 알았는데 아니'라며 좋아했고, 팟캐스트로 목소리만 듣던 출연자가 어느 날 TV 뉴스에도 나온다며 반가워했다. 회사로 소소한 과자 선물 등을 보내오는 청취자들도 늘었다.

하지만 모두가 이런 장시간의 중구난방 수다를 좋아한 건 아니었다. 당시 '골룸' 프로그램들은 누가 그러라고 시킨 적은 없지만 대체로 '근황 토크', '댓글 소개'를 거쳐 그 주 이슈에 대한 토크와 잡담으로 이어졌다. 한 주의 주제를 다루기 시작하기까지 15분이 넘게 걸리는 경우가 적지 않았다. 그도 그럴 것이, 큐시트와 원고 정리 따위 없이 메모지 한 장과 기사 프린트 몇 장만 들고 모여 앉는 경우가 많았기 때문이다.

이런 점이 재방문 구독자들과의 라포 형성에는 도움이 되지만, 신규 청취자를 붙잡는 데에는 도움이 안 된다는 지적이 생겨났다. 뉴미디어 부서원들이 주변에 청취를 권해보면, '너무 길고 얘기가 중간에 옆길로 새는 경우가 많아서, 재미는 있지만 자주는 못 듣겠다'는 식의 반응이 다수를 이뤘다.

이 점을 해소하기 위해 여러 가지 시도를 했다. 라디오 경험이 있는 구성작가를 붙여본 것이 대표적이다. 그런데 출연 기자들이 작가를 백안시하는 문제가 벌어졌다. 자발적으로 즐겁게 수다 떨며 잘 지내고 있는데 누군가 와서 자꾸 구성의 틀을 만들려고 하니까 흥이 떨어진다는 것이다. 녹음 직전까지 이것저것 찾아보며 순발력 있게 내용을 정하는데 구성작가가 신문을 검색해서 구문들로 내용을 채우려 한다는 볼멘소리도 나왔다.

작가 투입은 없던 일로 하고, 기자들을 설득해 그 주의 주제를 먼저 다룬 후 그 밖의 수다는 뒷쪽으로 모는 구성을 택해보기도 했다. '방송 리포트의 두괄식 구성'의 중요성을 잘 아는 사람들인지라 설득이 어렵지는 않았는데, 이번엔 구독자들이 반발했다. 친밀감과 재미가 떨어진다는 것이었다. 두괄식 구성을 택해봤을 때 딱히 신규 구독자나 구독자 재방문이 더 빠르게 느는 것도 아니어서, 결국은 원래의 '자유분방한' 방식으로 돌아갔다.

이런저런 시행착오를 거쳐, 지금은 구성작가 없이 출연 기자들 중심으로 순발력 있게 내용을 채우되, 10~15분 분량의 코너들로 대강의 골격은 만들어놓고 방송을 진행하는 방식이 어느 정도 정착된 상황이다.

광고와 수익

2015년 이후, 팟캐스트는 새롭게 각광받는 장르로 떠오르며 '광고 수입으로 운영이 가능'하다는 인식이 생겼다. 결국은 <나는 꼼수다>나 <매불쇼> 정도로 수십 만 구독자를 가진 방송의 경우에 한정한 얘기였지만, '광고로 운영되는 라디오 방송'처럼 '광고로 운영되는 팟캐스트'에 대한 희망이 싹텄다. 팟캐스트 천국인 미국의 경우, 실제로 그런 시장이 형성돼 있었다.

SBS 골라듣는 뉴스룸도 국내에서 가장 인기 있는 청취 플랫폼인 팟빵에서 1만 8,000명 구독자를 달성한 2017년부터는 팟캐스트에 광고를 붙이기 위해 다양한 시도를 해봤다. 그런데 이미 형성된 팟캐스트 광고 시장의 특성과 지상파 방송에서 만드는 팟캐스트 간 괴리는 생각보다 컸다.

당시 <나는 꼼수다>나 <매불쇼> 같은 데에 광고를 의뢰하는 광고주는 대부분 개인 자영업자 또는 작은 규모의 소기업들이었다. 실제로 매출 증대 효과를 기대하고 광고를 하는 경우도 있었고, 일부는 '팬심'에 의한 광고도 있었다. 광고가 들어오면 진행자들은 직접 업소명 또는 제품명을 귀에 못이 박히도록 언급하면서 "정말 좋다. 써보시라" 등의 판촉 멘트를 했다. 아무리 평소보다 격식 없이 수다 떠는 방송을 한다지만, SBS 기자, 아나운서, PD가 그런 식으로 광고를 할 수는 없었다. 그러지 못한다는 것을 안 소액 광고주들은 광고를 주지 않았다.

또 하나의 문제는, 그런 소규모 광고주들은 광고를 제작하여 '틀어달라'고 갖고 올 상황도 안 됐다는 것이다. 결국 그런 돈을 벌려면 진행자가 직접 판촉 멘트를 읽어주든지, 아니면 우리 쪽에서 오디오 광고를 직접 제작해 방송에 붙여야 하는데, 전자나 후자나 답이 나오지 않는 건 미찬가지였다.

SBS 뉴스에 광고를 붙이는 기업 광고주들은 그쪽대로 난색을 표했다. 금액이 문제가 아니라, 광고 집행 판단을 할 기초적인 데이터가 너무 부실하다는 게 이유였다. TV와 라디오는 공신력 있는 시청률이나 청취율, 브랜드 인지도 조사 등이 있는데, '팟빵 구독자 1만 8,000명'이라는 숫자가 자신들에겐 의미가 없다는 것이었다.

라디오 방송에 광고를 연결하는 소규모 대행사들도 만나봤지만, 결국 모두 별다른 성과 없이 끝났다. 어쩌다 한 번씩 공익광고나 영화 광고가 연결되었지만, 수십만 원 수준의 소액이어서 팟캐스트 운영의 수입원이라는 의미를 찾기는 어려웠다.

2017년에는 네이버의 오디오 청취 플랫폼인 '오디오클립'이 출범했고, SBS는 오디오클립과 채널 개설 계약을 맺었다. 오디오 시장 후발주자인 네이버는 청취 수와 댓글 수 등을 기반으로 소정의 콘텐츠 제작 지원금을 제공했다. 월 10~15만 원 정도의 금액이었다.

2020년에는 라디오 프로그램의 온라인 송출을 대행하는 ART19이라는 기업과 연결되었다. 이들은 SBS, MBC 등 지상파 라디오 방송사들이 팟빵, 오디오클립, 애플 팟캐스트 등 다양한 플랫폼으로 '다시듣기'를 내보낼 때 그 호스팅을 대행하면서 자신들이 광고를 붙여 수익을 방송사와 나눠 갖는 모델을 갖고 있었다. 미국 아마존의 기술을 도입한 외국계 기업으로, 청취자 통계가 보다 심층적이고, 광고가 들어왔을 시 어디에 어떻게 붙이고 뗄지를 보다 세부적으로 관리할 수 있다는 등의 장점이 있었다. 하지만 광고주가 실제로 광고를 '붙이느냐'는 게 문제였다. ART19이 제공하는 'SBS 콘텐츠 광고 슬롯 목록'을 본 광고주는 <컬투쇼>나 <씨네타운>에 광고비를 더 쓰면 더 썼지, 해당 목록의 아래에 있는 보도본부 팟캐스트에는 광고 의지를 보이는 경우가 드물었다. 팟캐스트 제작팀으로서는 호스팅 부담 절감, 통계(특히 애플 팟캐스트 청취 통계는 이전에 우리가 직접 구하기 어려웠다) 수집에 만족해야 했다.

돈은 못 벌지만 다른 존재 가치가 있었다

유튜브와 달리 돈을 거의 벌어오지 못하는 팟캐스트에 대해 내부의 시선이 따갑기도 했다. 그렇지만 어차피 회사가 투자하는 제작비 자체가 다른 프로젝트들에 비하면 매우 적었으므로 '당장 접어라' 수준의 압력은 들어오지 않았다.

저자는 '어차피 라디오 뉴스나 낮 시간대 TV 뉴스들도 그 자체로 따지면 돈을 못 버는 건 마찬가지'라고 보도본부 의사결정자들을 설득하면서, 팟캐스트의 다른 존재 가치를 제시했다. 2010년대 초까지만 해도, 라디오 편성에는 원로급 기자가 진행자를 맡고 보도국의 현장 취재 기자들을 불러다 얘기를 듣는 시사 프로그램들이 있었다. 1990년대에 봉두완 위원이 진행자를 맡았던 시절에는 이런 라디오 프로그램이 상당한 대중적 인기를 누리기도 했다.

그러나 시대가 바뀌고 역량 있는 내부 진행자가 줄어드는 한편 출연하는 기자들의 준비가 부실해지면서, '보도국이 진행하는 라디오 시사 프로'는 점차 성가가 떨어져갔다. 라디오 PD들은 그 시간대를 내놓으라고 아우성이었다.

결국 아침 출근 시간대와 오후 시간대에 기자가 출연할 수 있는 라디오 프로그램이 없어졌다. 그러고 나니, 기자들이 생방송 훈련을 할 수 있는 장이 크게 축소됐다. 후배 기자들 가운데 누가 생방송 센스가 좋은지 옥석 고르기를 하기도 어려워졌다. 필자는 팟캐스트가 그런 훈련장의 역할을 대신할 수 있다고 주장했고, 실제 결과로도 입증했다. 이른바 '생방송 울렁증'이 있던 기자들이 극히 자유로운 형식의 팟캐스트를 1~2년 경험하고 나면 '생방의 달인'이 됐다.

여전히 보도본부의 핵심 업무인 <8 뉴스>에 내용적으로 기여하는 측면도 있었다. 녹음에 들어가 1시간 이상 "떠들려면" 그 주의 이슈에 대한 자기 생각이 있어야 했다. TV 뉴스 1분 반 만들고 손 떼는 것과는 다른 차원으로 이런저런 정보를 수집하고 관련 글도 찾아서 읽어보고, 자기 의견을 정리해야 했다. 그런 상태에서 다른 동료 선후배와 1시간 토론을 하고 나면 사안을 보는 새로운 시각이 생겨나거나, 중구난방이었던 사태 흐름이 머릿속에서 새롭게 정리됐다. 이런 과정을 거치면 <8 뉴스>용 취재와 발제에도 훨씬 더 깊이가 생겼다. 온라인 "취재파일" 칼럼 작성에도 큰 도움이 됐다.

공연문화 팟캐스트 <커튼콜>은 아예 담당 기자의 No.1 플랫폼이 됐다. 순수예술 공연 장르는 아무리 공들여 ENG 촬영을 해도 <8 뉴스>에서 거의 받아주지 않았는데, <커튼콜>에는 공연의 감독이나 주요 출연자, 연주자들을 직접 불러내 장시간 얘기를 나눌 수 있었고, 그 공연 또는 공연자의 팬들과도 활발한 커뮤니케이션을 형성할 수 있었기 때문이다. 젊고 인기 있는 연주자나 배우가 출연한 경우, 그 팬클럽이 <커튼콜> 팟캐스트를 소셜미디어와 동호회 게시판에 스스로 열심히 퍼나르며 홍보에 앞장섰다. 이를 보면서 기획사들도 '<커튼콜>에 출연하게 해 달라'고 연락해오는 경우가 많아졌다.

축구를 취재하는 스포츠팀 기자들 역시, 팟캐스트 <축덕쑥덕>이 자신들의 방송 업무에도 많은 도움을 준다고 말한다. 경기장에서 만나는 축구 관계자 및 팬들의 반응도 다르고, 온라인의 다양한 축구 커뮤니티 및 게시판에서도 자신들에 대한 관심이 훨씬 커졌다는 것이다. 국가대표 수비수 김영권, 영국 스토크시티 배준호 등 스타급 선수들의 직접 출연도 종종 성사됐다. 이런 인터뷰는 성사 자체가 프로그램 영상과 오디오로 남기도 하지만, 섭외 과정에서 기자의 취재 네트워크를 강화하는 효과가 있어 후배 기자들의 훈련에도 유용하다.

특정 플랫폼 종속 해소: 오디오 플랫폼으로서의 네이버

2021년 네이버 오디오클립의 출범은 SBS 팟캐스트의 팟빵 종속을 해결해줄 활로였다. 팟빵은 당시 국내의 대표적인 오디오 청취 플랫폼으로서 팟캐스트를 한다는 제작자 모두가 도저히 외면할 수 없는 경쟁의 마당이었다. 청취자들은 다른 어느 플랫폼과도 비교할 수 없을 정도로 자신이 구독하는 프로그램에 애착을 보이고 적극적인 커뮤니케이션을 이어갔다. 하지만 문제도 적지 않았다.

가장 큰 문제는, 김어준으로 대표되는 특정 정파 성향 청취자들이 너무 많고 영향력도 세다는 것이었다. 팟빵 자체가 <나는 꼼수다>와 함께 성장한 플랫폼이라고 해도 과언이 아니다. SBS 골라듣는 뉴스룸의 출연자 발언 내용에 대해 비판하는 댓글은 감당할 수 있었다. 그러나 팟캐스트와 관계도 없는 인신공격성 댓글이나 무작정 비난은 감당하기 어려웠다. 특히 SBS TV 보도에서 문재인 정부 관련자 또는 정책에 대한 비판기사가 나온 경우 SBS 골라듣는 뉴스룸의 팟빵 게시판은 심한 악성 댓글로 눈 뜨고 볼 수 없는 지경이 되곤 했다. 게시판 관리 1차 실무를 맡은 인턴이 트라우마를 호소할 지경이었다.

팟빵에 올리는 콘텐츠와 설명 글은 팟빵 안에만 머무는 콘텐츠일 뿐 확장성이 없다는 점도 문제였다. 오디오콘텐츠 판에서 팟빵은 큰 존재였지만, 일반인들은 '팟빵? 그게 뭔데?'하는 반응이 대부분이었다. 지인들에게 SBS 골라듣는 뉴스룸 청취를 권해본 기자들은 "일단 팟빵 앱을 새로 깔아야 한다는 것 자체가 일반인들에겐 장애물"이더라고 반응을 전하기도 했다.

일개 스타트업인 팟빵이 제공하는 청취자 통계를 광고업계에서 인정해주지 않는 것도 문제였다. 팟빵은 <나는 꼼수다>의 성공을 바탕으로 빨리 성장하는 것이 목표인 스타트업이었고, 청취자 수를 부풀린다는 의심을 받았다. 콘텐츠 제작자에 대한 수익 배분 조건도 좋지 않았다. <지대넓얕(지적 대화를 위한 넓고 얕은 지식)>같은 인기 팟캐스트들이 이런 점 때문에 팟빵에서 섬자 이탈했고, 상당수는 아예 유튜브로 옮겨갔다.

네이버는 오디오클립을 개설하면서, 처음부터 팟빵에 대한 이런 불만들을 참고한 것으로 보인다. 팟빵은 공격적 정치 성향을 지닌 20~30대 남성 청취자들이 플랫폼의 분위기를 좌우했다. 네이버는 밝고 연한 녹색을 상징색으로 정하고, 젊은 여성들의 감성이 풍기게끔 오디오클립 UI를 디자인했다.

콘텐츠 면에서도 팟캐스트보다는 배우가 읽는 오디오북이나 귀로 듣는 교육 콘텐츠를 전면에 배치하고 적극적으로 마케팅했다. 정치 팟캐스트들이 몰려들어 빈 선반을 채우는 상황을 미연에 차단한 것이다.

네이버는 또한, 오디오클립에 올린 콘텐츠를 선별해서 네이버 뉴스 섹션이나 오디오 섹션에 적극적으로 노출해줬다. 같은 콘텐츠를 팟빵에 올리면 팟빵에서만 검색이 되는데, 오디오클립에 올리면 네이버에서 검색이 되고, 때로는 섹션 메인에 걸려서 조회 수가 크게 오르는 성과를 맛봤다. 특히 의료 팟캐스트 <뾰얀거탑>에서 조동찬 의학 전문 기자가 잘못된 의학 속설을 깨거나 청취자의 질문에 전문의의 도움을 받아 답변해준 내용들은 단골 인기 콘텐츠로 네이버 건강 섹션 메인에 걸렸다.

구독자 증가나 구독자의 지속적 인터랙션 측면에선 팟빵의 활성도보다 낮았지만, 검색이나 섹션 노출을 통한 청취자 숫자는 네이버 쪽이 더 많았다. 진행자와 출연자들도 팟빵 '댓글러'들에게 휘둘리는 일이 줄어들었다. '네이버로 듣는 사람들도 생각해야 한다'는 의식이 생겼기 때문이다.

오디오 취재파일

네이버 오디오클립이 활성화되면서, 팟캐스트와는 다른 형식의 오디오콘텐츠 수요도 커졌다. 마침 이 상황에 적절한 콘텐츠가 있었다.

사실 SBS 뉴미디어에서는 2015년경부터 '오디오 취재파일'을 다양한 형식으로 만들고 있었다. 기본은 취재 기자들이 SBS 뉴스 사이트를 통해서 내는 텍스트 버전의 "취재파일"을 기자 본인이 읽어 녹음하는 것이었다. 앵커가 간단한 소개 멘트를 앞에 붙여 출고하다가, 나중에는 별도의 아나운서가 소개하거나 소개 없이 기자 음성부터 나가는 식으로 다양한 형식을 실험했다.

길이는 대체로 5~20분 분량이었는데, 팟캐스트와는 다른 제작상의 난점은 '원고를 미리 완벽하게 정리해야 하고, 편집 시 수정해야 할 부분이 많다'는 것이었다. 취재 기자들은 "취재파일"을 쓸 때 자신이 취재 중 수집한 자료나 관계 법령의 내용을 길게 인용한다든지, 참고 데이터의 표나 그래프를 첨부한다든지, 화면이나 스틸사진을 삽입하는 경우가 많았다. 문장도 좀 덜 정제된 경우가 많았다. 그런데 오디오 취재파일을 제작하려면 이런 부분들을 청취자가 귀로만 듣고 알 수 있게 다듬거나 풀어서 다시 써야 했던 것이다.

'수다'가 본질인 팟캐스트와 달리 '원고의 낭독'이 본질인 오디오 취재파일은 한 글자라도 틀리면 다시 읽어야 하고, 편집에서 골라내야 했다. 그래서 1시간짜리 팟캐스트 편집은 인턴에게 맡길 수 있어도 5분짜리 취재파일 편집은 인턴에게 맡길 수가 없었다. 오디오 PD가 편집을 하고 기자가 감수를 했다.

2017년부터는 취재파일과 비슷한 포맷에 성격은 좀 더 소프트한 콘텐츠를 다수 신설했다. 대중이 관심을 가질 만한 사건이나 신기한 사연을 다루는 <PICK>의 오디오 버전 '귀로 듣는 스브스', '브런치' 등을 통해 발굴한 일반인들의 에세이 코너 <인:잇 - 사람과 생각을 잇다>의 오디오 버전 등을 다양하게 제작했다.

이런 코너들은 팟빵에 노출했을 때는 별 반응이 없었지만, 네이버 오디오클립에선 훨씬 반응이 좋았다. 오디오 섹션을 편집하는 네이버의 큐레이터들이 갖다 쓰기에 좋은 내용이 많기도 했고, 뉴스와 정보를 팟캐스트보다 정제된 형태로 담기 때문이기도 했다. 취재파일형 오디오콘텐츠를 다양하게 만든 것은 콘텐츠의 외부 판매를 위한 목적도 있었다.

카카오, 삼성전자 … IT 기업들과의 제휴

카카오는 2017년 9월 '카카오 미니' AI스피커를 출시했다. 이는 미국 빅테크들이 음성 인공지능 디바이스 붐을 일으킨 영향이 컸다. 당시 미국에선 애플의 '시리Siri'에 이어 아마존의 '알렉사Alexa'가 선풍적인 인기를 끌고 있었다.

카카오는 이용자들이 카카오 미니 스피커에게 이런저런 질문을 했을 때 내놓을 음성콘텐츠가 필요했다. "노래 틀어줘" 하면 노래를 틀어줘야 하고 "뉴스 들려줘" 하면 뉴스를 내놓아야 했다.

다양한 음성 정보 지식 교양 콘텐츠를 제작하던 SBS 뉴미디어에 제안이 왔다. 실제 유저들을 상대로 여러 가지 테스트를 해봤는데, 가장 수요가 높은 것은 "뉴스 들려줘."였다. 의외로 구체적인 검색어를 말하며 그에 관한 뉴스를 요구하는 이용자는 많지 않았다. SBS로서는 1시간에 한 번씩 라디오로 방송되는 뉴스의 녹음 파일을 카카오 콘텐츠 서버에 올려주는 것이 가장 합리적인 대안으로 떠올랐다. 일일이 사람이 수작업으로 녹음하는 것은 답이 나오지 않아, SBS 라디오 온에어 전체를 녹음하고, 그 파일에서 시간대별 뉴스 시그널과 클로징 및 공백을 인식해 자동으로 잘라주는 소프트웨어를 개발했다.

카카오는 또한, 전략 콘텐츠의 하나로 '모닝브리핑' 제작을 의뢰해왔다. 카카오 미니 사용자들이 아침에 일어나면 뉴스의 요약과 날씨 정보, 금융 지표 등을 5분 이내 길이로 정리해 읽어주는 것이다.

지금 같으면 텍스트로 쓴 요약 기사를 음성 AI로 '볶는' 방식을 사용하겠지만, 당시의 음성 AI는 아직 그 정도로 수준이 높지 않아서 듣기에 어색했다. 카카오측은 SBS의 아나운서들이 읽어주는 방식을 선호했다. 문제는 밤사이 기사와 정보를 요약해 5분짜리 원고를 쓰고, 아나운서가 읽은 파일을 다듬어 카카오 콘텐츠 서버에 업로드하는 일을 SBS에서 누가 하느냐는 것이었다. 당시는 이미 52시간 근로제가 시행되고 있어서 주간 근무자를 연장 투입할 수 없었고, 아침 TV와 라디오 뉴스를 담당하는 인력들은 자신들의 온에어 업무가 있으니 이 일을 병행할 수 없었다. 결국 SBS는 부장급 기자 한 명을 이 모닝브리핑 전담으로 따로 배정했다. 담당 기자는 새벽 4시쯤 기상해 브리핑 원고를 쓰고, 새벽 당직 아나운서가 녹음을 하면 6시 반 전에 카카오 서버에 '브리핑' 녹음 파일을 업로드했다. 이런 체제로 콘텐츠를 1년 이상 공급했다.

그러나 음성 AI는 미국에서도 곧 성능의 한계가 노출되며 인기가 시들해졌고, 국내에선 그것보다 더 빠르게 퇴조했다. 결국 미니스피커 매출이 떨어지더니 기존에 판매된 제품의 사용도 줄어, 카카오 미니 구입 고객들 사이에서도 '블루투스 스피커로나 쓴다'는 자조의 목소리가 나왔다. 인공지능을 표방했지만 정작 말귀를 잘 못 알아먹었기 때문이다. 결국 카카오는 2022년 이 기기를 단종하고 AS도 중단했다.

비슷한 유형의 제휴가 비슷한 시기에 삼성전자와도 이루어졌다. 삼성전자는 애플의 시리에 대응해 음성 AI '빅스비'를 띄우는 데 총력을 기울이고 있었다. 방송사들을 상대로 뉴미디어형 음성콘텐츠 제공 가능성을 알아보던 삼성전자는 2019년 SBS 뉴미디어와 연결되었다. 카카오와 협업해본 경험이 있는 SBS는 다른 방송사와 달리, IT 기업의 언어와 사고방식으로 이 문제를 다룰 준비가 되어 있었다. 삼성전자는 '캡슐'이라는 형태로 음성 정보를 가공한 다음, 빅스비로 이용자 요구가 들어올 시 서비스하는 시스템이었고, SBS 뉴미디어팀은 이에 맞게 기술 개발을 다시 해서 라디오 뉴스콘텐츠를 제공했다.

이들과 협업하면서 새삼 느낀 점은, 이용자들의 뉴스 요구가 생각보다 구체적이지 않다는 것이었다. 이를테면 음성 서비스를 이용하는 유저들은 "북한이 띄워보낸 오물풍선에 대한 뉴스 알려줘" 식으로 질문하는 경우가 거의 없었다. 그냥 "뉴스 들려줘", "뉴스 틀어봐"가 대부분이었다.

구체적으로 물어봐도 문제였던 게, 카카오와 삼성전자의 개발진은 유저가 물어볼 수 있는 질문을 구성 요소로 쪼개고 쿼리query를 유형화하여 관련 콘텐츠를 매칭하는 데에 골머리를 앓았다. 구현이 잘 안 되니까 자꾸 '사용자가 이러이러한 말로 요구하면 됩니다'라는 식으로 논의가 흘러갔다. 이는 국내만의 문제가 아니었다. 2022년경에 이르면 애플도 시리에 대한 투자를 크게 줄였고, 삼성전자도 김이 샜는지 빅스비 콘텐츠에의 투자를 대폭 삭감했다. 그런 분위기가 뒤집힌 건 세월이 지나 오픈AI가 챗GPT를 내놓은 이후였다.

강한 자가 살아남는다? 살아남는 자가 강한 자다.

우여곡절이 많았지만, SBS는 여전히 오디오 취재파일류 음성콘텐츠와 팟캐스트들을 합쳐 <SBS 골라듣는 뉴스룸>을 제공하고 있다. '북저널리즘', '밀리의 서재' 등 외부 콘텐츠 업체들과 오디오북 등 협업 프로젝트를 진행하기도 했다.

그 사이 경쟁자였던 중앙일보 '듣똑라'(듣다보면 똑똑해지는 라디오)가 폐지됐다. 듣똑라는 SBS 골라듣는 뉴스룸보다 출발은 늦었지만 미디어 업계의 주목을 더 많이 받았다. 중앙일보는 3명 안팎의 전담 기자를 두고 신문지면도 따로 할애하는 식으로 듣똑라를 전폭 지원했는데, SBS 골라듣는 뉴스룸에 참여하는 SBS 기자들은 이를 꽤 부러워했다. '골룸' 기자들은 모두 경제, 사회 등 각 부서에 배속되어 기존 <8 뉴스> 업무를 하면서 '가욋일'로 팟캐스트를 해야 했기 때문이다.

하지만 SBS 골라듣는 뉴스룸은 역설적으로, 조직의 관심과 지원을 덜 받았기에 폐지되지 않고 생존할 수 있었다. 만일 '골룸' 전담으로 기자를 2~3명 배정하고 업무 인력도 더 붙여주고 제작비도 많이 지원했더라면, 몇 분기 못 가서 '성과 분석'의 메스가 가해졌을 것이다. 그리고 들이는 비용에 비해 효과가 적다는 판단에 따라 "다 접고 유튜브로 올인" 같은 판단이 내려졌을 것이다. 살아남았으므로, '골룸'은 유튜브 영상화, <스브스프리미엄> 부가콘텐츠화 등 새로운 기회를 맞았다.

5. 진짜 난제는 인사와 조직과 예산

레거시 미디어의 뉴미디어 혁신에 있어서, 사실 가장 큰 난제는 콘텐츠의 문제가 아니다. 회사 차원에서의 인사와 조직과 예산이 진짜 문제다. 역대 SBS 뉴미디어국장들은 보도본부 뉴미디어 프로젝트에 대한 다른 본부의 견제, 보도본부 내 취재 부서들과 뉴미디어 부서 간 경쟁과 갈등, 기자 인력과 비非기자 인력의 관계, 비정규직 업무 인력의 정규직화 또는 이직 문제 등으로 고통받았다.

스브스뉴스 출범부터 10년간 SBS 보도본부 뉴미디어가 실행한 다양한 혁신은 기자들만의 힘으로 이루어진 것이 아니다. '에디터', 'PD' 등으로 불리는 비非기자 인력이 동등한 파트너의 입장에서 함께 뛰지 않았다면 지금까지의 성과는 불가능했다. 그들 중에서도 일 잘하는 사람들은, 적어도 뉴미디어콘텐츠에 있어서는 잘 키운 기자 부럽지 않은 실력과 책임감을 보여줬다.

문제가 된 것은 그들에게 그들이 원하는 합당한 대우를 보장해주는 것이었다. 간단히 말해서, 지상파 방송사 정규직 기자들만큼의 급여와 복지를 보장해주는 것이 현실적으로 불가능했다. 뉴미디어국에서는 그들 중 일 잘하는 사람들을 어떻게든 더 붙잡고 같이 일하고 싶어 했지만 SBS 본사 인사 정책상 그들을 정규직화하는 것이 불가능한 경우가 많았다.

결국 2017년 말에 'SBS디지털뉴스랩'(줄여서 '디뉴랩')을 분사하기에 이른다. 디뉴랩은 SBS 뉴스의 모바일 앱과 PC 웹 홈페이지를 관리하고, 소셜미디어콘텐츠 제작과 유통을 담당하는 자회사로 소개된다. SBS뉴미디어국과 SBS아이앤엠에서 뉴스콘텐츠 업무에 종사하던 유능한 인재들을 별도 회사의 정규직으로 채용하는 한편, 보다 독립적이고 장기적인 수익 사업을 가능하게 하려는 취지였다.

디뉴랩의 대표는 보도국에서 이쪽 업무를 잘 아는, 보직자급 고참기자가 맡았다. 여기서 하는 일은 크게 뉴미디어콘텐츠 개발·운영, 디자인, 콘텐츠 생산·유통으로 나뉘었다. 콘텐츠 유통은 SBS 뉴스 클립화 및 2차 가공, 스브스뉴스, 비디오머그 등 세 파트로 세분화되는데, 각각의 부문에 뉴미디어 담당 기자들이 배치돼 협업했다. 기자들은 콘텐츠 기획에 대한 데스킹 역할을 맡았다. '취재'가 들어가는 콘텐츠들, 보도국 부서들과 대화 및 협업을 해야 하는 일들이 많기 때문이다.

SBS 본사는 디뉴랩이 SBS 뉴스콘텐츠의 유통 업무를 수행하는 데 대해서는 안정적인 수익을 보장해줌으로써 디뉴랩이 속칭 '돈벌이'에 내몰려 중심을 잃지는 않도록 했다.

SBS는 2023년 말, 디뉴랩 내 크리에이티브 사업 부문을 분리해 법인화하며 '스튜디오161'을 출범시켰다(161은 SBS 목동 사옥의 주소 '목동서로 161'에서 따왔다.). '뉴스'가 아닌 '콘텐츠', '저널리즘'보다 '사업성'에 방점을 뒀던 부문을 별도 법인으로 독립시킨 것이다. 이후 디뉴랩의 뉴스 부문은 SBSi로 통합했다(기자협회보 2024. 2. 20.).

스튜디오161은 저널리즘 색채가 덜한 스브스뉴스, <문명특급>, <오목교 전자상가>(IT기기 리뷰) 등을 담당하며, 기업들과의 협업도 더욱 적극적으로 추진한다. K팝 등 대중문화에 특화된 <문명특급>은 "명곡챔피언십"을 기획해 SBS TV 설 특집으로 4회 방영했고, 애플TV 등 OTT로도 콘텐츠를 제공하는 등 제작 스튜디오로서의 가능성을 키워나가고 있다.

6. '디지털퍼스트'를 위한 노력

지금까지 설명한 여러 혁신 프로젝트는 모두 '디지털 퍼스트'라는 하나의 길로 수렴한다. 디지털 퍼스트는 다양한 층위에서 이해하고 실행할 수 있다.

우선은 콘텐츠 출고의 순서 문제다. 지상파 방송사에 오래 근무한 사람들은 '전파로 먼저, 그다음에 온라인으로'라는 습성이 몸에 깊게 배어 있다. 이제는 세상이 달라졌다. 사람들은 방송보다 모바일 등 디지털 디바이스에 훨씬 익숙하다. 편성에 따라 방송하고 그다음에 온라인으로 내는 것은 시점상으로도 너무 늦어지는 일이 허다하다.

그래서 새로운 시도를 했다. SBS 보도제작부 기자들이 만드는 <뉴스토리>는 원래 토요일 아침 8시에 전파를 타는 뉴스매거진 프로그램이다.

시청률을 기대할 수 없는 불리한 편성 시간대다. 열심히 방송을 만들어도 임팩트가 잘 나지 않는다. 뉴미디어국은, 종편이 완료된 완성본을 전날 밤에 유튜브로 선출고하자고 제안했다. 최근 예능 프로그램들이 맛보기 예고를 일부 선공개하는 것보다 훨씬 파격적인 방식이다. 어차피 TV 시청률은 기대할 수 없는 상황인지라 보도제작부도 동의해서, 프로그램을 유튜브에 먼저 풀고 다음날 TV로 방송하게 됐다. 반응은 고무적이다. 유튜브 조회 수도 더 올랐고, TV 시청률도 떨어지지 않았다.

이제는 <8 뉴스>의 일부 리포트도 온라인 선출고를 실시하고 있다. 지금의 보직부장급들이 일선 현장을 뛰던 시절에는 '우리가 무슨 리포트를 하고 상대사는 무슨 리포트를 하는지'가 업무상 비밀에 가까웠는데, 격세지감이 느껴지는 변화다. 처음에는 취재 부서에서 '기사가 새는' 것으로 받아들여 반발하는 기류도 없지 않았지만, 조회 수가 더 잘 나올 시간을 골라 선출고해주니 온라인 반응도 잘 나오게 돼서 이제는 다들 잘 따른다. 보도국 뉴스 편집회의에서 그날의 선출고 아이템을 뉴미디어와 협의해 정하는 시스템이 정착됐다.

여기서 한 발 더 나가야 한다. 보도본부는 TV 편성에 구애받지 말고 종일 끊임없이 콘텐츠를 생산해내야 한다. 이때 <8 뉴스>는 그날의 콘텐츠 중 베스트를 추려서 진행하는 일간 하이라이트가 되어야 한다. 이러면 보도국과 뉴미디어국, 취재 부서와 디지털 부서의 갈등을 발전적으로 해소할 수 있다.

이제 디지털 퍼스트는 일의 순서가 아니라, 조직의 체질이자 DNA가 되어야 한다. 그래야 급변하는 미디어 환경에서 방송사가 경쟁력을 유지하고 수용자들과 함께 호흡하며 나아갈 수 있다.

13장

혁신의 원칙

『뉴욕타임스』의 사례를 중심으로

문영은 · 이현택 · 김재희

1. 2024년, 여전히 혁신을 이야기하는 이유

2024년은 인공지능의 파괴적 힘이 정보 공간을 강타한 해다. 2023년 12월 말, 『뉴욕타임스*The New York Times*』는 저작권 침해를 이유로 챗GPT 개발사인 OpenAI를 상대로 소송을 제기했다. 자사가 발행한 수백만 건의 기사를 훈련시켜 탄생한 챗봇이 이제 어엿한 정보 제공자로서 경쟁자가 되었으니 사용료를 지불하라는 주장이었다. 소송의 이면에는 생성형 AI 기술이 인간 기자들이 담당하던 콘텐츠 제작 과정을 대체하게 될 경우, 언론사의 평판이 떨어지고 나아가 기자라는 직업이 필요 없어질 수 있다는 실존적 우려가 깔려 있었다. 이뿐만이 아니다. 구글 검색창에 키워드를 넣으면 웹사이트의 주소와 문서 제목만이 노출되던 과거와는 달리, 2024년에 들어서면서부터는 AI 기반의 검색 생성 경험Search Generative Experience: SGE을 통해 기사 내용을 요약한 내용을 미리 얻을 수 있게 되었고, 이용자가 원하는 테마에 따라 기사를 큐레이션해주는 수준까지 도달하게 되었다. 언론사 홈페이지에 접속하지 않고도 원하는 핵심적인 내용을 얻을 수 있게 됐다는 이야기다. 2026년까지 인터넷콘텐츠의 대다수가 AI 제작분으로 대체될 수도 있다는 예측이 나오는 가운데, '기자가 신문을 만든다'는 전제는 지속 가능할까?

또 다른 측면에서 2024년은 소셜미디어와 전통 미디어 간 셈법이 보다 복잡해진 해였다. 기존 뉴스 소비의 중심이었던 텍스트 중심 소셜미디어인 X(구 트위터)나 페이스북에서 틱톡, 유튜브 등 비디오 기반의 플랫폼으로 콘텐츠 소비의 축이 변화한 것이 그 배경이다. 틱톡에서 뉴스를 정기적으로 접하는 미국 성인의 비중은 2020년 3%에 불과했지만 2024년 17%로 급격하게 증가했고(Leppert & Matsa, 2024), 취재와 보도 역량이 있는 인플루언서들이 늘어났다. 2000년대 시민기자의 돌풍과는 또 다른 시사 인플루언서들의 영향력이 커지면서 이들이 전파하는 정보가 전통 미디어의 뉴스보다 더 큰 반향을 일으키는 경우도 허다해졌다(ICFJ, 2024). 자연스레 레거시 미디어의 수익성에 대한 고민이 커진 것도 물론이다. 과거 언론사들은 자사의 콘텐츠 보호에 더욱 힘을 쏟아 고품질·고품격 저널리즘으로 대항하겠다는 전략을 짰다. 하지만 젊은 세대와 낮은 학력 수준의 독자에게 당장 다가가기 어려운 점이 약점으로 지적되자 이후 개별 선호도에 따른 맞춤형 콘텐츠를 전송하는 등 개인화 서비스를 적극적으로 모색하는 모양새다.

날이 갈수록 진화를 거듭하는 디지털 기술에 맞서기 위해 저널리즘 산업은 매일의 혁신이 필수다. 옥스퍼드대학교 로이터연구소는 명확한 전략과 성찰이 없는 상태에서의 즉흥적이고 단기적인 실험은 지속 가능한 발전으로 이어지기 어렵다며 "혁신이 반드시 기술에 대한 과도한 집착에서 이뤄지는 것은 아니"라고 지적했다(Posetti, 2018). 대신 저널리즘 실천의 핵심 원칙과 기본 개념에 집중한 탄탄한 연구·분석, 성찰적 실천(Niblock, 2007), 조직 내 그리고 산업 전반의 협업, 학계를 통한 네트워크와 지식 공유를 기반으로 한 지속 가능한 혁신 프레임워크의 개발이 절실하다고 주장했다.

10년 전, 쇠락하는 신문 산업의 틀을 바꿔버린 뉴욕타임스의 혁신을 2024년 다시금 불러내는 이유다. 2014년, 신문은 최악의 상황에 놓여 있었다. 신문 왕국이라 해도 과언이 아니었던 미국에서 그 절반에 달하는 일간지의 유통 부수가 1984년 정점을 찍은 이후 매년 2~3%씩 감소하고 있었다. 2010년에는 신문 유통량이 약 9% 감소했으며, 직원 해고가 잦아지고 폐간하는 언론사들이 늘어남에 따라 '뉴스 사막'이라는 말이 돌기 시작했다. 언론의 소멸, 그리고 그것이 민주주의에 미칠 영향에 대한 두려움이 팽배했다.

이런 상황 속에서 뉴욕타임스는 신문 산업이 두려워한 한 걸음을 내딛기로 했다. 독자들에게 유료 구독을 요청한 것이다. 당시 『USA투데이 *USA Today*』를 비롯한 많은 신문이 뉴스를 무료로 제공하고 있었던 점을 감안하면, 디지털 뉴스의 유료화는 실험을 넘어 모험이 아닐 수 없었다. 그러나 이는 당시 발행인이었던 아서 옥스 설즈버거 주니어Arthur Ochs Sulzberger Jr. 회장의 뚝심으로 가능했다. 유료화 선언 직후, 전문가들은 독자들이 무료 정보를 찾아 다른 매체 등 타 뉴스 소스로 옮겨갈 것이라 예측했다. 로이터 통신은 "성공적인 미디어 회사는 먼저 청중을 끌어모으고 그 뒤에 수익이 따라온다"고 비판했다. 페이월Paywall(결제 장벽)을 우회하는 팁을 공유하는 사람들도 나왔다. 이러한 우려와 회의적인 시선에도 불구하고 타임스는 보기 좋게 유료화 첫 달에만 10만 명의 디지털 유료 구독자를 확보하는 성과를 거뒀다. 이듬해인 2015년에는 디지털 유료 구독자 100만 명을 찍었다. 수익만 2억 달러에 달했다. 이후 2022년 디지털 유료 구독자 1,000만 명, 구독 수익 3억 5,120만 달러(한화 약 4,750억 원가량)를 기록했다.

뉴욕타임스의 도전은 여기서 그치지 않는다. 신문은 2027년까지 1,500만 디지털 유료 구독자를 확보하겠다는 목표를 세웠다. 이를 위해 스포츠 전문 매체인 <애슬레틱The Athletic>을 사들여 120만 구독자를 확보했고, IT 제품 리뷰 사이트인 <와이어커터Wirecutter>, 단어를 이용한 게임인 <워들Wordle>을 인수하며 독자층을 확장해갔다(Scire, 2023; Wang, 2016). 이제 뉴욕타임스는 신문사가 아니다. 기술 인력을 바탕으로 자체 콘텐츠 시스템Content Management System: CMS을 운영하는 기술 기업, 에미상을 받은 다큐멘터리를 제작한 영상 기업, VR(가상현실) 등 새로운 기술을 바탕으로 콘텐츠를 혁신하는 뉴미디어 기업이 된 것이다. 교사, 통계학자, 음악가, 코미디언 등 다양한 배경의 전문가로 구성된 데이터·인사이트 그룹까지 운영하고 있다(Doctor, 2020).

10년 전 뉴욕타임스의 혁신 DNA는 오늘날 우리에게 어떤 울림을 주는가? 생성형 AI의 등장 등 기술의 혁신 속에서도 여전히 유효한 전략은 무엇일까? 뉴욕타임스의 10년 전 혁신의 궤적을 되짚으며 AI 위기 속 한국 저널리즘의 대응 방법론을 모색해보는 이유다.

2. 뉴욕타임스의 혁신, 그 10년의 궤적

2014년 5월 유출된 뉴욕타임스의 내부 보고서 「혁신Innovation」은 이후 10년간 전 세계 신문사들이 디지털 퍼스트 전략을 채택하는 데 큰 영향을 미친 중요한 계기 중 하나였다. 이 보고서를 계기로 많은 신문사가 디지털 전환을 본격화하게 되었다고 해도 과언이 아니다. 하버드대학교 부설 니먼저널리즘랩을 창립한 조슈아 벤튼Joshua Benton 당시 소장은 이 보고서를 두고 "이 디지털 시대의 중요한 문서 중 하나one of the key documents of this media age"라고 평가했다(Benton, 2014. 5. 15.). 이후 한국의 주요 언론사 사장 신년사에 디지털과 혁신이 등장하고, 자체 혁신 보고서를 발표하기도 했다(금준경, 2021; 송의달, 2021).

뉴욕타임스의 혁신 보고서는 사내 각 부서에서 디지털 전환에 대한 통찰력 있는 인재들을 선발해 대책을 마련하라는 설즈버거 뉴욕타임스 회장의 특명으로 시작됐다. 보고서팀은 설즈버거 회장의 아들인 아서 그레그 설즈버거Arthur Gregg Sulzberger 당시 메트로 부에디터(현 발행인)를 비롯해 10명의 사내 인사로 꾸려졌다.[1] 6개월간 354명의 직원을 인터뷰하고, 그 자료를 바탕으로 고언苦言이 쏟아졌다. 보고서는 이렇게 적었다. "종합 1면에 대한 집착을 버려라", "우리는 너무 많은 시간과 에너지를 종합 1면에 쏟아넣는다. 편집회의가 열리는 오전 10시부터 지면이 확정되는 오후 4시 30분까지 하루 일과의 얼마나 많은 요소가 종합 1면에 집중됐는지를 생각해보라." 마크 톰슨Mark Thompson 당시 최고경영자CEO는 스마트폰 뉴스 상품을 먼저 만들고, 웹사이트 기사를 만들고, 이 기사를 큐레이션해 지면을 만드는 순서로 업무 방식을 바꿔야 한다고 밝혔다. 설즈버거 회장은 이런 톰슨 CEO를 전적으로 신뢰하며, 어떠한 급진적인 변화가 오더라도 전폭적으로 지원하겠다고 약속했다. 혁신 보고서의 주요 내용은 다음과 같다.

뉴욕타임스 혁신 보고서의 주요 내용

뉴욕타임스 혁신 보고서의 주요 내용은 다음과 같다.

• 독자 확보

뉴욕타임스가 디지털 퍼스트를 달성하기 위한 핵심 과제로 본 것은, 첫째, '독자 확보Audience Development'다. 인스타그램, 틱톡 등 다양한 소셜미디어 플랫폼을 통해 뉴스를 소비하는 이용자들이 늘어나면서, 전통 미디어콘텐츠는 다소 덜 자극적이고 지루한 것으로 체감될 수밖에 없었다.

---

1 래리 잉그래시아 부국장Deputy Managing Editor과 이언 피셔 부국장Assistant Managing Editor이 고문을 맡았다(The New York Times, 2014, p. 9).

이에 경쟁적 환경 속에서 독자를 확보할 수 있는 방안으로 '발견(뉴스를 어떻게 패키징하고 배포할 것인가)-홍보(뉴욕타임스 뉴스를 어떻게 대중에게 알릴 것인가)-연결(독자와 어떻게 상호 관계를 지속하고, 충성심을 확보할 것인가)'을 제시했다. 즉 유익하고 매력적인 콘텐츠를 개발하고, 이를 효과적으로 알려 독자를 확보해 구독으로 이어지게 하는 선순환고리를 구축하고자 한 것이다.

• 경영 파트와의 협업

둘째, 독자 경험-UX 디자인, R&D, 소비자 분석에 중점을 둔 경영 파트와의 협업Collaborate with business-side units focused on reader experience이다. 경영과 편집의 엄격한 분리를 중시했던 타임스의 전통을 생각해보면, 이를 허물겠다는 결심은 구성원 모두에게 충격이 아닐 수 없었다. 개발자들은 업무를 위해 편집국에 들어가는 것조차 허용되지 않는다는 느낌을 받았다고 털어놓기도 했다. 보고서는 "편집국과 경영 사이드에 벽을 세운 것은 수십 년간 한쪽은 독자에 초점을 맞추고 다른 한쪽은 광고주에 초점을 맞추게 했다"면서도, "구독 수익의 성장과 광고의 지속적인 감소를 감안하면 이제는 디지털 운용을 위해 함께 일해야 한다"고 했다. 특별히, 광고국과 편집국의 벽은 유지하되 독자 경험에 초점을 맞출 수 있는 디자인, 기술, 소비자 인사이트 그룹, 연구개발Research & Development: R&D과 편집국 간 협력을 강조했다.

• 뉴스룸 전략팀 신설

셋째, 뉴스룸 전략팀 신설Create a newsroom strategy team이다. 전략팀이 각 부서의 팀장급 기자들에게 경쟁사들의 디지털 전략, 기술의 진화, 독자들의 행동 분석 등의 정보를 제공해야 한다는 것이다. 이를 통해 마감 시간에 쫓기며 매일 정해진 기사와 속보 등을 처리해야 하는 기자들이 보다 효율적으로 디지털 전략을 함께 고민할 수 있게 하는 실질적 방법을 전략팀이 제시하도록 했다.

• 디지털 퍼스트 중심의 조직 개편

넷째, 디지털 퍼스트 중심의 조직 개편Map a strategy to make the newsroom a truly digital-first organization으로, 이는 언론사가 뉴스를 제작하는 방식 전체가 바뀌어야 한다는 것이다. 보통 기사는 밤늦은 시간 완성되고 모바일 앱은 지면 뉴스에 맞춰 제작되기에, 각 부서 팀장은 소셜미디어에서 어떻게 뉴스를 효과적으로 알릴지에 대한 고민을 거의 하지 못한다. 한 세기에 걸쳐 고착화된 강력하고 보수적인 신문 제작 방식, 즉 'print-first'(신문 우선)에서 'digital first'(디지털 우선)로의 사고 전환을 하지 않으면 변혁은 어렵다고 했다. 보고서는 온라인콘텐츠 제작 및 배포에 중점을 둔 문화를 개발하고, 데이터 분석을 활용하여 편집 결정을 알리고, 디지털 도구와 인재에 투자하고, 인센티브를 디지털 성공 지표에 맞추는 한편, 가능한 경우 인쇄 중심 관행을 점진적·단계적으로 폐지하는 전략 계획을 수립해야 한다고 밝혔다.

뉴욕타임스 혁신 보고서 발간 후의 발자취와 그 성과

뉴욕타임스는 실제로 이를 어떻게 그리고 얼마나 실현했을까?

• 광고 → 유료 구독자 기반으로의 수익모델 전환

첫째, 수익 모델을 기존의 광고 매출 기반에서 유료 구독자 기반으로 전환했다. 보고서 이후 뉴욕타임스는 디지털콘텐츠를 적극적으로 개발해 패키징하는 전략을 사용함으로써 유료 구독자를 성공적으로 늘려갔다(<자료 13-1> 참조). 2014년과 비교해 2015년 지면 구독자 수익은 1% 증가했을 뿐이지만, 유료 디지털 구독자 수는 같은 기간 20% 증가했다(109만 4,000명). 유료 디지털 구독자 모델을 도입한 지 4년 반도 되지 않

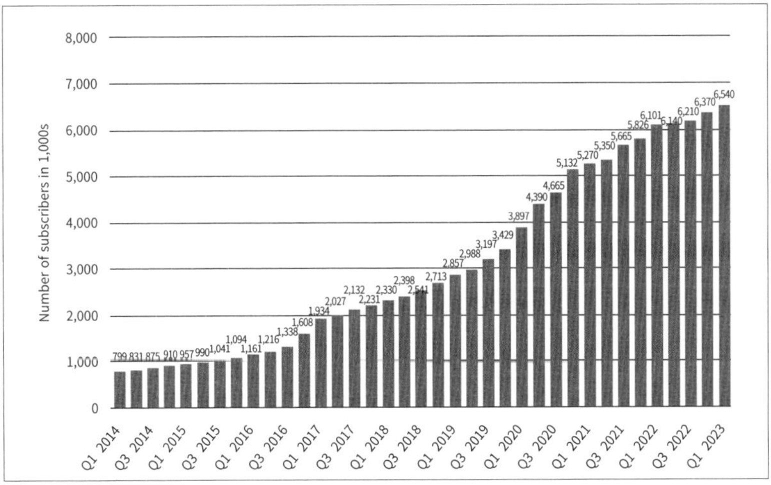

<자료 13-1> 뉴욕타임스의 유료 구독자 수 10년간의 변화

* 출처: Statista (2024).

아 100만 디지털 구독자를 달성한 것이다(The New York Times, 2015). 2024년 8월 기준으로 뉴욕타임스는 총 1,080만 명의 구독자가 있으며, 이 중 종이 신문 구독자는 60만 명에 불과한 반면, 디지털 단독 구독자는 1,020만 명이나 된다.

구독자 증가는 자연스럽게 수익 모델의 전환으로 이어졌다(<자료 13-2> 참조). 뉴욕타임스는 광고에서 구독으로 수익 비중을 서서히 옮겨 왔는데, 2011년 유료 구독 모델 도입 후 2012년 처음으로 구독 수익이 광고 수익을 넘어섰고, 2017년 처음으로 구독자 수익이 10억 달러를 넘었다. 격차는 2020년을 기점으로 더욱 커지고 있다. 2023년 기준 광고 수익은 5억 500만 달러(한화 약 6,860억 원)로 전년 대비 1,800만 달러 감소한 반면, 구독 수익은 16억 5,600만 달러(한화 약 2조 2,500억 원)로 역대 최고치를 갱신했다. 시간이 지날수록 혁신의 효과가 명백하게 드러나고 있는 셈이다.

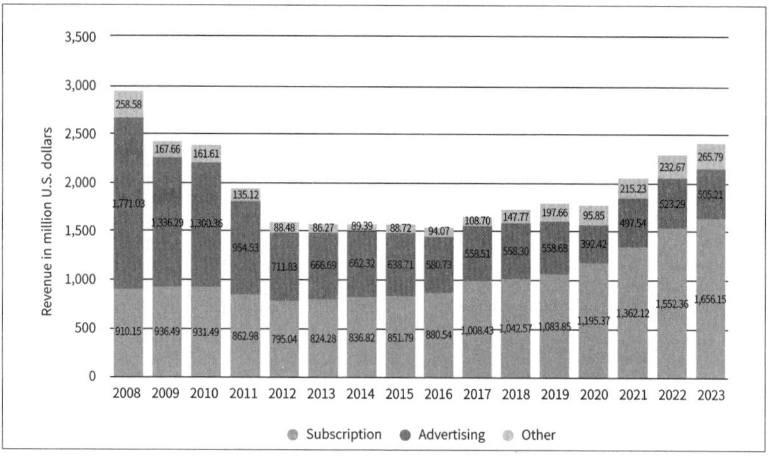

<자료 13-2> 뉴욕타임스의 2008년부터 2023년까지의 수입 변화

* 출처: Statista (2023).

• 발행인의 전폭적인 지원 아래 혁신 실천 가속화

둘째, 발행인의 전폭적인 지원 아래 혁신의 실천을 가속화했다. 뉴욕타임스는 혁신 보고서에서 제안한 내용을 빠르게 실행해나갔다. 보고서 작성을 주도한 A. G. 설즈버거가 전략 담당 선임 에디터로 승진하면서 보고서의 제안을 현실화하는 역할을 맡았다. 당시 딘 배케이Dean P. Baquet 편집국장은 "「혁신Innovation」 보고서의 주저자인 A. G. 설즈버거가 전략 담당 선임 에디터가 돼 보고서의 제안을 현실화하는 것이 마땅하다"며 힘을 실어주기도 했다(The New York Times, 2014).[2] 많은 시행착오와 실수가 이어졌음에도 오너 가문과 경영진, 그리고 직원들은 위기의식 속에서 뭉쳐 흔들림 없이 변화를 추진했다. 이 과정에서 A. G. 설즈버거 현 발행인을 포함한 오너 가문 구성원들도 구경꾼이 아닌 적극적인 참여자로 디지털 전환에 앞장섰다. 오너 일가의 전방위적인 협조가 마크 톰슨 전

2 이는 뉴욕타임스의 디지털 성공과 함께 2018년 1월 A. G. 설즈버거가 37세의 나이에 발행인 자리를 부친에게서 넘겨받는 승계로 이어지기도 했다(Ember, 2017).

CEO와 메러디스 코핏 레비언Meredith Kopit Levien CEO의 리더십 아래, 지속 가능한 혁신의 핵심이자 기반으로 작용한 것이다(Doctor, 2020).

• 다수의 디지털·멀티미디어 콘텐츠 제작

셋째, 다수의 디지털·멀티미디어 콘텐츠를 제작했다. 타임스는「혁신」보고서 발간 이듬해인 2015년, 가상현실 모바일 앱을 선보이면서 이 앱을 통해 구독자들이 여러 주제에 대한 다수의 가상현실 영상을 즐길 수 있도록 했다. 그간 방송사들의 전유물로만 여겨진 에미상에서 뉴욕타임스가 12개 부문에 16개 작품이 노미네이트되고 5개의 상을 휩쓴 것 역시 디지털 퍼스트를 계기로 영상 제작물의 퀄리티가 높아졌음을 방증한다. 오피니언 부문 한 곳에서만 "나는 말을 더듬는다I Stutter", "탈레반은 사면을 약속했지만 그들을 처형했다The Taliban Promised Them Amnesty. Then They Executed Them" 등이 에미상 3개를 받았다.[3] 캐슬린 킹스버리Kathleen Kingsbury 오피니언 에디터는 "취재진이 작품마다 보여준 광범위한 보도와 근면한 노력, 용기가 인정받은 결과"라고 말했다(The New York Times Company, 2023). 또, "36시간36hours"이라는 여행기를 영상으로 제작한 것이 성공을 거두자 HBO에서는 프로듀서 등 영상물 인력을 대거 보강해왔다. 이후 인도 왕족 이야기를 다룬 "델리의 정글 프린스The Jungle Prince of Delhi"를 아마존 프라임에, 10년 동안 취재한 아프간 참전 용사 이야기를 소재로 한 또 다른 다큐멘터리를 넷플릭스에 판매하기도 했다. 미디어 대기업들이 모여 설립해 넷플릭스보다 훨씬 많은 헐리우드 영화를 제공하고 있는 훌루Hulu와 같은 서비스에서도 이제 뉴욕타임스의 영상을 어렵지 않게 만날 수 있게 됐다. 뉴스에 전혀 관심이 없는 사람들일지라도 그들의 안방에 타임스의 콘텐츠가 그들도 모르는 사이 들

3 "나는 말을 더듬는다"는 말더듬장애를 가진 존 헨드릭슨을 따라다니는 숏폼 형식의 피처 스토리 영상 기사이며, "탈레반은 사면을 약속했지만 그들을 처형했다"는 아프가니스탄의 정부 관료 500명을 7개월간 추적한 다큐멘터리 기사이다.

어오게 된 것이다(Ellis, 2012).

2017년 발간한 「독보적인 저널리즘 2020 그룹 보고서」

2014년 발간한 뉴욕타임스의 혁신 보고서가 '디지털 환경에서 신문사가 변화하고 생존할 수 있는 방향성과 원칙을 제시했다'면, 2017년 1월 발간한 「독보적인 저널리즘 2020 그룹 보고서Journalism That Stands Apart: The Report of The 2020 Group」는 디지털 퍼스트를 한 층 더 발전시키기 위한 구체적 실행 방안에 집중했다.[4] 2014년의 혁신 보고서가 주요 병명을 발견한 전신 MRI와 같았다면, 2017년의 보고서는 건강 상태가 양호한 환자의 철저한 신체검사에 가깝다(Mullin, 2017). 독보적 저널리즘Journalism That Stands Apart이라는 키워드를 전 세계 언론계에 회자시키기도 했던 2017년 「혁신」 보고서는 뉴욕타임스 편집국장 딘 배케이와 후임인 조 칸Joe Kahn(당시 매니징 에디터)의 사내 서한과 동시에 배포됐다. 지난 3년간 보고서에 담긴 혁신 방향을 얼마나 실천했는지 점검하고, 어떻게 하면 보다 적극적으로 혁신을 이어나갈 수 있을지 이야기하기 위함이었다.

> 뉴욕타임스는 구독을 중심으로 하는 비즈니스 모델을 채택하고 있습니다. 우리는 클릭 수를 늘려 광고 수익을 추구하는 대신, 고품질의 저널리즘을 제공해 전 세계 많은 독자가 기꺼이 비용을 지불하도록 유도합니다. 이러한 전략은 우리의 전통적인 가치를 유지하는 동시에, 더욱 강력한 디지털 비즈니스로 나아가려는 목표입니다. … (중략)… 우리는 독창적이고 고품질의 저널리즘에 대한 투자에 있어

4 3년의 시간 동안, 2015년에는 사업보고서를, 2016년에는 "우리가 나아갈 길Our Path Forward"이라는 문서를 발행하는 등 디지털 혁신에 대한 중간 보고는 꾸준히 진행됐다.

무적이며, 전 세계에서 가장 많은 저널리스트가 코딩을 할 수 있는 뉴스룸입니다. 이 분야에서 가장 창의적이고 저명한 인재들을 고용하며, 다른 주요 출판사들의 동료들로부터 매주 구직 문의를 받고 있습니다. 작년 뉴욕타임스는 순수하게 디지털로만 거의 5억 달러를 벌어들였고, 이는 버즈피드, 가디언, 워싱턴포스트 등 여러 주요 출판사의 디지털 수익을 합친 것보다도 훨씬 많은 수치입니다. (The New York Times, 2017)

이처럼 배케이와 칸은 서두에 퀄리티 저널리즘이라는 방향성을 명확히 하면서, 시각 저널리즘, 독자 참여, 뉴스룸 교육 및 다양성에 대해 설명했다. 2020년까지 디지털 수익을 8억 달러로 두 배 늘리겠다는 원대한 목표도 제시하며 보도report, 직원 및 인력 운용Staff, 업무 방식The way we work 세 가지 영역에서 실행돼야 할 실천 방안을 설명했는데, 핵심 내용은 다음과 같다.

첫째, 기사 보도 부문에서 강조한 키워드는 '차별화'와 '구독'이었다. 타사에서는 볼 수 없는 기사를 생산해 구독으로까지 이어지게 하는 방식이 지속돼야 한다는 것이다. 이를 위해선, 경쟁 매체에서 무료로 볼 수 있는 것과 거의 다르지 않은 기사, 긴급성이 없는 특집 기사와 칼럼, 젊은 독자들이 낯설게 느낄 법한 딱딱하고 관료적인 언어로 작성된 기사, 사진이나 동영상 또는 차트 등 시각적 자료가 더 효과적임에도 긴 텍스트로 설명하는 기사들이 사라져야 한다고 제언했다. 편집국 조직이 아직도 지면 섹션 위주로 편제가 돼 있는데다, 여전히 최소한의 추가 맥락도 제공하지 않는 '면피성dutiful' 기사를 발행하는 관행이 완전히는 쇄신되지 않았다고 본 것이다.

또한, "타임스의 현재의 피처 전략은 1970년대에 새로운 섹션을 창설한 당시와 비견하면 크게 변하지 않았다"며 여러 부서에 분산돼 있는 피처 뉴스의 기능을 통합 및 협업 구조로 바꾸겠다고 했다. 예컨대 5개 부서와 여러 섹션에 나뉘어 있는 의료 보도를 하나로 통합하고, 테크놀로지 뉴스를 비즈니스 위주로, 기업과 임원에 대한 이야기로 풀어나가겠다는 것이다. 또, 기후와 건강, 젠더 뉴스에도 국장급 에디터들을 채용하겠다고 발표했다. 독자가 뉴욕타임스 읽는 것을 습관으로 만들 수 있도록 하는 뉴스레터, 애플리케이션 알림, 자주 묻는 질문FAQ의 활성화도 강조됐다. 아울러 뉴스 전체에서 "덜 공식적이고 더 대화적인 글쓰기 스타일"을 구사할 것을 짚었다. 명확하고 대화체적인 글쓰기를 위해 1인칭 시점을 벗어나야 한다는 것이다.

둘째, 인력 운용 부문에서는 '엄격한 편집' 기능을 가장 핵심에 두는 것과 동시에, 유료 구독자를 확보할 수 있는 역량을 갖춘 기자들 중심으로 편집국을 재편한다는 점을 분명히 했다. 무엇보다 '기자 교육'의 중요성을 강조했는데, "교육Training은 세계 최고 수준의 타임스 기자들이 그들의 전문성 및 지식 그리고 새로운 스토리텔링 기술이 합쳐지는 결과를 낳을 것"이라고 전망했다. 외부에서 우수한 기자들을 더 빠르게 채용해야 한다는 점도 강조했다. 특히 시각 저널리스트, 전문성과 뛰어난 작문 능력을 고루 갖춘 기자, 아이디어를 명확히 다듬어줄 수 있는 에디터 등이 그 예다. 최우선 채용 대상은 기자, 그래픽 에디터, 사진 작가 등 콘텐츠 제작자여야 하며, 디지털 시대에 적합한 백필드backfield 전문가도 필수적이라고 봤다. 편집부를 대거 구조조정하는 내용도 들어 있다. 지면 중심 문화를 탈피하고, 인쇄 편집과 대장 작업에 들어가는 시간을 줄이겠다는 이야기다. 기사를 지면에 앉히기 위해 해야 하는 모든 노력을 사실상 생략하고, 완성된 기사는 빠르게 '게시'하는 방침을 강조했다. 이렇게 일하는 편집 인력이 줄면, 기자로 일하는 인력을 더 배치할 수 있다는 요지였다.

셋째, 일하는 방식이 변화해야 한다고 보았다. 뉴스룸은 디지털 시대에 맞춰 발 빠르고 유연해야 하며, 본능gut에 의해 운용되어서는 안 된다고 말한다. 과거에는 지면 구독자 수가 모든 기자의 성과를 대변하는 유일한 지표였지만, 지금은 상황이 크게 달라졌다. 즉 개별 기사들의 조회수, 독자들의 체류 시간 등 데이터가 실시간으로 집계되는 환경 속에서, 해당 기자들은 자신의 기사에 구체적인 목표를 정하고 이를 달성하기 위해 노력해야 한다는 것이다. 이에 따라 회사는 성과를 내고, 전망이 있는 팀을 더욱 키우고, 방향성이 잘못된 팀은 다른 방법을 모색하도록 하겠다고 적었다.

끝으로 2017년 혁신 보고서의 주역인 배케이와 칸은, '우리는 누구를 위해 글을 쓰고 있는가?'라는 질문을 꾸준히 지속해야 한다고 강조했다. 흔히 디지털 뉴스에서는 페이지뷰(클릭수)가 중요한 지표로 간주되지만, 그것이 뉴욕타임스의 성공을 담보하지는 않는다는 것이다. 독자들에게 타임스만의 독보적인 보도와 통찰력을 제공한다고 느끼게 하는 기사가 클릭이 많은 선정적인 기사보다 가치가 있다는 것은 당연한 귀결이다. 주목할 만한 점은, 이 모든 아이디어가 '강력한 저널리즘적 기반Strong Journalistic Backbone'을 가져야 한다는 부분과 일맥상통한다. 새로운 기술과 플랫폼을 활용하는 것에 앞서, 가장 중요한 것은 정확성, 깊이, 시의성을 갖춘 저널리즘이라는 뜻이다. 재료가 좋아야 요리가 맛있듯, 타 언론사와 차별화되는 고퀄리티의 기사가 있어야 이를 활용할 가능성도 무궁무진해진다. 이를 통해 새로운 청중을 찾거나 기존 독자와 더 깊이 소통할 방법을 모색할 것이라고 배케이와 칸은 설명한다.

3. 혁신은 진행 중: 2024년 뉴욕타임스는 무엇을 하고 있나

지난 10년간 뉴욕타임스는 속보나 피처 기사, 오피니언 등을 제공하던 기존 신문의 고정적 역할에 변주를 주며 다양한 멀티미디어 실험과 압도적 영상콘텐츠로 독자들의 사랑을 받아왔다. 이제 오늘날의 뉴욕타임스는 AI와의 융합, 머신러닝 기반의 페이월 전략, 여러 가지 서비스를 한꺼번에 묶어 제공하는 번들 서비스 등으로 콘텐츠와 수익화 부문에서 새로운 장을 열고 있는 것으로 보인다.

뉴욕타임스는 2024년을 '강력한 출발의 해'로 정의했다. 메레디스 코핏 레비언 뉴욕타임스 CEO는 2024년 5월 성명을 통해 "2024년은 강력한 출발의 해로, 세계를 이해하고 교류하고자 하는 모든 호기심 많은 사람에게 필수적인 구독품이 되겠다는 우리의 전략의 효과가 결과로 드러나고 있다"고 진단했다(Supekar, 2023).

버티컬콘텐츠 미디어들을 인수해 이를 바탕으로 뉴욕타임스 본지와 함께 묶어서 판매하는 번들 서비스 전략도 뉴욕타임스의 1,000만 유료 디지털 독자 획득의 주된 원인이 된 것으로 꼽힌다. 뉴욕타임스는 본지 콘텐츠 외에 "뉴욕타임스 오디오NYT Audio", "디애슬래틱The Athletic"(스포츠), "와이어커터Wirecutter"(IT 리뷰), "쿠킹Cooking"(요리), "게임Games" 등 다양한 콘텐츠와 서비스를 한 번에 제공하는 '올 액세스' 번들로 많은 구독자를 확보하고 있다. 이 전략은 구독자 유지율을 높이고, 시간이 지나면서 구독자의 가격 저항을 줄이는 데에도 도움이 된다. 그중에서 뉴욕타임스의 게임 콘텐츠가 자사 구독 상품 중 두 번째로 구독자가 많다는 점 역시 눈에 띈다. 이는 게임 콘텐츠의 가능성을 알아본 회사 측이 외부 게임 전문가를 영입하고 '커넥션', '워들', '스펠링비' 등 다양한 게임 서비스를 출시하면서 이뤄낸 결과다. 2020년 말 기준 뉴욕타임스의 게임 콘텐츠 구독자는 84만 명을 기록했는데, 이는 전년 대비 40% 증가한 수치다(Tracy, 2021. 11. 3.).

또 2024년에는 2008년 이후 처음으로 어플리케이션을 새롭게 디자인했는데, 새 앱에서는 하단에 "home(홈화면)", "listen(듣기)", "play(놀기)", "you(독자)"라는 4개의 탭을 두고, 그 위로 스와이프할 수 있는 섹션 목록을 추가해, 오른쪽으로 스와이프하면 "Great Reads(읽을거리)", "Lifestyle(라이프스타일)", "Opinion(의견)" 등 타임스의 핵심 뉴스 섹션이, 왼쪽으로 스와이프하면 "The Athletic", "Cooking", "Wirecutter",

“Games” 등 서브 브랜드의 섹션이 나타나게 만들었다. 독자들은 정치 뉴스와 같은 진지한 콘텐츠를 보다가 갑자기 재미있는 이야기에 빠져들기도 하고 게임이 하고 싶어지기도 한다는 데 착안한 디자인이었다. 앱을 통해 모든 콘텐츠를 한눈에 보도록 하고, 뉴스와 생활을 더 가깝게 하며, 독자들에게 총체적 경험을 제공하는 데 중점을 둔 것이다(Dhanesha, 2024).

혁신 리포트 직후 시작했지만 10년이 지난 2024년에서야 빛을 발한 사업도 있다. 뉴욕타임스는 2015년부터 프란시스 교황의 중남미 방문에 맞추어 왓츠앱을 활용한 뉴스를 시작했는데, 당시 바티칸 특파원은 교황의 에콰도르, 볼리비아, 파라과이 순회 일정에 맞춰 왓츠앱을 통해 각종 동정 기사를 송고했다(Welsh, 2015). 당시에는 크게 주목받지 못했으나, 2024년 기준 왓츠앱 이용자 수가 29억 명에 육박하게 되자 이야기는 달라졌다. 게다가 2023년 말에는 팔로워에게 링크와 헤드라인을 직접 보낼 수 있는 일종의 단방향 방송 시스템인 “왓츠앱 채널WhatsApp Channels”을 도입했는데, 이후 수많은 언론사가 앞다투어 왓츠앱 채널을 개설하기 시작했다(<자료 13-3> 참조). 실제로 왓츠앱은 사용자 상승 추세에 있는 몇 안 되는 트래픽 소스이자, 소셜미디어에 의존하지 않고 독자를 언론사 홈페이지나 앱으로 유인할 수 있는 플랫폼이기에 톡톡한 효자 노릇을 할 수 있다는 전망에서다. 뉴욕타임스 “왓츠앱 채널”은 1,400만 명, “NYT 게임”, “NYT 쿠킹” 채널 역시 각각 100만 명 이상의 구독자를 보유하고 있다.

이 채널에서는 이모티콘을 통한 즉각적인 참여 반응으로 독자와의 감정적 유대감을 형성할 수 있을 뿐만 아니라, 미국 외 지역, 특히 남아메리카에서 널리 사용되고 있다는 점이 타임스의 기존 독자가 아닐 수 있는 사람들에게까지 영향력을 확장할 수 있는 기회로 작용할 것이라고 봤다. 이에 시청자 선호도에 따라 왓츠앱 채널에 최적화한 뉴스를 오디언스팀이 선별해서 내보내고 있다. “NYT 쿠킹”의 초콜릿칩 쿠키 레시피부터

<자료 13-3> 뉴욕타임스의 "왓츠앱 채널"의 스크린샷

출처: Tameez (2023).

2024년 대통령 설문조사, 케빈 루스Kevin Roose의 ChatGPT 칼럼, 이스라엘-하마스 전쟁을 다룬 지도에 이르기까지 다양한 주제를 통해 미국 외 지역의 시청자와 일대일 관계를 형성하고 있는 것이다(Tameez, 2023).

인공지능에도 민첩하게 대응 중이다. 뉴욕타임스는 2023년 말 온라인 경제 매체 <쿼츠Quartz>의 창립자인 잭 스워드Zach Seward를 AI 이니셔티브 국장으로 임명했다(Bruell, 2023). 조 칸 편집국장과 샘 돌닉 부국장은 직원들에게 보낸 이메일에서, 스워드를 "(뉴욕)타임스 저널리즘은 항상 전문 기자들이 취재하고, 쓰고, 편집할 것이라는 우리의 확고한 신념을 공유한 사람"이라 소개했다. 취재와 보도를 인간이 하는 업業으로 유지하겠다는 회사의 원칙을 바꾸지 않을 것이라는 이야기다. 스워드는 생성형

AI 기술을 뉴욕타임스 저널리즘에 어떻게 적용할 수 있을지 결정하고, 기자들이 더 빠르게 일할 수 있도록 도우며, 이 기술을 어떻게 적용해야 하는지에 대한 가이드라인과 원칙을 수립하는 역할을 맡았다.

그는 이 작업의 일환으로, 생성형 AI 전담 조직을 신설하고 조직 문화 개선, 인공지능 시대 저널리즘 역할 재정의, 머신러닝 기반의 페이월 고도화를 위해 박차를 가하고 있다.[5] 다이내믹 미터Dynamic Meter라는 머신러닝 알고리즘을 통해 비구독자들의 행동 패턴을 분석하여 이들을 유료 구독자로 이끌어내고 있으며, AI 분석을 통해 독자들이 무료로 읽는 기사 수를 개별적으로 조정하고, 그 데이터를 기반으로 유료 구독 전환 가능성을 최대한 높이기도 한다. 클릭 수가 많은 기사를 기준으로 구독을 유도한 기존의 방식에서, 사용자 개인의 소비 패턴을 분석해 보다 정밀하게 구독을 이끌어내는 방식으로 변화를 준 것이다.

구체적으로, 뉴욕타임스는 깔때기funnel 형태의 독자 유입 구조에 따라 페이월 전략을 구사한다. 깔때기의 맨 위에는 미등록 사용자가 있다. 이들은 일정 개수의 기사를 읽었을 때 자신의 정보를 등록해야 한다. 그 후에는 등록 사용자가 된다. 무료로 뉴욕타임스 아이디를 만들면 더 많은 무료 콘텐츠를 접할 수 있다. 이후 일정 개수 이상의 기사를 더 읽거나 유료 구독자 전용 기사를 읽기 위해서는 페이월을 통해 구독료를 납부해야 한다. 그러고 나서 깔때기의 맨 하단인 독자가 되는 것이다. 그 이면에는 AI의 분석과 알고리즘이 있다. 즉 검색을 통해 뉴욕타임스 기사를 접한 사람은 기사를 몇 개 더 보면서 등록 사용자가 되고, 더 나아가 유료 구독을 결제하게 된다는 것이다.[6]

---

5 한 가지 분명한 것은, 뉴욕타임스는 AI를 자사의 기준에 따라 활용할 것이라는 점이다. 2023년 8월, 뉴욕타임스는 AI 도구가 자사의 콘텐츠를 긁어가는 것을 방지하기 위해 서비스 약관을 업데이트했으며, 이후 OpenAI의 웹 크롤러를 차단했다. 여러 AI 기업이 기자들을 위한 AI 도구 및 라이선싱 거래를 제안했지만, 뉴욕타임스는 여전히 보수적으로 접근하며 인간 스토리텔링의 중요성을 강조하고 있다. 한편 정작 뉴욕타임스의 주요 뉴스룸 직원들은 AI를 사용하여 업무를 간소화하는 방법을 브레인스토밍 중에 있다.

AI 시대의 대책으로 내세운 '향상된 기자 프로필enhanced bios' 전략도 주목할 만하다. '인간 기자'만의 전문성을 조명해 보여주겠다는 것인데, 타임스만의 혁신 방향성이 선명하게 드러나는 조치라 할 수 있다. 예를 들어 대법원 담당 기자가 수정헌법 1호(표현의 자유)에 정통한 변호사 출신이라거나, 건강 및 웰빙 기자가 실험 심리학 박사학위를 소지하고 있다는 등의 사실을 독자에게 알리는 것이다. 독자와의 신뢰를 강화하고, AI가 작성한 뉴스와는 차별화된 인간 기자의 가치를 내세우기 위함이다. 그리고 이를 통해 기자의 얼굴과 이름을 더 부각하는 것이 주된 목표다.

이 새로운 프로필 페이지는 기자가 다루는 주제, 경력, 저널리즘 윤리, 그리고 연락처라는 네 가지 섹션으로 구성된다. 특히 저널리즘 윤리 섹션은 기자가 어떻게 윤리적 규정을 준수하고 있는지 구체적으로 명시하도록 하는데, 예를 들어 테크놀로지 담당 기자인 마이크 아이작Mike Isaac은 자신이 다루는 기업의 주식을 소유하지 않는다는 점을 강조하며, 백신과 의약품에 대해 자주 보도하는 아푸르바 만다빌리Apoorva Mandavilli 기자는 기업이나 병원이 주최하는 기자회견에 참석하지 않는다고 명시했다. 퓰리처상 수상자로 미국 탐사보도협회Investigative Reporters & Editors: IRE 회장을 맡고 있는 탐사데스크 브라이언 로젠털Brian M. Rosenthal 기자는 "나는 다른 타임스 기자들과 마찬가지로 정치 캠페인에 참여하지 않고, 개인 주식 투자를 하지 않으며, 선물이나 특혜를 받지 않는다. 취재원을 만날 때 내 커피는 내가 산다"라고 써두기도 했다.

시간이 갈수록 허위 정보와 AI 생성 콘텐츠가 인터넷 공간을 메우게 될 전망이 커지는 상황에서, 저널리스트의 인간적 측면을 부각해 위기를 정면으로 대응하겠다는 타임스의 철학이 엿보이는 조치다. 독자들이 뉴

---

6 다이내믹 미터는, 단순히 일부 국내 언론에서 하듯 기사를 10개 이상 보려면 무료 회원에 가입하라는 식으로 정하는 것이 아니라, 사용자의 행동을 기반으로 얼마나 더 기사를 보여줄지 제시하고, 나아가 추가적인 가치를 제안하면서 유료 구독으로 이끌어낸다는 점에서 그 가치를 찾을 수 있다.

스의 정확성이나 편향성에 의문을 가질 때, 이와 같은 기자의 프로필이 신뢰를 쌓는 데 중요한 역할을 할 것이라 믿기 때문이다. 에드먼드 리 Edmund Lee 트러스트팀 에디터는 많은 독자가 언론에 대한 불신을 가지는 이유 중 하나는 뉴스룸의 운영 방식을 잘 모르는 데에 기인한다고 설명했다(Klein, 2023). 사실 이는 기사 본문 내에 삽입되어 있는 '강화된 바이라인enhanced bylines'과 궤를 같이한다. 이 새로운 바이라인은 단순히 기자명과 날짜만 표시하는 것이 아니라, 보도의 과정과 관련된 추가적인 정보를 제공하는 역할을 한다. 예를 들어 모로코 지진을 다룬 기사에서는 기자가 실제로 '오울라드 베르힐에서 마라케시까지 차를 타고 이동하며 취재했다'는 식으로 세부 사항을 포함한다. 이는 단순히 취재의 투명성이라는 수준을 넘어, "인간 기자=저널리즘"이라는 공식을 재확인하는 작업이기도 하다.

뉴욕타임스는 전통적으로 기자 개인이 브랜드화되는 것에 신중한 입장이었다. 하지만 이번 조치는 AI 시대에 기자 개인의 전문성과 신뢰성, 윤리의식이 '셀링 포인트'라는 점을 인식하고 '스타 기자'를 적극적으로 키우고자 한 전향적 조치로 해석된다.

4. 뉴욕타임스의 혁신 원칙

앞서 정리한 뉴욕타임스의 10년간의 혁신 궤적을 살펴보면, 이를 관통하는 네 가지 원칙을 발견할 수 있다.

첫째, 뉴욕타임스의 혁신은 기존 업무에 플랫폼을 하나 더 운영하는 수준이 아닌, 구성원과 회사의 정체성 자체를 바꾸는 혁명적 변화였다. 종이 신문사에서 기술 기업으로 존재 자체를 재창조하는 과정이었으며, 수많은 직원의 생사를 건 작업이었다. CEO였던 마크 톰슨은 뉴스가 단순한 헤드라인이나 속보의 나열이 아니라 넷플릭스나 HBO 등의 엔터테

인먼트 서비스와 같은 "복잡한 문화적 대상a sophisticated cultural object"이라고 재정의했다(Rahilly & Lackey, 2020. 8. 10.). 즉 언론사를 실리콘밸리형 스타트업의 관점에서 접근해야 한다는 뜻이기도 하다. 이에 따라 이들은 사외이사까지도 디지털 관련 인물로 재편하고 '신문 우선주의' 사상을 철저하게 버렸다. '활자 중심 텍스트 신문'이라는 전통적인 한계를 깨고 기술에 집중했으며, 엔지니어와 데이터 과학자 같은 전문가들을 중시하는 새로운 접근 방식을 채택했다. 그 결과 2024년 기준 뉴욕타임스에 재직하는 엔지니어만 700명이 넘는다.

둘째, 모든 것을 독자 중심으로 생각한다. 이미 언론학계에서 '독자로의 전회audience turn'가 화두가 되기 전부터 뉴욕타임스는 독자의 뉴스 경험을 편집과 경영의 주요 원칙으로 삼아왔다. 1896년 아돌프 옥스가 뉴욕타임스를 인수한 이래, 역대 발행인들이 자신의 경영 방침과 자신이 믿고 있는 저널리즘의 가치를 공개적으로 밝힌 것과 같은 맥락이다. 또 주요 이슈나 언론 사안이 발생할 때마다 뉴욕타임스의 발행인과 주요 경영진은 독자들에게 성명서를 밝히고, 때로는 해명이나 사과를 하는 등 직접 교류를 마다하지 않았다. 전통적 언론의 규범인 중립성, 취재원과의 불가근불가원 원칙, 객관성 등에 대한 실패를 자처해야 하는 척박한 환경에서 구독자 중심 접근법은 유료 디지털 구독자 1,000만 명 달성을 견인한 기폭제로 작용했다. 뉴욕타임스의 전 CTO 닉 록웰Nick Rockwell은 '뉴욕타임스 브랜드에 호의적이지만 아직 구독하지 않은' 중간 단계의 독자들에게 어필한 개인화 전략을 설명하며, '이들은 심층적인 보도를 좋아하며, 소셜미디어와 전통 미디어를 상호 보완적으로 활용한다'는 생활 습관 측면에서의 경향성에 주목해 중간 단계 독자들의 유료 구독을 끌어냈다고 밝히기도 했다(The Network for Global Media, 2016).

셋째, 연구개발R&D 없는 혁신은 없다. 뉴욕타임스는 2020년 한 해 동안 디지털 상품 개발에만 약 1억 3,243만 달러(한화 약 1,800억 원)를 투자했으며, 연구개발 투자에 총 매출의 7%를 할애했다. 이같은 꾸준한 기술 투자는 뉴욕타임스를 단순한 뉴스 사업자에서 한발 더 나아가 디지털콘텐츠 기업으로 성장할 수 있게 만든 토양이 됐다. 메레디스 코핏 레비언 CEO가 말한 "뉴욕타임스는 세계적인 디지털 상품 기술 기업"이라는 정의는 기술 투자의 중요성을 보여준다. 이러한 연구개발은 즉각적인 효과를 내지는 않았지만, 시간이 지나면서 그 가치를 발휘하게 되었다. 예를 들어 2009년부터 타임스의 R&D 랩은 타임스의 멀티미디어콘텐츠를 사람들의 거실로 전달할 창의적인 방법을 모색해왔고, 이는 수많은 시행착오와 연구를 통해 "타임스 캐스트TimesCast"와 "비즈니스 데이Business Day" 같은 비디오 제작으로 이어졌으며, 결국 스트리밍 시대에 그 결실을 맛보게 되었다.

넷째, 기술은 도구일 뿐 목적이 아니다. 뉴욕타임스의 상품 책임자Chief Product Officer인 알렉스 하디만Hardiman과 샘 돌닉Sam Dornick 부국장은 "순간의 트랜드를 쫓기보다는 전략적으로 혁신하는 접근 방식을 유지해왔다"고 하면서, "디지털 도구는 인간의 전문성을 보완하는 청사진"이라 밝히기도 했다. 뉴욕타임스는 실제로 기사 제목의 초안을 잡거나 요약문을 제공할 때는 AI를 사용하고 있지만, 뉴스룸에 그것을 적극적으로 도입하는 문제에 있어서는 신중한 편이다. 도구를 실무에 적용하기 전에 법적·저널리즘적·비즈니스적 의미를 충분히 검토할 필요가 있다고 생각하기 때문이다. 최근에는 의견 기사에 생성형 AI를 활용하는 실험에 착수하면서, 뉴욕타임스가 기술을 왜, 그리고 어떻게 사용할 계획인지를 설명했는데 이 선언문에서 이들이 기술을 바라보는 원칙과 태도를 엿볼 수 있다(The New York Times, 2024).

① 우리의 임무를 실행하는 도구As a tool in service of our mission: 생성형 AI는 기자들이 진실을 밝히고, 더 많은 사람들이 세상을 이해하도록 돕는 데 기여한다. 이미 머신러닝은 우리가 다른 방법으로는 보도할 수 없었던 이야기를 전하는 데 도움을 주고 있으며, 생성형

AI는 저널리즘 역량을 더욱 강화할 잠재력을 지닌다. 마찬가지로 뉴욕타임스는 디지털 음성 기사, 다국어 번역, 그리고 앞으로 발견될 다양한 생성형 AI 기능을 통해 더 많은 사람들이 접근할 수 있는 매체가 될 것이다. 우리는 이 기술을 만병통치약으로 보지 않고, 과거의 발전된 기술들처럼 우리의 사명을 위한 강력한 도구로 활용한다.

② 인간의 지시와 분석을 바탕으로With human guidance and review: 우리 기자들의 인간으로서의 전문성과 판단력은 기계가 따라갈 수 없는 경쟁력이다. AI 시대에는 이러한 능력이 더욱 중요해질 것이라 믿는다. 뉴욕타임스의 인재는 세상의 호기심 많은 사람들을 위한 최고의 자원이다. 생성형 AI는 때때로 콘텐츠 제작 과정의 일부를 도울 수도 있지만, 그 작업은 항상 기자가 관리하고 기자가 책임져야 한다. 보도 내용을 어떤 방식으로 만들었든 간에 책임은 우리가 진다. 뉴스룸에서 생성형 AI를 사용할 때는 우리 기자들이 검토한 사실에 기반해야 하며, 우리가 생산하는 모든 콘텐츠처럼 에디터들의 검토를 받아야 한다.

③ 투명하고 윤리적으로Transparently and ethically: 저널리즘의 기본 원칙은 기계가 관여하더라도 똑같이 적용된다. 독자에게 제시되는 정보는 사실적으로 정확하고, 뉴욕타임스의 높은 기준을 충족하며, 회사의 윤리적 저널리즘 핸드북을 준수해야 한다. 독자들에게는 우리의 작업이 어떻게 만들어졌는지 알려야 한다. 생성형 AI를 상당히 사용한 경우에는 인간의 감독을 통해 편향성이나 부정확성과 같은 위험을 어떻게 완화했는지 설명할 의무가 있다.

다만 기사 작성 이외의 부문에서, 기술을 독자의 편의를 위한 발판으로 사용하는 데에는 주저하지 않는다. 자동 음성 기술을 통해 대부분의 기사를 청취할 수 있으며, 번역 모델을 통해 스페인어나 중국어로 기사를 번역하기도 한다. 물론 번역된 기사는 출고 전 철저히 기자가 확인하고 편집한다. 이처럼 뉴욕타임스는 AI 등 최신 기술을 사용하더라도 기자와 편집국이 유지해온 가치를 똑같이 준수한다는 윤리적 원칙을 천명하고 지켜왔다. 시시각각으로 변하는 기술 트랜드를 맹목적으로 따라가거나 무턱대고 도입하기보다, 이 기술을 어떻게 독자를 위해 사용할 것인가, 독자에게 제공하는 퀄리티 저널리즘의 가치를 어떻게 유지할 것인가에 방점을 찍는다는 이야기다.

5. 혁신의 톱니바퀴: 뉴욕타임스가 한국 언론에 보내는 처방전

"뉴욕타임스 할애비가 와도 안 된다." 어느 편집국 한 구석에서 들어봤을 법한 푸념이다. 대다수의 사용자가 포털을 통해 뉴스를 접하고 있지만, 회사 경영상 지면 광고 비중이 절대적으로 높은 기형적인 상황에서 한국 언론의 디지털화는 난맥에 부딪치기 일쑤였다. 유료화, 디지털 기사 할당량, 독자 참여 유도 등에 기자들을 '쪼는' 일도 늘어나고, 편집국장의 스타일에 따라 구성원들의 디지털 참여도가 달라지는 경우도 허다하다. 이런 상황에서 현업자들에게서는 "또 뉴욕타임스냐?", "미국이니까 가능하지" 같은 불평이 나올 법도 하다. 그렇다면 과연 뉴욕타임스는 무언가 특별한 묘수로 혁신을 이루어낸 것일까? 혁신을 이끈 마크 톰슨 전 CEO는 2019년 세계뉴스미디어총회World News Media Congress에서 다음과 같이 말했다.

> 요리 섹션, 십자말(워들) 게임 등 좋은 상품들이 많이 있지만, 근본적으로 뉴욕타임스에서는 뉴스, 의견, 그리고 뉴욕타임스 스마트폰 에디션이 가장 중요합니다. 우리는 데이터 사이언스 역량을 포함해

각종 전문 지식을 습득했지만, 결국 가장 중요한 것은 훌륭하고 멋진 저널리즘 제품을 만드는 것이라는 사실은 변함이 없습니다. (WAN-IFRA, 2019)

오피니언 칼럼을 강화한 것도 같은 맥락에서다. 워싱턴 지국장을 역임하며 DC 정치에 잔뼈가 굵은 엘리자베스 버밀러Elisabeth Bumiller, 노벨 경제학상 수상자이자 미국 경제학계의 대부격인 폴 크루그먼Paul Krugmen, 중동 외교 부문에 정통한 토머스 프리드먼Thomas Friedman 등을 오피니언 면에 전진 배치했다. 첫 여성 논설실장을 지낸 게일 콜린스Gail Collins는 2024년 기준 일주일에 두 번씩 기명 칼럼을 게재한다. 하지만 의견에 해당하는 칼럼/오피니언 글들에는 더 과감하게 라벨을 붙이도록 했는데, 사실과 의견의 분리라는 저널리즘의 기본 원칙에 충실하려는 방향인 것이다.

한국 언론사들은 지난 10여 년간 기술의 발전에 따라 다양한 변화를 추구해왔다. 『중앙일보』는 2016년 속보(EYE24팀), 소셜미디어 바이럴(에코팀) 등의 온라인 전담 부서를 신설했다. 디지털 위주로 편집국을 개편하고, 기자가 디지털 기사를 쓰면 지면에서 이를 가져다 싣는 방식을 도입하기도 했다. 『조선일보』는 2020년 디지털724팀을 신설해 속보 대응을 강화하고, 이듬해인 2021년 6월 온라인 뉴스를 생산하는 전문 조직인 '조선NSNews Service'를 설립했다. 또 동영상콘텐츠 자회사인 '스튜디오광화문'을 설립, "김광일의 입" 등의 동영상 부문 콘텐츠를 강화했다. 『동아일보』는 연재물을 편성·강화하고 히어로스쿼드팀, 'D프론티어센터' 등 디지털 조직을 보강했으며, CMS를 개편하는 동시에 AI 챗봇을 적용하기도 했다. 하지만 현장 기자들이 혁신을 바라보는 입장은 사뭇 다르다. "입사 후 10여 년 동안 신문과 방송 모두에서 일해봤고, 뉴미디어라면 매일 1시간 유튜브 방송 진행부터 숏폼 제작까지 안 해본 것이 없습니다. 하지만 결론은 현장 냄새, 수준 높은 퀄리티 저널리즘이었어요."(이가혁

JTBC 밀착팀장).

다시 말해 디지털 시장·환경에 뉴스 포맷을 맞추려는 시도는 수도 없이 있었으나, 새 시대에 저널리즘을 무엇으로 정의해야 하는지, 새로운 환경에서 저널리즘은 어떻게 재구성되어야 하는지에 대한 고민은 결여된 채, 기술을 어떻게 수익성의 도구로 이용할 것인지에 대해서만 몰두해왔다는 것이다. "우리 기사는 좋은데 디지털에 공급할 수 있을지가 문제"라는 식의 논리만이 고민되어왔다는 것이다. 이러한 철학의 부재는 정상적인 지면 수입과 구독자 수입이 불가능한 시장 구조에서 클릭 수를 늘리기 위한 장사로 이어졌다. 남들 하니까 나도 한다는 수준의 혁신과 그 방법들이 빚어낸 기이한 현상이었다. 건당 10만 원, 30만 원씩 한다는 광고성 기사, 클릭 수를 통한 광고 수익에 집착한 저질 기사들이 한국의 디지털 뉴스 공간을 잠식해갔다.

물론 이 밑바탕에는, 서구와는 다른 언론 시장, 디지털 생태계, 포털 관행, 문화라는 갖은 요소들이 존재한다. 그러나 타임스는 VR, AR, AI와 같은 새로운 기술을 어떻게 도입할 것인가에 급급하기보다, 변화를 향한 여정과 그 논의 과정에 더 큰 힘을 쏟았다는 데에 그 탁월함이 있다. 다시 말해 혁신은 인식과 철학, 즉 문화의 전환으로 완성된다는 전제를 실천에 옮긴 것이다.

이러한 논의는 학계에서도 꾸준히 이론으로 정립되어왔다. 저널리즘과 뉴스 미디어의 위기는 단순히 기술적 문제나 비즈니스 모델의 실패에 기인하는 것이 아니라, 보다 근본적인 구조적 문제에서 비롯되었다는 것이다. 오늘날 언론이 직면한 핵심 질문인 '디지털 시대의 좋은 저널리즘'에 대한 답은 기술에서 찾아야 하는 것이 아니라, 사회와 문화에서 출발해 거시적으로 바라보아야 발견할 수 있다는 이야기다. 언론사 혁신을 다룬 로이터연구소의 보고서 「'반짝이는 것들'에서 벗어나기: 끊임없는 변화의 시대에 지속 가능한 저널리즘 혁신 모델」에서 줄리 포세티Julie Posetti는 지속 가능한 혁신을 위한 요소로 스토리텔링, 사람과 문화, 기술

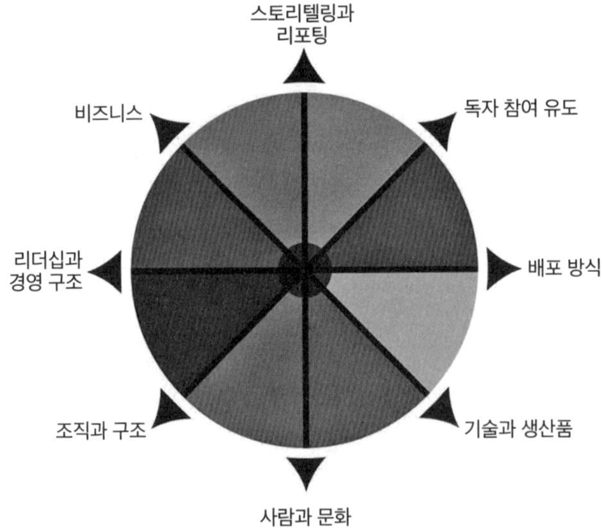

<자료 13-4> 저널리즘 혁신의 톱니바퀴 모델

출처: Posetti (2018).

과 생산품, 배포 방식, 독자 참여 유도, 리더십과 경영 구조, 조직과 구조 등을 제시했다(Posetti, 2018; <자료 13-4> 참조).

포세티는 여덟 가지로 제시한 요소 중 몇 가지의 변화가 동시에 일어날 때 저널리즘 혁신이 일어날 수 있다고 짚었다. 예를 들어 새로운 스토리텔링에 변화한 비즈니스 모델을 적용해 콘텐츠 배포 전략이 바뀌면 새로운 수용자 참여 방식이 접목되어 변화가 시작될 수 있다는 것이다. 독자 몰입, 리더십과 경영 같은 비기술적 요소도 저널리즘 혁신에 중요하다는 뜻이기도 하다. 즉 혁신은 하나의 상품이나 기술이 아니라, 조직이 어떻게 일하고 변화해 나아가는지를 보여주는 과정·구조·문화의 결합인 것이다(Siverman, 2015).

뉴스룸 혁신을 이야기한 또 다른 학자인 그로브스와 브라운은 세 가지 핵심 요소인 혁신innovation, 전략strategy, 문화culture를 바탕으로 뉴스룸 혁신 모델을 제시했다(Groves & Brown, 2015; <자료 13-5> 참조). '혁신'(독

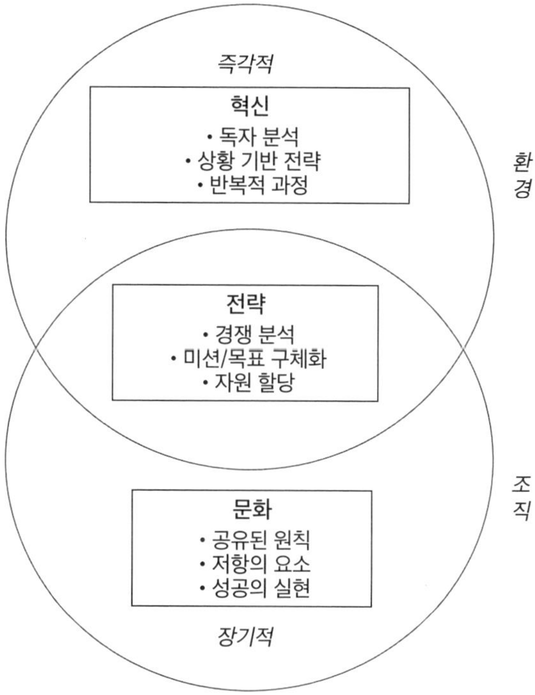

<자료 13-5> 효율적인 뉴스룸으로의 변화를 위한 모델

출처: Groves & Brown (2015).

자 분석과 상황 기반 전략)이 즉각적 변화를 촉진할 수는 있지만, 장기적인 헌신을 통해 '문화'가 변화해야만 진정한 발전을 할 수 있다는 것이 요지이다. 그리고 이 두 요소의 중간에 있는 '전략'은 경쟁자 분석과 같은 혁신적 요소와 문화적 요소를 결합하고, 활용 가능한 자원을 끌어내어 조직의 사명과 목표를 재정립하는 과정을 가리킨다.

뉴욕타임스의 혁신은 이러한 혁신 모델에 완벽히 부합하는 예시가 아닐 수 없다. 2014년의 혁신 보고서에서 가장 먼저 지적한 것은 스토리텔링 방식이나 앱 개발이 아닌, 경영 파트와 편집국 사이의 '정교분리' 수준의 문화적 벽에 대한 쓴소리였다. 타임스가 산하에 '스쿨 오브 더 뉴욕타임스'를 설립해 글쓰기에서 브랜디드콘텐츠에 이르기까지 뉴스와 기술을 분리하지 않은 인재 육성에 나선 것도 이러한 뿌리 깊은 문화를 바꾸기 위한 의지에서다.

뉴욕타임스가 디지털과 종이 신문 간의 위계를 없애는 작업부터 시작한 것과는 달리, 한국 언론사에서는 디지털 실무자들을 자회사 소속으로 두고 별도 운영하는 곳도 있긴 하지만 대부분 종이 신문 기자 출신 간부를 중심으로 산하에 디지털 부서를 둔다. 문화와 조직의 정체성을 바꾸고 판을 바꿔야 하는데, 있는 시스템을 그대로 두고 하위 차원에서 몇 가지 기술만을 더하는 것이 '한국식 혁신'인 것이다. 디지털 구독 매출이 절반을 넘게 차지하는 뉴욕타임스의 사례와는 대조적으로 한국 언론사들의 경우 전체의 10% 안팎에 그치는 결과는 어쩌면 당연한 귀결이 아닐 수 없다. 이마저도 지면 광고와 끼워팔기식으로 집행된 광고, 협찬, 타 기업과의 공동 사업 등을 포함한 수치로, 순수한 구독자 수익만을 기준으로 한다면 그 비중은 더욱 현저하게 낮아진다.

다만 희망적인 것은, 최근 탁월한 콘텐츠로의 관심이 한국 언론사 내부에서 차츰 이야기되고 있다는 것이다. 2020년 혁신 전략 보고서 「레거시 플러스Legacy Plus」를 발표한 동아일보에 따르면, 동아일보는 '읽히는 콘텐츠' 제작을 도맡은 히어로콘텐츠팀(현 히어로스쿼드팀)과 편집국 내 <D프론티어센터>(최승영, 2023)를, 그리고 『한국경제』는 "마켓PRO" 등의 회원 전용 서비스 채널을 런칭했다. 중앙일보에서도 "더,마음", "정의선 연구", "성공한 노무현, 실패한 노무현" 등의 유료 콘텐츠를 볼 수 있는 "더중앙플러스" 유료 멤버십을 론칭하며 유료 독자 확보를 향한 발걸음을 내딛고 있다.

하지만 현재 한국의 저널리즘 현실은 앞서 제시한 혁신의 핵심 요소 중 어떤 것에서도 뚜렷한 변화나 결과를 보이지 못하는 것 역시 사실이다. 오히려 트랜드에 휩쓸리거나, 뉴스룸 리더의 관심사에 따라 새로운 화두를 제시하고 신사업을 추구했다가 금세 접는 경향도 두드러진다. '뉴스 산업을 혁신할 것'이라는 슬로건 아래 등장했다가 실패로 끝나 막대한 손실을 남긴 기술 트랜드의 목록은 길다. 가령 챗봇, 블록체인, 5G, 라이브 오디오, 크리에이터 경제 등 셀 수 없다. 뉴욕타임스의 사례는 저널리즘의 미래가 기술 자체에 달려 있는 것이 아니라, 기자들이 임무를 다하고 그들의 가치를 지킬 수 있도록 경영 문화와 조직을 재디자인하는 혁신, 또 독자의 입장에서 생각하는 혁신에 달려 있다는 결론을 보여준다. 또한, 무료 콘텐츠들을 생산해내는 인터넷 신문, 괴담이나 혐오를 상품으로 내세우며 후원을 요구하는 유튜버 등이 영향력을 키우고 있는 현실에서 뉴욕타임즈의 사례는 기존의 경영 방식이나 광고주 기득권에 기반해 변화의 시늉만을 내는 것이 아닌, 원점에서부터 유료 독자의 선택을 받을 수 있는 변화를 이루어나가야만 디지털 퍼스트 리더가 될 수 있음을 보여주는 증거이기도 하다.

참고문헌

• 프롤로그

Kovach, B., & Rosenstiel, T. (2021). *The Elements of Journalism* (4th ed.). New York: Three Rivers.

• 1장. 저널리즘 혁신의 역사: 미국과 한국의 사례를 중심으로

김을한 편저(1981). 『천리구 김동성』. 서울: 을유문화사.

김재영(1967). 『25시의 사나이』. 서울: 진명문화사.

남시욱(1962a). “한국 신문기사 스타일 변천사”. 『관훈저널』 3호, 100-114.

______(1962b). “한국 신문기사 스타일 변천사(속편)”. 『관훈저널』 4호, 88-100.

동아일보 80년사 편찬위원회(2000). 『민족과 더불어 80년: 동아일보 1920-2000』. 서울: 동아일보사.

박권상(1956). “미국의 신문교육”. 『회지』 2호, 19-27.

______(1964). “신문인의 자세를 위한 노트”. 『신문평론』 1964년 5월호, 22-24.

______(1966). “니만 휄로우: 신문인의 교양 연마를 위한 상아탑 생활”. 『신문평론』 1966년 봄호, 7-9.

송건호(1975). “신문 문체의 변천사: 1800년대 계몽기에서 현재까지”. 『신문평론』 56, 36-44.

송의달(2021). 『뉴욕타임스의 디지털 혁명』. 서울: 나남.

신인섭(1979). “독립신문과 서재필 박사와 광고관”. 『신문과 방송』 1979년 4월호, 82-84.

안병찬(1999). 『신문 발행인의 권력과 리더십』. 서울: 나남출판.
우승규(1947). “신문기사의 신양식론: 종래의 왜식, 한학식에서 우리식으로”. 『신문평론』 1, 35-38.
이광린(1975). “독립신문 평가의 새 사실과 그 측면”. 『신문과 방송』 1975년 11월호, 61-68.
이민우(1973). “한국 신문 기사문의 발전”. 『신문평론』 44, 42-51.
이상철(1993). “독립신문에 나타난 뉴저널리즘 사상에 관한 연구”. 『신문과 방송』 1993년 5월호, 76-87.
장기영(1961). “이십대의 편집국장을 대망한다”. 『관훈저널』 2호, 82-84.
정진석(1991). “독립신문의 외유학파와 외국인들”. 『신문과 방송』 1991년 8월호, 46-56.
제레미 캐플란(2020). 『저널리즘의 혁신 사례들』. 서울: 삼성언론재단.
조선일보100년사편찬실(2020). 『민족과 함께 한 세기: 간추린 조선일보 100년사 1920-2020』. 서울: 조선일보사.
조세형(1962). “신문인 양성과 재훈련 문제: 신문 연구소의 설치를 제의한다”. 『관훈저널』 4호, 68-75.
______(1963). “전도 피라미드형의 폐단: 한국 신문에 알맞는 문장체를 찾아야 한다”. 『신문연구』 1963년 여름호, 40-45.
______(1965). “전환되어야 할 한국 신문의 보도 자세: 주관적, 해설적 보도를 옹호한다”. 『신문연구』 1965년 봄호, 19-22.
중앙일보사사편찬위원회(1995). 『중앙일보 30년사』. 서울: 중앙일보사.
지동욱(1980). 『백상 장기영』. 서울: 숭일문화사.
최서영(2002). 『한국의 저널리즘: 120년의 역사와 사상』. 서울: 커뮤니케이션북스.
최진우(1983). “한국 신문 News 기사문의 변천연구”. 『한국신문학보』 제16권, 33-38.
추광영 · 강명구(1989). “구한말 한국 신문에 있어 뉴스의 성격에 관한 연구: 독립신문과 대한매일신보를 중심으로”. 『신문학보』 제24권, 29-80.
황태욱(1935). “조선 민간 신문계 총평”. 『개벽』 1935년 3월호, 13-21.

Kovach, B., & Rosenstiel, T. (2021). *The Elements of Journalism* (4th ed.). New York: Three Rivers.
Mullin, B. (2024. 5. 8.). “New York Times adds 210,000 digital subscribers in

quarter". *The New York Times*. https://www.nytimes.com/2024/05/08/business/media/new-york-times-earnings.html.

Mullin, B., & Robertson, K. (2024. 6. 4.). "Washington Post newsroom reels from its editor's sudden exit". *The New York Times*. https://www.nytimes.com/2024/06/03/business/media/washington-post-sally-buzbee-exit.html.

Robertson, K. (2024. 8. 7.). "New York Times reports 13.6% jump in profit". *The New York Times*. https://www.nytimes.com/2024/08/07/business/media/new-york-times-earnings.html.

Scanlan, C. (2003. 5. 19.). "The nut graph tells the reader what the writer is up to". *Poynter Institute News*. https://www.poynter.org/archive/2003/the-nut-graf-part-i/.

Schudson, M. (1995). "Question authority: A history of the news interview". *The Power of News*. Cambridge, MA: Harvard University Press.

______ (2003). *The Sociology of News*. New York: W.W. Norton.

Talese, G. (1966). *The Kingdom and the Power*. New York: Random House.

The New York Times (2014. 3. 24.). "Innovation". *The New York Times*. https://nytco-assets.nytimes.com/2024/04/InnovationReport.pdf.

______ (2017. 1. 17.). "Journalism that stands apart: The report of the 2020 group". *The New York Times*. https://www.nytimes.com/projects/2020-report/index.html.

Tunstall, J. (1977). *The Media Are American*. Oxford: Oxford University Press.

______ (2007). *The Media Were American*. Oxford: Oxford University Press.

Woo, E. (2006. 5. 11.). "A. M. Rosenthal, 84: Venerated editor recast the N.Y. Times". *Los Angeles Times*. https://www.latimes.com/archives/la-xpm-2006-may-11-me-rosenthal11-story.html.

• 2장. 뉴미디어 이전 인쇄 매체의 저널리즘 혁신: 「월간조선」 '12 · 12 군사반란' 특종

경향신문(1995. 8. 18.). "12 · 12 육본 통화내용 보안사서 감청", "노국방 '내 명령만 들으라' 지시 후 피신". 『경향신문』, 1, 5, 6면.

권홍우(2017. 8. 3.). “대통령의 비자금 4000억원 설”, 『서울경제신문』. https://post.naver.com/viewer/postView.nhn?volumeNo=8949496&memberNo=22213349&vType=VERTICAL.

김세은(2017). “디지털 시대 특종의 사회학: 특종의 지위 변화와 뉴스 생산 규범의 균열”. 『한국방송학보』 31권 4호, 5-50.

동아일보(1995. 8. 18.). “12 · 12 통화 유출경위 조사, 12 · 12 육본 통화 보안사서 감청”. 『동아일보』, 2면.

______(1995. 8. 19.). “12 · 12 테이프 유출 당시 군 고위인사 관련 조사”. 『동아일보』, 2면.

박성호(2015). “특종이란 무엇일까”. 『방송기자』 제27권, 91.

법제처(2009). “정보화촉진기본법 해설”, 법제처. https://www.moleg.go.kr/mpbleg/mpblegInfo.mo?mid=a10402020000&mpb_leg_pst_seq=129436.

송의달(2021). 『뉴욕타임스의 디지털 혁명』. 서울: 나남.

엠빅뉴스(2023. 12. 5.). “‘성공한 쿠데타는 처벌할 수 없다’ 그 검사, 지금 생각은?”. <MBC 뉴스데스크>. https://www.youtube.com/watch?v=lS0147RrrLU

월간조선(1995a). “16년 만에 복원된 12 · 12 사건 현장의 팽팽한 분위기”. 『월간조선』 1995년 9월호, 96-141.

______(1995b). “김정일의 육성테이프: 반동분자 같은 놀라운 고백 60분”. 『월간조선』 1995년 10월호, 104-128.

유수정 · 이건호(2020). “방송뉴스의 단독 보도 품질 연구”. 『한국방송학보』 34권 3호, 174-210.

이건영(1996). 『패자의 승리』. 서울: 진명문화사.

이계성(1993). 『지는별 뜨는별』. 서울: 한국일보사.

______(2024). 『12 · 12』. 서울: 폴리티쿠스.

이완수(2011). “매체 융합시대 저널리즘의 변동성 연구: 마셜 맥루한의 ‘미디어의 이해’에 대한 새로운 이해”. 『커뮤니케이션이론』 7권 2호, 144-175.

제레미 캐플란(2020). 『저널리즘의 혁신 사례들』. 서울: 삼성언론재단.

조선일보(1995. 8. 18.). “12 · 12 당시 군통화녹음 발견”, “합수부 ‘에이 장장군 왜그래 이리와’”, , “군, 관련자 사법처리 재론 우려”. 『조선일보』, 1, 5, 29면.

조선일보사(1995. 8. 26). “월간조선 30만부 돌파”. 『조선일보 사보』 1912호.

______(2020). 『월간조선 10대 특종: 창간 40주년 기념 특별부록』. 서울: 조선뉴스프

레스.
중앙일보(1995. 8. 18.). "12 · 12 때 군 수뇌 통화 감청/보안사 녹음 테이프 공개". 『중앙일보』, 2면.
______(1995. 8. 19.). "또 다른 테이프 없나 새 내용 없을까". 『중앙일보』, 1면.
한겨레신문(1995. 8. 18.). "12 · 12 반대 육본수뇌 통화 당시 보안사서 비밀감청", "육군 수뇌 '어떻게 하지…' 안절부절". 『한겨레신문』, 1, 10면.
한국통신 위성사업본부 엮음(1996). 『무궁화위성백서』. 서울: 한국통신 위성사업본부.

Denyer, S., Feng, S., & Joyce, L. (2018. 1. 8.) "How China is building an all-seeing surveillance state". *The Washington Post*. https://www.washingtonpost.com/video/world/how-china-is-building-an-all-seeing-surveillance-state/2018/01/07/45fe5c04-e74e-11e7-927a-e72eac1e73b6_video.html.
Deuze, M. (2011). "Media life". *Media, Culture and Society, 33*(1), 137-148.
Donsbach, W. (2004). "Psychology of news decisions: Factors behind journalists' professional behavior". *Journalism, 5*(2), 131-157.
Gahran, A. (2011. 8. 31.). "Why the scoop mentality is bad for news". *Knight Digital Media Center*. http://www.knightdigitalmediacenter.org/leadership_blog/comments/20110831_why_the_scoop_mentality_is_bad_for_news/.
Grueskin, B. (2013. 4. 22.). "In defense of scoops". *Columbia Journalism Review*, http://archives.cjr.org/united_states_project/in_defense_of_scoops.php.
Kovach, B., & Rosenstiel, T. (2021). *The Elements of Journalism* (4th ed.). New York: Three Rivers. 이재경 옮김(2021). 『저널리즘의 기본원칙(제4개정판)』. 서울: 한국언론진흥재단.
The New York Times (2013. 11. 21.). "Who was the umbrella man? JFK Assassination Documentary" [Video]. *The New York Times*. https://www.youtube.com/watch?v=yznRGS9f-jI.
______ (2018. 11. 17.). "Killing Khashoggi: How a brutal saudi hit job unfolded " [Video]. *The New York Times*. https://www.nytimes.com/2018/11/16/us/politics/cia-saudi-crown-prince-khashoggi.html; https://www.youtube.com/watch?v=uJ44spUo8Uk.
______ (2018. 3. 23.). "How the Las Vegas Gunman Planned a Massacre, in 7

Days of Video" [Video]. *The New York Times*. https://www.nytimes.com/video/us/100000005794914/las-vegas-gunman-planned-massacre.html.

______ (2019. 7. 17.). "How Kim Jong-un Gets His $500,000 Mercedes" [Video]. *The New York Times*. https://www.nytimes.com/2019/07/16/world/asia/north-korea-luxury-goods-sanctions.html.

Wall, J., & HyoJung, K. (2024. 10. 1.). "Residents of Marshall, N.C., shaken 'to the core'". *The Washington Post*. https://www.washingtonpost.com/video/national/residents-of-marshall-nc-shaken-to-the-core/2024/09/30/f9f8b217-ef4d-4a1d-8a89-b00223b34b01_video.html.

3장. 한국형 탐사 보도의 탐색: 조갑제와 이규연을 중심으로

강성만(2013. 7. 1.). "왜 탐사 보도냐고? 권력은 감추고 기성 언론은 못 밝히니까". 『한겨레』, 32면. https://www.hani.co.kr/arti/society/society_general/593938.html.

강아영(2017). "탐사 보도란…무수한 실패의 연속, 그래도 의심하고 취재하는 것". 『기자협회보』, 5면. https://www.journalist.or.kr/news/article.html?no=40802.

강준만(1999). "'박정희 신드롬'을 해부한다". 『인물과 사상』 2월호, 28-43.

김성후(2019). "그거 아세요? 현장엔 오감으로 못 느끼는 육감이 있다는 걸". 『기자협회보』, 6면. https://www.journalist.or.kr/news/article.html?no=46795.

김창남(2015. 5. 27.). "미처 알지 못했던 곳 '스포트라이트'…보다 나은 세상 만들기 일조하겠다". 『기자협회보』, 6면. https://www.journalist.or.kr/news/article.html?no=36606.

설호정(1987). "이 사람이 사는 방법: 기자 조갑제 씨". 『샘이 깊은 물』 10월호, 106-113.

송상근(2024a). "기자 1987: 자율성 그리고 용기". 김경모 · 김창숙 · 문영은 · 박선이 · 박재영 · 배정근 · 송상근 · 이나연 · 이완수 · 이재경 · 이재훈(2024). 『한국의 기자』. 서울: 이화여자대학교출판문화원.

송상근(2024b). 『분노와 슬픔의 스토리텔링』. 서울: 푸블리우스.

송수진(2024). "사라져 가는 탐사 보도: 눈앞의 효율 vs 장기적 경쟁력, 언론사의 선택은”. 『신문과 방송』 2024년 4월호, 42-45.
신성호(2017). 『특종 1987: 박종철과 한국 민주화』. 서울: 중앙일보플러스.
이규연(2019). 『이규연의 로스트 타임』. 파주: 김영사.
이규연 · 김기찬 · 이상복(2001. 4. 9.). “가난 代물림 ‘난곡’ 현장 리포트”. 『중앙일보』, 1, 3면.
이규연 · 박승일(2009). 『눈으로 희망을 쓰다』. 서울: 웅진지식하우스.
이규연 · 임미진 · 민동기 · 박수련 · 박경훈 · 백년식(2005. 11. 10.). “루게릭 ‘눈’으로 쓰다 ②”. 『중앙일보』, 1, 5면.
______(2005. 11. 11.). “루게릭 ‘눈’으로 쓰다 ③”. 『중앙일보』, 1, 5면.
______(2005. 11. 9.). “루게릭 ‘눈’으로 쓰다 ①”. 『중앙일보』, 1, 5면.
이규연 · 임미진 · 민동기 · 박수련(2005. 11. 12.). “루게릭 ‘눈’으로 쓰다 ④”. 『중앙일보』, 1, 5면.
이정훈(2006). “‘救國의 논객’ vs ‘안보상업주의자’ 조갑제의 비밀”. 『신동아』 8월호, 104-140.
장우성(2010. 2. 3.). “인간을 사랑한 기자, 희망을 쓰다”. 『기자협회보』, 6면. https://www.journalist.or.kr/news/article.html?no=22490.
전영기(1994). “조갑제의 폭력적 인터뷰는 왜 불량품인가”. 『말』 7월호, 224-228.
정철운(2015. 12. 30.). “‘일베의 영웅’은 왜 일베 회원을 고소했나”. 『미디어오늘』, 12면.
조갑제(1984a). “KAL에 칼을 댄다”. 『월간조선』 4월호, 144-1794.
______(1984b). “물증 없는 사형 집행”. 『월간조선』 9월호, 368-394.
______(1984c). “韓國자동차 알고는 못 탄다”. 『월간조선』 11월호, 264-292.
______(1986a). 『사형수 오휘웅 이야기』. 서울: 한길사.
______(1986b). “韓國내의 美CIA”. 『월간조선』 2월호, 246-287.
______(1986c). “KAL 007, 최후의 목격자”. 『월간조선』 12월호, 396-420.
______(1987). 『고문과 조작의 기술자들』. 서울: 한길사.
______(1988). “기획연재: 전문 기자의 세계⑩ 수사식 보도 전문 기자”. 『신문과 방송』 1988년 11월호, 79-86.
______(1989). “李穗根은 간첩이 아니었다”. 『월간조선』 3월호, 232-255.
______(2009). 『李穗根은 역시 간첩이 아니었다』. 서울: 조갑제닷컴.
______(2011). 『김기철氏는 왜 요절했나』. 서울: 조갑제닷컴.
______(2019). 『趙甲濟의 광주사태: 40년 동안 다섯 가지 루머와 싸워 이긴 이야기』.

서울: 조갑제닷컴.

______(2024). “지금도 계속되는 해방둥이 기자의 現代史 紀行: 특등석에서 구경한 위대한 드라마”. 『관훈저널』 여름호(통권 171호), 124-155.

조문희 · 이지훈 · 이창수 · 전현진(2023). 『논픽션 글쓰기 전설들』. 파주: 서해문집.

진중권(1998). 『네 무덤에 침을 뱉으마』. 고양: 개마고원.

최승영(2024. 7. 10.). “위축되는 탐사기획부… 명맥 잇는 동아 · 한국”. 『기자협회보』, 5면. https://www.journalist.or.kr/news/article.html?no=56249.

한국 언론진흥재단(2021). 『2021 한국의 언론인: 제15회 언론인 조사』. 서울: 한국 언론진흥재단.

______(2022). 『2022 언론수용자 조사』. 서울: 한국 언론진흥재단.

한국기자협회(2004). “제33회 한국기자상 심사평”. <한국기자협회>. https://www.journalist.or.kr/news/section2.html?p_num=3.

______(2005). “제37회 한국기자상 심사평”. <한국기자협회>. https://www.journalist.or.kr/news/section2.html?p_num=3.

한국탐사언론인회(2007). 『세상을 깊게 보는 눈』. 서울: 황금부엉이.

황호택(2017). 『박종철 탐사 보도와 6월항쟁(2판)』. 서울: 동아일보사.

Aucoin, J. L. (2005). *The Evolution of American Investigative Journalism*. Columbia, MO: University of Missouri Press.

Broder, D. (1987). *Behind the Front Page: A Candid Look at How the News is Made*. New York: Simon & Schuster.

Ettema, J. S., & Glasser, T. L. (1998). *Custodians of Conscience*. New York: Columbia University Press.

Goodwin, D. K. (2013). *The Bully Pulpit: Theodore Roosevelt and the Golden Age of Journalism*. New York: Simon & Schuster.

Hamilton, J. T. (2016). *Democracy's Detectives: The Economics of Investigative Journalism*. Cambridge, MA: Harvard University Press.

Houston, B., Horvit, M., & Investigative Reporters and Editors. (2021). *The Investigative Reporter's Handbook: A Guide to Documents, Databases, and Techniques* (6th ed.). Boston, MA: Bedford/St. Martin's.

Kovach, B., & Rosenstiel, T. (2021). *The Elements of Journalism* (4th ed.). New

York: Three Rivers. 이재경 옮김(2021). 『저널리즘의 기본원칙(제4개정판)』. 서울: 한국언론진흥재단.

Protess, D. L., Cox, F. L., Doppelt, J. C., Ettema, J. S., Gorden, M. T., Leff, D. R., & Miller, P. (1991). *The Journalism of Outrage: Investigative Reporting and Agenda Building in America*. New York: The Guilford.

Schudson, M. (1978). *Discovering the News: A Social History of American Newspapers*. New York: Basic Books.

Willnat, L., Weaver, D. H., & Wilhoit, G. C. (2019). "The American journalist in the digital age: How journalists and the public think about journalism in the United States". *Journalism Studies, 20*(3), 423-441.

4장. 방송 기사 스토리텔링의 개척: 초창기 <시사매거진 2580>의 도전과 실험

김갑식(1998. 4. 14.). "채널리뷰: '시사매거진 2580'", 『동아일보』, 35면.

김도형(1995. 2. 22.). "재미 · 무게 겸비 TV 뉴스 새 가능성", 『한겨레신문』, 15면.

김성환(2022). 『영상과 TV 저널리즘』. 서울: 푸블리우스.

박성호(2022). "뉴스리포트". 서성은 엮음(2022). 『K-스토리텔링』. 서울: 커뮤니케이션북스.

박재영(2020). 『뉴스 스토리: 내러티브 기사의 작법과 효과』. 서울: 이채.

손정숙(1995. 4. 18.). "속보성 탈피 깊이 있는 '뉴스프로' 정착", 『서울신문』, 19면.

송요훈(1994. 3. 13.). "버림받은 아이들". <시사매거진 2580> [TV 프로그램]. 서울: MBC TV.

신강균(1994. 6. 5.). "키 작으면 취직도 못 한다". <시사매거진 2580> [TV 프로그램]. 서울: MBC TV.

______(1999. 3. 14.). "사상누각 신공항". <시사매거진 2580> [TV 프로그램]. 서울: MBC TV.

안수찬(2024. 4. 24.). "성스러운 삼각관계". <미디어오늘>, https://www.mediatoday.co.kr/news/articleView.html?idxno=315988.

이샘물 · 박재영(2020). 『탁월한 스토리텔러들: 미국 기자들의 글쓰기 노하우』. 파주: 한국학술정보.

이우호(2012). “TV 탐사 보도의 스토리텔링 특성 연구: <시사매거진 2580>과 <60minutes>의 비교분석을 중심으로”. 한국외국어대학교 정치행정언론대학원 석사학위논문.

임영서(1999. 10. 17.). “‘99 가리봉”. <시사매거진 2580> [TV 프로그램]. 서울: MBC TV.

임흥식(1994. 3. 20.). “남겨진 아이들”. <시사매거진 2580> [TV 프로그램]. 서울: MBC TV.

______(1994. 2. 27.). “한국인은 혼혈족?”. <시사매거진 2580> [TV 프로그램]. 서울: MBC TV.

전동건(1997. 11. 2.). “47년 만의 증언”. <시사매거진 2580> [TV 프로그램]. 서울: MBC TV.

정관웅(1995. 5. 7.). “로맨스 그레이”. <시사매거진 2580> [TV 프로그램]. 서울: MBC TV.

______(1996. 7. 21.). “감추고 싶은 진실”. <시사매거진 2580> [TV 프로그램]. 서울: MBC TV.

정중헌(1994. 4. 12.). “[TV 주평] 사회고발과 함께 인간적 감동 담자: <2580-아름다운 사람들>에 호감”, 『조선일보』, 16면.

정태성(1994. 3. 20.). “경마”. <시사매거진 2580> [TV 프로그램]. 서울: MBC TV.

______(1994. 3. 6.). “복권”. <시사매거진 2580> [TV 프로그램]. 서울: MBC TV.

______(1994. 6. 19.). “부도 낙인 김 사장, 부도 직전 장 사장”. <시사매거진 2580> [TV 프로그램]. 서울: MBC TV.

______(1994. 7. 17.). “달동네의 빈부격차”. <시사매거진 2580> [TV 프로그램]. 서울: MBC TV.

차경호(1995. 5. 21.). “죽음을 기다리는 사람들”. <시사매거진 2580> [TV 프로그램]. 서울: MBC TV.

______(1996. 3. 3.). “풍진에 묻힌 망향가”. <시사매거진 2580> [TV 프로그램]. 서울: MBC TV.

최일구(1996. 6. 16.). “오염 주범 ‘닥트’”. <시사매거진 2580> [TV 프로그램]. 서울: MBC TV.

한정우(1999. 3. 28.). “폭격을 중지하라”. <시사매거진 2580> [TV 프로그램]. 서울: MBC TV.

홍순관(1995. 5. 28.). “대로변의 무법지대”. <시사매거진 2580> [TV 프로그램]. 서울: MBC TV.

황석호(1994. 3. 6.). “도청”. <시사매거진 2580> [TV 프로그램]. 서울: MBC TV.

______(1998. 3. 15.). “비둘기호, 그 마지막 봄 풍경”. <시사매거진 2580> [TV 프로그램]. 서울: MBC TV.

______(1998. 5. 3.). “서울 산촌”. <시사매거진 2580> [TV 프로그램]. 서울: MBC TV.

MBC(2004). 「따스한, 그리고 깊숙한 눈으로 세상을 보다」. <시사매거진 2580> 방송 10주년 및 500회 기념 미간행 자료집.

MBC(2016). 「천 번의 만남」. <시사매거진 2580> 방송 1000회 기념 미간행 자료집.

AFPC-USA(2022). “Educational program with Bob Dotson: ‘Behind the media mirror: The real American story’”. https://youtube.com/watch?v=zMhJvvZ5-HY&si=P1eytEJH0CHtHGw7.

Boorstin, D. J. (1962). *The Image: A Guide to Pseudo-Events in America*. New York: Vintage. 정태철 옮김(2004). 『이미지와 환상』. 파주: 사계절.

Dotson, B. (2015). *Make It Memorable: Writing and Packaging TV News with Style* (2nd ed.). Lanham, MD: Rowman & Littlefield Publishers.

Ellerbee, L. (1986). *And So It Goes*. New York: Putnam’s Sons.

Papper, R. A. (2021). *Broadcast News and Writing Stylebook* (7th ed.). London & New York: Routledge.

Shudson, M. (2011). *The Sociology of News* (2nd ed.). New York: W.W. Norton. 이강형 옮김(2014). 『뉴스의 사회학』. 서울: 한국 언론진흥재단.

Smith, C. D. (2000). *Power Producer: A Practical Guide to TV News Producing*. Washington, DC: Radio-Television News Directors Association.

Tompkins, A. (2012). *Aim for the Heart: Write, Shoot, Report and Produce for TV and Multimedia* (2nd ed.). Washington, DC: CQ Press.

5장. 글쓰기 혁신의 실험실, 『동아일보』 ‘히어로콘텐츠’ 팀 5기

박재영(2020). 『뉴스 스토리: 내러티브 기사의 작법과 효과』. 서울: 이채.

이샘물 · 박재영(2020). 『탁월한 스토리텔러들: 미국 기자들의 글쓰기 노하우』. 파주: 이담북스.
이진순(2016. 10. 8.). "거길 왜 갔냐고요? 세 아이의 아빠라서요". 『한겨레』, A3면. https://www.hani.co.kr/arti/society/society_general/764693.html.
임우선(2022. 9. 7.). "푸른 가을 동아일보에 도착한 히어로의 편지". 『동우』, 2면.
지민구(2022. 9. 7.). "디지털 콘텐츠와 지면기사, 완전 분리 제작, 히어로콘텐츠 또 한번 진화". 『동우』, 2면.
히어로콘텐츠팀(2022. 8. 8.). "美, 제복과 함께한 수천 촛불… '13분 추모식' 뒤 흩어진 한국". 『동아일보』. https://www.donga.com/news/amp/all/20220808/114850319/1.
______(2022. 8. 9.). "괜찮은 척했다, 살아가야 했기에". 『동아일보』. https://www.donga.com/news/Society/article/all/20220809/114868239/1.

Weinberg, S. (1996). *The Reporter's Handbook: An Investigator's Guide to Documents and Techniques*. New York: St. Martin's. 이용식 옮김(2000). 『미국 기자들, 이렇게 취재한다』. 서울: 학민사.

6장. 민속지학 저널리즘의 본보기, 박유리 전 『한겨레』 기자

대한언론인회(2010). 『한국 언론인물사화』 제7권. 서울: 대한언론인회.
박유리(2014. 12. 12.). "'레저세' 논란 강원랜드의 돈은 누군가의 '탕진'으로 쌓인다". 『한겨레』. https://www.hani.co.kr/arti/society/society_general/668906.html.
______(2015. 10. 2.). "청담동, 그 '황금의 땅'에서 숨막히게 공손한 두 손들을 만났네". 『한겨레』. https://www.hani.co.kr/arti/society/society_general/711165.html.
______(2015. 11. 6.). "탑골공원, 자존심과 두려움 그리고 거짓말". 『한겨레』. https://www.hani.co.kr/arti/society/society_general/716362.html.
______(2015. 6. 12.). "홍등이 켜지자 은빛 구두들이 유리문 밖으로…". 『한겨레』. https://www.hani.co.kr/arti/society/society_general/695752.html.
______(2015. 6. 19.). "홍등이 꺼진 거리, 아침이 오자 하얀 빨래만 나부꼈다". 『한겨레』. https://www.hani.co.kr/arti/society/society_general/696781.html.

______(2015. 7. 10.). “고독하게 창밖을 본다, 침묵으로 먹는다”. 『한겨레』. https://www.hani.co.kr/arti/society/society_general/699779.html.
______(2015. 7. 17.). “노숙인촌에 텐트를 치다… 용산역 뒤편 작은 공원에 그들이 산다”. 『한겨레』. https://www.hani.co.kr/arti/society/society_general/700754.html.
______(2015. 7. 24.). “생각해서 하는 말인데… 다신 오지 마”. 『한겨레』. https://www.hani.co.kr/arti/society/society_general/701748.html.
박재영(2020). 『뉴스 스토리: 내러티브 기사의 작법과 효과』. 서울: 이채.
이기형(2010). “‘현장’ 혹은 ‘민속지학적 저널리즘’과 내러티브의 재발견 그리고 미디어 생산자 연구의 함의: <한겨레 21>의 <노동 OTL> 연작을 중심으로”. 『언론과 사회』 18권 4호, 107-157.
이청준(2005). 『당신들의 천국』. 서울: 문학과지성사.
홍병기(2018). 『뉴스 동서남북: 한 권으로 읽는 한국 언론 명인 · 명문 열전』. 서울: 아마존의나비.

Stocking, S. H., & Gross, P. H. (1989). *How Do Journalists Think?: A Proposal for the Study of Cognitive Bias in Newsmaking*. Bloomington, IN: Indiana University Press.

7장. 한국 언론의 데이터 저널리즘, 기여와 한계

기획취재팀(2003. 11. 3.). “한국의 파워 엘리트 재산 대해부”. 『세계일보』. https://www.segye.com/newsList/4000002.
김달아 · 박지은(2021. 12. 21.). “언론사 데이터 저널리즘이 사라져간다”. <한국기자협회>. http://m.journalist.or.kr/m/m_article.html?no=50649.
김상철(2019). 『디지털 저널리즘』. 서울: 지식과감성.
김영주 · 오세욱 · 정재민(2015). 『로봇 저널리즘: 가능성과 한계』. 서울: 한국언론진흥재단.
김창훈(2022. 10. 15.). “남성보다 여성이, 노인보다 아이가 더 걸려...폐업은 되레 감소 [코로나 1000일]”. 『한국일보』. https://www.hankookilbo.com/News/Read/

A2022101316000000654?did=NA.

김태형(2015. 6. 7.). “[인터랙티브] 각 병원을 통해 메르스 이렇게 퍼졌다”. <KBS뉴스>. https://news.kbs.co.kr/news/pc/view/view.do?ncd=3090445&ref=A.

뉴스타파 · 크리에이티브커먼즈(1993-2024). “공직자 재산정보”. <뉴스타파>. https://jaesan.newstapa.org/.

뉴콘텐츠팀 · 203인포그래픽연구소(2018. 7. 20.). “랭면의 취향”. 『경향신문』. https://www.khan.co.kr/kh_storytelling/2018/noodle/.

이나연 · 손택균(2004. 10. 26.). “산전검사 혜택없이 말로만 ‘출산장려’”. 『동아일보』, 3면.

이수형 · 이정은(2000. 12. 17.). “검사 출신대학 분석, 서울대,연 · 고대 출신 76%”. 『동아일보』. https://www.donga.com/news/article/all/20001217/7623098/1.

Chong, P. (2019). “Valuing subjectivity in journalism: Bias, emotions, and self-interest as tools in arts reporting”. *Journalism, 20*(3), 427-443.

Coddingtion, M. (2015). “Clarifying journalism’s quantitative turn: a typology for evaluating data journalism, computational journalism, and computer assisted reporting”. *Digital Journalism, 3*(3), 331-348.

Gray, J., Bounegru, L., & Chambers, L. (Eds.). (2012). *The Data Journalism Handbook: How Journalists Can Use Data to Improve the News* (1st ed.). Sebastopol, CA: O’Reilly Media. 정동우 옮김(2015). 『데이터 저널리즘』. 서울: 커뮤니케이션북스.

KBS창원 심층기획팀(2021. 4. 2.). “Chapter1 위기의 전조”. <KBS창원>, <시사기획 창>. https://news.kbs.co.kr/special/somyeol/index.html#/chp1.

Maier, S. R. (2002). “Numbers in the news: A mathematics audit of a daily newspaper”. *Journalism Studies, 3*, 507-519.

Meyer, P. (1973). *Precision Journalism*. Bloomington, IL: Indiana University Press.

Schmidt, T. R. (2021). “‘It’s OK to feel’: The emotionality norm and its evolution in US print journalism”. *Journalism, 22*(5), 1173-1189.

The Guardian (1821. 5. 5.). “The first Guardian data journalism: May 5, 1821”. 『The Guardian』. https://www.theguardian.com/news/datablog/2011/

sep/26/data-journalism-guardian.
Tong, J. (2024). “Data journalism and audience engagement: Introduction to the special issue”. *Journalism, 25*(7), 1449-1459.
Van Krieken, K., & Sanders, J. (2021). “What is narrative journalism? A systematic review and an empirical agenda”. *Journalism, 22*(6), 1393-1412.
Wahl-Jorgesen, K. (2020). “An emotional turn in journalism studies?”. *Digital Journalism, 8*(2), 175-194.

8장. 뉴스룸 커뮤니케이션 혁신의 시작

박영흠 · 서수민(2023). 『뉴스룸 내부 커뮤니케이션 개선 방안 연구』. 서울: 커뮤니케이션북스.
이석호 · 이오현(2019). “취재 현장을 떠난 젊은 신문기자들의 직업적 삶에 대한 질적 연구: 중앙일간지를 중심으로”. 『언론과 사회』 27(4), 152-214.
이오현 · 이석호(2019). “한국 신문의 뉴스 생산문화에 대한 비판적 연구: 중앙일간지의 조직문화와 기사생산의 문제를 중심으로”. 『한국 언론정보학보』 97, 77-118.
전오열(2016). “지역 언론인의 심리적 탈진에 관한 연구: 전북기자협회 회원의 인구사회학적 속성, 직무 스트레스, 직업 환경 요인을 중심으로”. 『언론과학연구』 16(1), 263-306.
조수선 · 정선호(2017). “언론인의 직무스트레스에 영향을 미치는 변인연구: 성별과 직위간 차이를 중심으로: 성별과 직위간 차이를 중심으로”. 『사회과학연구』 28(1), 215-234.

The New York Times (2014. 3. 24.). “Innovation”. The New York Times . https://nytco-assets.nytimes.com/2024/04/InnovationReport.pdf.

9장. 한국 인터랙티브 뉴스의 혁신: “매일 김용균이 있었다”

Cairo, A. (2012). *The Functional Art: An Introduction to Information Graphics and Visualization*. Berkeley, CA: New Riders.

Carlson, M. (2015). *The Construction of Online Journalism: News Analysis and the Evolution of Digital Media*. London & New York: Routledge.

Cohen, S. (2013). *Interactive Storytelling in Journalism: The Evolution of Digital Media*. New York: Oxford University Press.

Cohen, S., Singer, J. B., & Thorsen, E. (2021). "Interactive media and journalism". *Digital Journalism, 9*(4), 539-556. https://doi.org/10.1080/21670811.2020.1858365.

De la Pe a, N., Weil, P., Llobera, J., Spanlang, B., Friedman, D., Sanchez-Vives, M. V., & Slater, M. (2010). Immersive journalism: Immersive virtual reality for the first-person experience of news. Presence, 19(4), 291-301.

Deuze, M., & Witschge, T. (2020). "Beyond journalism". *Journalism, 21*(1), 46-62. https://doi.org/10.1177/1464884918819694.

Domingo, D., & Heinonen, A. (2008). "Weblogs and journalism: A typology to explore the blurring boundaries". *Nordicom Review, 29*(1), 3-15. https://doi.org/10.1515/nor-2017-0194.

Ettema, J. S., & Glasser, T. L. (1998). *Custodians of conscience: Investigative journalism and public virtue*. New York: Columbia University Press.

Fletcher, R., & Nielsen, R. K. (2017). "Paying for online news: A comparative analysis of six countries". *Digital Journalism, 5*(9), 1173-1191. https://doi.org/10.1080/21670811.2016.1246373.

Harbers, F., & Broersma, M. (2014). "Between engagement and ironic ambiguity: Mediating subjectivity in narrative journalism". *Journalism, 15*(5), 639-654.

Harcup, T. (2009). *Journalism: Principles and Practice* (2nd ed.). London: Sage.

Holton, A. E., Coddington, M., & Gil de Zúñiga, H. (2021). "The rise of interactive journalism". *Journalism Studies, 22*(7), 889-904.

Houston, B. (2010). *The Investigative Reporter's Handbook: A Guide to Documents, Databases, and Techniques* (5th ed.). Boston, MA: Bedford/St. Martin's

Karlsson, M., & Holt, K. (2021). "Transparency in digital journalism: Open source data and interactive news platforms". *Journalism Practice, 15*(6), 789-804.

https://doi.org/10.1080/17512786.2020.1861561.

Kovach, B., & Rosenstiel, T. (2021). *The Elements of Journalism* (4th ed.). New York: Three Rivers.

McNair, B. (2017). *An introduction to Political Communication* (6th ed.). London & New York: Routledge.

Pavlik, J. V. (2019). *Journalism in the Age of Virtual Reality: How Immersive News Experiences are Transforming Journalism*. New York: Columbia University Press.

Perez-Seijo, S., & Silva-Rodr guez, A. (2024). “Innovation in digital media beyond technology: The audience-centered approach and pending challenges”. *Journal of Media, 5*(1), 311-324. https://doi.org/10.3390/journalmedia5010021.

Perry, J. (2018). “A new age of walls: How barriers are changing our world”. *The Washington Post*. https://www.washingtonpost.com/graphics/2018/national/security/border-barriers-world/.

Peters, C., & Broersma, M. (Eds.). (2017). *Rethinking Journalism Again: Societal Role and Public Relevance in a Digital Age*. London & New York: Routledge.

Qi, T., Wu, F., Wu, C., & Huang, Y. (2021). Pp-rec: News recommendation with personalized user interest and time-aware news popularity. arXiv preprint arXiv:2106.01300.

RISJ(2023a). “Attitudes towards algorithms and their impact on news”. <Reuters Institute for the Study of Journalism>. https://reutersinstitute.politics.ox.ac.uk/digital-news-report/2023/attitudes-towards-algorithms-impact-news.

______ (2023b). “The changing news habits and attitudes of younger audiences”. <Reuters Institute for the Study of Journalism>. https://reutersinstitute.politics.ox.ac.uk/digital-news-report/2022/young-audiences-news-media.

Rosenstiel, T. (2023). “What is the purpose of journalism?”. https://www.tomrosenstiel.com.

Singer, J. B. (2022a). *The Shifting Roles of Journalism in a Digital World*. London & New York: Routledge.

______ (2022b). *Interactive Journalism: Visions, Practices, and Impacts*. Oxford: Oxford University Press.

Sundar, S. S., Kang, J., & Oprean, D. (2017). "Being there in the midst of the story: How immersive journalism affects our perceptions and cognitions". *Cyberpsychology, Behavior, and Social Networking, 20*(11), 672-682. https://doi.org/10.1089/cyber.2017.0271.

Thorsen, E., & Jackson, D. (2020). "From newsroom to living room: Engaging the public through interactive journalism". *Journalism Practice, 14*(9), 1129-1144.

Thurman, N., & Schapals, A. (2022a). *Interactive news: How digital media shapes journalism practices*. Oxford: Oxford University Press.

______ (2022b). "The role of interactivity in journalism: Past, present, and future". *Journalism Studies, 23*(1), 123-137. https://doi.org/10.1080/1461670X.2021.1972345.

Tuchman, G. (1978). *Making news: A study in the construction of reality*. New York: Free Press.

Van Damme, K., All, A., De Marez, L., & Van Leuven, S. (2019). "360° video journalism: Experimental study on the effect of immersion on news experience and distant suffering". *Journalism Studies, 20*(14), 2053-2076. https://doi.org/10.1080/1461670X.2018.1561208.

10장. 혁신 모델로서의 추모 저널리즘: 기억과 성찰

416가족협의회 · 김기성 · 김일우(2015). 『잊지 않겠습니다』. 서울: 한겨레출판.

김달아(2019. 11. 21.). "경향신문 1면 통편집, '또 다른 김용균'을 말하다". 『기자협회보』, 1면. https://www.journalist.or.kr/news/article.html?no=46904.

김병희 · 이완수(2024). "100년 동안의 한국 부고광고에 나타난 죽음 알림의 내용분석". 『광고학연구』 35권 4호, 7-34.

김아영(2014, 7. 30.). "세월호, 그 잊혀가는 기억을 기록하다". 『기자협회보』, 1면. https://journalist.or.kr/news/article.html?no=34105.

김훈(2019. 9. 25.). “빛과 어둠: 김용균 노동자의 죽음에 부쳐”. <노동과 세계>. https://worknworld.kctu.org/news/articleView.html?idxno=250537.

______(2024). 『허송세월』. 서울: 나남.

박서연(2019. 11. 21.). “사망 노동자 1200명 이름으로 채운 경향 1면”. 『미디어 오늘』, 1면. https://www.mediatoday.co.kr/news/articleView.html?idxno=203744.

이명수(2015). “잊을 방법이 있다면 알려주세요”. 4 · 16가족협의회 · 김기성 · 김일우 엮음(2015). 『잊지 않겠습니다』. 서울: 한겨레출판.

이완수(2017). 『부고의 사회학』. 서울: 시간의물레.

이완수 · 김찬석(2019). “군인 추모에 대한 다차원적 기억 프레임”. 『정신전력연구』 56호, 45-73.

이완수 · 최명일(2021). “가족이 기억하는 죽음, 기자가 기록하는 죽음: 의미연결망 분석과 토픽모델링을 이용한 세월호 학생 희생자 추모 텍스트 분석”. 『한국언론학보』 65권 6호, 482-518, https://journal.comm.or.kr/xml/31556/31556.pdf.

이정애(2020). “‘헤아릴 수 없는 손실’ 1천명 부고로 채운 NYT 1면”. 『한겨레』, 13면. https://www.hani.co.kr/arti/international/america/946288.html.

장필수(2022. 9. 6.). “살아남은 김용균들”. 『기자협회보』, 1면. https://journalist.or.kr/m/m_article.html?no=52156.

장필수 · 김가윤 · 정환봉 · 백소아(2022. 7. 11.). “청년산업재해기획보도: 살아남은 김용균들”. 『한겨레』, 1면, https://interactive.hani.co.kr/industrial-accident/.

정환봉(2022. 7. 11.). “살아남은 김용균들: 2022년 187명의 기록”. 『한겨레』, 1면, https://www.hani.co.kr/arti/society/labor/1050479.html.

제레미 캐플란(2020). 『저널리즘의 혁신 사례들』. 서울: 삼성언론재단.

조찬제(2020. 5. 15). “부고로 채운 1면”. 『경향신문』, 1면, https://www.khan.co.kr/opinion/yeojeok/article/202005250300065.

황경상(2019. 11. 21.). “오늘도 3명이 퇴근하지 못했다”. 『경향신문』, 1면, https://www.khan.co.kr/national/labor/article/201911210600155.

______(2020). “경향신문 <매일 김용균이 있었다>: 숫자가 아닌 체온으로 느껴야 할 죽음”. 『신문과 방송』 2020년 2월호, 101-106.

rnason, A., Hafsteinsson, S. B., & Gr tarsd ttir, T. (2003). “Letters to the dead: Obituaries and identity, memory and forgetting in Iceland”. *Mortality, 8*(3), 268-284.

Horowitz, V., & Sorensen, C. (2003). *Only Times will Tell: A Content Analysis of New York Times Obituaries from 1851-2003*. Iowa City, IA: University of Iowa Press.

Hume, J. (2000). *Obituaries in American Culture*. Jackson, MS: University Press of Mississippi.

Kastenbaum, R., Peyton, S., & Kastenbaum, B. (1977). "Sex discrimination after death". *OMEGA-Journal of Death and Dying, 7*(4), 351-359.

Lee, W. S., Shim, J. C., & Yoo, J. W. (2014). "Reflecting absence: Representing the extraordinary deaths of ordinary sailors in the media". *Journal of Loss and Trauma, 19*(5), 416-425.

McDonald, W. (2011). *The Obits: The New York Times Annual 2012*. New York: Workman.

______ (2016). *The New York Times Book of the Dead*. Philadelphia, PA: Running. 윤서연 · 맹윤경 · 유세비 · 김민지 · 이한아 · 김한슬기 옮김(2019). 『뉴욕 타임스 부고 모음집』. 서울: 인간희극.

Moremen, R. D. (2004). "The obit". *Funerals and Memorial Practices*. Summer, 59-61.

Pantti, M., & Wieten, J. (2005). "Mourning becomes the nation: Television coverage of the murder of Pim Fortuyn". *Journalism Studies, 6*(3), 301-313.

Peri, Y. (1999). "The media and collective memory of Yitzhak Rabin's remembrance". *Journal of Communication 49*(3), 106-124.

Scanlon, J., & McCullum, C. (1999). "Media coverage of mass death: not always unwelcome". *Australian Journal of Emergency Management, 14*(3), 55-59.

Starck, N. (2005). "Posthumous parallel and parallax: The obituary revival on three continents". *Journalism Studies, 6*(3), 267-283.

______ (2008). "Death can make a difference: A comparative study of 'quality quartet' obituary practice". *Journalism Studies, 9*(6), 911-924.

______ (2013). "Obituaries for sale: Wellspring of cash and unreliable testimony". *The Future of Newspapers* (pp. 320-328). London & New York: Routledge.

Walter, T., Littlewood, J., & Pickering, M. (1995). "Death in the news: The public invigilation of private emotion". *Sociology, 29*(4), 579-596.

11장. '스브스뉴스'와 '비디오머그', 변방에서 시작된 SBS 뉴스의 혁신 노력

권영인 · 하대석(2018). 『1.2초 찰나의 유혹』. 서울: 도서출판 혜화동.
박수진 · 조을선 · 장선이 · 신정은(2022). 『기자들, 유튜브에 뛰어들다』. 서울: 인물과사상사.
권오은 · 양한주(2018. 8. 3.). "스브스뉴스 분석 ①: 콘텐츠 실험, 성패는 엣지에 있다". <스토리오브서울>. https://www.storyofseoul.com/news/articleView.html?idxno=3146.
김달아(2018. 8. 17.). "스브스 · 비디오머그 구독자 100만 넘으면, 유튜브와의 협상서 힘 가질 수 있어". <한국기자협회>. http://m.journalist.or.kr/m/m_article.html?no=44681.

12장. 방송기자도 TV를 안 보는 유튜브 만능 시대, 방송저널리즘의 살길은

박수진 · 조을선 · 장선이 · 신정은(2022). 『기자들, 유튜브에 뛰어들다』. 서울: 인물과사상사.
최승영(2024. 2. 20). "SBS 스튜디오161 '뉴스냐 아니냐, 중요치 않아'". <한국기자협회>. http://m.journalist.or.kr/m/m_article.html?no=55286.
심영구(2022). "스브스의 또 다른 시도, 지식구독플랫폼 '스프'". 『방송기자』 71, 8-10.
권오은 · 양한주(2018. 8. 3.). "스브스뉴스 분석 ①: 콘텐츠 실험, 성패는 엣지에 있다". <스토리오브서울>. https://www.storyofseoul.com/news/articleView.html?idxno=3146.
관훈클럽 엮음(2019). 『위기의 언론, 새 길을 찾는다』. 서울: 관훈클럽.
SBS미래부(2007). 「미디어 빅뱅(Media Big Bang)」. SBS D포럼 미간행 자료집.

13장. 혁신의 원칙: 『뉴욕타임스』의 사례를 중심으로

금준경(2021. 5. 19.). “뉴욕타임스 혁신보고서 7년, 한국 언론이 ‘남긴 것’”. <미디어오늘>. https://www.mediatoday.co.kr/news/articleView.html?idxno=213479

송의달(2021). 『뉴욕타임스의 디지털 혁명』. 서울: 나남.

최승영(2023. 2. 1.). “동아 자체CMS 안착, 이번엔 주니어들과 ‘디지털 자이언트스텝’”. 『기자협회보』. https://www.journalist.or.kr/news/article.html?no=52967.

Bell, E. (2014. 5. 19.). “Read the New York Times’ insanely clear explanation of disruption”. *Vox*. https://www.vox.com/2014/5/19/5730768/read-the-new-york-times-insanely-clear-explanation-of-disruption.

Benton, J. (2014. 5. 15.). “The leaked New York Times innovation report is one of the key documents of this media age”. *Nieman Lab*. https://www.niemanlab.org/2014/05/the-leaked-new-york-times-innovation-report-is-one-of-the-key-documents-of-this-media-age/.

______ (2024. 2. 20.). “‘We’ve really worked hard not to ever have a pivot at The New York Times’: A.G. Sulzberger on AI, local news, and that Trump bump”. *Nieman Lab*. https://www.niemanlab.org/2024/02/weve-really-worked-hard-not-to-ever-have-a-pivot-at-the-new-york-times-a-g-sulzberger-on-ai-local-news-and-that-trump-bump/.

Bruell, A. (2023. 12. 12.). “The New York Times hires Quartz cofounder Zach Seward as its editorial director of AI initiatives”. *Nieman Lab*. https://www.niemanlab.org/reading/the-new-york-times-hires-quartz-cofounder-zach-seward-as-its-editorial-director-of-ai-initiatives/.

Dhanesha, N. (2024. 10. 1.). “The New York Times redesigns its app to highlight a universe beyond just news”. *Nieman Lab*. https://www.niemanlab.org/2024/10/the-new-york-times-redesigns-its-app-to-highlight-a-universe-beyond-just-news/.

Doctor, K. (2020. 7. 30.). “Newsonomics: The New York Times’ new CEO, Meredith Levien, on building a world-class digital media business- and a tech company”. *Nieman Lab*. https://www.niemanlab.org/2020/07/

newsonomics-the-new-york-times-new-ceo-meredith-levien-on-building-a-world-class-digital-media-business-and-a-tech-company/.

Ellis, J. (2012. 5. 31.). "Now playing: The New York Times signs on to Hulu to reach a new audience for its long videos". *Nieman Lab*. https://www.niemanlab.org/2012/05/now-playing-the-new-york-times-signs-on-to-hulu-to-reach-a-new-audience-for-its-long-videos/.

Ember, S. (2017. 12. 14.). "Arthur Gregg Sulzberger named senior editor for strategy". *The New York Times*. https://www.nytco.com/press/arthur-gregg-sulzberger-named-senior-editor-for-strategy/.

Groves, J., & Brown, C. (2015). *The Lean Newsroom: A Manifesto for Media Change: Connecting Organizational Culture, Strategy, and Innovation*. London & New York: Routledge.

Grynbaum, M. M. (2024. 5. 8.). "New York Times earnings rise as digital subscriptions climb". *The New York Times*. https://www.nytimes.com/2024/05/08/business/media/new-york-times-earnings.html.

ICFJ(2024. 3. 15.). "3 predictions for the media in 2024". *International Center for Journalists*. https://www.icfj.org/news/3-predictions-media-2024.

Klein, C. (2023. 9. 21.). "New York Times bios". *Vanity Fair*. https://www.vanityfair.com/news/2023/09/new-york-times-bios.

Leppert, K., & Matsa, K. E. (2024. 9. 17.). "More Americans regularly get news on TikTok, especially young adults". *Pew Research Center*. https://www.pewresearch.org/short-reads/2024/09/17/more-americans-regularly-get-news-on-tiktok-especially-young-adults/.

Mac, R., & Tracy, M. (2023. 10. 19.). "News sites grapple with dwindling social media traffic". *The New York Times*. https://www.nytimes.com/2023/10/19/technology/news-social-media-traffic.html.

Mullin, B. (2017). "With the 2020 report, The New York Times charts a course for its future". *Poynter*. https://www.poynter.org/tech-tools/2017/with-the-2020-report-the-new-york-times-charts-a-course-for-its-future/.

Niblock, S. (2007). "FROM 'KNOWING HOW' TO 'BEING ABLE' Negotiating the meanings of reflective practice and reflexive research in journalism studies". *Journalism Practice, 1*(1), 20-32.

Packer, G. (2014. 6. 23.). "The disruption machine". *The New Yorker*. https://www.newyorker.com/magazine/2014/06/23/the-disruption-machine.

Posetti, J. (2018). "Towards a sustainable model of journalism innovation in an era of perpetual change". *Journalism Innovation Project, 1*(1), 1-30.

Rahilly, L., & Lackey, S. (2020. 8. 10.). "Building a digital New York Times: CEO Mark Thompson". *McKinsey & Company*. https://www.mckinsey.com/industries/technology-media-and-telecommunications/our-insights/building-a-digital-new-york-times-ceo-mark-thompson.

Roy, N. (2023. 12.). "AI kills the one-size-fits-all model". *Nieman Lab*. https://www.niemanlab.org/2023/12/ai-kills-the-one-size-fits-all-model/.

Scire, S. (2023. 9. 6.). "The New York Times finds a match with the word game Connections". *Nieman Lab*. https://www.niemanlab.org/2023/09/the-new-york-times-finds-a-match-with-the-word-game-connections/.

Silverman, C. (2015. 5. 27.). "The best practices for innovation within news organizations". *American Press Institute*. https://americanpressinstitute.org/best-practices-for-innovation/.

Statista(2023). "New York Times Company's revenue from 2008 to 2023, by source". *Statista*. https://www.statista.com/statistics/192911/revenue-of-the-new-york-times-company-by-source/.

______ (2024). "Number of paid subscribers to New York Times Company's digital only news product from 1st quarter 2014 to 1st quarter 2023". *Statista*. https://www.statista.com/statistics/315041/new-york-times-company-digital-subscribers/.

Stock Analysis (n.d.). "The New York Times revenue". *Stock Analysis*. https://stockanalysis.com/stocks/nyt/revenue/.

Supekar, R. (2022. 8. 10.). "How The New York Times uses machine learning to make its paywall smarter". *The New York Times*. https://open.nytimes.com/how-the-new-york-times-uses-machine-learning-to-make-its-paywall-smarter-e5771d5f46f8.

______ (2023. 11. 13.). "New York Times uses machine learning to create a smarter paywall". *International News Media Association*. https://www.inma.org/blogs/ideas/post.cfm/new-york-times-uses-machine-learning-to-create-a-smarter-paywall.

Tameez, H. (2023. 11. 7.). "How 13 news publishers are using WhatsApp Channels". *Nieman Lab*. https://www.niemanlab.org/2023/11/how-13-news-publishers-are-using-whatsapp-channels/.

The Network for Global Media(2016). "New York Times' innovations in the personalisation of content". *Media Makers Meet*. https://mediamakersmeet.com/new-york-times-innovations-in-the-personalisation-of-content/.

The New York Times(2024, 5. 9.). "Principles for using generative AI in The Times's newsroom". *The New York Times*. https://www.nytco.com/press/principles-for-using-generative-a%E2%80%A4i%E2%80%A4-in-the-timess-newsroom/.

______ (2014). "Innovation report". *The New York Times*. https://www.documentcloud.org/documents/1161023-innovation-report.html.

______ (2015). "The New York Times 2015 annual report". *The New York Times*. https://nytco-assets.nytimes.com/2020/03/Bookmarked-2015-Annual-Report.pdf.

______ (2017. 1.). "2020 report: Journalism that stands apart". *The New York Times*. https://www.nytimes.com/projects/2020-report/.

Tracy, M. (2021, 11. 3.). "New York Times adds 455,000 subscriptions in third quarter". *The New York Times*. https://www.nytimes.com/2021/11/03/business/media/new-york-times-earnings-subscriptions.html.

Wang, S. (2016. 10.). "The New York Times is buying the gadget and technology review site The Wirecutter for $30 million". *Nieman Lab*. https://www.niemanlab.org/2016/10/the-new-york-times-is-buying-the-gadget-and-technology-review-site-the-wirecutter-for-30-million/.

WAN-IFRA(2019). "Q&A: New York Times' Mark Thompson on the brand's past, present, future" [Video]. *WAN-IFRA*. https://www.youtube.com/watch?v=k4GTzck85YU.

찾아보기

<한국의 저널리즘>

한국 저널리즘의 혁신

펴낸날 1판 1쇄 2025년 1월 31일
지은이 좋은 저널리즘 연구회 기획,
이재경 · 김재희 · 김지현 · 김창숙 · 문영은 · 박선이
박성호 · 박재영 · 송상근 · 이나연 · 이완수 · 이현식 · 이현택
펴낸이 주소현
펴낸곳 이화여자대학교출판문화원
주소 서울특별시 서대문구 이화여대길 52(우 03760)
등록 1954년 7월 6일 제9-61호
전화 02) 3277-2965 (편집), 02) 362-6076 (마케팅)
팩스 02) 312-4312
전자우편 press@ewha.ac.kr
홈페이지 www.ewhapress.com
책임편집 이지예
디자인 정혜진

ISBN 979-11-5890-539-2 94300
ISBN 979-11-5890-279-7 (세트)

값 32,000원